GO

마스터하기 _{3/e}

GO
마스터하기 3/e

실습 예제와 함께 배우는 네트워크, 동시성, 테스트, gRPC 및 제너릭

미할리스 추칼로스 지음   허성연 옮김

i!i
에이콘

| 지은이 소개 |

미할리스 추칼로스 Mihalis Tsoukalos

기술 관련 글쓰기를 좋아하는 유닉스 시스템 엔지니어다. 『Go Systems Programming』 (Packt, 2017)과 『Go 마스터하기』(에이콘, 2018), 『Go 마스터하기 2/e』(에이콘, 2021)의 저자이기도 하다. 파트라스 대학교University of Patras에서 수학 학사 학위를 받았으며 유니버시티 칼리지 런던University College London에서 IT 관련 석사 학위도 받았다. 지금까지 「Sys Admin」, 「MacTech」, 「Linux User and Developer」, 「Usenix;login:」, 「Linux Format」, 「Linux Journal」 등의 여러 저널에 300여 편 이상의 글을 기고했다. 주요 관심 분야는 시계열, 데이터베이스, 인덱스다.

https://www.mtsoukalos.eu/와 @mactsouk에서 직접 만나볼 수 있다.

책을 쓰는 데는 많은 도움을 주신 팩트출판사 관계자께 감사드린다. 특히 많은 질문에 답변해준 애밋 라마다스Amit Ramadas, 3판을 집필하도록 설득해준 샤일레쉬 자인Shailesh Jain, 좋은 조언과 제안을 해준 에드워드 독시Edward Doxey에게 감사드린다. 그리고 기술 감수를 훌륭하게 수행해준 기술 감수자 데렉 파커Derek Parker에게도 감사드린다.

마지막으로 이 책을 선택해주신 독자들께 감사드린다. 이 책이 많은 도움이 됐으면 좋겠다.

| 기술 감수자 소개 |

데렉 파커^{Derek Parker}

레드햇^{Red Hat}의 소프트웨어 엔지니어다. Go의 Delve 디버거를 만들었으며 Go 컴파일러, 링커, 표준 라이브러리에도 기여했다. 프론트엔드 자바스크립트부터 저수준 어셈블리 코드까지 맡아보지 않은 일이 없는 오픈소스 기여자이자 운영자다.

이 책을 위해 시간을 쏟을 수 있게 배려해준 나의 아내 에리카^{Erica}와 우리의 멋진 두 아이에게 감사한다.

| 옮긴이 소개 |

허성연(ethan0311@gmail.com)

서울대학교 컴퓨터공학부를 졸업했다. 현재 당근마켓에서 소프트웨어 엔지니어로 근무하고 있으며, Go 언어를 이용해 각종 서비스들을 만들고 있다. 개발 관련 주제라면 밤새 떠들 수 있고, 소프트웨어 기술로 사람들의 문제를 해결하고 싶다. 취미로 수영하는 것을 즐긴다.

뛰어난 Go 개발자가 되는 것을 돕기 위한 책이다. Go 언어 자체가 엄청나게 바뀐 것은 아니기 때문에 2판의 내용도 여전히 유용하다. 그렇지만 3판에서는 많은 부분을 개선했다.

RESTful 서비스 개발, 웹소켓 프로토콜, Go 프로젝트에서의 깃허브 액션 및 깃랩 러너 활용 등 새롭고 흥미로운 주제와 제네릭 관련 내용을 다룬 하나의 장 그리고 더욱 실용적인 예제를 추가했다. 2판보다 적은 페이지로 구성하려고 노력했다. 책의 구조 역시 더욱 자연스러운 흐름으로 재구성해 쉽고 빠르게 읽을 수 있게 했다.

또한 이론과 실습 관련 내용을 적절히 분배하고자 노력했다. 각 장의 끝에 배치된 연습문제는 꼭 풀어보길 바란다.

⁑ 이 책의 대상 독자

Go에 관련한 지식을 좀 더 넓히고 싶은 중급 Go 프로그래머를 대상으로 한다. 다른 프로그래밍 언어에 대한 경험이 있는 상태에서 Go를 배우고 싶은 개발자도 기초를 볼 필요 없이 곧바로 Go를 익힐 수 있을 것이다.

⁑ 이 책에서 다루는 내용

1장, Go의 간략한 소개에서는 Go의 역사와 Go의 중요한 특징 및 장점부터 소개한다. godoc과 **go doc** 유틸리티를 소개하고, Go 프로그램을 컴파일하고 실행하는 방법을 설명한다. 그런 다음엔 결과를 출력하는 방법과 사용자 입력을 받는 방법, 커맨드라인 인수를 다루는 방법, 로그 파일의 사용법을 다룬다. 마지막으로 전화번호부 애플리케이션의 기본 버전을 개발해보고 이후 장들에서 이를 발전시켜 나간다.

2장, 기본 타입에서는 Go의 기본 타입들을 알아보고 같은 데이터 타입들을 모아 사용할 수 있는 배열과 슬라이스도 알아본다. Go의 포인터, 상수, 날짜 및 시간을 다루는 방법도 알아보고 마지막에서는 난수를 생성해 전화번호부 애플리케이션의 데이터를 무작위 데이터로 채워본다.

3장, 합성 데이터 타입에서는 맵, 구조체, struct 키워드를 살펴본다. 또한 정규표현식과 패턴 매칭, CSV 파일도 다룬다. 마지막으로 전화번호부 애플리케이션의 데이터가 영속적으로 저장되게 만든다.

4장, 리플렉션과 인터페이스에서는 리플렉션, 인터페이스, 데이터 타입에 대한 함수인 타입 메서드를 다룬다. 또한 sort.Interface 인터페이스를 사용해 슬라이스를 정렬하는 방법, 빈 슬라이스, 타입 단언, 타입 스위치, error 데이터 타입 등을 다룬다. 그리고 Go에서 객체지향 개념을 흉내 내는 방법을 살펴보고 전화번호부 애플리케이션도 개선한다.

5장, 패키지와 함수에서는 패키지의 주요한 원소인 패키지, 모듈, 함수를 다룬다. PostgreSQL 데이터베이스와 상호작용하는 패키지를 개발하고 문서화한다. 또한 defer 키워드를 설명하고 깃랩 러너와 깃허브 액션을 통한 자동화 및 Go 바이너리의 도커 이미지 생성도 알아본다.

6장, 유닉스 시스템에게 작업 지시에서는 시스템 프로그래밍을 살펴본다. 다루는 주제는 커맨드라인 인수 받기, 유닉스 시그널 처리, 파일 입출력, io.Reader와 io.Writer 인터페이스, viper와 cobra 패키지 등이 포함돼 있다. 또한 JSON, XML, YAML 파일을 다루는 방법, 유닉스 파일 시스템에서 순환 참조를 찾는 방법, Go 바이너리에 파일 임베딩, os.ReadDir() 함수, os.DirEntry 타입, io/fs 패키지 등을 살펴본다. 마지막으로 cobra 패키지로 전화번호부 애플리케이션을 적절한 커맨드라인 유틸리티로 변환하고 JSON 데이터를 사용하게 개선한다.

7장, Go의 동시성에서는 고루틴, 채널, 파이프라인을 다룬다. 프로세스, 스레드, 고루틴의 차이점을 살펴보고, sync 패키지 및 Go 스케줄러의 동작 방식도 알아본다. 또한 select 키워드와 여러 종류의 Go 채널, 공유 메모리, 뮤텍스, sync.Mutex 타입, sync.RWMutex 타입도 알아본다. 그리고 context 패키지와 semaphore 패키지, 워커 풀, 고루틴 타임아웃, 경쟁 상태 감지 등도 소개한다.

8장, 웹 서비스 만들기에서는 net/http 패키지, 웹 서버 및 웹 서비스 개발, 프로메테우스로 메트릭 노출, 그라파나로 메트릭 시각화, 웹 클라이언트 및 파일 서버 개발 등을 해본다. 또한 전화번호부 애플리케이션을 웹 서비스로 변환하고 이를 위한 커맨드라인 클라이언트도 생성한다.

9장, TCP/IP와 웹소켓에서는 net 패키지, TCP/IP, TCP와 UDP 프로토콜, 유닉스 소켓, 웹소켓 프로토콜을 다룬다. 또한 많은 종류의 네트워크 서버와 클라이언트를 개발한다.

10장, REST API에서는 REST API와 RESTful 서비스를 다룬다. REST API를 정의해보고 동시성을 지원하는 RESTful 서버 및 RESTful 서비스의 클라이언트로 동작하는 커맨드라인 유틸리티를 개발한다. 마지막으로 REST API의 문서화를 위한 스웨거를 소개하고 바이너리 파일을 업로드 및 다운로드하는 방법도 알아본다.

11장, 코드 테스팅과 프로파일링에서는 코드 테스팅, 코드 최적화, 코드 프로파일링, 크로스컴파일, Go 코드 벤치마킹, 예제 함수 만들기, go:generate의 사용법, 도달할 수 없는 Go 코드를 찾는 방법 등을 다룬다.

12장, gRPC에서는 Go에서 gRPC를 다룬다. 또한 gRPC 서비스의 메서드와 메시지를 정의하는 방법을 살펴보고 이를 Go 코드로 어떻게 변환하는지 알아본 다음 gRPC 서비스의 서버 및 클라이언트를 개발한다.

13장, 제네릭에서는 제네릭과 제네릭 함수를 작성하기 위한 문법, 제네릭 데이터 타입을 정의하는 방법을 알아본다.

부록 A, Go 가비지 컬렉터에서는 Go 가비지 컬렉터의 동작과 가비지 컬렉터가 코드의 성능에 끼치는 영향을 살펴본다.

⫶⫶ 이 책의 활용 방법

이 책의 예제를 실습하려면 Go 최신 버전이 설치된 유닉스 머신이 필요하다. 맥OS, 리눅스 머신도 마찬가지다. 책에 나온 예제 코드 중 대부분은 마이크로소프트 윈도우 머신에서도 어떤 변경 없이도 작동한다.

이 책을 제대로 활용하려면 각 장에서 소개한 내용을 활용한 프로그램을 구현해서 실제로 어떤 것이 작동하고 어떤 것이 작동하지 않는지 직접 확인해봐야 한다. 앞에서도 말했듯이 각 장의 끝에 나온 연습문제를 풀어보거나 연습문제를 직접 고안해서 해결해보기 바란다.

⫶⫶ 예제 코드 다운로드

한국어판의 예제 코드는 에이콘출판사의 깃허브 저장소 https://github.com/AcornPublishing/mastering-go-3e에서 다운로드할 수 있다.

원서의 예제 코드는 깃허브 저장소 https://github.com/mactsouk/mastering-Go-3rd에서 다운로드할 수 있다.

컬러 이미지 다운로드

이 책에서 이용된 스크린샷과 다이어그램의 칼라 이미지를 PDF 파일로 제공한다. 이 파일은 https://static.packt-cdn.com/downloads/9781801079310_ColorImages.pdf에서 다운로드할 수 있다. 동일한 파일을 에이콘 출판사의 http://www.acornpub.

co.kr/book/mastering-go-3e에서도 다운로드할 수 있다.

⁝⁚► 편집 규약

이 책에서는 몇 가지 유형의 텍스트가 사용된다.

텍스트 안의 코드: 텍스트 내에 코드가 포함된 유형으로, 데이터베이스 테이블 이름, 사용자 입력의 코드 단어 등이 이에 포함된다. 예를 들어 다음과 같다.

"이번 장의 하이라이트는 **net/http** 패키지고 이 패키지를 이용해 강력한 웹 서버와 클라이언트를 개발할 수 있다."

코드 블록은 다음과 같이 표시한다.

```
package main

import (
    "fmt"
    "math/rand"
    "os"
    "path/filepath"
    "strconv"
    "time"
)
```

코드 블록에서 강조할 부분은 다음과 같이 굵게 표시한다.

```
package main

import (
    "fmt"
```

```
    "math/rand"
    "os"
    "path/filepath"
    "strconv"
    "time"
)
```

커맨드라인 입력이나 출력은 다음과 같이 표시한다.

```
$ go run www.go
Using default port number:  :8001
Served: localhost:8001
```

새로운 용어나 중요한 단어 또는 메뉴나 대화상자와 같이 화면에서 볼 수 있는 단어는 고딕체로 표시한다. 예를 들면 다음과 같다.

"유닉스 로그 서비스에는 **로그 수준**과 **로그 종류**의 두 가지 속성이 있다."

NOTE

경고와 중요한 노트는 이와 같이 나타낸다.

TIP

팁과 요령은 이와 같이 나타낸다.

⁞⁞⁞⋅ 독자 의견

독자 의견은 언제나 환영한다.

오탈자: 내용의 정확성을 위해 모든 노력을 기울였음에도 오류가 있을 수 있다. 이

책에서 잘못된 것을 발견하고 전달해준다면 매우 감사할 것이다. http://www.packtpub.com/submit-errata에서 해당 책을 선택하고 Errata Submission Form 링크를 클릭한 다음 발견한 오류 내용을 입력하면 된다. 한국어판의 정오표는 에이콘출판사의 도서정보 페이지 http://www.acornpub.co.kr/book/mastering-go-3e에서 볼 수 있다.

저작권 침해: 어떤 형태로든 불법 복제물을 인터넷에서 발견한다면 적절한 조치를 취할 수 있도록 해당 주소나 사이트명을 알려주길 바란다. 의심되는 불법 복제물의 링크는 copyright@packtpub.com으로 보내주길 바란다.

⁞⁞ 문의

이 책과 관련해 질문이 있다면 questions@packtpub.com으로 문의하길 바란다. 한국어판에 관한 질문은 에이콘출판사 편집 팀(editor@acornpub.co.kr)이나 옮긴이의 이메일로 문의하길 바란다.

01

Go의 간략한 소개

개발자인 당신이 커맨드라인 유틸리티를 만들고 싶다고 해보자. 혹은 RESTful API 서버를 만들고 싶다면 어떤 프로그래밍 언어를 사용할지 가장 먼저 고민할 것이다.

제일 잘 아는 프로그래밍 언어를 사용하는 것이 위 질문의 가장 일반적인 대답이다. 그러나 이 책은 위와 같은 다른 많은 작업이나 프로젝트를 수행할 때 Go를 사용하는 것을 고려해보도록 도움을 줄 것이다. 1장에서는 Go가 무엇인지와 Go의 역사를 설명하고 Go 코드를 실행하는 방법을 살펴본다. 변수를 선언하는 방법, 프로그램의 흐름 제어, 사용자 입력과 같은 Go의 핵심 특징을 설명하고 커맨드라인 전화번호부 애플리케이션을 만들어보면서 일부 개념을 적용해본다.

1장에서 다루는 내용은 다음과 같다.

- Go 소개

- Hello World!

- Go 코드 실행

- Go의 중요한 특징

- Go에서 which(1) 개발

- 정보 로깅

- Go 제네릭[Generics] 개요

- 기초적인 전화번호부 애플리케이션 개발

⁞► Go 소개

Go는 구글의 내부 프로젝트로 개발돼 2009년 공개된 오픈소스 시스템 프로그래밍 언어이고 Go의 정신적 아버지는 로버트 그리스머[Robert Griesemer], 켄 톰슨[Ken Thomson], 롭 파이크[Rob Pike]다.

NOTE

> Go가 언어의 공식 이름이지만 종종 Golang으로 (잘못) 쓰이기도 한다. Golang으로 언급되는 공식 적인 이유는 주소로 go.org를 등록할 수 없어 대신 golang.org로 등록했기 때문이지만 실질적인 이유는 Go에 관련된 정보를 검색할 때 검색 엔진에서 단어 Go가 보통 동사로 해석되기 때문이다. Go의 공식 해시 태그 역시 #golang이다.

Go는 범용 프로그래밍 언어지만 시스템 도구, 커맨드라인 유틸리티, 웹 서비스 또는 네트워크에서 작동하는 소프트웨어를 만들 때 주로 사용한다. 또한 Go는 간결함 및 명확한 아이디어와 원칙을 갖고 있기 때문에 프로그래밍을 가르치거나 처음 프로그래밍을 배울 언어로 선택하기에도 적합하다. Go를 사용하면 다음과 같은 종류의 애플리케이션을 만들 수 있다.

- 전문적인 웹 서비스

- 쿠버네티스[Kubernetes]와 이스티오[Istio] 같은 네트워킹 도구와 서비스

- 백엔드 시스템

- 시스템 유틸리티

- docker와 hugo 같은 강력한 커맨드라인 유틸리티

- JSON 포맷으로 데이터를 주고받는 애플리케이션

- 관계형 데이터베이스, NoSQL 데이터베이스 또는 다른 데이터 저장 시스템의 데이터를 처리하는 애플리케이션

- 프로그래밍 언어의 컴파일러나 인터프리터

- 카크로치DB^{CockroachDB}와 같은 데이터베이스 시스템과 etcd 같은 키/값 저장소

Go는 다른 프로그래밍 언어들과 비교했을 때 다음과 같은 장점이 있다.

- Go 컴파일러는 버그로 이어질 수 있는 많은 사소한 에러를 잡아낼 수 있다.

- Go는 C, C++나 자바보다 적은 수의 괄호를 사용하고 세미콜론도 존재하지 않기 때문에 Go의 소스코드는 읽기 쉽고 에러가 덜 발생한다.

- Go는 풍부하고 신뢰할 수 있는 표준 라이브러리가 있다.

- Go는 고루틴^{goroutine}과 채널^{channel}을 통해 독창적인 방식으로 동시성을 지원한다.

- 고루틴은 정말 가볍다. 성능 문제없이 수천 개의 고루틴을 대부분의 현대적인 컴퓨터에서 실행할 수 있다.

- C와 다르게 Go는 함수형 프로그래밍을 지원한다.

- Go는 하위호환성을 지원하므로 이전 버전의 코드를 아무 수정 없이 최신 버전의 Go 컴파일러에서 사용할 수 있다. 하지만 이 호환성은 Go의 메이저 버전에서만 보장한다. 예를 들어 Go 1.x 버전에서 만들어진 프로그램이 Go 2.x 버전에서 컴파일되는 것은 보장할 수 없다.

Go가 할 수 있는 일과 Go의 장점을 알았으니 이제 Go의 역사를 살펴보자.

Go의 역사

앞서 언급한 것처럼 Go는 구글의 내부 프로젝트로 시작해서 2009년에 공개됐다. 로버트 그리스머, 켄 톰슨, 롭 파이크는 안정적이고 단단하며 효율적이고, 관리가 쉬운 소프트웨어를 만들고 싶은 프로그래머를 위해 Go를 설계했다. Go가 모든 사람을 위한 프로그래밍 언어가 될 수 없을지라도 그들은 Go를 쉽고 단순하게 설계하는 것을 중요하게 생각했다.

그림 1-1은 직접 또는 간접적으로 Go에 영향을 준 프로그래밍 언어들을 나타낸 것이다. 예를 들어 Go의 문법은 C를 닮았지만 패키지 개념은 모듈라-2$^{\text{Modula-2}}$에서 영감을 받았다.

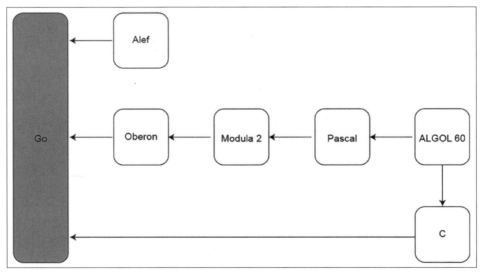

그림 1.1: Go에 영향을 준 프로그래밍 언어

위와 같은 언어들에서 영향을 받아 Go 언어와 관련 도구 및 표준 라이브러리가 만들어졌다. Go는 문법과 도구뿐만 아니라 매우 풍부한 표준 라이브러리를 제공한

다. 또한 암시적 타입 변환이나 사용되지 않은 변수 혹은 패키지로 인해 발생할 수 있는 쉬운 에러들을 방지할 수 있는 타입 시스템도 있다. Go 컴파일러는 대부분의 작은 실수를 잡아낼 수 있으며 이를 고치기 전까지는 컴파일되지 않는다. 게다가 Go 컴파일러는 경쟁 상태와 같은 찾기 어려운 실수들을 잡아낼 수 있다.

Go를 처음으로 설치하려고 한다면 https://golang.org/dl/을 방문해보자. 유닉스 환경에서는 설치 가능한 Go 프로그래밍 언어 패키지를 갖고 있을 확률이 높으므로, 좋아하는 패키지 매니저에서 Go를 설치할 수도 있다.

윈도우가 아니라 유닉스인 이유

왜 항상 유닉스 환경에 대해서만 이야기하고 마이크로소프트 윈도우 환경은 다루지 않는지 궁금할 수도 있다. 이유로는 다음의 두 가지가 있다. 첫째, Go는 사용하고 있는 운영체제에 상관없이 **이식 가능하게 설계**portable by design돼 있어 대부분의 Go 프로그램은 아무 코드 변경 없이도 윈도우 환경에서 동작한다.

그러나 특정 시스템 유틸리티에서는 작은 변경이 필요할 수도 있고 여전히 윈도우 환경에서만 동작하거나 윈도우 환경이 아닌 곳에서만 동작하는 라이브러리들이 존재할 수 있다. 둘째, Go로 작성된 많은 서비스가 도커Docker 환경에서 실행되기 때문이다. 도커 이미지가 리눅스 운영체제를 사용하기 때문에 리눅스 환경에서 실행되는 것을 고려해 프로그램을 작성해야 한다.

NOTE

> 사용자 경험 측면에서 유닉스와 리눅스는 매우 비슷하다. 리눅스는 오픈소스 소프트웨어고 유닉스는 상용 소프트웨어라는 것이 가장 큰 차이점이다.

Go의 장점

Go는 많은 장점이 있다. Go는 실제 프로그래머들이 설계했고 현재까지 유지, 보수하고 있다. 게다가 C, 파이썬, 자바에 익숙한 프로그래머는 Go도 배우기 쉬울 것이다. 또한 Go 코드는 (적어도 나에게는) 아름다운데, 이는 프로그래밍을 직업으로 삼으며 매일 코드를 봐야 하는 사람에게는 큰 장점이다. Go 코드는 읽기 쉬우며 유니코드^{Unicode}를 지원해 기존 코드의 변경이 쉽다. 마지막으로 Go는 25개의 키워드만 갖고 있기 때문에 언어를 기억하기가 상대적으로 쉽다. C++의 키워드들을 전부 기억하는가?

또한 Go는 고루틴과 채널로 구현된 간단한 동시성 모델을 이용해 동시성을 지원한다. Go는 운영체제 스레드를 직접 관리해주고, 강력한 Go 런타임에서 가벼운 작업들(고루틴)을 생성하고 채널을 통해 고루틴끼리 통신한다. Go는 풍부한 표준 라이브러리를 갖고 있지만 docker와 hugo 같은 복잡한 커맨드라인 유틸리티 개발을 편하게 만들어주는 cobra와 viper 같은 패키지도 있다. Go의 실행 바이너리들은 정적 링크^{static link}를 사용하기 때문에 한 번 생성된 Go 프로그램은 다른 공유 라이브러리가 필요하지 않으며 필요한 모든 정보를 포함하고 있는데, 이 점이 커맨드라인 유틸리티 개발을 더욱 쉽게 만들어준다.

Go 코드는 단순하기 때문에 예측하기 쉽고 이상한 부수 효과^{side effects}가 없다. 그리고 Go는 포인터^{pointer}를 지원하지만 C와는 다르게 포인터 연산을 지원하지 않는다. unsafe 패키지를 사용하면 포인터 연산이 가능하긴 하지만 많은 버그나 보안 취약점들의 원인이 된다. Go는 객체지향 프로그래밍^{object-oriented programming} 언어가 아니지만 매우 유연한 Go의 인터페이스^{interface}를 이용해 다형성^{polymorphism}, 캡슐화^{encapsulation}, 합성^{composition}과 같은 객체지향 언어의 기능을 모방할 수 있다.

또한 Go의 최신 버전은 제네릭^{generics}을 지원할 계획인데, 여러 데이터 타입을 다룰 때 제네릭을 사용하면 코드를 단순하게 만들 수 있다. 마지막으로 Go는 가비지 컬렉션^{garbage collection}을 지원하므로 수동으로 메모리 관리를 하지 않아도 무방하다.

Go는 매우 실용적이고 쓸모 있는 언어지만 완벽하지는 않다.

- 기술적 단점보다 개인적인 선호에 가깝지만 Go는 대중적인 패러다임인 객체지향 프로그래밍을 직접적으로 지원하지 않는다.

- 고루틴은 가볍지만 운영체제 스레드만큼 강력하지 않다. 구현하려고 하는 애플리케이션에 따라 고루틴보다 운영체제 스레드를 사용하는 것이 나은 경우가 가끔 있다. 하지만 대부분은 고루틴과 채널을 활용해 애플리케이션을 설계해도 문제가 없다.

- 대부분의 애플리케이션에서 가비지 컬렉션은 충분히 빠르지만 수동으로 메모리를 관리해야 필요가 있는 경우도 있다. 그러나 Go에서는 수동으로 메모리를 관리할 수 없다.

그러나 다음과 같이 Go를 잘 활용할 수 있는 때도 있다.

- 여러 개의 커맨드와 하위 커맨드, 커맨드라인 매개변수를 갖고 있는 복잡한 커맨드라인 유틸리티를 만들 때

- 고도의 동시성이 필요한 애플리케이션을 만들 때

- API 서버를 개발할 때나 JSON, XML, CSV와 같은 여러 가지 포맷의 데이터를 주고받아 상호작용하는 클라이언트를 개발할 때

- 웹소켓^{WebSocket} 서버와 클라이언트를 개발할 때

- gRPC 서버와 클라이언트를 개발할 때

- 안정적인 유닉스와 윈도우 시스템 도구를 만들 때

- 프로그래밍을 배울 때

다음 절에서는 지식의 토대를 쌓고자 Go의 여러 가지 개념을 다뤄보고 which(1) 유틸리티의 단순한 버전을 만들어본다. 이 장의 마지막에서는 간단한 전화번호부

애플리케이션을 개발해보고 이후 더 많은 Go의 기능을 설명하고 발전시켜 나갈 것이다.

하지만 그 전에 Go 표준 라이브러리, 패키지, 함수 관련 정보를 찾을 수 있는 **go doc**을 설명한다. 그런 다음 Hello World! 예제 프로그램을 통해 Go 코드가 어떻게 실행되는지 살펴본다.

go doc과 godoc 유틸리티

Go 배포판은 프로그래머의 수고를 덜어주는 도구를 많이 제공한다. 그중 **go doc**과 **godoc** 유틸리티는 인터넷에 연결돼 있지 않아도 Go 함수나 패키지에 대한 문서를 쉽게 볼 수 있게 해준다. 온라인으로 문서를 보는 것을 선호한다면 https://pkg.go.dev/를 방문하면 된다. **godoc** 유틸리티는 자동으로 설치되지 않기 때문에 **go get golang.org/x/tools/cmd/godoc** 커맨드를 실행해 설치해야 한다.

go doc은 다른 커맨드라인 애플리케이션처럼 터미널 창에서 실행해 결과를 볼 수 있고, **godoc**은 웹 서버를 실행해 웹 브라우저로 문서를 볼 수 있다. **godoc**을 사용하는 경우에는 문서를 볼 수 있는 웹 브라우저가 필요하다. 커맨드라인에서 **go doc**을 실행하는 방법은 유닉스의 **man(1)** 커맨드와 비슷하고 조회 대상이 Go 함수나 패키지라는 점만 다르다.

TIP

> 유닉스 프로그램이나 시스템 콜 이름 뒤에 붙는 숫자는 매뉴얼 페이지가 속한 매뉴얼의 절(section) 번호다. 대부분의 이름은 매뉴얼 페이지에서 한 번만 나타나므로 몇 번째 절인지 표시할 필요가 없지만 crontab(1)이나 crontab(5) 같은 일부 이름은 하나의 이름이 여러 의미를 갖고 있기 때문에 매뉴얼의 여러 절에 존재한다. 여러 의미를 갖고 있는 이름을 절 번호 없이 찾으려고 한다면 가장 처음 나오는 절의 페이지로 연결된다.

예를 들어 fmt 패키지에 있는 Printf() 함수를 알고 싶다면 다음과 같은 커맨드를
실행한다.

```
$ go doc fmt.Printf
```

비슷하게 fmt 패키지 전체에 대해 알고 싶다면 다음과 같이 커맨드를 실행한다.

```
$ go doc fmt
```

godoc 유틸리티는 -http 매개변수와 함께 실행해야 한다.

```
$ godoc -http=:8001
```

여기서 8001이라고 지정한 숫자 값은 HTTP 서버가 godoc용으로 사용할 포트 번호
다. godoc은 모든 네트워크 인터페이스에 연결되기 때문에 IP 주소는 생략했다.

NOTE

> 각자 환경에서 허용된 포트 번호를 지정하면 된다. 0번에서 1023번까지의 포트는 사용하는 데
> 제약이 있고 루트 사용자만 접근할 수 있다는 점을 주의해야 한다. 따라서 이 범위 밖에 있는 포트
> 중에서 다른 프로세스가 사용하고 있지 않는 것을 고른다.

포트 번호를 지정할 때 등호(=) 대신 공백 문자를 넣어도 된다. 따라서 다음 커맨드도
앞서 실행했던 커맨드와 동일하다.

```
$ godoc -http :8001
```

커맨드를 실행한 다음 웹 브라우저 주소창에 http://localhost:8001/을 입력하면
현재 제공되는 Go 패키지 목록과 각각에 대한 문서를 볼 수 있다. Go를 처음 사용
한다면 Go 문서에 사용할 수 있는 함수의 매개변수와 반환값이 알기 쉽게 설명돼
있어 유용하게 활용할 수 있다. Go를 더 배워 나가면서 사용하려는 함수와 변수의

자세한 정보를 알고자 Go 문서를 읽게 될 것이다.

⠿ Hello World!

다음은 Hello World! 프로그램의 Go 버전이다. 다음 코드를 작성하고 hw.go로 저장한다.

```go
package main

import (
  "fmt"
)

func main() {
  fmt.Println("Hello World!")
}
```

모든 Go 소스코드는 **package** 선언으로 시작하는데, 위 코드는 Go에서 특별한 의미를 갖는 **main** 패키지로 선언했다. 기존 패키지를 사용하려면 **import**문을 써야 하는데, 위 코드는 Go 표준 라이브러리에 존재하는 **fmt** 패키지를 임포트해 일부 기능을 사용했다. Go 표준 라이브러리에 속하지 않는 패키지를 사용하려면 패키지의 인터넷 주소를 사용해 임포트해야 한다. 실행할 수 있는 애플리케이션을 작성한다면 **main()** 함수도 중요하다. Go는 **main** 패키지의 **main()** 함수를 프로그램의 최초 실행 지점으로 생각하고 그 곳에서 프로그램을 실행하기 때문이다.

hw.go는 독립적으로 실행될 수 있다. 실행 가능한 바이너리를 만들 수 있는 독립적인 소스 파일이 되려면 패키지의 이름이 **main**이면서 **main()** 함수가 존재해야 하고, hw.go는 두 가지 조건을 모두 만족한다. 다음 절에서는 Go의 함수를 살펴보고 5장에서 함수와 특정 데이터 타입에서 사용되는 메서드를 더욱 자세히 알아본다.

함수 소개

Go의 함수 정의는 func 키워드로 시작하고 그 뒤로 함수의 이름, 시그니처^{signature}[1] 와 구현 내용이 온다. main 패키지 안에서는 어떠한 함수 이름이라도 사용할 수 있다. Go에서는 main 패키지를 제외한 모든 패키지의 함수와 변수 이름에 적용되는 공통 규칙이 있다. 이름에서 첫 글자가 소문자라면 private으로 취급돼 같은 패키지 안에서만 접근할 수 있다. 이 규칙은 5장에서 더 자세히 다룬다. 이 규칙의 유일한 예외는 패키지 이름이다. 패키지 이름은 소문자와 대문자 모두 사용할 수 있다. 그렇지만 대문자로 시작하는 Go 패키지를 보지는 못했다.

그렇다면 이제 어떤 방식으로 함수들을 체계화하고 전달하는지 의문을 가질 수도 있다. 다음 절에서 다루는 패키지를 이용하면 된다.

패키지 소개

Go 프로그램은 패키지로 구성되며 가장 작은 Go 프로그램도 패키지 형태로 존재한다. 새 패키지는 package 키워드를 이용해 정의할 수 있다. 다른 애플리케이션이나 패키지에 공유될 패키지라면 마음대로 패키지의 이름을 정할 수 있다. 하지만 실행 가능한 애플리케이션을 만들려고 한다면 패키지 이름은 main이 돼야 한다. Go 패키지 개발은 5장에서 더 자세히 알아본다.

TIP

> 하나의 패키지는 다른 패키지에 사용할 수 있다. 기존 기능을 바닥부터 다시 구현하지 않아도 되기 때문에 기존 패키지를 사용하는 것을 권장한다.

import 키워드는 작성하고자 하는 Go 프로그램에 다른 Go 패키지의 기능을 사용하고자 임포트하는 데 사용한다. Go 패키지는 Go 표준 라이브러리가 될 수도 있고

---

1. 함수를 선언할 때 그 함수를 표현하는 구문으로 함수 이름, 매개변수 목록과 타입, 함수의 반환 타입, 그 함수에서 예외 등으로 구성된다. – 옮긴이

외부에서 가져온 패키지일 수도 있다. Go 표준 라이브러리의 패키지들은 패키지의 외부 호스트 이름이나 주소 없이 이름(예, os, fmt) 을 이용해 임포트할 수 있다. 반면 외부 패키지들은 github.com/spf13/cobra와 같이 인터넷 주소를 써서 임포트해야 한다.

⠿ Go 코드 실행

이제 hw.go나 다른 Go 애플리케이션들을 어떻게 실행하는지 알아본다. 다음 두 개의 절에서 설명하는 것처럼 두 가지 방식으로 Go 코드를 실행할 수 있다. go build를 이용해 컴파일된 상태로 실행할 수도 있고, go run을 이용해 스크립트 언어처럼 실행할 수 있다. 두 가지 실행 방법을 알아보자.

Go 코드 컴파일

Go 코드를 컴파일하고 바이너리 실행 파일로 만들 때는 go build 커맨드를 이용해야 한다. go build는 배포나 실행을 위해 실행 파일을 만드는 일을 한다. 따라서 go build를 이용한다면 코드를 실행하기 위한 추가적인 작업이 필요하다.

생성된 실행 파일은 소스코드 파일명에서 .go 확장자가 빠진 이름으로 저장된다. 따라서 hw.go 소스 파일을 컴파일하면 hw라는 실행 파일이 생성된다. 생성되는 실행 파일의 경로와 이름을 다르게 정하고 싶다면 go build의 -o 옵션을 이용한다. 예를 들어 helloWorld라는 실행 파일을 원한다면 go build -o helloWorld hw.go 를 실행하면 된다. 소스코드 파일을 따로 지정하지 않으면 go build는 현재 디렉터리에서 main 패키지를 찾아 빌드한다.

그 후 생성된 실행 파일을 직접 실행해야 한다. 여기서 작성한 예제의 경우 hw를 실행하면 되고 결과는 다음과 같다.

```
$ go build hw.go
$ ./hw
Hello World!
```

Go 코드를 어떻게 컴파일하는지 알아봤다. 이제 Go를 스크립트 언어처럼 실행하는 방법도 살펴보자.

Go를 스크립트 언어처럼 사용

go run 커맨드는 Go 패키지를 빌드하고 임시 실행 파일을 만든 후 해당 파일을 실행하고 실행이 끝나면 지워버린다. 이 과정은 스크립트 언어를 실행하는 과정처럼 보인다. hw.go 예제에서는 하나의 파일에서 구현된 main 패키지를 실행해 다음과 같은 결과를 얻을 수 있다.

```
$ go run hw.go
Hello World!
```

코드를 테스트하고 싶다면 go run으로 실행하는 것이 더 좋은 선택이다. 그러나 실행 바이너리를 만들어 배포하고 싶다면 go build를 사용해야 한다.

중요한 형식과 코딩 규칙

Go는 초보적인 실수나 버그가 발생하는 것을 막을 수 있도록 엄격한 코딩 규칙을 적용하고 있다. 일부 규칙과 이 규칙들이 코드에 끼치는 영향을 알고 나면 실제 기능을 코딩하는 데 마음껏 집중할 수 있을 것이다. 또한 Go 컴파일러는 규칙들에 대한 상세한 에러와 경고 메시지를 알려준다. 마지막으로 Go는 코드 형식을 지키기 위한 표준 도구(gofmt)를 제공해 형식에 신경을 쓰지 않아도 된다.

이 장을 읽을 때 도움을 줄 Go의 중요한 규칙은 다음과 같다.

- Go 코드는 패키지 형태로 구성돼 있고 존재하는 패키지의 기능을 사용하는 것은 자유다. 하지만 패키지를 임포트한다면 해당 패키지의 기능을 실제로 사용해야 한다. 이 규칙은 네트워크 연결을 맺을 때와 같은 예외가 존재하지만 지금 중요하게 생각할 필요는 없다.

- 변수는 실제로 사용하거나 아예 선언하지 않아야 한다. 이 규칙은 기존 함수나 변수에 오타가 발생하는 것을 막아준다.

- Go에서 중괄호를 작성하는 방식은 한 가지 방식밖에 없다.

- 코드가 한 문장이거나 아예 존재하지 않더라도 코드 블록은 중괄호로 감싸야 한다.

- Go의 함수는 값을 여러 개 반환할 수 있다.

- 같은 종류의 데이터일지라도 다른 데이터 타입들은 자동으로 변환되지 않는다. 예를 들어 정수를 부동소수점으로 암시적 변환할 수 없다.

더 많은 규칙이 있지만 위 규칙들이 가장 중요하고 이 책의 대부분에서 적용된다. 이 장과 다른 장들에서 이런 코딩 규칙이 적용된 코드를 살펴볼 수 있을 것이다. 지금은 Go에서 중괄호를 쓰는 유일한 방법을 알아보자. 이 규칙은 모든 곳에서 적용된다.

다음 curly.go 프로그램을 살펴보자.

```go
package main

import (
    "fmt"
)

func main()
{
```

```
    fmt.Println("Go has strict rules for curly braces!")
}
```

얼핏 보면 아무런 문제가 없어 보이지만 직접 실행해보면 다음과 같이 문법 에러
_{syntax error} 메시지가 발생해서 컴파일이 되지 않는다.

```
$ go run curly.go
# command-line-arguments
./curly.go:7:6: missing function body
./curly.go:8:1: syntax error: unexpected semicolon or newline before {
```

공식 문서에 따르면 Go는 문장의 끝을 세미콜론으로 표현한다. 따라서 컴파일러는
코드에 필요하다고 판단하는 지점에 세미콜론을 자동으로 추가한다. 따라서 여는
괄호(()로 문장을 시작하면 Go 컴파일러는 그 이전 문장의 끝(func main())에 세미콜론
을 넣기 때문에 이와 같은 에러 메시지가 발생하는 것이다. 이전 코드를 올바르게
작성하면 다음과 같다.

```
package main

import (
    "fmt"
)

func main() {
    fmt.Println("Go has strict rules for curly braces!")
}
```

공통으로 적용되는 규칙을 배웠으니 계속해서 Go의 중요한 특성을 알아보자.

⠿ Go의 중요한 특성

이 절에서는 변수, 프로그램 흐름 제어, 반복, 입력, 동시성 등의 중요하고 필수적인 Go 기능을 다룬다. 변수와 변수를 선언하고 사용하는 방법부터 시작해보자.

변수 선언과 사용

Go를 사용해 기초적인 수학 계산을 하고 싶다고 생각해보자. 그러려면 입력과 결과를 저장할 변수를 선언할 필요가 있다.

새로운 변수는 여러 가지 방법으로 선언할 수 있는데, 자연스럽고 편리한 방법을 선택하면 된다. var 키워드를 적고 그 뒤에 변수명과 데이터 타입을 적는 방식으로 변수를 선언할 수 있다(데이터 타입은 2장에서 자세히 다룬다). 원한다면 변수 선언 뒤에 등호(=)와 원하는 값을 넣어 변수를 초기화할 수 있다. 초깃값이 있다면 데이터 타입 선언은 생략할 수 있다. 컴파일러가 타입을 추론해줄 것이다.

변수의 초깃값이 없다면 Go 컴파일러는 자동으로 해당 타입의 제로 값zero-value으로 초기화한다. 이는 매우 중요한 규칙이다.

var 키워드 대신 :=를 이용해서 변수를 선언할 수 있다. :=는 뒤에 오는 데이터의 타입을 추론해 새 변수를 선언한다. :=의 공식 이름은 **짧은 대입문**short assignment statement이고, Go에서 매우 자주 사용한다. 특히 함수 반환값을 활용할 때나 range 키워드와 함께 for 루프에서 자주 사용한다.

짧은 대입문은 암시적implicit으로 타입을 지정하는 var 선언문 대신 사용할 수 있다. 사실 var 키워드를 사용하는 경우는 거의 없다. Go 프로그램에서 var을 사용하는 경우는 주로 전역 변수global variable를 선언하거나 초깃값 없이 변수를 선언할 때다. 전역 변수를 선언할 때 var을 사용하는 이유는 함수 밖에 있는 문장은 반드시 func나 var과 같은 키워드로 시작해야 하기 때문이다.

따라서 함수 밖에서는 짧은 대입문을 사용할 수 없다. 마지막으로 특정 데이터 타입

을 명시적으로 선언할 때 var을 사용할 수도 있다. 예를 들어 변수를 int 대신 int8
이나 int32로 선언하고 싶다면 var을 사용해야 한다.

지역 변수는 var이나 :=를 이용해 선언할 수 있지만 전역 변수는 함수나 중괄호
바깥에서 정의해야 하므로 const(값이 바뀌지 않을 변수를 선언할 때 쓴다)와 var만을 사용할 수
있다. 전역 변수는 함수의 매개변수 등으로 전달하지 않아도 패키지 어디에서나
사용할 수 있고 const 키워드를 이용해 상수로 정의되지 않으면 변경할 수 있다.

변수 출력

프로그램에서 보통 데이터를 출력하거나 저장 및 처리를 위해 다른 소프트웨어로
보내는 경우가 많다. 화면에 데이터를 출력하려면 fmt 패키지의 기능을 활용할 수
있다. 출력 형식을 Go가 알아서 처리하는 것을 원한다면 fmt.Println()을 이용하
면 된다. 그러나 데이터를 어떻게 출력할지 직접 관리하고 싶다면 fmt.Printf()를
써야 한다.

fmt.Printf()는 C의 printf() 함수와 비슷하고 출력할 변수의 데이터 타입을 명시
해야 한다. 또한 fmt.Printf() 함수는 출력 포맷팅을 제공하는데, 특히 부동소수점
값들을 출력하는 데 편리하다(예를 들어 %.2f는 소수점 뒤 2자리까지만 표시해준다). 마지막으로 \n은
개행newline 문자를 의미하며 줄 바꿈을 하는 데 사용한다. fmt.Printf()가 자동으로
줄 바꿈을 해주지는 않는다.

다음 프로그램은 새 변수를 선언하고, 선언한 변수를 사용하고 출력하는 방법을 보
여준다. 다음 코드를 입력하고 variables.go라고 저장하자.

```
package main

import (
    "fmt"
    "math"
```

```
)

var Global int = 1234
var AnotherGlobal = -5678

func main() {
    var j int
    i := Global + AnotherGlobal
    fmt.Println("Initial j value:", j)
    j = Global
    // math.Abs()의 매개변수는 float64 타입이므로
    // 적절하게 타입을 변환했다.
    k := math.Abs(float64(AnotherGlobal))
    fmt.Printf("Global=%d, i=%d, j=%d k=%.2f.\n", Global, i, j, k)
}
```

NOTE

> 개인적으로 전역 변수는 대문자로 시작하거나 모두 대문자로 이름 짓는 것을 선호한다.

이 프로그램은 다음의 내용을 포함한다.

- 전역 int 변수 Global

- 두 번째 전역 변수 AnotherGlobal. Go는 선언된 값에서 자동으로 변수의 타입을 추론한다. 앞 프로그램에서 AnotherGlobal은 정수 타입으로 추론된다.

- int 타입인 지역 변수 j. 2장에 다루겠지만 int는 특별한 타입이다. j는 초깃값을 갖고 있지 않으므로 int 타입의 제로 값인 0으로 초기화된다.

- 또 다른 지역 변수 i. int 값 두 개의 합이므로 Go가 타입을 추론해 변수 i도 int 타입이 된다.

- math.Abs()는 float64 매개변수가 필요하므로 int 타입인 AnotherGlobal을

매개변수로 쓸 수 없다. float64() 타입 변환을 통해 AnotherGlobal의 값을 float64 타입으로 바꿔야 한다. AnotherGlobal은 그대로 int 타입이 유지된다.

- 마지막으로 fmt.Printf()가 형식에 맞춰 출력해준다.

variables.go를 실행하면 다음과 같은 결과가 나온다.

```
Initial j value: 0
Global=1234, i=-4444, j=1234 k=5678.00.
```

이 예제에서 살펴본 것처럼 Go는 C와 같은 암시적 타입 변환implicit data conversion을 지원하지 않는다.

variables.go에서 본 것처럼 math.Abs() 함수를 사용할 때 float64 값을 사용해야 하므로 int 값은 사용할 수 없다. int를 float64로 변환하는 것은 실제로는 아무 문제가 없지만 Go 컴파일러로 컴파일할 수 없다. float64()를 사용해 명시적으로 타입 변환을 해야 제대로 동작한다.

string을 int로 변환하는 것처럼 쉽지 않은 변환의 경우 error 변수를 반환하는 특별한 함수를 사용해 변환할 때의 에러를 잡아낼 수 있다.

프로그램 흐름 제어

지금까지 Go의 변수들을 살펴봤다. 그런데 변수들을 활용해 Go 프로그램의 흐름을 어떻게 제어할 수 있을까? Go는 if/else문과 switch문을 지원한다. 두 구문은 거의 모든 현대 프로그래밍 언어에 존재하므로 다른 프로그래밍 언어를 사용해 본 적이 있다면 if와 switch에 익숙할 것이다. Go에서는 보통 괄호를 사용하지 않기 때문에 if문에서도 조건 절에 괄호를 붙이지 않는다. if문을 사용할 때 else와 else if문도 사용할 수 있다.

if의 사용법을 알아보고자 Go의 모든 곳에서 매우 흔하게 사용되는 패턴 하나를 살펴보자. 이 패턴은 함수로부터 반환된 error 변수가 nil인지 if문을 통해 확인하는 패턴이다. error 변수가 nil이라면 함수 실행에서 아무 문제가 없었다는 뜻이다. nil이 아니라면 에러가 발생해 특별한 처리가 필요하다는 의미다. 이 패턴은 보통 다음처럼 사용한다.

```
err := anyFunctionCall()
if err != nil {
    // 에러일 경우 처리
}
```

err 변수는 함수로부터 반환된 error 값을 갖고 있고 !=는 err 변수의 값이 nil이 아니라는 것을 의미한다. 비슷한 코드를 Go 프로그램에서 여러 번 볼 수 있을 것이다.

NOTE

> //로 시작하는 줄은 한 줄짜리 주석이다. 줄 중간에 //를 넣는다면 // 뒤의 모든 내용은 주석으로 간주된다. 이 규칙은 문자열 값 안의 //에는 적용되지 않는다.

switch문은 두 가지 형식을 갖고 있다. switch문이 평가할 표현식을 갖고 있는 형태가 있고, 표현식을 갖고 있지 않은 형태도 있다. 후자의 경우 각 case문에 존재하는 표현식이 평가되므로 switch문을 더 유연하게 사용할 수 있다. 복잡하고 읽기 어려운 if-else 구문 대신 switch문을 적절하게 사용하면 코드를 간단하게 만들 수 있다.

커맨드라인 입력을 처리하는 다음 코드를 통해 if와 switch를 알아보자. 다음 코드를 입력하고 control.go로 저장하자. 설명하기 쉽게 control.go의 코드를 나눠서 적었다.

```
package main

import (
  "fmt"
  "os"
  "strconv"
)
```

첫 번째 부분은 임포트한 패키지들이 적혀 있다. main() 함수의 구현은 다음과 같이
시작한다.

```
func main() {
  if len(os.Args) != 2 {
    fmt.Println("Please provide a command line argument")
    return
  }
  argument := os.Args[1]
```

이 코드에서는 아래 부분으로 진행하기 전에 **os.Args[1]**에 접근해 하나의 커맨드
라인 인수를 갖고 있는지 확인한다. **os.Args**는 그림 1.2에서 더 자세히 다룬다.

```
// switch 다음에 표현식이 오는 경우
switch argument {
case "0":
  fmt.Println("Zero!")
case "1":
  fmt.Println("One!")
case "2", "3", "4":
  fmt.Println("2 or 3 or 4")
  fallthrough
default:
```

```
        fmt.Println("Value:", argument)
    }
```

4개의 분기가 있는 switch 구문을 볼 수 있다. 3개의 분기는 문자열 비교를 통해 선택되고 마지막 분기는 나머지 모든 경우에 선택된다. 가장 처음 선택된 분기만 실행되기 때문에 case문의 순서가 중요하다. fallthrough 키워드는 분기 하나가 실행된 후 다음 분기로 진행하라고 알려주는 키워드다. 이 예제의 경우 default 분기로 진행한다.

```
    value, err := strconv.Atoi(argument)
    if err != nil {
        fmt.Println("Cannot convert to int:", argument)
        return
    }
```

커맨드라인 인수는 문자열 값을 갖기 때문에 이를 strconv.Atoi()를 호출해 정수 값으로 변환해야 한다. err 변수가 nil이라면 변환이 성공했으므로 다음 코드로 진행할 수 있다. 아니라면 에러 메시지가 화면에 출력되고 프로그램이 종료된다.

다음 코드는 각각의 case에서 조건문을 체크하는 switch문을 보여준다.

```
    // switch 뒤에 표현식이 없다.
    switch {
    case value == 0:
        fmt.Println("Zero!")
    case value > 0:
        fmt.Println("Positive integer")
    case value < 0:
        fmt.Println("Negative integer")
    default:
```

```
        fmt.Println("This should not happen:", value)
    }
}
```

이와 같이 유연하게 표현할 수 있지만 코드를 읽을 때 좀 더 생각을 해야 한다. 위 코드에서는 어떠한 정수 값이라도 3개 조건 중 하나를 만족할 것이므로 default 분기가 실행되는 경우는 없다. 그럼에도 예상하지 못한 값을 잡아낼 수 있으므로 default 분기를 만드는 것이 좋은 코딩 습관이다.

control.go를 실행한 결과는 다음과 같다.

```
$ go run control.go 10
Value: 10
Positive integer
$ go run control.go 0
Zero!
Zero!
```

control.go의 두 switch 구문이 각각 한 줄씩 출력한다.

for 루프와 range로 반복

이 절에서는 Go에서 반복문을 이용하는 방법을 알아본다. Go는 for 루프와 range 키워드를 이용해 배열, 슬라이스, 맵(3장에서 살펴본다)의 모든 원소를 반복할 수 있다. Go에는 while문이 없고 for 키워드만 지원하는데, Go의 단순함을 보여주는 예다. 그러나 for 루프를 구현하는 방법에 따라 while 루프나 무한 루프처럼 동작할 수도 있다. 또한 for 루프는 range 키워드와 함께 사용하면 자바스크립트^{JavaScript}의 forEach 함수처럼 사용할 수 있다.

for 루프 안에 한 문장만 있거나 아예 내용이 없더라도 중괄호로 감싸야 한다.

변수와 조건을 이용한 for 루프도 만들 수 있다. for 루프는 break 키워드를 이용해 빠져나올 수 있고, continue 키워드를 이용하면 다음 반복 회차로 넘어갈 수 있다. for 루프를 range와 함께 사용하면 슬라이스나 배열의 크기를 알지 못하더라도 모든 원소를 방문할 수 있다. 3장에서 살펴보겠지만 map 또한 for와 range를 이용해 비슷한 방식으로 반복할 수 있다.

다음 프로그램은 range 키워드와 함께 for문을 사용하거나 for문만 사용하는 방법을 보여준다. 다음 코드를 입력하고 나중에 실행해볼 수 있도록 forLoops.go로 저장하자.

```go
package main

import "fmt"

func main() {
    // 일반적인 for 루프
    for i := 0; i < 10; i++ {
        fmt.Print(i*i, " ")
    }
    fmt.Println()
}
```

이 코드는 지역 변수 i를 이용한 일반적인 for 루프다. 이 프로그램을 실행하면 0, 1, 2, 3, 4, 5, 6, 7, 8, 9의 제곱을 화면에 출력한다. 10의 제곱은 10 < 10 조건을 만족하기 않기 때문에 출력되지 않는다.

다음 코드는 관용적인idiomatic Go 코드다.

```
    i := 0
    for ok := true; ok; ok = (i != 10) {
      fmt.Print(i*i, " ")
      i++
    }
    fmt.Println()
```

위와 같이 for문을 작성할 수도 있지만 Go를 처음 배우는 사람에게는 어려운 코드다. 다음 코드는 어떻게 for 루프를 while 루프처럼 동작하게 만들었는지 보여준다.

```
    // while 루프 처럼 동작하는 for 루프
    i := 0
    for {
      if i == 10 {
        break
      }
      fmt.Print(i*i, " ")
      i++
    }
    fmt.Println()
```

if 조건문 내의 break 키워드를 통해 루프를 빠져나오게 된다.

마지막으로 aSlice라는 슬라이스가 있을 때 range를 이용해 aSlice의 모든 원소를 반복해보자. range는 현재 원소의 인덱스와 값을 반환한다. 인덱스와 값 중에 사용하고 싶지 않은 값이 있다면 _를 적어 무시할 수 있다. 인덱스만 필요하다면 range에서 받는 두 번째 값에 _를 쓰지 않아도 된다.

```
// 아래 값은 슬라이스지만 range는 배열에서도 동작한다.
aSlice := []int{-1, 2, 1, -1, 2, -2}
for i, v := range aSlice {
    fmt.Println("index:", i, "value: ", v)
}
```

forLoops.go를 실행하면 다음과 같은 결과를 얻을 수 있다.

```
$ go run forLoops.go
0 1 4 9 16 25 36 49 64 81
0 1 4 9 16 25 36 49 64 81
0 1 4 9 16 25 36 49 64 81
index: 0 value:  -1
index: 1 value:  2
index: 2 value:  1
index: 3 value:  -1
index: 4 value:  2
index: 5 value:  -2
```

첫 3개 for 루프의 출력 결과가 같으므로 이 for 루프들은 동일하다는 것을 알 수 있다. 마지막 6개의 줄은 aSlice의 인덱스와 값이 같다.

이제 for 루프에 대해 알아봤으니 사용자 입력을 받는 방법도 알아보자.

사용자 입력받기

사용자 입력은 모든 프로그램에서 중요하다. 이 절에서는 표준 입력^{standard input}과 커맨드라인 인수에서 사용자 입력을 받는 두 가지의 방법을 살펴본다.

표준 입력 읽기

fmt.Scanln() 함수는 프로그램이 실행 중일 때 fmt.Scanln()으로 전달된 문자열 포인터 변수에 사용자가 입력한 값을 저장한다. fmt 패키지는 콘솔이나 파일 또는 인수 목록에서 사용자 입력을 받기 위한 추가적인 함수들도 갖고 있다. 다음 코드는 표준 입력(os.Stdin)에서 입력을 받는 코드다. 다음 코드를 작성하고 input.go로 저장하자.

```go
package main

import (
    "fmt"
)

func main() {
    // 사용자 입력받기
    fmt.Printf("Please give me your name: ")
    var name string
    fmt.Scanln(&name)
    fmt.Println("Your name is", name)
}
```

사용자 입력이 필요하다면 fmt.Printf()를 사용해 어떤 종류의 정보를 입력해야 하는지 알려주는 것이 좋다. fmt.Println()은 자동으로 마지막에 개행문자를 추가하는데, 여기서는 필요하지 않으므로 fmt.Println() 대신 fmt.Printf()를 사용했다.

input.go를 실행하고 이름을 입력하면 다음과 같이 상호작용할 수 있다.

```
$ go run input.go
Please give me your name: Mihalis
Your name is Mihalis
```

커맨드라인 인수 사용

필요할 때 사용자 입력을 받는 것은 좋은 아이디어처럼 보이지만 실제 소프트웨어는 보통 이렇게 동작하지 않는다. 일반적으로 사용자 입력을 실행 파일의 커맨드라인 인수의 형식으로 받는다. Go의 커맨드라인 인수는 or.Args 슬라이스에 자동으로 저장된다. Go는 커맨드라인 인수를 파싱할 수 있는 flag 패키지도 제공하지만 더 강력하고 나은 대안도 있다.

그림 1.2는 Go에서 커맨드라인 인수가 어떻게 동작하는지 보여준다. Go에서 커맨드라인 인수는 C 언어처럼 동작한다. os.Args 슬라이스가 Go에 의해 자동으로 초기화돼 프로그램에서 바로 사용할 수 있다는 점이 중요하다. os.Args 슬라이스는 문자열 값들을 갖고 있다.

os.Args에 저장되는 커맨드라인 인수의 첫 번째 항목은 항상 실행 파일의 이름이다. go run을 사용한다면 Go가 임시로 만든 실행 파일의 이름과 경로를 가진다. go run으로 실행하지 않았다면 사용자가 입력한 실행 파일의 경로를 가진다. 나머지 커맨드라인 인수들은 실행 파일의 이름 다음에 오는 것들이다. 여러 커맨드라인 인수가 있다면 자동으로 공백 단위로 분리된다. 이때 큰따옴표나 작은따옴표를 사용한 인수들은 공백 단위로 분리되지 않는다.

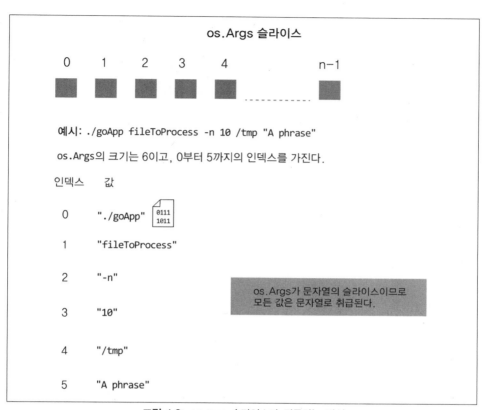

그림 1.2: os.Args 슬라이스가 작동하는 방식

다음은 문자열과 같은 잘못된 입력을 제외하고 입력된 숫자 값들의 최솟값과 최댓값을 구하는 데 **os.Args**를 활용하는 것을 보여주는 코드다. 코드를 작성하고 cla.go (또는 원하는 아무 파일명)로 저장하자.

```go
package main

import (
    "fmt"
    "os"
    "strconv"
)
```

예상한 것처럼 cla.go는 항상 보던 서문으로 시작한다. fmt 패키지는 결과를 출력하는데 사용하며, os 패키지는 os.Args를 사용하려고 임포트한다. 마지막으로 strconv 패키지에는 문자열을 숫자로 변환하는 함수가 들어있다. 이제 적어도 하나의 커맨드라인 인수가 있는지 확인해보자.

```go
func main() {
    arguments := os.Args
    if len(arguments) == 1 {
        fmt.Println("Need one or more arguments!")
        return
    }
```

os.Args의 첫 번째 원소가 실행 파일의 경로임을 기억한다면 os.Args가 빈 슬라이스가 될 수 없다는 것을 알 수 있다. 이제 지난 예제에서 봤던 것처럼 에러를 체크해보자. 에러와 에러 처리는 2장에서 자세히 다룬다.

```go
var min, max float64
for i := 1; i < len(arguments); i++ {
    n, err := strconv.ParseFloat(arguments[i], 64)
    if err != nil {
        continue
    }
```

이 코드에서는 strconv.ParseFloat()에서 반환되는 에러 변수를 활용해 함수가 성공적으로 수행되고 올바른 숫자 값이 입력됐는지 체크한다. 올바른 값이 아니라면 continue가 실행돼 다음 커맨드라인 인수로 넘어간다. for 루프는 처음을 제외한 모든 커맨드라인 인수를 반복하고자 사용했다. 0번째 인덱스를 제외하고 반복하는 이 기법은 커맨드라인 인수를 활용할 때 자주 사용한다.

다음 코드는 첫 번째 커맨드라인 인수를 이용해 min과 max를 초기화한다.

```
    if i == 1 {
        min = n
        max = n
        continue
    }
```

i == 1을 이용해 처음 반복되는지 확인한다. 이 경우 첫 번째 커맨드라인 인수를
처리한다. 다음 코드는 현재 값이 새로운 최솟값이나 최댓값이 되는지 확인하는
코드다. 여기에 프로그램의 핵심 로직이 있다.

```
    if n < min {
        min = n
    }
    if n > max {
        max = n
    }
}
fmt.Println("Min:", min)
fmt.Println("Max:", max)
}
```

프로그램의 마지막 부분에서는 유효한 커맨드라인 인수 중 최솟값과 최댓값을 출력
한다. cla.go를 실행한 결과는 입력에 따라 달라진다.

```
$ go run cla.go a b 2 -1
Min: -1
Max: 2
```

위에서 a와 b는 유효한 값이 아니기 때문에 -1과 2만 유효한 입력으로 간주되고,
이 값들이 각각 최솟값과 최댓값이다.

```
$ go run cla.go a 0 b -1.2 10.32
Min: -1.2
Max: 10.32
```

여기서도 a와 b가 유효하지 않으므로 제외했다.

```
$ go run cla.go
Need one or more arguments!
```

마지막 경우에는 cla.go에 입력되는 내용이 없으므로 메시지를 출력한다. **go run cla.go a b c**처럼 모든 입력값이 유효하지 않다면 최솟값과 최댓값은 모두 0이 된다.

이제 에러 변수를 이용해 다른 데이터 타입을 구분하는 테크닉을 알아보자.

에러 변수로 입력 타입 구분

이제 에러 변수를 이용해 여러 종류의 사용자 입력을 구분하는 방법을 알아보자. 구체적인 사례에서 시작해 일반적인 사례로 확장하면서 이 기법을 알아보자. 숫자 값을 사용하고 싶다면 먼저 문자열이 정수 값인지 확인한 다음 부동소수점 값인지 확인해야 한다. 유효한 정수 값은 항상 유효한 부동소수점 값이기 때문이다.

다음 코드에서 이런 내용을 확인할 수 있다.

```
var total, nInts, nFloats int
invalid := make([]string, 0)

for _, k := range arguments[1:] {
  // 값이 정수인가?
  _, err := strconv.Atoi(k)
  if err == nil {
    total++
    nInts++
```

```
        continue
    }
```

먼저 유효한 값들로 확인된 횟수, 정수 값의 개수, 부동소수점 값의 개수를 담는 변수를 만든다. 슬라이스인 invalid 변수는 숫자 값이 아닌 값을 저장하는 데 사용한다.

다시 커맨드라인 인수 중 첫 번째 원소를 제외한 값들을 반복한다. 0의 인덱스를 갖는 첫 번째 원소는 실행 파일의 경로이기 때문이다. arguments 대신 arguments[1:]을 사용해 실행 파일의 경로를 제외했다. 슬라이스의 일부를 선택하는 방법은 2장에서 다룬다.

strconv.Atoi()를 호출하면 유효한 정수 값인지 확인할 수 있다. 유효한 정수 값이라면 total과 nInts 카운터가 증가한다.

```
    // 부동소수점인가?
    _, err = strconv.ParseFloat(k, 64)
    if err == nil {
        total++
        nFloats++
        continue
    }
```

비슷하게 strconv.ParseFloat()을 호출해 문자열이 유효한 부동소수점인지 확인한다. 유효하다면 관련된 카운터를 갱신한다. 마지막으로 값이 숫자가 아니라면 append()를 이용해 invalid 슬라이스에 추가한다.

```
    // 유효한 숫자가 아니다
    invalid = append(invalid, k)
```

```
    }
```

이와 같은 코드는 애플리케이션의 예상하지 못한 입력을 저장하는 데 흔히 사용한다. 전체 코드는 책의 깃허브^{github} 저장소의 process.go에 저장돼 있다. 이 코드는 유효하지 않은 입력이 유효한 입력보다 많을 경우 경고를 한다. process.go를 실행하면 다음과 같은 결과가 나온다.

```
$ go run process.go 1 2 3
#read: 3 #ints: 3 #floats: 0
```

이 경우 1, 2, 3은 모두 유효한 정수 값이다.

```
$ go run process.go 1 2.1 a
#read: 2 #ints: 1 #floats: 1
```

이 경우 1은 정수, 2.1은 부동소수점, a는 유효하지 않은 값으로 처리된다.

```
$ go run process.go a 1 b
#read: 1 #ints: 1 #floats: 0
Too much invalid input: 2
a
b
```

유효하지 않은 입력이 유효한 입력보다 더 많은 경우 추가적인 에러 메시지를 출력한다.

다음 절에서는 Go의 동시성 모델을 살펴본다.

Go의 동시성 모델 이해

이 절에서는 Go의 동시성 모델을 간단히 알아본다. Go의 동시성 모델은 고루틴과 채널을 이용해 구현한다. **고루틴**^{goroutine}은 Go에서 실행할 수 있는 가장 작은 단위다. 새로운 고루틴을 만들고 싶으면 **go** 키워드를 사용하고 그 뒤에 미리 정의된 함수나 익명 함수를 호출하면 된다. 익명 함수나 미리 정의된 함수에 따른 차이는 없다.

NOTE

> 함수나 익명 함수만 고루틴으로 실행할 수 있다는 걸 주의하자.

채널^{channel}은 Go에서 고루틴끼리 통신하고 데이터를 주고받을 수 있게 하는 메커니 즘이다. 프로그래밍을 배운 지 얼마 지나지 않았거나 고루틴과 채널을 처음 들어보 더라도 겁먹을 필요는 없다. 고루틴과 채널을 통해 데이터를 공유하는 방법은 7장 에서 자세히 알아본다.

고루틴을 만들기는 쉽지만 동시성 프로그래밍에는 고루틴을 동기화하고 데이터를 공유하는 등의 다른 어려움이 있다. 고루틴을 실행할 때 부수 효과가 발생하는 것을 피해야 하기 때문이다. `main()`도 고루틴의 하나로 실행되고 `main()` 고루틴의 실행 이 끝나면 아직 끝나지 않은 고루틴을 포함한 전체 프로그램이 종료되기 때문에 다른 고루틴들이 끝나기 전에 `main()`의 실행이 끝나지 않도록 주의해야 한다. 고루 틴끼리는 변수를 공유하지 않지만 메모리는 공유할 수 있다. 다행히 `main()`에서 고루틴들이 채널이나 (Go에서는 잘 사용하지 않지만) 메모리를 통해 데이터를 주고받는 것을 기다릴 수 있게 하는 여러 가지 기법이 있다.

`time.Sleep()` 호출을 이용해 고루틴들을 동기화하는 다음 Go 프로그램을 좋아하 는 에디터에서 작성하고 _goRoutines.go_로 저장하자(이것은 고루틴들을 동기화하는 올바른 방법이 아니다. 7장에서 고루틴을 동기화하는 적절한 방법을 다룬다).

```go
package main

import (
  "fmt"
  "time"
)

func myPrint(start, finish int) {
  for i := start; i <= finish; i++ {
    fmt.Print(i, " ")
  }
  fmt.Println()
  time.Sleep(100 * time.Microsecond)
}

func main() {
  for i := 0; i < 5; i++ {
    go myPrint(i, 5)
  }
  time.Sleep(time.Second)
}
```

이 코드는 4개의 고루틴을 생성하고 **myPrint()** 함수를 이용해 값들을 출력하는 예제를 대충 구현했다. **go** 키워드는 고루틴을 생성하는 데 사용했다. goRoutines.go 를 실행하면 다음과 같은 결과가 나온다.

```
$ go run goRoutines.go
2 3 4 5
0 4 1 2 3 1 2 3 4 4 5
5
3 4 5
5
```

하지만 위 코드를 몇 번 더 실행해보면 실행할 때마다 매번 다른 결과가 나올 확률이 높다.

```
1 2 3 4 5
4 2 5 3 4 5
3 0 1 2 3 4 5

4 5
```

고루틴은 무작위 순서로 초기화되고 무작위 순서로 실행되기 때문에 위와 같은 결과가 발생한다. 운영체제의 스케줄러가 스레드를 실행하는 역할을 하는 것처럼 Go 스케줄러는 고루틴을 실행하는 역할을 맡는다. 7장에서 Go의 동시성을 더 자세히 다루며 무작위로 고루틴이 실행되는 문제를 `sync.WaitGroup`을 이용해 해결하는 방법을 알아본다. 그렇지만 Go에서 동시성은 어디에서나 존재함을 명심해야 하므로, 이 절에서 동시성을 다뤘다. 따라서 컴파일러에서 고루틴 관련 에러가 발생했을 때 직접 만든 고루틴에서 발생한 에러가 아닐 수도 있다고 생각해야 한다.

다음 절에서는 사용자의 **PATH** 변수에 있는 프로그램 파일을 알려주는 `which(1)`의 Go 버전을 개발해본다.

⁝⁝ Go로 which(1) 개발

Go는 여러 패키지로 운영체제의 기능을 활용할 수 있고 새로운 프로그래밍 언어를 배우는 좋은 방법은 전통적인 유닉스 유틸리티의 간단한 버전을 구현해보는 것이다. 이 절에서는 `which(1)`의 Go 버전을 살펴보면서 Go가 운영체제와 상호작용하는 방법과 환경 변수를 읽는 방법을 이해해본다.

`which(1)`의 기능을 구현할 코드는 세 가지 부분으로 나눌 수 있다. 첫 번째 부분은 `which(1)`로 찾고자 하는 실행 파일의 이름을 입력 인수에서 읽는 부분이다. 두 번째 부분은 PATH 환경 변수를 읽어 디렉터리별로 분리해 반복하는 부분이다. 세 번째 부분은 분리한 디렉터리들에서 찾고자 하는 바이너리 파일을 찾아보고 파일이 존재하는지 또는 찾은 파일이 일반 파일인지 실행 파일인지 판단하는 부분이다. 찾고자

하는 실행 파일을 찾았다면 프로그램은 return문과 함께 종료되고, 실행 파일을 찾지 못했다면 for 루프가 끝나고 main() 함수가 종료되므로 프로그램도 종료된다.

이제 코드를 살펴보자. 패키지 선언과 import문, 전역 변수 선언이 맨 처음에 온다.

```go
package main

import (
  "fmt"
  "os"
  "path/filepath"
)
```

fmt 패키지는 화면 출력을 위해 사용하고 os 패키지는 운영체제와 상호작용하고자, path/filepath 패키지는 문자열로 읽기에는 너무 많은 디렉터리를 가질 수도 있는 PATH 변수를 다루고자 사용한다.

두 번째 부분은 다음과 같다.

```go
func main() {
  arguments := os.Args
  if len(arguments) == 1 {
    fmt.Println("Please provide an argument!")
    return
  }
  file := arguments[1]
  path := os.Getenv("PATH")
  pathSplit := filepath.SplitList(path)
  for _, directory := range pathSplit {
```

먼저 프로그램의 커맨드라인 인수(os.Args)를 읽고 첫 번째 커맨드라인 인수를 변수 file 에 저장한다. 그리고 PATH 환경 변수의 내용을 읽은 다음 filepath.SplitList()를 이용해 경로들을 분리한다. `filepath.SplitList()`는 운영체제에 따라 적절한 방법을 이용해 경로의 목록을 슬라이스로 분리해준다. 마지막으로 분리된 PATH 변수의 디렉터리들을 `for` 루프와 `range`문으로 반복한다.

`which(1)`의 나머지 코드는 다음과 같다.

```go
fullPath := filepath.Join(directory, file)
// 파일이 존재하는가?
fileInfo, err := os.Stat(fullPath)
if err == nil {
  mode := fileInfo.Mode()
  // 일반 파일인가?
  if mode.IsRegular() {
    // 실행 파일인가?
    if mode&0111 != 0 {
      fmt.Println(fullPath)
      return
    }
  }
}
```

`filepath.Join()`을 이용해 파일의 전체 경로를 만들었다. `filepath.Join()`은 운영체제마다 다른 구분자를 사용해 경로의 부분들을 합쳐주기 때문에 지원되는 모든 운영체제에서 잘 작동한다. 또한 앞 코드에서는 파일에 대한 저수준의 정보를 가져온다. 유닉스 환경에서는 모든 것이 파일이므로, 일반 파일도 실행 가능한 파일일 수 있다는 것을 기억하자.

1장에서는 소스 파일의 전체 코드를 설명했다. 그러나 2장부터는 전체 코드를 설명하지는 않을 것이다. 중요하게 다룰 코드만 살펴보고 책의 분량을 절약하기 위한 목적이다.

which.go를 실행하면 다음과 같은 결과가 나온다.

```
$ go run which.go which
/usr/bin/which
$ go run which.go doesNotExist
```

마지막 커맨드를 실행하면 **doesNotExist** 실행 파일을 찾을 수 없을 것이다. 유닉스 철학과 유닉스 파이프라인이 동작하는 방식에 따르면 결과가 없을 때는 화면에 아무 출력도 하지 않아야 한다. 그러나 종료 코드 0은 작업을 성공적으로 수행했음을 의미하고 0이 아닌 종료 코드는 실패를 의미한다.

에러 메시지를 출력하는 것이 유용하긴 하지만 에러 메시지들만 모아서 저장한 뒤 필요할 때 검색해야 할 수도 있다. 이러한 경우 하나 이상의 로그 파일이 필요하다.

정보 로깅

모든 유닉스 시스템에는 실행 중인 서버와 프로그램들의 로그를 저장하는 로그 파일이 있다. 일반적으로 유닉스 시스템의 시스템 로그 파일은 대부분 /var/log 디렉터리 아래에서 찾을 수 있다. 그러나 아파치^{Apache}나 엔진엑스^{nginx} 같은 많은 유명한 서버의 로그는 설정에 따라 다른 곳에서 찾아야 한다.

로컬 환경이나 중앙 로그 서버 또는 일래스틱서치(Elasticsearch), 비츠(Beats), 그라파나 로키(Grafana Loki)와 같은 소프트웨어에서 비동기적으로 소프트웨어의 데이터와 정보를 조사할 때 로그 파일에 저장한 정보를 유용하게 활용할 수 있다.

일반적으로 프로그램 실행 과정에서 발생하는 정보를 화면에 뿌리지 않고 로그 파일에 기록하는 것이 바람직한데, 다음과 같은 두 가지 이유 때문이다. 파일에 저장하면 출력 결과가 사라지지 않고 grep(1), awk(1), sed(1) 같은 유닉스 도구로 로그 파일을 검색하거나 가공하기 좋다. 터미널 창에 메시지를 출력하면 로그를 처리하기 힘들다. 그러나 이제는 항상 맞는 이야기라고 볼 수는 없다.

보통 systemd를 이용해 서비스들이 실행되므로 프로그램들은 stdout에 로그를 남겨야 하며 sytstemd는 이를 저널[2]에 기록한다. https://12factor.net/logs에서 애플리케이션 로그에 관련된 더 많은 정보를 얻을 수 있다. 또한 클라우드 네이티브 애플리케이션에서는 stderr에 간단히 로깅하고 컨테이너 시스템이 stderr 스트림을 정해진 목적지로 전달하는 것을 권장한다.

유닉스 로그 서비스에는 **로그 수준**logging level과 **로그 종류**logging facility의 두 가지 속성이 있다. 로그 수준이란 로그 항목의 심각한 정도를 나타낸다. 로그 수준으로 지정할 수 있는 값은 다양한데, 심각한 정도를 오름차순으로 나열하면 debug, info, notice, warning, err, crit, alert, emerg 등이 있다. 표준 Go 라이브러리의 log 패키지는 로그 수준을 지원하지 않는다. 로그 종류란 로그 정보의 범주를 의미한다. 로그 종류 값으로 auth, authpriv, cron, daemon, kern, lpr, mail, mark, news, syslog, user, UUCP, local0, local1, local2, local3, local4, local5, local6, local7 등이 있다. 이 값은 /etc/syslog.conf나 /etc/rsyslog.conf 파일에 있거나 유닉스 머신의 시스템 로그 서버 프로세스에서 별도로 지정한 파일에 정의돼 있다. 따라서 로그 종류를 제대로 정의하지 않으면 프로그램에서 보낸 로그 메시지가 처리되지 않아 사라질 수도 있다.

log 패키지는 로그 메시지들을 유닉스의 표준 에러로 보낸다. log 패키지의 일부인 log/syslog 패키지는 로그 메시지들을 시스로그syslog 서버로 보낸다. 기본적으로 log는 표준 에러에 로그 메시지를 쓰지만 log.SetOutput()을 이용하면 동작을 바꿀 수

---

2. systemd의 로그 시스템이다. — 옮긴이

있다. 로그 데이터를 보내는 함수들은 log.Printf(), log.Print(), log.Println(), log.Fatalf(), log.Fatalln(), log.Panic(), log.Panicln(), log.Panicf() 등이 있다.

NOTE

로그는 라이브러리가 아니라 애플리케이션 코드에서 기록해야 한다. 라이브러리를 개발하고 있다면 로그 출력을 포함하지 말자.

시스템 로그를 쓰려면 적절한 매개변수로 syslog.New()를 호출해야 한다. syslog.LOG_SYSLOG 옵션과 함께 syslog.New()를 호출하기만 하면 시스템 로그 파일에 기록할 수 있다. 그런 다음에 log.SetOutput() 함수를 호출해 로그 정보를 새로운 곳에 보낸다고 Go 프로그램에 알려줘야 한다. 다음 코드에서 이런 과정을 확인할 수 있다. 좋아하는 텍스트 에디터로 코드를 작성하고 systemLog.go로 저장하자.

```go
package main

import (
  "log"
  "log/syslog"
)

func main() {
  sysLog, err := syslog.New(syslog.LOG_SYSLOG, "systemLog.go")

  if err != nil {
    log.Println(err)
    return
  } else {
    log.SetOutput(sysLog)
    log.Print("Everything is fine!")
  }
}
```

`log.SetOutput()`을 호출하고 난 뒤에 모든 로그 정보는 `syslog` 변수에 전달돼 `syslog.LOG_SYSLOG`에 로그를 남긴다. 앞의 프로그램으로부터 생성된 로그 항목에서 `syslog.New()`의 두 번째 매개변수에 명시된 텍스트도 함께 남는다.

> **TIP**
>
> 보통 로그 데이터는 사용자가 정의한 파일에 저장한다. 관련된 정보를 모아 처리하거나 조사하기 쉽기 때문이다.

systemLog.go를 실행하면 아무것도 출력되지 않는다. 그러나 맥OS Big Sur 환경에서 시스템 로그를 찾아보면 /var/log/system.log에서 다음과 같은 로그를 찾을 수 있다.

```
Dec  5 16:20:10 iMac systemLog.go[35397]: 2020/12/05 16:20:10
Everything is fine!
Dec  5 16:43:18 iMac systemLog.go[35641]: 2020/12/05 16:43:18
Everything is fine!
```

대괄호 안의 숫자는 로그를 쓴 프로세스의 ID를 의미한다. 위 예제의 35397과 35641이 프로세스의 ID다.

비슷하게 리눅스 환경에서는 `journalctl -xe`를 실행해 다음과 비슷한 결과를 얻을 수 있다.

```
Dec 05 16:33:43 thinkpad systemLog.go[12682]: 2020/12/05 16:33:43
Everything is fine!
Dec 05 16:46:01 thinkpad systemLog.go[12917]: 2020/12/05 16:46:01
Everything is fine!
```

사용하고 있는 운영체제에 따라 결과가 약간 달라질 수 있지만 기본적인 내용은 같다.

좋은 사람과 좋은 소프트웨어에게도 나쁜 일은 항상 일어난다. 따라서 다음 절은 Go 프로그램에서 생긴 나쁜 일들을 처리하는 방법을 다룬다.

log.Fatal()과 log.Panic()

log.Fatal() 함수는 무언가 잘못된 일이 발생했을 때 상황을 보고한 다음 즉시 프로그램을 종료하는 데 사용한다. log.Fatal()을 호출하면 log.Fatal()이 호출된 지점에서 에러 메시지를 출력한 다음 프로그램이 종료된다. 대부분의 경우 에러 메시지는 파일 접근 불가, 매개변수 부족 등이 될 수 있다. 또한 log.Fatal()을 호출하면 0이 아닌 종료 코드를 반환하는데, 이는 유닉스에서 에러로 인식한다.

프로그램이 완전히 실패하는 상황이라면 실패에 관련해 최대한 많은 정보를 얻고 싶을 것이다. log.Panic()은 이전에 접근한 파일에 다시 접근할 수 없거나 디스크 공간이 부족할 때와 같이 정말 예상치 못한 일이 일어난 것을 알려준다. log.Fatal()처럼 log.Panic()도 에러 메시지를 출력하고 즉시 프로그램을 종료한다.

log.Panic()은 log.Print() 호출 이후에 panic()을 호출하는 것과 동일하다. panic()은 Go의 기본 함수로, 현재 함수의 실행을 멈추고 패닉에 빠진다. 그런 다음 함수가 호출된 곳으로 돌아간다. 반면 log.Fatal()은 log.Print()를 호출한 다음 os.Exit(1)을 호출한다. 따라서 프로그램 전체가 즉시 종료된다.

다음의 코드를 포함하는 logs.go 파일에서 log.Fatal()과 log.Panic()의 사용법을 확인할 수 있다.

```
package main

import (
  "log"
  "os"
)

func main() {
  if len(os.Args) != 1 {
    log.Fatal("Fatal: Hello World!")
  }
```

```
        log.Panic("Panic: Hello World!")
    }
```

커맨드라인 인수 없이 logs.go를 실행하면 log.Panic()이 호출된다. 커맨드라인 인수와 함께 호출하면 log.Fatal()이 호출된다. 다음과 같이 아치리눅스^{Arch Linux} 환경에서의 결과를 확인할 수 있다.

```
$ go run logs.go
2020/12/03 18:39:26 Panic: Hello World!
panic: Panic: Hello World!

goroutine 1 [running]:
log.Panic(0xc00009ef68, 0x1, 0x1)
        /usr/lib/go/src/log/log.go:351 +0xae
main.main()
        /home/mtsouk/Desktop/mGo3rd/code/ch01/logs.go:12 +0x6b
exit status 2
$ go run logs.go 1
2020/12/03 18:39:30 Fatal: Hello World!
exit status 1
```

log.Panic()은 Go 코드에서 발생한 문제를 해결하는 데 도움을 줄 수 있는 추가적인 저수준 정보를 포함하고 있다.

커스텀 로그 파일 작성

대부분의 경우 특히 실제 환경에 배포된 애플리케이션과 서비스에서는 원하는 로그 파일에 로그 메시지를 쓰고 싶을 때가 많다. 시스템 로그 파일에 디버깅용 데이터를 쓰고 싶지 않고 직접 남긴 로그를 시스템 로그와 분리해서 일래스틱서치^{Elasticsearch}나 데이터베이스에 저장하고 싶기 때문이다. 이 절에서는 커스텀 로그 파일에 애플리케이션 로그 메시지를 쓰는 방법을 알아본다.

파일 입출력은 6장에서 다룬다. 하지만 파일에 정보를 저장하는 것은 Go 코드를 디버깅하는 데 매우 유용하므로 1장에서 언급한다.

로그 파일의 경로는 전역 변수 LOGFILE에 하드코딩된다. 파일 시스템이 망가지는 것을 방지할 수 있도록 로그 파일은 /tmp 디렉터리에 저장한다. /tmp 디렉터리는 시스템 재부팅 이후에 정리되기 때문에 보통은 데이터를 저장하는 데 사용하지 않는다.

또한 /tmp 디렉터리에 로그를 저장하면 중요한 디렉터리인 시스템 디렉터리에 필요 없는 파일이 남지도 않고 customLog.go를 루트 권한으로 실행할 필요도 없다.

다음 코드를 작성하고 customLog.go로 저장하자.

```go
package main

import (
    "fmt"
    "log"
    "os"
    "path"
)

func main() {
    LOGFILE := path.Join(os.TempDir(), "mGo.log")
    f, err := os.OpenFile(LOGFILE, os.O_APPEND|os.O_CREATE|os.O_WRONLY, 0644)
    // os.OpenFile()을 호출하면 작성할 로그 파일이 만들어진다.
    // 파일이 이미 있다면 파일을 열어 파일의 끝에 새 데이터를 추가한다(os.O_APPEND).
    if err != nil {
        fmt.Println(err)
        return
    }
    defer f.Close()
```

defer 키워드와 함께 작성한 구문은 현재 함수가 끝나기 전에 실행된다. 예제에서는 main() 함수가 끝나기 바로 전에 f.Close()가 실행될 것이다. defer는 6장에서 자세히 다룬다.

```go
    iLog := log.New(f, "iLog ", log.LstdFlags)
    iLog.Println("Hello there!")
    iLog.Println("Mastering Go 3rd edition!")
}
```

마지막 세 줄에서는 열린 파일(f 변수)을 이용해 새 로그 파일을 생성하고 Println() 을 이용해 두 개의 메시지를 쓴다.

NOTE

> customLog.go를 실제 애플리케이션에서 사용한다면 LOGFILE의 경로를 적절히 바꿔야 한다.

customLog.go를 실행하면 아무 결과도 나오지 않는다. 하지만 로그 파일에 기록된 내용이 중요하다.

```
$ cat /tmp/mGo.log
iLog 2020/12/05 17:31:07 Hello there!
iLog 2020/12/05 17:31:07 Mastering Go 3rd edition!
```

로그 항목에 줄 번호 출력

이 절에서는 로그 항목을 기록하는 소스코드의 줄 번호와 파일명을 출력하는 방법을 알아본다.

해당 기능은 log.New()나 SetFlags()의 log.Lshortfile 매개변수를 사용해 구현할 수 있다. log.Lshortfile 플래그는 로그 항목을 출력하는 소스코드의 파일명과 줄 번호를 로그에 추가한다. log.Lshortfile 대신 log.Llongfile을 사용하면 Go

소스코드 파일의 전체 경로가 출력되지만 보통 전체 경로를 출력할 필요는 없다.

다음 코드를 작성하고 customLogLineNumber.go로 저장하자.

```go
package main

import (
    "fmt"
    "log"
    "os"
    "path"
)

func main() {
    LOGFILE := path.Join(os.TempDir(), "mGo.log")
    f, err := os.OpenFile(LOGFILE, os.O_APPEND|os.O_CREATE|os.O_WRONLY, 0644)

    if err != nil {
        fmt.Println(err)
        return
    }
    defer f.Close()

    LstdFlags := log.Ldate | log.Lshortfile
    iLog := log.New(f, "LNum ", LstdFlags)
    iLog.Println("Mastering Go, 3rd edition!")

    iLog.SetFlags(log.Lshortfile | log.LstdFlags)
    iLog.Println("Another log entry!")
}
```

프로그램이 실행되는 동안 로그 항목의 형식을 바꾸는 것도 가능하다. 필요하다면 `iLog.SetFlags()`를 여러 번 호출해서 더 많은 분석용 정보를 로그에 남길 수도 있다.

customLogLineNumber.go을 실행하면 아무것도 출력되지 않지만 **LOGFILE** 전역 변

수에 명시된 파일 경로에서 다음의 로그 항목이 저장된다.

```
$ cat /tmp/mGo.log
LNum 2020/12/05 customLogLineNumber.go:24: Mastering Go, 3rd edition!
LNum 2020/12/05 17:33:23 customLogLineNumber.go:27: Another log entry!
```

환경에 따라 다른 결과가 나올 확률이 높고 다른 결과가 나오더라도 문제가 있는 것은 아니다.

∷ 제네릭 개요

이 절에서는 앞으로 Go에 추가될 기능인 Go 제네릭^{generics}을 다룬다. 현재 Go 커뮤니티에서 제네릭 관련 논의를 진행하고 있다. 하지만 논의 결과와 상관없이 제네릭의 동작 방식과 철학을 알아두면 도움이 된다.

NOTE

> 제네릭은 Go 언어에서 가장 요청이 많았던 기능이었다. 책을 작성하는 시점에서 Go 1.18 버전에 제네릭을 포함하기로 결정됐다.

Go 언어를 비롯해 제네릭을 지원하는 다른 프로그래밍 언어의 기본 아이디어는 같은 작업을 수행하는 여러 데이터 타입에서 데이터 타입마다 각각 다른 코드를 작성할 필요가 없다는 것이다.

현재 `fmt.Println()`과 같이 여러 데이터 타입을 지원하는 함수는 빈 인터페이스와 리플렉션을 이용한다. 인터페이스와 리플렉션은 4장에서 다룬다.

그러나 모든 프로그래머에게 여러 데이터 타입을 지원하기 위한 많은 함수와 메서드를 구현하도록 요구하는 것은 좋은 해결책이 아니다. 제네릭은 인터페이스와 리플렉션 대신 여러 데이터 타입을 지원하고자 사용할 수 있다. 다음 코드는 제네릭이 어떤 상황에서 유용한지 보여준다.

```go
package main

import (
  "fmt"
)

func Print[T any](s []T) {
  for _, v := range s {
    fmt.Print(v, " ")
  }
  fmt.Println()
}

func main() {
  Ints := []int{1, 2, 3}
  Strings := []string{"One", "Two", "Three"}
  Print(Ints)
  Print(Strings)
}
```

Print() 함수는 함수 이름 뒤에 제네릭 변수 [T any]를 사용한다는 것을 명시하고 매개변수로 제네릭 변수를 사용한다. [T any]를 사용했기 때문에 Print()는 모든 타입의 슬라이스에 적용할 수 있다. 그러나 슬라이스가 아닌 입력에서는 작동하지 않는다. 그렇지만 여전히 다른 데이터 타입의 슬라이스를 지원해야 할 때 Print()를 사용하면 각 데이터 타입의 슬라이스를 지원할 수 있도록 여러 개의 함수를 구현할 필요가 없다. 이것이 제네릭의 기본 개념이다.

NOTE

> 4장에서 빈 인터페이스와 빈 인터페이스를 통해 모든 데이터 타입을 받는 방법을 알아본다. 그러나 빈 인터페이스는 특정 데이터 타입을 다룰 때 추가적인 코드가 필요하다.

제네릭 관련 유용한 사실은 다음과 같다.

- 항상 제네릭이 필요한 것은 아니다.

- 제네릭을 사용하더라도 이전처럼 Go를 사용할 수 있다.

- 제네릭 코드를 완전히 제네릭이 없는 코드로 대체할 수 있다. 그런데 제네릭을 사용하지 않고 추가적인 코드를 작성하고 싶은가?

- 코드와 설계가 더 간단해질 때만 제네릭을 사용해야 한다고 생각한다. 반복적이지만 간단한 코드가 애플리케이션을 느리게 만드는 추상화보다 낫다.

- 제네릭을 사용하는 함수에서 사용할 수 있는 데이터 타입을 제한해야 할 때도 있다. 모든 데이터 타입이 같은 일을 하는 것이 아니기 때문에 전혀 나쁜 일이 아니다. 일반적으로 제네릭은 처리하는 데이터 타입들이 일부 특성을 공유할 때 유용하게 쓸 수 있다.

제네릭에 익숙해지고 모든 잠재력을 활용하는 데까지는 시간이 필요하다. 그러니 여유를 가져도 된다. 제네릭은 13장에서 더 자세히 다룬다.

⫶ 기초적인 전화번호부 애플리케이션 개발

이 절에서는 지금까지 배운 것들을 활용해보고자 Go로 기초적인 전화번호부 애플리케이션을 만들어본다. 다음 애플리케이션은 Go 코드 내부에 하드코딩한 데이터를 검색하는 커맨드라인 유틸리티다. 이 유틸리티는 성(surname)을 입력받아 검색되는 전체 레코드 또는 레코드의 리스트를 나열해주는 search와 list 두 가지 커맨드를 지원한다.

구현에는 다음과 같은 한계점이 있다.

- 데이터를 추가하거나 삭제하고 싶다면 소스코드를 바꿔야 한다.

- 데이터의 목록은 정렬된 상태로 표현할 수 없다. 3개 정도까지는 괜찮을 수 있지만 40개가 넘어가면 정렬이 제대로 되지 않는다.

- 외부 파일에 데이터를 저장하거나 외부 파일에서 불러올 수 없다.

- 하드코딩된 데이터를 사용하기 때문에 전화번호부를 바이너리 파일로 배포할 수 없다.

NOTE

> 책의 다음 장들에서 전화번호부 애플리케이션의 기능을 다용도로 발전시키고 잘 작동하게 만들 것이다.

phoneBook.go의 코드는 다음과 같이 요약할 수 있다.

- Name, Surname, Tel까지 3개의 필드를 갖는 사용자 정의 데이터 타입 구조체로 전화번호의 목록을 갖고 있다. 구조체는 값들을 하나의 데이터 타입으로 묶어서 하나의 객체로 주고받을 수 있다.

- 전화번호 데이터 구조체의 슬라이스를 갖고 있는 전역 변수 data가 있다.

- search와 list 커맨드 구현을 위한 두 개의 함수가 있다.

- 전역 변수 data의 내용은 main() 함수 안에서 append()를 사용해 정의한다. 필요에 따라 data 슬라이스의 내용을 추가하거나 삭제할 수 있다.

- 마지막으로 프로그램은 한 번에 하나의 작업만 수행할 수 있다. 여러 질의를 수행하고 싶다면 프로그램을 여러 번 실행해야 한다.

이제 phoneBook.go를 처음부터 자세히 살펴보자.

```
package main

import (
```

```
    "fmt"
    "os"
)
```

그런 다음 Entry라는 Go 구조체와 **data** 전역 변수를 선언한다.

```
type Entry struct {
    Name        string
    Surname     string
    Tel         string
}

var data = []Entry{}
```

다음에는 전화번호부의 기능을 지원하는 두 개의 함수를 정의하고 구현한다.

```
func search(key string) *Entry {
    for i, v := range data {
        if v.Surname == key {
            return &data[i]
        }
    }
    return nil
}

func list() {
    for _, v := range data {
        fmt.Println(v)
    }
}
```

search() 함수는 data 슬라이스를 선형으로 검색한다. 선형 검색은 느리지만 지금
은 많은 데이터 항목이 존재하지 않기 때문에 문제없다. list() 함수는 for 루프를
range와 함께 사용해 data 슬라이스의 내용을 출력한다. 항목의 인덱스는 출력할
필요가 없기 때문에 _ 문자를 사용해 인덱스는 생략하고 실제 데이터만 출력한다.

마지막으로 main() 함수를 구현한다. 첫 번째 부분은 다음과 같다.

```go
func main() {
    arguments := os.Args
    if len(arguments) == 1 {
        exe := path.Base(arguments[0])
        fmt.Printf("Usage: %s search|list <arguments>\n", exe)
        return
    }
```

exe 변수는 실행 파일의 경로를 갖고 있다. 프로그램 설명에서 실행 바이너리의
이름을 출력하면 전문적인 느낌이 난다.

```go
    data = append(data, Entry{"Mihalis", "Tsoukalos", "2109416471"})
    data = append(data, Entry{"Mary", "Doe", "2109416871"})
    data = append(data, Entry{"John", "Black", "2109416123"})
```

여기서 커맨드라인 인수가 존재하는지 체크한다. 커맨드라인 인수가 없다면
(len(arguments) == 1) 메시지를 출력하고 return을 호출해 프로그램을 종료한다.
커맨드라인 인수가 있다면 계속 진행하기 전에 준비된 데이터를 data 슬라이스에
넣어준다.

main() 함수의 나머지 구현은 다음과 같다.

```go
// 커맨드 구분하기
switch arguments[1] {
// search 커맨드
case "search":
  if len(arguments) != 3 {
    fmt.Println("Usage: search Surname")
    return
  }
  result := search(arguments[2])
  if result == nil {
    fmt.Println("Entry not found:", arguments[2])
    return
  }
  fmt.Println(*result)
// list 커맨드
case "list":
  list()
// 커맨드를 찾을 수 없는 경우의 응답
default:
  fmt.Println("Not a valid option")
  }
}
```

이 코드는 case 블록을 사용하는데, 여러 개의 중첩된 if 블록의 사용을 피하고 읽기 쉬운 코드를 작성하는 데 유용하게 활용할 수 있다. case 블록은 arguments[1]의 값을 조사해 프로그램에서 지원하는 두 개의 커맨드를 구분한다. 커맨드를 찾을 수 없을 때는 default 분기가 대신 실행된다. search 커맨드에서는 arguments[2]의 값도 살펴봐야 한다.

phoneBook.go를 다음과 같이 사용할 수 있다.

```
$ go build phoneBook.go
$ ./phoneBook list
{Mihalis Tsoukalos 2109416471}
{Mary Doe 2109416871}
{John Black 2109416123}
$ ./phoneBook search Tsoukalos
{Mihalis Tsoukalos 2109416471}
$ ./phoneBook search Tsouk
Entry not found: Tsouk
$ ./phoneBook
Usage: ./phoneBook search|list <arguments>
```

첫 번째 커맨드는 전화번호부의 목록을 출력하고 두 번째 커맨드는 성이 Tsoukalos
인 전화번호를 검색한다. 세 번째 커맨드는 전화번호부에 존재하지 않는 전화번호
를 검색하고 마지막 커맨드는 프로그램의 설명을 출력하고자 phoneBook.go를 인
수 없이 실행한다.

phoneBook.go는 한계점이 있지만 깔끔한 설계를 갖고 있어 확장하기 쉽고 예상대
로 동작하므로 발전시키기 좋다. 전화번호부 애플리케이션은 더 많은 개념을 배우
면서 계속 발전시킬 예정이다.

⁖⁖ 연습문제

- 1장에서 만든 which(1)은 첫 번째 실행 파일을 찾으면 종료된다. which.go를
  수정해서 가능한 모든 실행 파일을 찾을 수 있게 만들어보자.

- 현재 버전의 which.go는 첫 번째 커맨드라인 인수만 처리할 수 있다. which.
  go를 적절하게 수정해 여러 실행 바이너리를 입력받아 검색할 수 있게 만들어
  보자.

- https://golang.org/pkg/fmt/에서 fmt 패키지의 문서를 읽어보자.

⁂ 요약

Go를 처음 사용한다면 1장을 통해 Go의 장점, Go 코드의 생김새에 더불어 변수, 반복, 흐름 제어, Go 동시성 모델과 같은 중요한 특성도 이해할 수 있었을 것이다. 이미 Go를 알고 있었다면 1장을 통해 Go의 장점과 Go를 사용하기 좋은 소프트웨어의 종류를 다시 생각해볼 수 있었을 것이다. 마지막에는 기초적인 전화번호부 애플리케이션을 만들어보면서 지금까지 배운 내용들을 활용해봤다.

2장에서는 Go의 기본 데이터 타입을 더 자세히 살펴본다.

⁂ 참고 자료

- Go 공식 웹 사이트: https://golang.org/

- Go Playground: https://play.golang.org/

- log 패키지: https://golang.org/pkg/log/

- 일래스틱서치 비츠^{Elasticsearch Beats}: https://www.elastic.co/beats/

- 그라파나 로키^{Grafana Loki}: https://grafana.com/oss/loki/

- 마이크로소프트 비주얼 스튜디오^{Microsoft Visual Studio}: https://visualstudio.microsoft.com/

- Go 표준 라이브러리: https://golang.org/pkg/

02

기본 타입

데이터는 변수에 저장하고 사용하며 모든 Go 변수에는 명시적이거나 암시적인 데이터 타입이 있다. Go 내장 데이터 타입을 배우면 간단한 데이터를 다룰 수 있게 되고 더 복잡한 데이터 구조를 구성해 간단한 데이터 타입으로는 충분하지 않거나 효율적으로 해결할 수 없는 작업을 수행할 수 있다.

2장에서는 Go의 기본 데이터 타입 및 같은 타입의 데이터를 묶은 데이터 구조들을 다룬다. 하지만 먼저 구체적인 질문을 해보자. 커맨드라인 인수에서 데이터를 읽고 싶을 때 어떻게 읽은 데이터가 원하는 타입의 데이터라는 걸 확신할 수 있을까? 에러 상황을 어떻게 처리할까? 숫자와 문자열뿐만 아니라 시간과 날짜를 커맨드라인에서 읽을 수 있을까? 시간과 날짜를 다룰 수 있게 직접 파서를 작성해야 할까?

2장에서는 다음과 같은 3개의 유틸리티를 구현해보면서 위의 모든 질문에 답변할 것이다.

- 날짜와 시간을 파싱하는 커맨드라인 유틸리티

- 난수와 문자열을 만들어내는 유틸리티

- 임의로 만들어진 데이터를 갖고 있는 전화번호부 애플리케이션의 새 버전

2장에서 다루는 내용은 다음과 같다.

- error 타입

- 숫자 타입

- 숫자가 아닌 타입

- 상수

- 비슷한 데이터 묶기

- 포인터

- 난수 생성

- 전화번호부 애플리케이션 업데이트

에러는 Go에서 중요한 역할을 맡고 있기 때문에 error 타입으로 2장을 시작한다.

⁑ error 타입

Go는 에러 조건과 에러 메시지를 표현하는 특별한 데이터 타입인 error 타입을 제공한다. 실제로 Go에서 에러는 값으로 취급한다. Go 프로그램을 잘 만들려면 사용하는 함수와 메서드에서 발생하는 에러를 잘 알고 있어야 하며 실제로 에러가 발생하면 잘 처리해야 한다.

1장에서 배웠던 것처럼 Go에서 error 변수의 값이 nil이면 에러가 없다는 뜻이다. 예를 들어 strconv.Atoi()로 문자열 값을 정수 값으로 바꾼다고 생각해보자(Atoi는

ASCII to Int를 의미한다). 함수 시그니처에 명시된 것처럼 strconv.Atoi()는 (int, error)를 반환한다. 반환된 error가 nil이라면 변환이 성공했고 int 값을 사용할 수 있다는 의미다. error 값이 nil이 아니라면 변환이 실패했으며 입력된 문자열을 정수로 변환할 수 없음을 의미한다.

직접 에러 메시지를 만들려면 어떻게 해야 할까? 커스텀 에러를 반환하려면 errors 패키지의 errors.New()를 사용하면 된다. 보통 이 방식은 main()이 아닌 함수에서 사용하는데, main()에서는 아무 값도 반환하지 않기 때문이다. 또한 직접 만든 Go 패키지 내부에 커스텀 에러를 정의하는 것이 좋다.

fmt.Errorf() 함수를 사용하면 에러 메시지들을 fmt.Printf()와 같은 형식으로 표현할 수 있다. fmt.Errorf()를 사용하면 쉽게 에러 메시지를 만들 수 있고 errors.New()처럼 에러 값을 반환한다.

그리고 이제 중요한 이야기를 할 시간이다. 각 애플리케이션에서는 미리 정해진 에러 처리 전략을 갖고 있어야 하고 다음 항목들을 생각해야 한다.

- 모든 에러 메시지는 같은 수준에서 처리해야 한다. 호출한 함수로 에러를 반환하는 방식 또는 에러가 발생한 곳에서 처리하는 방식 중 한 가지 방식으로만 모든 에러를 처리해야 한다.

- 치명적인 에러를 어떻게 처리하는지 명확하게 문서화해야 한다. 치명적인 에러가 발생하면 프로그램이 종료될 때도 있고 화면에 경고 메시지를 출력할 때도

있기 때문이다.

- 발생하는 모든 에러 메시지를 로그 서비스로 보내는 것도 좋은 방식이다. 나중에 로그 서비스를 통해 에러 메시지를 조사할 수 있기 때문이다. 그러나 클라우드 환경의 앱에서는 잘 적용되지 않을 수도 있으므로 주의해서 설정해야 한다.

> 실제 error 데이터 타입은 인터페이스로 정의돼 있다. 인터페이스는 4장에서 다룬다.

좋아하는 에디터에 다음 코드를 입력하고 이번 장의 코드를 저장할 디렉터리에 error.go로 저장하자. ch02를 디렉터리 이름으로 하는 것을 추천한다.

```go
package main

import (
  "errors"
  "fmt"
  "os"
  "strconv"
)
```

첫 번째 부분은 프로그램의 도입부다. error.go는 fmt, os, strconv, errors 패키지를 사용한다.

```go
// errors.New()로 커스텀 에러 메시지 만들기
func check(a, b int) error {
  if a == 0 && b == 0 {
    return errors.New("this is a custom error message")
  }
  return nil
}
```

이 코드에서는 에러를 반환하는 check()라는 함수를 구현했다. check()의 두 입력 값이 모두 0이라면 함수는 errors.New()를 사용한 커스텀 에러 메시지를 반환한다. 나머지 경우에서는 모든 것이 문제가 없다는 의미로 nil을 반환한다.

```go
// fmt.Errorf()로 커스텀 에러 메시지 만들기
func formattedError(a, b int) error {
  if a == 0 && b == 0 {
    return fmt.Errorf("a %d and b %d. UserID: %d", a, b, os.Getuid())
  }
  return nil
}
```

이 코드에서는 fmt.Errorf()를 이용해 변형된 에러 메시지를 반환하는 함수인 formattedError()를 구현했다. 에러 메시지는 os.Getuid()를 호출해 프로그램을 실행한 사용자의 ID를 함께 출력한다. 커스텀 에러 메시지를 만들고 싶을 때 fmt.Errorf()를 사용하면 출력을 더 자유롭게 만들 수 있다.

```go
func main() {
  err := check(0, 10)
  if err == nil {
    fmt.Println("check() ended normally!")
  } else {
    fmt.Println(err)
  }

  err = check(0, 0)
  if err.Error() == "this is a custom error message" {
    fmt.Println("Custom error detected!")
  }

  err = formattedError(0, 0)
  if err != nil {
```

```
        fmt.Println(err)
    }

    i, err := strconv.Atoi("-123")
    if err == nil {
        fmt.Println("Int value is", i)
    }

    i, err = strconv.Atoi("Y123")
    if err != nil {
        fmt.Println(err)
    }
}
```

이 코드의 main() 함수에서 if err != nil 구문과 if err == nil 구문을 여러 번 사용해 코드를 실행하기 전에 모든 것이 올바르게 작동하고 있는지 확인할 수 있다.

error.go를 실행하면 다음과 같은 결과가 나온다.

```
$ go run error.go
check() ended normally!
Custom error detected!
a 0 and b 0. UserID: 501
Int value is -123
strconv.Atoi: parsing "Y123": invalid syntax
```

이제 error 데이터 타입과, 어떻게 커스텀 에러를 만드는지, 에러 값을 어떻게 사용하는지 알게 됐다. 계속해서 Go의 기본 데이터 타입을 숫자와 숫자가 아닌non-numeric 두 가지 카테고리로 나눠 알아보자. Go는 true와 false만 값으로 갖고 있는 bool 데이터 타입도 지원한다.

::: 숫자 데이터 타입

Go는 메모리 공간을 차지하는 방식에 따른 여러 가지의 정수, 부동소수점, 복소수 타입을 지원한다. 용도에 맞게 여러 가지 방식으로 저장하므로 메모리와 계산 시간을 절약할 수 있다. 정수 데이터 타입은 부동소수점과는 다르게 부호가 존재할 수도 있고[signed] 존재하지 않을 수도[unsigned] 있다.

다음 표는 Go의 숫자 타입들이 나와 있다.

데이터 타입	설명
int8	8비트 부호 있는 정수
int16	16비트 부호 있는 정수
int32	32비트 부호 있는 정수
int64	64비트 부호 있는 정수
int	32 또는 64비트 부호 있는 정수
uint8	8비트 부호 없는 정수
uint16	16비트 부호 없는 정수
uint32	32비트 부호 없는 정수
uint64	64비트 부호 없는 정수
uint	32 또는 64비트 부호 없는 정수
float32	32비트 부동소수점 숫자
float64	64비트 부동소수점 숫자
complex64	float32 타입들로 구성된 복소수
Complex128	float64 타입들로 구성된 복소수

int와 uint 타입은 매우 특별한데, 이들의 크기는 Go가 자동으로 플랫폼에 따라 32비트 또는 64비트 중 가장 효율적인 크기로 정의해준다. 타입의 유연성으로 인해

int 타입은 Go에서 가장 널리 사용하는 데이터 타입이다.

다음 코드에서는 숫자 데이터 타입을 활용해본다. 책의 깃허브 저장소에 있는 ch02 디렉터리의 numbers.go에서 전체 프로그램을 찾을 수 있다.

```go
func main() {
    c1 := 12 + 1i
    c2 := complex(5, 7)
    fmt.Printf("Type of c1: %T\n", c1)
    fmt.Printf("Type of c2: %T\n", c2)
```

이 코드에서 두 개의 복소수를 다른 방식으로 생성했다. 두 방식 모두 완전히 유효하며 의미상으로 동일한 방식이다. 수학을 좋아하지 않는다면 복소수를 프로그램에서 다룰 일은 없을 것이다. 하지만 복소수가 존재한다는 사실은 Go가 현대적인 언어라는 것을 잘 보여준다.

```go
    var c3 complex64 = complex64(c1 + c2)
    fmt.Println("c3:", c3)
    fmt.Printf("Type of c3: %T\n", c3)
    cZero := c3 - c3
    fmt.Println("cZero:", cZero)
```

이 코드는 복소수 두 쌍을 더하고 빼는 코드다. cZero의 값은 0이지만 여전히 복소수이며 complex64 타입의 변수다.

```go
    x := 12
    k := 5
    fmt.Println(x)
    fmt.Printf("Type of x: %T\n", x)
```

```
    div := x / k
    fmt.Println("div", div)
```

여기서는 x와 k 두 개의 정수 변수를 정의했다. x와 k의 타입은 각 변수들의 초깃값에 기반을 두고 결정된다. 두 변수 모두 Go가 정수 타입을 저장하는 데 선호하는 int 타입으로 저장된다. 또한 두 정수를 나눴을 때 완벽하게 나눠떨어지지 않더라도 결과 또한 정수 타입이 된다. 정수 타입의 결과를 원하지 않을 수도 있으므로 두 정수를 나눌 때엔 특별히 신경 써야 한다. 다음 코드에서 확인해보자.

```
    var m, n float64
    m = 1.223
    fmt.Println("m, n:", m, n)

    y := 4 / 2.3
    fmt.Println("y:", y)

    divFloat := float64(x) / float64(k)
    fmt.Println("divFloat", divFloat)
    fmt.Printf("Type of divFloat: %T\n", divFloat)
}
```

이 코드는 float64 값과 변수들을 다룬다. n은 초깃값을 갖고 있지 않으므로 해당 타입의 제로 값으로 자동 초기화된다. 이 경우는 float64 타입의 제로 값인 0으로 초기화된다.

또한 코드는 정수를 나누고 부동소수점 결과를 얻을 수 있게 float64()를 사용하는 방법을 알려준다. divFloat := float64(x) / float64(k)에서 두 정수 x와 k는 float64 값으로 타입 변환된다. float64 두 개를 나눈 결과는 float64이므로, 원하는 타입의 결과를 얻게 된다.

numbers.go를 실행하면 다음과 같은 결과를 얻는다.

```
$ go run numbers.go
Type of c1: complex128
Type of c2: complex128
c3: (17+8i)
Type of c3: complex64
cZero: (0+0i)
12
Type of x: int
div 2
m, n: 1.223 0
y: 1.7391304347826086
divFloat 2.4
Type of divFloat: float64
```

c1과 c2 모두 complex128 값이며, 이는 코드를 실행하는 환경에서 선호하는 복소수 데이터 타입이 complex128 타입이라는 것을 나타낸다. 그러나 c3는 complex64()를 이용해 생성했으므로 complex64 타입이다. n은 초기화되지 않았으므로 Go가 자동으로 해당 타입의 제로 값으로 초기화해 값이 0이다.

숫자 타입에 대해 배웠으니 다음 주제인 숫자가 아닌 데이터 타입을 알아보자.

⠿ 숫자가 아닌 데이터 타입

Go는 문자열, 문자, 룬^{Runes}, 날짜, 시간 타입을 지원한다. 그러나 Go는 char 타입이 존재하지는 않는다. 문자열 관련 타입들부터 알아보자.

TIP

> Go에서 날짜와 시간은 같은 데이터 타입으로 표현된다. 그러나 변수에서 날짜 및 시간 중 일부 정보만 사용해도 무방하다.

문자열, 문자, 룬

Go는 문자열을 표현하고자 string 타입을 사용한다. Go 문자열은 바이트의 모음이고, 한 번에 접근할 수도 있고 배열 형태로 접근할 수도 있다. 한 바이트는 아무 아스키^{ASCII} 문자를 저장할 수 있다. 그러나 유니코드^{Unicode} 문자를 저장하려면 보통 여러 바이트가 필요하다.

요즘에는 유니코드 문자열 지원 기능이 흔히 요구되는데, Go는 기본적으로 유니코드를 지원할 수 있게 설계됐고 이로 인해 룬 타입이 있다. 룬은 int32 값이며 하나의 유니코드 코드 포인트를 표현하고자 사용한다. 유니코드 코드 포인트는 보통 하나의 유니코드 문자를 표현하고 가끔은 포맷 정보를 포함하고 있다.

TIP

> rune은 int32 값이지만 Go는 두 타입을 완전히 다른 것으로 인식하기 때문에 rune과 int32 사이에서 비교 연산을 수행할 수는 없다.

주어진 문자열에서 []byte("A String") 구문을 사용해 새 바이트 슬라이스를 만들수 있다. 바이트 슬라이스 변수 b가 주어졌다면 string(b) 구문을 사용해 문자열로 변환할 수 있다. 유니코드 문자가 포함된 바이트 슬라이스를 다룰 때 대부분의 유니코드 문자가 2개 이상의 바이트로 표현되기 때문에 바이트 슬라이스에 포함된 바이트의 개수가 항상 문자열의 길이와 일치하지는 않는다. 결과적으로 바이트 슬라이스의 각 바이트를 fmt.Println()이나 fmt.Print()를 이용해 출력하면 문자가 아니라 숫자 값으로 출력된다. 바이트 슬라이스의 내용을 텍스트로 출력하고 싶다면 string(byteSliceVar)을 이용하거나 fmt.Println()과 %s를 사용해 문자열 형태로 출력해야 한다. 새로운 바이트 슬라이스를 원하는 문자열로 초기화하려면 []byte("My Initialization String")과 같은 구문을 사용하면 된다.

NOTE

> 바이트 슬라이스는 '바이트 슬라이스' 절에서 더 자세히 다룬다.

룬은 r := '€'처럼 작은따옴표를 사용해 정의할 수 있고 해당하는 정수 값은 fmt.Println(r)을 이용해 출력할 수 있다. 예제의 값은 8364다. 유니코드 문자 형태로 출력하려면 fmt.Printf()에서 %c를 사용해야 한다.

문자열은 배열 형태로 접근할 수 있으므로 for 루프를 이용해 룬을 반복할 수도 있고, 문자열에서의 위치를 아는 경우 특정 문자만 접근할 수 있다. 문자열의 길이는 문자열에 포함된 문자의 개수와 같지만 바이트 슬라이스의 길이와는 일치하지 않는다. 이는 유니코드 문자가 보통 하나보다 많은 바이트로 표현되기 때문이다.

다음 Go 코드는 문자열과 룬을 사용하는 방법을 보여준다. 전체 프로그램은 책의 깃허브 저장소에 있는 ch02 디렉터리의 text.go에서 볼 수 있다.

프로그램의 첫 부분은 유니코드 문자를 포함하는 문자열을 정의하고, 배열을 사용하는 것처럼 첫 번째 문자에 접근한다.

```go
func main() {
    aString := "Hello World! €"
    fmt.Println("First character", string(aString[0]))
```

다음 부분에서는 룬을 다룬다.

```go
    // 룬 타입
    // 하나의 룬 문자
    r := '€'
    fmt.Println("As an int32 value:", r)
    // 룬 문자를 텍스트로 변환하기
    fmt.Printf("As a string: %s and as a character: %c\n", r, r)

    // 문자를 룬 형태로 출력하기
    for _, v := range aString {
        fmt.Printf("%x ", v)
```

```
    }
    fmt.Println()
```

먼저 룬 문자 r을 정의한다. € 사이에 작은따옴표를 사용해 룬 문자임을 나타냈다. 룬은 int32 값이고 fmt.Println()에서 숫자 값으로 출력된다. fmt.Printf()에서 %c를 사용하면 룬을 문자 형태로 출력한다.

그런 다음 aString을 슬라이스나 배열처럼 for 루프와 range문을 사용해 반복하면서 룬 형태로 aString의 내용을 출력한다.

```
    // 존재하는 문자열을 문자 형태로 출력하기
    for _, v := range aString {
        fmt.Printf("%c", v)
    }
    fmt.Println()
}
```

마지막으로 aString을 슬라이스나 배열처럼 for 루프와 range문을 사용해 반복하면서 문자열 형태로 aString의 내용을 출력한다.

text.go를 실행하면 다음과 같은 결과를 얻는다.

```
$ go run text.go
First character H
As an int32 value: 8364
As a string: %!s(int32=8364) and as a character: €
48 65 6c 6c 6f 20 57 6f 72 6c 64 21 20 20ac
Hello World! €
```

결과의 첫 번째 줄에서 문자열을 배열처럼 사용할 수 있다는 것을 확인했고, 두 번째 줄에서는 룬이 정수 값이라는 것을 확인할 수 있었다. 세 번째 줄에서는 룬을 문자열이나 문자 형태로 각각 출력하면 어떤 결과가 나오는지, 올바르게 출력하려면 문자 형태로 출력해야 한다는 것을 확인했다. 다섯 번째 줄에서는 문자열을 룬 형태로 출력하는 방법을 살펴봤고, 마지막 줄에서는 문자열을 range와 for 루프로 처리하는 방법을 살펴봤다.

정수를 문자열로 변환

정수 값을 문자열로 변환하는 데는 string()을 사용하거나 strconv 패키지의 함수를 이용하는 두 가지의 방식이 있다. 그러나 두 방식에는 근본적인 차이가 있다. string() 함수는 정수 값을 유니코드 코드 포인트와 같은 값을 갖는 문자 하나로 변환한다. 반면 strconv.FormatInt()나 strconv.Itoa() 같은 함수는 정수 값을 해당 정수 값과 동일하게 표현하고 같은 개수의 문자를 갖는 문자열로 변환한다.

intString.go 프로그램에 이 차이가 잘 나타나 있다. 해당 프로그램에서 가장 중요한 부분은 다음과 같고, 전체 코드는 책의 깃허브 저장소에서 볼 수 있다.

```
input := strconv.Itoa(n)
input = strconv.FormatInt(int64(n), 10)
input = string(n)
```

intString.go를 실행하면 다음과 같은 결과를 얻는다.

```
$ go run intString.go 100
strconv.Itoa() 100 of type string
strconv.FormatInt() 100 of type string
string() d of type string
```

결과의 데이터 타입은 항상 문자열이지만 string()은 100을 100에 해당하는 아스키 표현 값인 d로 변환했다.

102

unicode 패키지

표준 Go 패키지인 unicode는 유니코드 코드 포인트를 다룰 수 있는 여러 가지 유용한 함수를 제공한다. 그중 unicode.IsPrint() 함수를 이용하면 문자열을 구성하는 룬 중에서 출력할 수 있는 부분을 알아낼 수 있다.

다음 코드에서 unicode 패키지의 기능을 알아보자.

```
for i := 0; i < len(sL); i++ {
    if unicode.IsPrint(rune(sL[i])) {
        fmt.Printf("%c\n", sL[i])
    } else {
        fmt.Println("Not printable!")
    }
}
```

룬의 리스트로 정의된 문자열("\x99\x00ab\x50\x00\x23\x50\x29\x9c")을 for 루프로 반복하면서 unicode.IsPrint()를 이용해 해당 문자를 출력할 수 있는지 판단해준다. 결과가 true라면 해당 룬은 출력 가능한 룬이다.

책의 깃허브 저장소에 있는 ch02 디렉터리의 unicode.go에서 코드를 찾을 수 있다. unicode.go를 실행하면 다음과 같은 결과가 나온다.

```
Not printable!
Not printable!
a
b
P
Not printable!
#
P
)
Not printable!
```

이 유틸리티는 입력을 필터링하거나 화면에 출력하기 전이나, 로그 파일에 저장하기 전 또는 네트워크로 데이터를 보내거나 데이터베이스에 저장하기 전에 데이터를 필터링하는 데 유용하게 사용할 수 있다.

strings 패키지

표준 Go 패키지인 strings를 이용하면 UTF-8 문자열을 조작할 수 있다. 이 패키지는 여러 가지 강력한 함수를 제공하며, 그중 많은 함수를 useStrings.go 소스 파일에서 살펴볼 수 있다. 해당 소스 파일은 깃허브 저장소에 있는 ch02 디렉터리에서 찾을 수 있다.

> **NOTE**
>
> 텍스트나 텍스트 처리를 하고 싶다면 strings 패키지의 세부 사항을 잘 알아둘 필요가 있다. 따라서 세부 동작을 익힐 수 있는 많은 예제를 이용해 관련 함수들을 실험해보고 확실하게 배워야한다.

useStrings.go에서 가장 중요한 부분은 다음과 같다.

```
import (
  "fmt"
  s "strings"
  "unicode"
)

var f = fmt.Printf
```

strings 패키지를 여러 번 사용할 예정이므로 편하게 사용하고자 s로 앨리어스^{alias}를 만들었다. fmt.Printf()도 같은 이유로 변수 f에 앨리어스를 만들었다. 이렇게 하면 코드에서 길고 반복되는 부분을 줄일 수 있다. Go를 배울 때는 이런 방식을 쓸 수 있지만 실제 소프트웨어에서는 코드를 읽기 힘들게 만들 수 있으므로 실무에서 권장하는 방법은 아니다.

코드의 첫 부분 중 일부는 다음과 같다.

```
f("EqualFold: %v\n", s.EqualFold("Mihalis", "MIHAlis"))
f("EqualFold: %v\n", s.EqualFold("Mihalis", "MIHAli"))
```

strings.EqualFold() 함수는 두 문자열은 대소문자 구별 없이 비교한 후 같으면 true, 같지 않으면 false를 반환한다.

```
f("Index: %v\n", s.Index("Mihalis", "ha"))
f("Index: %v\n", s.Index("Mihalis", "Ha"))
```

strings.Index() 함수는 첫 번째 매개변수로 주어진 문자열에서 두 번째 매개변수를 찾고 첫 번째로 발견된 곳의 인덱스를 반환한다. 검색에 실패하면 -1을 반환한다.

```
f("Prefix: %v\n", s.HasPrefix("Mihalis", "Mi"))
f("Prefix: %v\n", s.HasPrefix("Mihalis", "mi"))
f("Suffix: %v\n", s.HasSuffix("Mihalis", "is"))
f("Suffix: %v\n", s.HasSuffix("Mihalis", "IS"))
```

strings.HasPrefix() 함수는 첫 번째 매개변수로 주어진 문자열이 두 번째 문자열로 시작하는지 체크한다. 이 코드에서 처음 호출된 strings.HasPrefix()는 true를 반환하고 두 번째는 false를 반환한다.

비슷하게 strings.HasSuffix()는 주어진 문자열이 특정 문자열로 끝나는지 체크한다. 두 함수 모두 입력 문자열과 체크할 문자열 두 개의 매개변수가 필요하다.

```
t := s.Fields("This is a string!")
f("Fields: %v\n", len(t))
t = s.Fields("ThisIs a\tstring!")
f("Fields: %v\n", len(t))
```

strings.Fields() 함수는 주어진 문자열을 unicode.IsSpace()에 정의된 공백
^{whitespace}을 기준으로 분리하고 나눠진 문자열들의 슬라이스를 반환한다. 문자열이
공백만 포함한다면 빈 슬라이스를 반환한다.

```
f("%s\n", s.Split("abcd efg", ""))
f("%s\n", s.Replace("abcd efg", "", "_", -1))
f("%s\n", s.Replace("abcd efg", "", "_", 4))
f("%s\n", s.Replace("abcd efg", "", "_", 2))
```

strings.Split() 함수는 특정 문자열을 기준으로 주어진 문자열을 분리한다.
strings.Split()은 문자열 슬라이스를 반환한다. 함수의 두 번째 매개변수로 ""를
사용하면 문자열을 각각의 문자로 나눌 수 있다.

strings.Replace() 함수는 매개변수 네 개를 받는다. 첫 번째는 처리하려는 원본
문자열이다. 두 번째 매개변수는 기존 문자열에서 검색해 세 번째 매개변수로 대체
할 문자열을 지정한다. 마지막 매개변수는 교체할 최대 횟수를 지정한다. 이 값을
음수로 지정하면 무제한으로 교체할 수 있다.

```
f("SplitAfter: %s\n", s.SplitAfter("123++432++", "++"))

trimFunction := func(c rune) bool {
  return !unicode.IsLetter(c)
}
f("TrimFunc: %s\n", s.TrimFunc("123 abc ABC \t .", trimFunction))
```

strings.SplitAfter() 함수는 첫 번째 문자열을 두 번째 문자열을 기준으로 분리한다. 분리하는 기준이 되는 두 번째 문자열도 반환하는 슬라이스에 포함된다.

마지막 줄에서는 trimFunction이라는 트림^{trim} 함수를 정의하고 strings.TrimFunc()의 두 번째 매개변수로 사용했다. 트림 함수를 사용하면 원하는 값을 걸러낼 수 있다. 앞의 경우 unicode.IsLetter()를 사용했으므로 알파벳만 남게 된다.

useStrings.go를 실행하면 다음과 같은 결과를 얻는다.

```
To Upper: HELLO THERE!
To Lower: hello there
THis WiLL Be A Title!
EqualFold: true
EqualFold: false
Prefix: true
Prefix: false
Suffix: true
Suffix: false
Index: 2
Index: -1
Count: 2
Count: 0
Repeat: ababababab
TrimSpace: This is a line.
TrimLeft: This is a        line.
TrimRight:        This is a        line.
Compare: 1
Compare: 0
Compare: -1
Fields: 4
Fields: 3
[a b c d  e f g]
_a_b_c_d_ _e_f_g_
_a_b_c_d efg
_a_bcd efg
Join: Line 1+++Line 2+++Line 3
SplitAfter: [123++ 432++ ]
TrimFunc: abc ABC
```

https://golang.org/pkg/strings/에 있는 **strings** 패키지의 문서 페이지를 방문하면

함수의 전체 목록을 볼 수 있다. strings 패키지의 기능은 책의 다른 곳에서도 찾아 볼 수 있다.

strings와 텍스트를 다루는 방법은 충분히 알아봤으니 다음 절에서 날짜와 시간을 다루는 방법을 알아본다.

날짜와 시간

종종 항목이 사용된 마지막 시간이나 저장된 시간을 데이터베이스에 저장하고자 날짜와 시간 정보를 다뤄야 할 때도 있다. 따라서 Go에서 날짜와 시간을 다루는 방법을 알아둘 필요가 있다.

Go에서 시간과 날짜를 다루는 가장 좋은 방법은 나노초 단위의 정확도를 지원하는 time.Time 타입을 이용하는 것이다. 각각의 time.Time 값은 특정 지역(타임 존)을 포함하고 있다.

유닉스를 많이 사용해봤다면 유닉스 에포크^{epoch} 시간을 이미 알고 있을 것이다. 또한 유닉스 에포크 시간을 Go에서는 어떻게 사용할 수 있는지 궁금할 수도 있을 것이다. time.Now().Unix() 함수는 유닉스 에포크 시간을 반환하고 이는 1970년 1월 1일 00:00 UTC부터 지나간 시간을 초 단위로 나타낸 값이다. 유닉스 시간을 동일한 time.Time 값으로 변환하고 싶다면 time.Unix() 함수를 이용할 수 있다. 유닉스에 익숙하지 않고 유닉스 에포크 시간을 들어본 적이 없더라도 이제는 안다고 말할 수 있다.

NOTE

time.Since() 함수는 주어진 시간에서 지나간 시간을 계산하고 time.Duration 변수를 반환한다. duration 타입은 type Duration int64로 정의된다. Duration이 실제로는 int64 값이지만 Go는 암시적 타입 변환을 허용하기 않기 때문에 duration과 int64를 비교하거나 명시적 타입 변환 없이 대입할 수 없다.

Go와 날짜 및 시간에서 제일 중요한 주제는 Go가 문자열을 날짜와 시간으로 변환할 수 있도록 문자열을 파싱하는 방법이다. 보통 주어진 문자열을 유효한 날짜로 변환할 수 없기 때문이다. 파싱을 위해서는 time.Parse()를 사용하고 전체 함수 시그니처는 Parse(layout, value string) (Time, error)다. layout은 파싱할 문자열에 적용할 포맷 문자열이고 value는 파싱할 문자열이다. 반환하는 time.Time 값은 나노초 단위의 정확도를 갖고 날짜와 시간 정보를 모두 포함한다.

다음 표는 날짜와 시간을 파싱하고자 가장 널리 사용하는 포맷 문자열이다.

파싱할 값	의미
05	12시간제 값(12pm, 07am)
15	24시간제 값(23, 07)
04	분(55, 15)
05	초(5, 23)
Mon	요일의 줄임말(Tue, Fri)
Monday	요일(Tuesday, Friday)
02	날짜(15, 31)
2006	4자리 년도(2020, 2004)
06	년도 마지막 2자리(20, 04)
Jan	월 이름 줄임말(Feb, Mar)
January	전체 월 이름(July, August)
MST	시간대(EST, UTC)

표에 따라 30 January 2020 문자열을 파싱해 Go 날짜 변수로 변환하고 싶다면 02 January 2006을 포맷 문자열로 사용해야 한다. 30 January 2020과 같은 문자열을 파싱하고 싶다면 다른 포맷 문자열을 사용해서는 안 된다. 또한 15 August 2020 10:00 문자열을 파싱하고 싶다면 20 January 2006 15:04 포맷 문자열을 사용해야

한다. `time` 패키지(https://golang.org/pkg/time/) 문서에서 날짜와 시간을 파싱하는 방법의 더 자세한 정보를 알 수 있다. 하지만 보통은 앞에서 설명한 내용만으로도 충분하다.

날짜와 시간을 파싱하는 유틸리티

드물게 입력되는 값에 대해 아무것도 알지 못하는 경우도 있다. 입력값의 정확한 포맷을 알지 못한다면 가능한 여러 포맷으로 파싱을 시도해봐야 한다. 예제에서도 같은 방법을 사용한다. 시도해보는 포맷의 순서는 상관없다.

날짜만 포함하는 포맷 문자열이라면 시간 값은 자동으로 `00:00`으로 입력되는데, 이는 원하는 시간이 아닐 확률이 높다. 마찬가지로 시간만 포함하는 포맷이라면 날짜 정보를 사용하면 안 된다.

> **TIP**
>
> 포맷 문자열은 날짜와 시간을 원하는 포맷으로 출력하고자 사용할 수도 있다. 현재 날짜를 01-02-2006 포맷으로 출력하려면 `time.Now().Format("01-02-2006")`을 사용해야 한다.

다음 코드는 Go에서 에포크 시간을 다루고 날짜와 시간을 파싱하는 과정을 보여준다. 텍스트 파일을 만들고 다음 코드를 입력한 후 dates.go로 저장하자.

```go
package main

import (
    "fmt"
    "os"
    "time"
)
```

이 코드는 Go 소스 파일에서 항상 나타나는 도입부다.

```
func main() {
  start := time.Now()

  if len(os.Args) != 2 {
    fmt.Println("Usage: dates parse_string")
    return
  }
  dateString := os.Args[1]
```

이 코드에서는 사용자 입력을 받아 **dateString** 변수에 저장한다. 아무 입력도 들어오지 않았다면 작업을 더 진행하지 않는다.

```
// 날짜만 존재하는가?
d, err := time.Parse("02 January 2006", dateString)
if err == nil {
  fmt.Println("Full:", d)
  fmt.Println("Time:", d.Day(), d.Month(), d.Year())
}
```

첫 번째 테스트는 **02 January 2006** 포맷을 사용해 날짜 값인지 확인한다. 해당 포맷이 맞다면 **Day()**, **Month()**, **Year()**를 이용해 변수의 값에 접근할 수 있다.

```
// 날짜 + 시간 값인가?
d, err = time.Parse("02 January 2006 15:04", dateString)
if err == nil {
  fmt.Println("Full:", d)
  fmt.Println("Date:", d.Day(), d.Month(), d.Year())
  fmt.Println("Time:", d.Hour(), d.Minute())
}
```

이번에는 **"02 January 2006 15:04"**를 이용해 날짜와 시간 둘 다 포함하는지 살펴본다. 파싱에 성공한다면 Hour()와 Minute()로 시간 값에 접근할 수 있다.

```
// 숫자 형식으로 날짜와 시간이 표현돼 있는가?
d, err = time.Parse("02-01-2006 15:04", dateString)
if err == nil {
   fmt.Println("Full:", d)
   fmt.Println("Date:", d.Day(), d.Month(), d.Year())
   fmt.Println("Time:", d.Hour(), d.Minute())
}
```

이번에는 날짜와 시간을 전부 포함하는 **"02-01-2006 15:04"** 포맷으로 파싱하려고 시도했다. time.Parse()에 입력되는 값은 -와 : 문자를 필수적으로 포함해야 한다. **"02-01-2006 15:04"**는 **"02/01/2006 1504"**와 다른 형식이다.

```
// 시간만 있는 포맷인가?
d, err = time.Parse("15:04", dateString)
if err == nil {
   fmt.Println("Full:", d)
   fmt.Println("Time:", d.Hour(), d.Minute())
}
```

마지막으로는 **"15:04"**를 이용해 시간만을 파싱하는 포맷을 살펴본다. : 문자를 꼭 포함해야 한다는 사실을 알아두자.

```
t := time.Now().Unix()
fmt.Println("Epoch time:", t)
// Epoch 시간을 time.Time 값으로 변환하기
d = time.Unix(t, 0)
fmt.Println("Date:", d.Day(), d.Month(), d.Year())
```

```
fmt.Printf("Time: %d:%d\n", d.Hour(), d.Minute())
duration := time.Since(start)
fmt.Println("Execution time:", duration)
}
```

dates.go의 마지막 부분은 유닉스 에포크 시간을 다루는 방법을 보여준다. time. Now().Unix()를 이용해 현재 날짜와 시간을 에포크 시간 형태로 얻은 다음 time. Unix()를 호출해 time.Time 값으로 바꾼다.

마지막으로 time.Since()를 이용해 현재 시간과 예전 시간의 차이를 계산할 수 있다.

dates.go를 실행하면 다음과 비슷한 결과가 나온다. 입력값에 따라 결과는 달라질 수 있다.

```
$ go run dates.go
Usage: dates parse_string
$ go run dates.go 14:10
Full: 0000-01-01 14:10:00 +0000 UTC
Time: 14 10
Epoch time: 1607964956
Date: 14 December 2020
Time: 18:55
Execution time: 163.032µs
$ go run dates.go "14 December 2020"
Full: 2020-12-14 00:00:00 +0000 UTC
Time: 14 December 2020
Epoch time: 1607964985
Date: 14 December 2020
Time: 18:56
Execution time: 180.029µs
```

이제 날짜와 시간을 다루는 방법을 알았으니, 타임 존에 대해 알아본다.

타임 존 다루기

다음에 나와 있는 유틸리티는 날짜와 시간을 받아 다른 타임 존으로 변환한다. 이는 여러 타임 존을 사용하는 여러 곳의 로그를 하나의 타임 존으로 변환하는 전처리 과정에서 요긴하게 쓰일 수 있다.

다시 time.Parse()를 사용해 입력값을 time.Time 값으로 바꿀 필요가 있다. 이번 에는 타임 존을 포함해야 하므로 "02 january 2006 15:04 MST" 포맷 문자열을 이용 해 파싱한다.

파싱한 날짜와 시간을 뉴욕 시간으로 변환하고자 프로그램에서는 다음 코드를 이용 했다.

```
loc, _ = time.LoadLocation("America/New_York")
fmt.Printf("New York Time: %s\n", now.In(loc))
```

이 기법은 convertTimes.go에서 여러 번 활용한다.

convertTimes.go를 실행하면 다음과 같은 결과가 나온다.

```
$ go run convertTimes.go "14 December 2020 19:20 EET"
Current Location: 2020-12-14 19:20:00 +0200 EET
New York Time: 2020-12-14 12:20:00 -0500 EST
London Time: 2020-12-14 17:20:00 +0000 GMT
Tokyo Time: 2020-12-15 02:20:00 +0900 JST
$ go run convertTimes.go "14 December 2020 20:00 UTC"
Current Location: 2020-12-14 22:00:00 +0200 EET
New York Time: 2020-12-14 15:00:00 -0500 EST
London Time: 2020-12-14 20:00:00 +0000 GMT
Tokyo Time: 2020-12-15 05:00:00 +0900 JST
$ go run convertTimes.go "14 December 2020 25:00 EET"
parsing time "14 December 2020 25:00": hour out of range
```

마지막으로 실행한 결과에서 25를 시간으로 파싱하는 데 실패했으므로 hour out of range 에러를 발생했다.

⁘ Go 상수

Go는 값이 바뀌지 않는 변수인 상수를 지원한다. Go에서 상수는 const 키워드를 이용해 정의할 수 있다. 일반적으로 상수는 전역 변수나 지역 변수가 될 수 있다.

그러나 너무 많은 상수를 지역 변수로 사용한다면 상수의 사용을 다시 생각해봐야 한다. 상수 사용의 가장 큰 장점은 프로그램 실행 도중에 변경되지 않는다는 점이다. 더 정확하게 이야기하면 상수 변수의 값은 실행 시점이 아니라 컴파일 시점에 결정되므로 상수의 값이 바이너리 실행 파일에 포함된다. 또한 Go는 상수를 유연하게 처리할 수 있도록 상수 값을 저장하는 데 불리언, 문자열, 숫자를 사용한다.

다음 절에서는 상수를 쉽게 생성해주는 iota를 살펴본다.

상수 생성기 iota

상수 생성기 iota는 증가 수열을 이용해 관련된 값들을 각각의 타입을 명시적으로 나타내지 않고 선언하는 데 활용한다.

const 키워드와 iota의 개념은 constants.go 파일에 잘 나타나 있다.

```
package main

import (
    "fmt"
)

type Digit int
type Power2 int

const PI = 3.1415926

const (
    C1 = "C1C1C1"
    C2 = "C2C2C2"
    C3 = "C3C3C3"
)
```

Digit과 Power2라는 새로운 두 개의 타입을 선언하고, PI, C1, C2, C3라는 이름을 가진 4개의 새로운 상수를 정의했다.

NOTE

> Go의 type 키워드는 기존 타입을 새로운 이름 있는 타입(named type)으로 정의하는 데 사용한다. 보통은 같은 종류의 데이터를 다른 타입으로 구분 짓고자 사용한다. type 키워드는 구조체와 인터페이스를 정의할 때도 사용한다.

```go
func main() {
  const s1 = 123
  var v1 float32 = s1 * 12
  fmt.Println(v1)
  fmt.Println(PI)

  const (
    Zero Digit = iota
    One
    Two
    Three
    Four
  )
}
```

이 코드에서 **s1**이라는 상수를 정의했다. 또한 **iota**를 이용해 **Digit** 상수를 정의했다. 이는 다음 코드와 동일한 내용이다.

```go
const (
  Zero = 0
  One = 1
  Two = 2
  Three = 3
  Four = 4
)
```

NOTE

> main() 안에서 상수들을 정의했지만 상수는 보통 main() 또는 다른 함수나 메서드 밖에서 정의한다.

constants.go의 마지막 부분은 다음과 같다.

```go
    fmt.Println(One)
    fmt.Println(Two)

    const (
        p2_0 Power2 = 1 << iota
        _
        p2_2
        _
        p2_4
        _
        p2_6
    )

    fmt.Println("2^0:", p2_0)
    fmt.Println("2^2:", p2_2)
    fmt.Println("2^4:", p2_4)
    fmt.Println("2^6:", p2_6)
}
```

여기서도 iota를 사용했지만 아까와는 약간 다른 점이 있다. 먼저 const 블록에서 언더스코어^{underscore} 문자를 볼 수 있다. 언더스코어 문자는 필요 없는 값을 건너뛰는 데 활용한다. 두 번째로 iota는 항상 증가하는 값이고 앞의 경우처럼 표현식에 활용할 수 있다.

이제 const 블록에서 실제로 어떤 일이 일어나는지 살펴보자. p2_0에서 iota의 값은 0이므로 p2_0 값은 1이 된다. p2_2에서는 iota 값이 2이므로 p2_2의 값은 1 << 2의 결과인 이진수 00000100이 된다. 00000100은 10진수로 4이므로 이 값이 p2_2의 값이다. 마찬가지로 p2_4의 값은 16이고 p2_6의 값은 64가 된다.

constants.go를 실행하면 다음과 같은 결과가 나온다.

```
$ go run constants.go
1476
3.1415926
1
2
2^0: 1
2^2: 4
2^4: 16
2^6: 64
```

데이터가 많은 것은 좋은 일이지만 비슷한 데이터가 많을 때는 어떻게 해야 할까? 모든 데이터를 담으려면 전부 변수로 선언해야 할까? 아니면 더 좋은 방법이 있을까? Go의 배열과 슬라이스를 살펴보면서 이 질문을 해결해보자.

⠶ 비슷한 데이터 모으기

같은 데이터 타입의 여러 값을 하나의 변수로 쓰면서 인덱스로 접근하기 원할 때도 있다. Go에서 배열과 슬라이스를 사용하는 것이 이를 위한 가장 쉬운 방법이다.

배열array은 간단하고 빠르게 접근할 수 있기 때문에 거의 모든 프로그래밍 언어에서 가장 널리 사용되는 데이터 구조다. Go는 슬라이스slice라고 불리는 배열의 다른 형태를 제공한다. 배열과 슬라이스의 차이점을 배워 언제 어떤 데이터 구조를 사용할지 이해해보자.

TIP

> 결론부터 말하자면 거의 모든 곳에서 배열 대신 슬라이스를 사용하면 된다. 하지만 배열도 유용하게 활용할 수 있기 때문에 소개할 예정이다. 또한 Go에서 슬라이스는 배열을 이용해 구현했다.

배열

Go의 배열은 다음과 같은 특성과 한계를 갖고 있다.

- 배열 변수를 정의할 때 크기를 항상 함께 정의해야 한다. 아니면 [...]을 배열 선언에 적어 Go 컴파일러가 자동으로 길이를 찾을 수 있게 해야 한다. 따라서 4개의 문자열을 갖고 있는 배열을 만들려면 [4]string{"Zero", "One", "Two", "Three"} 또는 [...]string{"Zero", "One", "Two", "Three"}로 정의해야 한다. 대괄호에 아무것도 적지 않으면 배열 대신 슬라이스가 생성된다. 해당 배열의 값에 접근하기 위한 인덱스는 0, 1, 2, 3이다.

- 배열을 만든 뒤에는 크기를 수정할 수 없다.

- 배열을 함수의 변수로 넘길 때 Go에서는 배열의 새로운 복사본을 만들어 해당 함수에 전달한다. 그러므로 해당 함수에서 배열을 변화시킨 내용은 원래 함수에 반영되지 않는다.

결론적으로 Go에서 배열의 기능은 강력하지 않다. 따라서 Go에서는 슬라이스라는 배열과 유사한 추가적인 데이터 구조를 제공한다. 슬라이스는 더 자유롭게 쓸 수 있으며, 이는 다음 절에서 설명한다. 그렇지만 배열과 슬라이스의 데이터에는 같은 방법으로 접근할 수 있다.

슬라이스

Go의 슬라이스는 배열보다 강력한 기능을 제공한다. 슬라이스는 생성 후에 필요하다면 크기가 커지거나 작아질 수 있다. 또한 슬라이스에 생기는 변화는 기존 슬라이스에 영향을 끼친다. 엄밀히 말해 모든 Go의 매개변수는 값으로 전달^{passed by value}되고 다른 방법으로 매개변수를 전달하는 방법은 없는데, 어떻게 영향을 끼칠 수 있을까?

사실 슬라이스 값은 실제 데이터 및 길이^{length}와 용량^{capacity}이 저장되는 **내부 배열의 포인터**를 갖고 있는 헤더 값이다(슬라이스의 용량은 다음 절에서 설명한다). 슬라이스 값은 원소들을 포함하지 않고 단지 내부 배열의 포인터라는 점을 명심하자. 따라서 슬라이스를 함수에 전달할 때 Go는 헤더의 복사본을 만들어 함수에 전달하게 된다. 슬라이스 헤더의 복사본은 내부 배열의 포인터를 갖고 있다. 슬라이스 헤더는 `reflect` 패키지(https://golang.org/pkg/reflect/#SliceHeader)에 다음과 같이 정의돼 있다.

```
type SliceHeader struct {
  Data uintptr
  Len int
  Cap int
}
```

슬라이스를 함수에 전달하면 전체 슬라이스가 아니라 헤더만 복사하면 되기 때문에 슬라이스 원소들의 데이터가 복사해 전달하는 것보다 성능이 나아지는 효과도 있다.

`make()`를 사용하거나 배열처럼 선언하지만 크기를 명시하지 않거나 또는 `[...]`를 사용해 슬라이스를 만들 수 있다. 슬라이스를 초기화하고 싶지 않다면 `make()`를 사용하는 것이 가장 빠르고 좋은 선택이다. 슬라이스를 만들 때 초기화까지 하고 싶다면 `make()`를 사용하는 것은 좋은 선택이 아니다. `aSlice := []float64{1.2, 3.2, -4.5}`와 같이 사용하면 3개의 `float64` 원소를 갖는 슬라이스를 만들 수 있다. 세 개의 `float64` 원소를 담을 수 있는 크기의 슬라이스를 만들려면 간단히 `make([]float64, 3)`을 실행하면 된다. 슬라이스 각각의 원소는 값이 `float64` 타입의 제로 값인 `0`이 된다.

슬라이스와 배열 모두 다차원으로 만들 수 있다. 2차원 슬라이스를 만들려면 `make([][]int, 2)`처럼 간단하게 `make()`를 사용할 수 있다. 앞의 구문을 실행하면 첫 번째 차원(열)의 길이가 2이고 두 번째 차원(행)의 길이는 모르는 슬라이스가 반환된다. 데이터를 추가할 때 두 번째 차원의 길이는 **명시적으로** 선언해야 한다.

2차원 슬라이스를 만들면서 초기화하려면 twoD := [][]int{{1, 2, 3}, {4, 5, 6}} 과 비슷한 문장을 실행해야 한다.

배열이나 슬라이스의 길이는 len()을 써서 알아낼 수 있다. 다음 절에서 알아보겠지만 슬라이스는 용량^{capacity}이라는 추가적인 속성을 갖고 있다. append()를 이용해 전체 슬라이스에 새로운 원소들을 추가할 수 있는데, append()는 자동으로 필요한 메모리 공간을 할당해준다.

다음 예제는 슬라이스에 관해 많은 것을 설명해준다. 자유롭게 실험해보자. 다음 코드를 입력하고 goSlices.go로 저장하자.

```go
package main

import "fmt"

func main() {
    // 빈 슬라이스를 만든다.
    aSlice := []float64{}
    // aSlice는 빈 슬라이스이므로 길이와 용량은 둘 다 0이다.
    fmt.Println(aSlice, len(aSlice), cap(aSlice))
    // 슬라이스에 새 원소를 추가한다.
    aSlice = append(aSlice, 1234.56)
    aSlice = append(aSlice, -34.0)
    fmt.Println(aSlice, "with length", len(aSlice))
```

append()를 이용해 aSlice에 두 개의 원소를 추가한다. append()의 반환값을 기존 변수나 새 변수에 대입해야 함에 주의한다.

```go
    // 길이가 4인 슬라이스
    t := make([]int, 4)
    t[0] = -1
    t[1] = -2
```

```
    t[2] = -3
    t[3] = -4
    // 이제 append를 사용해야 한다.
    t = append(t, -5)
    fmt.Println(t)
```

슬라이스에 더 이상 남은 공간이 없을 때에는 append()를 사용해서 새 원소를 추가
해야 한다.

```
    // 2차원 슬라이스
    // 필요한 만큼의 차원을 가질 수 있다.
    twoD := [][]int{{1, 2, 3}, {4, 5, 6}}
    // 이중 for 루프를 이용해
    // 2차원 슬라이스의 모든 원소를 방문한다.
    for _, i := range twoD {
      for _, k := range i {
        fmt.Print(k, " ")
      }
      fmt.Println()
    }
```

이 코드는 twoD라는 2차원 슬라이스를 만들고 초기화하는 방법을 보여준다.

```
    make2D := make([][]int, 2)
    fmt.Println(make2D)
    make2D[0] = []int{1, 2, 3, 4}
    make2D[1] = []int{-1, -2, -3, -4}
    fmt.Println(make2D)
  }
```

윗부분은 make()로 2차원 슬라이스를 만드는 방법을 보여준다. make()에 [][]int 를 사용했으므로 make2D는 2차원 슬라이스다.

goSlices.go를 실행하면 다음과 같은 결과가 나온다.

```
$ go run goSlices.go
[] 0 0
[1234.56 -34] with length 2
[-1 -2 -3 -4 -5]
1 2 3
4 5 6
[[] []]
[[1 2 3 4] [-1 -2 -3 -4]]
```

슬라이스 길이와 용량

배열과 슬라이스 모두 길이를 알려주는 len() 함수를 지원한다. 그러나 슬라이스는 용량이라는 추가적인 속성을 갖고 있고 cap() 함수를 이용해 알아낼 수 있다.

NOTE

> 슬라이스의 일부분을 선택하거나 슬라이스를 이용해 배열을 얻고 싶을 때 슬라이스의 용량은 매우 중요하다. 두 주제 모두 나중에 다룬다.

용량은 슬라이스가 더 많은 메모리 할당과 배열의 변화 없이 얼마나 확장될 수 있는 지 보여주는 값이다. 슬라이스가 생성된 다음에는 Go가 슬라이스의 용량을 관리하 지만 make()를 통해 슬라이스가 만들어질 때 개발자가 슬라이스의 용량을 지정할 수 있다. 그런 다음에 슬라이스의 길이가 현재 용량보다 커질 때마다 슬라이스의 용량은 두 배가 된다. make()의 첫 번째 변수는 슬라이스의 타입과 차원이고 두 번째는 길이, 추가적인 세 번째 변수는 슬라이스의 용량이다. 슬라이스의 타입은 생성 이후 바뀔 수 없지만 나머지 두 값은 바뀔 수 있다.

> make([]int, 3, 2)와 같은 문장은 에러를 발생시킨다. 슬라이스의 용량(2)은 슬라이스의 길이(3)보다 작을 수 없기 때문이다.

그러나 슬라이스에 배열이나 다른 슬라이스를 붙이고^{append} 싶은 경우에는 어떻게 될까? 원소별로 처리해야 할까? Go는 ... 연산자를 지원한다. 해당 연산자는 기존 슬라이스에 붙이기 전에 붙이려는 슬라이스나 배열을 여러 변수로 나눠준다.

그림 2.1에서 슬라이스의 길이와 용량이 어떻게 작동하는지 시각적으로 보여준다.

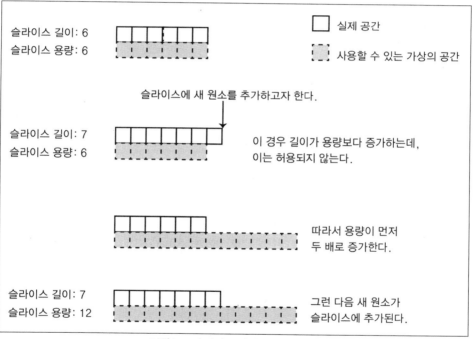

그림 2.1: 슬라이스 길이와 용량의 관계

코드를 선호하는 경우 다음과 같은 작은 Go 프로그램을 보면 슬라이스의 길이와 용량 속성을 알 수 있다. 입력하고 capLen.go로 저장하자.

```
package main

import "fmt"

func main() {
    // 길이만 정의됐으므로, 길이 = 용량이다.
    a := make([]int, 4)
```

이 경우 a의 용량은 길이와 같이 4다.

```
    fmt.Println("L:", len(a), "C:", cap(a))
    // 슬라이스를 초기화한다. 길이 = 용량이다.
    b := []int{0, 1, 2, 3, 4}
    fmt.Println("L:", len(b), "C:", cap(b))
```

슬라이스 b의 용량 또한 길이와 같이 5가 된다.

```
    // 길이와 용량이 같다.
    aSlice := make([]int, 4, 4)
    fmt.Println(aSlice)
```

이번에는 Go가 다른 처리를 하지 않도록 직접 슬라이스의 용량을 지정했으므로 aSlice의 길이와 용량이 같다.

```
    // 원소를 추가한다.
    aSlice = append(aSlice, 5)
```

aSlice에 새 원소를 추가하면 용량은 두 배인 8이 된다.

```go
        fmt.Println(aSlice)
        // 용량이 두 배가 된다.
        fmt.Println("L:", len(aSlice), "C:", cap(aSlice))
        // 4개의 원소를 추가한다.
        aSlice = append(aSlice, []int{-1, -2, -3, -4}...)
```

... 연산자가 []int{-1, -2, -3, -4}를 여러 개의 변수로 나눠주고 append()는 각각의 변수를 하나씩 aSlice에 더해준다.

```go
        fmt.Println(aSlice)
        // 용량이 두 배가 된다.
        fmt.Println("L:", len(aSlice), "C:", cap(aSlice))
    }
```

capLen.go를 실행하면 다음과 같은 결과가 나온다.

```
$ go run capLen.go
L: 4 C: 4
L: 5 C: 5
[0 0 0 0]
[0 0 0 0 5]
L: 5 C: 8
[0 0 0 0 5 -1 -2 -3 -4]
L: 9 C: 16
```

NOTE

> 미리 슬라이스의 적절한 용량을 알고 있는 경우 올바른 용량을 설정하면 프로그램이 훨씬 빨라질
> 것이다. Go가 슬라이스 내부 배열을 새로 할당하고 데이터를 복사할 필요가 없기 때문이다.

슬라이스를 다루는 방법은 이제 잘 알았지만 슬라이스의 연속적인 일부분을 다루려면 어떻게 해야 할까? 슬라이스의 일부를 선택하는 좋은 방법이 있을까? 다행스럽게도 답은 "그렇다"이다.

다음 절에서 슬라이스의 연속적인 일부분을 선택하는 방법을 살펴본다.

슬라이스의 일부분 선택

원하는 모든 원소가 붙어 있는 경우라면 Go는 슬라이스의 일부분을 선택하는 기능을 지원한다. 일일이 인덱스를 선택할 필요 없이 범위만 선택하면 되므로 매우 유용한 기능이다. Go에서는 시작과 끝에 해당하는 두 가지 인덱스를 정하는 방식으로 슬라이스의 일부분을 선택할 수 있다. 마지막 인덱스는 포함되지 않으며 :으로 구분된다.

NOTE

> 커맨드라인 인수들을 모두 처리하고 싶으면 실행 파일의 이름인 첫 번째 인덱스를 제외해야 한다.
> 이 경우 커맨드라인 인수를 새 변수에 대입하고 (arguments := os.Args) arguments[1:]을 사용
> 해 첫 번째 항목을 제외할 수 있다.

그러나 세 번째 매개변수를 이용해 선택할 슬라이스의 용량을 제어할 수도 있다. aSlice[0:2:4]를 사용하면 슬라이스의 처음 2개의 원소를 선택하고(인덱스 0과 1) 4의 최대 용량을 갖는 새로운 슬라이스를 만든다. 만들어지는 슬라이스의 용량은 4-0으로 결정되는데, 4는 최대 용량이고 0은 시작에 해당하는 인덱스다. 시작 인덱스를 생략한 경우 자동으로 0으로 결정된다. 이 경우 만들어지는 슬라이스는 4-0인 4의 용량을 갖게 된다.

aSlice[2:4:4]라면 aSlice[2]와 aSlice[3] 원소를 갖는 4-2 용량의 슬라이스가 만들어진다. 마지막으로 만들어지는 슬라이스의 용량은 원래 슬라이스의 **용량보다** 클 수 없다. 그 경우에는 내부의 배열이 달라져야 하기 때문이다.

다음 코드를 원하는 에디터에 입력하고 partSlice.go로 저장하자.

```
package main
```

```
import "fmt"

func main() {
    aSlice := []int{0, 1, 2, 3, 4, 5, 6, 7, 8, 9}
    fmt.Println(aSlice)
    l := len(aSlice)

    // 첫 5개의 원소
    fmt.Println(aSlice[0:5])
    // 첫 5개의 원소
    fmt.Println(aSlice[:5])
```

첫 부분에서는 10개의 원소를 갖는 **aSlice** 슬라이스를 정의한다. 슬라이스의 용량은 길이와 같다. 0:5와 :5 모두 슬라이스에서 첫 5개의 원소를 선택하므로 0, 1, 2, 3, 4번째 인덱스가 선택된다.

```
    // 마지막 2개의 원소
    fmt.Println(aSlice[l-2 : l])
    // 마지막 2개의 원소
    fmt.Println(aSlice[l-2:])
```

슬라이스의 길이 l이 주어졌을 때 l-2 : l 또는 l-2:을 이용해 마지막 두 개의 원소를 선택할 수 있다.

```
    // 첫 5개의 원소
    t := aSlice[0:5:10]
    fmt.Println(len(t), cap(t))
    // 인덱스 2, 3, 4에 있는 원소
    // 용량은 10-2가 된다.
    t = aSlice[2:5:10]
    fmt.Println(len(t), cap(t))
```

처음 예제에서 t의 용량은 10-0이라 10이 되고 두 번째 예제에서 t의 용량은 10-2
가 된다.

```
    // 인덱스 0, 1, 2, 3, 4의 원소
    // 새로운 용량은 6-0이 된다.
    t = aSlice[:5:6]
    fmt.Println(len(t), cap(t))
}
```

t의 용량은 이제 6-0이고 aSlice에서 첫 5개의 원소를 선택했으므로 길이는 5가
된다.

partSlice.go를 실행하면 다음과 같은 결과가 나온다.

```
$ go run partSlice.go
[0 1 2 3 4 5 6 7 8 9]
```

위는 fmt.Println(aSlice)의 결과다.

```
[0 1 2 3 4]
[0 1 2 3 4]
```

위의 두 줄은 fmt.Println(aSlice[0:5])와 fmt.Println(aSlice[:5])의 결과다.

```
[8 9]
[8 9]
```

비슷하게 위의 두 줄은 fmt.Println(aSlice[1-2:1])과 fmt.Println(aSlice[1-2:])
의 결과다.

```
5 10
3 8
5 6
```

마지막 세 줄은 aSlice[0:5:10], aSlice[2:5:10], aSlice[:5:6]의 길이와 용량이다.

바이트 슬라이스

바이트 슬라이스는 바이트 타입의 슬라이스([]byte)다. 대부분의 바이트 슬라이스는 문자열을 저장하는 데 사용하기 때문에 Go에서는 바이트 슬라이스를 문자열 타입으로 쉽게 바꿀 수 있도록 지원한다. 바이트 슬라이스의 항목에 접근할 때 다른 타입의 슬라이스와의 다른 점은 없다. 다른 점이 있다면 읽거나 쓸 크기를 지정할 수 있으므로 Go가 바이트 슬라이스를 파일 입출력에 사용한다는 점이다. 바이트는 어떤 컴퓨터에서도 동일하게 사용할 수 있는 단위이기 때문이다.

NOTE

> Go는 char 타입이 존재하지 않으므로 byte나 rune 타입으로 문자를 저장해야 한다. 하나의 바이트는 하나의 ASCII 문자를 저장할 수 있고 rune은 유니코드 문자를 저장할 수 있다. rune은 여러 바이트를 사용할 수도 있다.

다음의 작은 프로그램은 바이트 슬라이스를 문자열로, 문자열을 바이트 슬라이스로 변환하는 프로그램이다. 보통 파일 입출력 작업에서 이와 같은 작업을 수행한다. 다음 코드를 쓰고 byteSlices.go로 저장하자.

```
package main

import "fmt"

func main() {
    // 바이트 슬라이스
    b := make([]byte, 12)
    fmt.Println("Byte slice:", b)
```

빈 바이트 슬라이스는 0 값으로 채워져 있고 이 경우에는 12개가 있다.

```
b = []byte("Byte slice €")
fmt.Println("Byte slice:", b)
```

b의 길이는 문자열 "Byte slice €"의 큰따옴표를 제외한 길이다. 또한 b의 포인터는 이전과 달리 "Byte slice €"가 저장된 위치를 가리킨다. 위와 같은 방법으로 문자열을 바이트 슬라이스로 변환할 수 있다.

€와 같은 유니코드 문자들은 2바이트 이상의 크기를 차지하므로 바이트 슬라이스의 길이는 같은 데이터를 저장하는 문자열의 길이와 일치하지 않을 수 있다.

```
// 바이트 슬라이스를 문자열로 출력하기
fmt.Printf("Byte slice as text: %s\n", b)
fmt.Println("Byte slice as text:", string(b))
```

위 코드는 바이트 슬라이스의 내용을 문자열로 출력하는 두 가지 방법을 보여준다. 전자는 %s 문자열을 활용했고 후자는 string()을 사용했다.

```
// b의 길이
fmt.Println("Length of b:", len(b))
}
```

위 코드는 바이트 슬라이스의 실제 길이를 출력한다.

byteSlices.go를 실행하면 다음과 같은 결과가 나온다.

```
$ go run byteSlices.go
Byte slice: [0 0 0 0 0 0 0 0 0 0 0 0]
Byte slice: [66 121 116 101 32 115 108 105 99 101 32 226 130 172]
Byte slice as text: Byte slice €
Byte slice as text: Byte slice €
Length of b: 14
```

결과의 마지막 줄에서 볼 수 있듯이 바이트 슬라이스 b는 12개의 문자를 갖고 있지만 크기는 14다.

슬라이스에서 원소 삭제

슬라이스에서 원소를 삭제하는 기본 함수는 존재하지 않는다. 다시 말해 슬라이스에서 원소를 삭제하고 싶다면 직접 코드를 작성해야 한다. 슬라이스의 원소 삭제는 까다로울 수 있으므로 이 절에서는 슬라이스에서 원소를 삭제하는 두 가지 방법을 알아본다. 첫 번째 방법은 지우고 싶은 원소가 있는 인덱스를 기준으로 슬라이스를 두 개로 나누는 방식이다. 나눠진 두 개의 슬라이스 모두 지우고자 하는 원소를 포함하지 않도록 나눈 다음 두 슬라이스를 합쳐 새로운 슬라이스를 만들면 된다. 두 번째 방법은 지우고자 하는 원소의 인덱스에 슬라이스의 마지막 원소를 복사한 다음 마지막 원소를 제외한 새 슬라이스를 만드는 방법이다.

그림 2.2는 슬라이스에서 원소를 제거하는 두 가지 방법을 설명한 그림이다.

다음 프로그램에서는 슬라이스에서 원소를 제거하는 두 가지 방법을 확인할 수 있다. 텍스트 파일을 만든 뒤 다음 코드를 적고 deleteSlice.go로 저장하자.

```
package main

import (
  "fmt"
  "os"
  "strconv"
)

func main() {
  arguments := os.Args
  if len(arguments) == 1 {
    fmt.Println("Need an integer value.")
```

```go
        return
    }

    index := arguments[1]
    i, err := strconv.Atoi(index)
    if err != nil {
        fmt.Println(err)
        return
    }
    fmt.Println("Using index", i)

    aSlice := []int{0, 1, 2, 3, 4, 5, 6, 7, 8}
    fmt.Println("Original slice:", aSlice)

    // i번째 인덱스의 원소를 지운다.
    if i > len(aSlice)-1 {
        fmt.Println("Cannot delete element", i)
        return
    }

    // ... 연산자는 aSlice[i+1:]을 자동으로 확장해서
    // 각각의 원소들이 aSlice[:i]에 하나하나씩 추가되게 한다.
    aSlice = append(aSlice[:i], aSlice[i+1:]...)
    fmt.Println("After 1st deletion:", aSlice)
```

기존 슬라이스를 두 슬라이스로 나눈다. 두 개의 슬라이스는 지워질 인덱스를 기준으로 나눠지고 ...의 도움을 받아 두 슬라이스를 합친다.

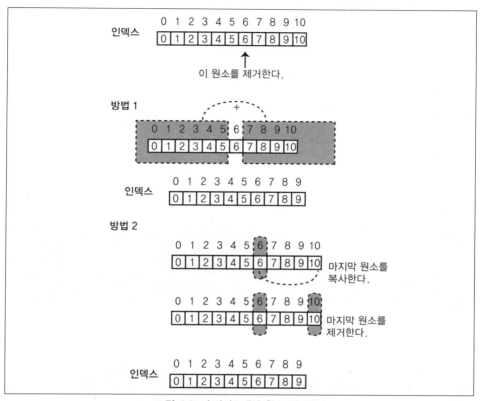

그림 2.2: 슬라이스에서 원소 제거하기

다음은 두 번째 방법을 적용한 모습을 살펴본다.

```
// i번째 인덱스의 원소를 지운다.
if i > len(aSlice)-1 {
    fmt.Println("Cannot delete element", i)
    return
}

// i번째 인덱스의 원소를 마지막 원소로 바꾼다.
aSlice[i] = aSlice[len(aSlice)-1]
// 마지막 원소를 지운다.
```

```
    aSlice = aSlice[:len(aSlice)-1]
    fmt.Println("After 2nd deletion:", aSlice)
  }
```

aSlice[i] = aSlice[len(aSlice)-1] 구문을 이용해 지우고자 하는 원소를 바꾸고
aSlice = aSlice[:len(aSlice)-1] 구문으로 마지막 원소를 지운다.

deleteSlice.go를 실행하면 다음과 비슷한 결과를 얻는다. 입력에 따라 값은 달라질
수 있다.

```
$ go run deleteSlice.go 1
Using index 1
Original slice: [0 1 2 3 4 5 6 7 8]
After 1st deletion: [0 2 3 4 5 6 7 8]
After 2nd deletion: [0 8 3 4 5 6 7]
```

슬라이스가 9개의 원소를 갖고 있으므로 1번째 인덱스를 삭제할 수 있다.

```
$ go run deleteSlice.go 10
Using index 10
Original slice: [0 1 2 3 4 5 6 7 8]
Cannot delete element 10
```

슬라이스에 9개의 원소만 존재하므로 10번째 슬라이스의 원소는 삭제할 수 없다.

배열과 슬라이스의 관계

앞서 설명한 것처럼 모든 슬라이스에는 내부에 배열을 사용해 구현했다. 내부 배열
의 길이는 슬라이스의 용량과 같고 포인터가 존재해 슬라이스 원소를 적절한 배열
원소로 연결해준다.

배열과 슬라이스를 연결해 이 내용을 이해해보자. Go는 슬라이스를 이용해 배열이

나 배열의 일부를 참조할 수 있게 해준다. 따라서 슬라이스를 변경하면 참조하는 배열이 영향을 받기도 한다. 하지만 슬라이스의 용량이 바뀔 때 배열과의 연결은 끊기게 된다. 슬라이스의 용량이 바뀌면 내부 배열의 크기도 바뀌어야 하므로 다른 배열에 연결되기 때문이다.

다음 코드를 입력하고 sliceArrays.go로 저장하자.

```go
package main

import (
  "fmt"
)

func change(s []string) {
  s[0] = "Change_function"
}
```

이 함수는 슬라이스의 첫 번째 원소를 바꾸는 함수다.

```go
func main() {
  a := [4]string{"Zero", "One", "Two", "Three"}
  fmt.Println("a:", a)
```

4개의 원소를 갖는 배열을 정의했다.

```go
  var S0 = a[0:1]
  fmt.Println(S0)
  S0[0] = "S0"
```

S0을 배열 a의 첫 번째 원소에 연결하고 출력했다. 그리고 S0[0]의 값을 바꿔봤다.

```
    var S12 = a[1:3]
    fmt.Println(S12)
    S12[0] = "S12_0"
    S12[1] = "S12_1"
```

위에서는 S12를 a[1]과 a[2]에 연결했다. 따라서 S12[0] = a[1]이고 S12[1] = a[2]다. 그런 다음 S12[0]과 S12[1]의 값을 바꿨다. 이 변화는 a의 내용도 바꿔버린다. a[1]은 S12[0]의 새 값을 갖고 a[2]는 S12[1]의 새 값을 가진다.

```
    fmt.Println("a:", a)
```

그리고 값이 직접 변경되지 않은 변수 a를 출력했다. 그러나 S0과 S12에 연결돼 있기 때문에 내용이 바뀌었다.

```
    // 슬라이스를 바꾸면 -> 배열도 바뀐다.
    change(S12)
    fmt.Println("a:", a)
```

슬라이스와 배열이 연결돼 있으므로 함수 안에서 생기는 변경일지라도 슬라이스의 변경이 배열에도 영향을 끼친다.

```
    // S0의 용량
    fmt.Println("Capacity of S0:", cap(S0), "Length of S0:", len(S0))

    // S0에 원소 4개 추가하기
    S0 = append(S0, "N1")
    S0 = append(S0, "N2")
    S0 = append(S0, "N3")
    a[0] = "-N1"
```

S0의 용량이 바뀌므로 같은 내부 배열(a)과 연결되지 않게 된다.

```
    // S0의 용량 바꾸기
    // 같은 내부 배열이 아니다.
    S0 = append(S0, "N4")

    fmt.Println("Capacity of S0:", cap(S0), "Length of S0:", len(S0))
    // 아래 변화는 S0에 영향을 주지 않는다.
    a[0] = "-N1-"

    // 아래 변화는 S12에 영향을 주지 않는다.
    a[1] = "-N2-"
```

그러나 S12의 용량이 변하지 않았기 때문에 배열 a와 슬라이스 S12는 연결돼 있다.

```
    fmt.Println("S0:", S0)
    fmt.Println("a: ", a)
    fmt.Println("S12:", S12)
}
```

마지막으로 a, S0, S12의 마지막 버전을 출력하자.

sliceArrays.go를 실행하면 다음과 같은 결과를 얻는다.

```
$ go run sliceArrays.go
a: [Zero One Two Three]
[Zero]
[One Two]
a: [S0 S12_0 S12_1 Three]
a: [S0 Change_function S12_1 Three]
Capacity of S0: 4 Length of S0: 1
Capacity of S0: 8 Length of S0: 5
S0: [-N1 N1 N2 N3 N4]
a:  [-N1- -N2- N2 N3]
S12: [-N2- N2]
```

이제 다음 절에서 copy( ) 함수를 살펴본다.

copy( ) 함수

copy( ) 함수를 이용해 기존 배열에서 슬라이스를 생성할 수도 있고 기존 슬라이스에서 다른 슬라이스로 복사할 수도 있다. 하지만 copy( ) 함수는 조심해서 사용해야 한다. 기존 슬라이스가 복사하려는 슬라이스보다 커도 복사하려는 슬라이스가 자동으로 확장되지 않는다. 또한 복사하려는 슬라이스가 기존 슬라이스보다 크다면 copy( )는 복사하려는 슬라이스의 나머지 공간을 초기화하지 않는다. 이 사실은 그림 2.3에서 더 자세히 보여준다.

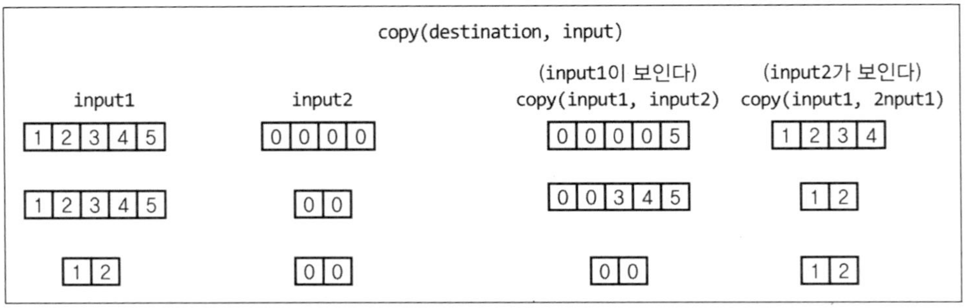

그림 2.3: copy() 함수 사용

다음 프로그램은 copy( )를 사용하는 방법을 알려준다. 좋아하는 에디터로 코드를 입력하고 copySlice.go로 저장하자.

```go
package main

import "fmt"

func main() {
    a1 := []int{1}
    a2 := []int{-1, -2}
    a5 := []int{10, 11, 12, 13, 14}
```

```
        fmt.Println("a1", a1)
        fmt.Println("a2", a2)
        fmt.Println("a5", a5)
        // copy(destination, input)
        // len(a2) > len(a1)
        copy(a1, a2)
        fmt.Println("a1", a1)
        fmt.Println("a2", a2)
```

copy(a1, a2)를 실행한다. 이 경우 슬라이스 a2가 슬라이스 a1보다 크다. copy(a1, a2)를 실행한 다음에도 a2의 변화는 없다. a2가 입력 슬라이스이기 때문에 당연한 결과다. a1은 하나의 원소만 갖고 있을 수 있는 크기이므로 a2의 첫 번째 원소만 a1의 첫 번째 원소로 복사된다.

```
        // len(a5) > len(a1)
        copy(a1, a5)
        fmt.Println("a1", a1)
        fmt.Println("a5", a5)
```

a5가 a1보다 크기 때문에 copy(a1, a5)를 실행한 다음에 a5는 변하지 않고 a5[0]는 a1[0]로 복사된다.

```
        // len(a2) < len(a5) -> OK
        copy(a5, a2)
        fmt.Println("a2", a2)
        fmt.Println("a5", a5)
    }
```

여기서는 a2가 a5보다 작으므로, 따라서 a2 전체가 a5로 복사된다. a2의 길이가 2이므로 a5에서 첫 두 개의 원소만 바뀐다.

copySlice.go를 실행하면 다음과 같은 결과가 나온다.

```
$ go run copySlice.go
a1 [1]
a2 [-1 -2]
a5 [10 11 12 13 14]
a1 [-1]
a2 [-1 -2]
```

copy(a1, a2) 구문은 슬라이스 a2를 바꾸지 않고 a1만 바꾼다. a1의 길이가 1이므로 a2의 첫 번째 원소만 복사됐다.

```
a1 [10]
a5 [10 11 12 13 14]
```

비슷하게 copy(a1, a5)는 a1만 바꾼다. a1의 길이가 1이므로 a5의 첫 번째 원소만 a1에 복사됐다.

```
a2 [-1 -2]
a5 [-1 -2 12 13 14]
```

마지막으로 copy(a5, a2)는 a5만 바꾼다. a5의 길이가 5이므로 a5의 첫 두 원소만 바뀌고 이 원소들은 길이가 2인 슬라이스 a2의 원소들과 동일하게 바뀐다.

슬라이스 정렬

가끔은 정보를 정렬해서 보여줘야 할 때가 있는데, Go가 이 일을 대신해준다면 좋을 것이다. 이 절에서는 sort 패키지의 기능을 이용해 다양한 데이터 타입의 슬라이스를 정렬하는 방법을 알아본다.

sort 패키지에서는 다양한 기본 타입의 슬라이스를 아무런 코드 추가 없이 정렬할 수 있게 해준다. 또한 sort.Reverse() 함수를 통해 반대로 정렬할 수 있게 지원한다. 그러나 sort 패키지에서 가장 흥미로운 것은 sort.Interface 인터페이스를 구현해 커스텀 데이터 타입의 정렬 함수를 만들 수 있다는 점이다. sort.Interface 와 인터페이스는 4장에서 더 자세히 다룬다.

따라서 정수의 슬라이스 sInts는 sort.Ints(sInts)를 이용해 정렬할 수 있다. sort. Reverse()를 이용해 정수 슬라이스를 반대로 정렬할 때는 sort.IntSlice(sInts) 형태로 sort.Reverse()에 전달해야 한다. IntSlice 타입은 내부적으로 sort. nterface를 구현해 다른 방식으로 정렬 가능하게 만들어준다. 다른 Go 데이터 타입도 같은 방식을 적용할 수 있다.

sort를 어떻게 사용하는지 보여주는 다음과 같은 텍스트 파일을 생성해 sortSlice. go라고 저장하자.

```go
package main

import (
    "fmt"
    "sort"
)

func main() {
    sInts := []int{1, 0, 2, -3, 4, -20}
    sFloats := []float64{1.0, 0.2, 0.22, -3, 4.1, -0.1}
    sStrings := []string{"aa", "a", "A", "Aa", "aab", "AAa"}

    fmt.Println("sInts original:", sInts)
    sort.Ints(sInts)
    fmt.Println("sInts:", sInts)
    sort.Sort(sort.Reverse(sort.IntSlice(sInts)))
    fmt.Println("Reverse:", sInts)
```

sort.Interface에서 정수를 정렬하는 방법을 알려주기 때문에 반대로 정렬하는 것은 매우 쉽다. 반대로 정렬하려면 그냥 sort.Reverse() 함수를 호출하면 된다.

```go
        fmt.Println("sFloats original:", sFloats)
        sort.Float64s(sFloats)
        fmt.Println("sFloats:", sFloats)
        sort.Sort(sort.Reverse(sort.Float64Slice(sFloats)))
        fmt.Println("Reverse:", sFloats)
        fmt.Println("sStrings original:", sStrings)
        sort.Strings(sStrings)
        fmt.Println("sStrings:", sStrings)
        sort.Sort(sort.Reverse(sort.StringSlice(sStrings)))
        fmt.Println("Reverse:", sStrings)
}
```

같은 방법을 부동소수점이나 문자열에도 적용할 수 있다.

sortSlice.go를 실행하면 다음과 같은 결과가 나온다.

```
$ go run sortSlice.go
sInts original: [1 0 2 -3 4 -20]
sInts: [-20 -3 0 1 2 4]
Reverse: [4 2 1 0 -3 -20]
sFloats original: [1 0.2 0.22 -3 4.1 -0.1]
sFloats: [-3 -0.1 0.2 0.22 1 4.1]
Reverse: [4.1 1 0.22 0.2 -0.1 -3]
sStrings original: [aa a A Aa aab AAa]
sStrings: [A AAa Aa a aa aab]
Reverse: [aab aa a Aa AAa A]
```

결과를 통해 원래 슬라이스가 정렬된 형태 및 반대로 정렬된 형태를 알 수 있다.

포인터

Go는 포인터를 지원하지만 포인터 연산을 지원하지는 않는다. 포인터 연산이 C와 같은 프로그래밍 언어에서 많은 버그나 에러의 원인이 되기 때문이다. **포인터**[pointer]는 변수의 메모리 주소다. 포인터가 가리키는 값을 얻으려면 포인터를 **역참조**

^{dereference}해야 한다. 역참조는 * 문자를 포인터 변수 앞에 사용해 수행할 수 있다. 또한 일반적인 변수의 메모리 주소는 앞에 &를 붙여 얻을 수 있다.

그림 2.4는 int의 포인터와 int 변수가 어떻게 다른지 보여준다.

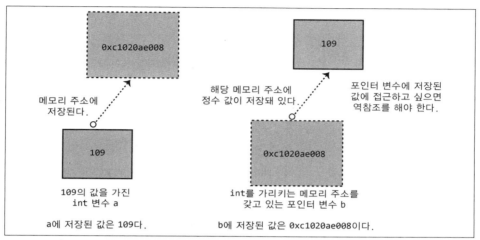

그림 2.4: int 변수와 int의 포인터

포인터 변수가 기존 일반 변수를 가리키고 있다면 포인터 변수를 이용해 저장된 값을 변경할 때 일반 변수의 값도 변경된다.

TIP

메모리 주소의 형식과 값은 기기, 운영체제, 아키텍처마다 다를 수 있다.

포인터 연산을 지원하지 않음에도 포인터가 존재하는 이유가 궁금할 수도 있다. 포인터 사용의 최대 장점은 포인터를 어떤 함수에 전달했을 때_{(이걸 참조에 의한 호출^{call by}} _{reference}이라고 부른다) 함수 안에서 변수의 값을 변경한 내용이 누락되지 않게 해준다. 어떤 경우에는 이 기능이 코드를 간단하게 만들어주지만 포인터 변수를 다룰 때는 특별히 조심해야 한다. 슬라이스는 포인터 없이 함수에 전달된다는 사실을 떠올려보자. 사실 Go는 슬라이스 내부 배열의 포인터를 전달하고 이 동작을 바꿀 수는 없다.

코드를 간단하게 만들어주는 것 이외에 포인터를 사용할 3가지 이유가 더 있다.

- 포인터는 함수끼리 데이터를 공유하게 해준다. 하지만 함수와 고루틴끼리 데이터를 공유할 때는 경쟁 조건[race condition]이 나타나지 않게 주의해야 한다.

- 포인터는 변수가 제로 값을 갖는지 아니면 값이 없는지[nil] 구분하는 데 유용하다. 이는 구조체에서 매우 유용하게 활용할 수 있다. **구조체의 포인터**[3장에서 다룬다]는 nil 값을 가질 수 있기 때문에 일반 구조체 변수와는 다르게 nil 값과 비교할 수 있기 때문이다.

- 포인터[엄밀히 말하면 구조체의 포인터]를 지원하기 때문에 Go는 연결 리스트와 이진트리처럼 컴퓨터 과학에서 널리 사용되는 데이터 구조를 지원할 수 있다. 따라서 Node 구조체의 필드를 또 다른 Node 구조체의 포인터인 Next *Node로 정의할 수 있다. 포인터가 없다면 구현하기 쉽지 않았을 것이다.

다음 코드는 Go에서 포인터를 사용하는 방법을 알려준다. pointers.go라는 텍스트 파일을 만들고 다음 코드를 입력하자.

```go
package main

import "fmt"

type aStructure struct {
  field1 complex128
  field2 int
}
```

이 구조체는 field1과 field2라는 두 개의 필드를 갖고 있다.

```go
func processPointer(x *float64) {
  *x = *x * *x
```

```
    }
```

이 함수는 float64의 포인터를 입력으로 받는다. 포인터를 사용하기 때문에 함수 내부에서 일어나는 변경이 영구적으로 반영된다. 또한 뭔가를 반환할 필요도 없다.

```
func returnPointer(x float64) *float64 {
    temp := 2 * x
    return &temp
}
```

이 함수는 float64를 입력받아 float64의 포인터를 반환하는 함수다. &를 사용해 일반 변수의 메모리 주소를 반환했다(&temp).

```
func bothPointers(x *float64) *float64 {
    temp := 2 * *x
    return &temp
}
```

이 함수는 float64의 포인터를 입력받아 float64의 포인터를 반환하는 함수다. x 에 저장된 메모리 주소에 저장된 값을 가져오고자 *x 표현식을 사용했다.

```
func main() {
    var f float64 = 12.123
    fmt.Println("Memory address of f:", &f)
```

&f 표현식을 사용해 일반 변수 f의 메모리 주소를 얻어왔다.

```
    // f의 포인터
```

```
fP := &f
fmt.Println("Memory address of f:", fP)
fmt.Println("Value of f:", *fP)
// f의 값이 바뀐다.
processPointer(fP)
fmt.Printf("Value of f: %.2f\n", f)
```

fp는 변수 f의 메모리 주소를 가리키는 포인터다. fp 메모리 주소에 저장된 값이 변경되면 f의 값에도 반영된다. 그러나 이는 fp가 가리키는 메모리 주소가 f 변수일 때만 적용된다.

```
// f의 값은 바뀌지 않는다.
x := returnPointer(f)
fmt.Printf("Value of x: %.2f\n", *x)
```

함수가 f의 값만 사용하기 때문에 f 값은 바뀌지 않는다.

```
// f의 값은 바뀌지 않는다.
xx := bothPointers(fP)
fmt.Printf("Value of xx: %.2f\n", *xx)
```

이 경우 fp 메모리 주소에 저장한 f의 값은 바뀌지 않는다. bothPointers() 함수가 fp 메모리 주소에 저장한 값을 변경하지 않기 때문이다.

```
// 빈 구조체를 확인한다.
var k *aStructure
```

변수 k는 aStructure 구조체의 포인터다. k가 아무것도 가리키고 있지 않기 때문에 Go는 포인터 타입의 제로 값인 nil을 가리킨다.

```
    // k가 아무것도 가리키고 있지 않기 때문에 아래 값은 nil이다.
    fmt.Println(k)
    // 따라서 아래와 같은 비교를 할 수 있다.
    if k == nil {
        k = new(aStructure)
    }
```

k가 nil이므로 기존 데이터 유실에 대한 걱정 없이 빈 aStructure 값을 new (aStructure)를 이용해 대입할 수 있다. 이제 k는 더 이상 nil이 아니고 aStructure 의 각 필드는 각 데이터 타입의 제로 값을 가진다.

```
    fmt.Printf("%+v\n", k)
    if k != nil {
        fmt.Println("k is not nil!")
    }
}
```

k가 nil인지 다시 한 번 살펴보자. 중복 체크라고 생각할 수도 있지만 중복 체크해 서 나쁠 건 없다.

pointers.go를 실행하면 다음과 비슷한 결과를 얻는다.

```
Memory address of f: 0xc000014090
Memory address of f: 0xc000014090
Value of f: 12.123
Value of f: 146.97
Value of x: 293.93
Value of xx: 293.93
<nil>
&{field1:(0+0i) field2:0}
k is not nil!
```

3장에서 구조체를 다룰 때 포인터를 다시 살펴볼 것이다. 이제는 난수와 랜덤한 문자열을 생성해보자.

⁝⁝ 난수 생성

난수 생성은 컴퓨터 과학의 연구 분야일 뿐만 아니라 예술이기도 하다. 컴퓨터는 완전한 논리 기계이기 때문에 이를 활용해 난수를 생성하는 것은 엄청나게 어려운 일이다. Go의 math/rand 패키지의 기능을 활용하면 난수를 생성할 수 있다. 각각의 난수 생성기는 숫자를 만들어내기 위한 시드^seed 값이 필요하다. 시드는 난수 생성 프로세스의 초기화를 위해 사용하며, 같은 시드를 입력하면 항상 같은 의사 난수^pseudo-random 시퀀스가 나오기 때문에 시드 값은 엄청나게 중요하다. 따라서 모두가 같은 시퀀스를 재현할 수 있고 해당 시퀀스는 랜덤이 아니게 된다. 그러나 이 기능은 테스트에서는 유용하게 활용할 수 있다. Go에서는 rand.Seed() 함수로 난수 생성기를 초기화할 수 있다.

NOTE

> 난수 생성에 관심이 있다면 도날스 크누스(Donald E. Knuth)가 쓴 『The Art of Computer Programming』(한빛미디어, 2007) 2권을 읽어보자.

책의 깃허브 저장소에 있는 ch02 디렉터리의 randomNumbers.go에 있는 다음 함수는 [min: max) 범위에서 난수를 생성하는 함수다.

```go
func random(min, max int) int {
    return rand.Intn(max-min) + min
}
```

random() 함수는 min부터 max-1까지의 범위에서 rand.Intn()을 불러 의사 난수를 생성한다. `rand.Intn()`은 0부터 매개변수로 들어온 정수보다 1 작은 값까지의 범위에서 난수를 생성한다.

randomNumbers.go는 4개의 커맨드라인 매개변수를 받지만 더 적은 매개변수를 입력해도 기본값으로 동작한다. 기본적으로 randomNumbers.go는 100개의 난수를 0부터 99 사이 범위에서 생성한다.

```
$ go run randomNumbers.go
Using default values!
39 75 78 89 39 28 37 96 93 42 60 69 50 9 69 27 22 63 4 68 56 23 54 14
93 61 19 13 83 72 87 29 4 45 75 53 41 76 84 51 62 68 37 11 83 20 63 58
12 50 8 31 14 87 13 97 17 60 51 56 21 68 32 41 79 13 79 59 95 56 24 83
53 62 97 88 67 59 49 65 79 10 51 73 48 58 48 27 30 88 19 16 16 11 35 45
72 51 41 28
```

다음 입력에서는 직접 매개변수를 입력했다(마지막 매개변수는 시드 값이다).

```
$ go run randomNumbers.go 1 5 10 10
3 1 4 4 1 1 4 4 4 3
$ go run randomNumbers.go 1 5 10 10
3 1 4 4 1 1 4 4 4 3
$ go run randomNumbers.go 1 5 10 11
1 4 2 1 3 2 2 4 1 3
```

처음 두 번의 실행에서는 시드 값이 10이므로 같은 결과를 얻었다. 세 번째 실행의 시드 값은 11이므로 다른 결과가 나왔다.

랜덤한 문자열 생성

비밀번호를 생성하거나 테스트를 위한 랜덤한 문자열을 생성하고 싶다고 생각해보자. 난수 생성을 기반으로 랜덤한 문자열을 만들 수 있다. 책의 깃허브 저장소에 있는 ch02 디렉터리의 genPass.go에 해당 유틸리티를 구현했다. genPass.go의 핵심 기능은 다음 함수에서 찾을 수 있다.

```
func getString(len int64) string {
    temp := ""
    startChar := "!"
    var i int64 = 1
    for {
        myRand := random(MIN, MAX)
        newChar := string(startChar[0] + byte(myRand))
        temp = temp + newChar
        if i == len {
            break
        }
        i++
    }
    return temp
}
```

아스키^{ASCII} 문자만 출력하고 싶어서 난수를 생성하는 범위를 제한했다. 아스키 테이블에서 출력할 수 있는 문자의 총 개수는 94개다. 따라서 의사 난수를 발생시킬 범위는 0에서 94가 돼야 하고 94는 포함하지 않아야 한다. 따라서 여기 나와 있지는 않지만 전역 변수 MIN과 MAX 값은 각각 0과 94다.

startChar 변수는 이 유틸리티에서 생성할 수 있는 아스키 문자 중 첫 번째 문자의 정보를 갖고 있다(여기서는 아스키 값으로 33인 느낌표다). 프로그램은 의사 난수를 94까지 만들 수 있기 때문에 생성할 수 있는 아스키 문자의 최댓값은 93 + 33인 126이고, 이 값은 ~다. 생성된 모든 문자는 temp 변수에 저장되고 for 루프를 빠져나가면 반환된다. string(startChar[0] + byte(myRand)) 구문은 난수를 원하는 범위의 문자열로 변환해준다.

genPass.go 유틸리티는 비밀번호의 길이를 나타내는 하나의 매개변수를 받는다. 주어진 매개변수가 없다면 genPass.go는 LENGTH의 기본값인 8을 사용해 길이가 8인 비밀번호를 생성한다.

genPass.go를 실행하면 다음과 같은 결과를 얻는다.

```
$ go run genPass.go
Using default values...
!QrNq@;R
$ go run genPass.go 20
sZL>{F~"hQqY>r_>TX?O
```

첫 번째로 프로그램을 실행하면 기본 길이의 문자열을 생성하고 두 번째로 프로그램을 실행하면 길이가 20인 문자열을 생성한다.

안전한 난수 생성

보안 관련 작업에 난수 생성을 활용하려고 한다면 암호학적으로 안전한 난수를 생성하도록 구현돼 있는 **crypto/rand** 패키지를 반드시 사용해야 한다. **crypto/rand** 패키지를 사용할 때는 시드를 정의할 필요가 없다.

다음 함수는 cryptoRand.go 소스코드의 일부며 **crypto/rand**의 기능을 이용해 안전한 난수를 만드는 방법을 보여준다.

```
func generateBytes(n int64) ([]byte, error) {
  b := make([]byte, n)
  _, err := rand.Read(b)
  if err != nil {
    return nil, err
  }
  return b, nil
}
```

rand.Read() 함수는 임의로 생성한 숫자로 바이트 슬라이스 b를 채운다. 해당 바이트 슬라이스를 출력 가능한 문자열로 만들려면 **base64.URLEncoding.EncodeToString(b)**

를 사용해 디코딩해야 한다. generatePass() 함수에서 변환이 이뤄지는데, 여기서는 생략했다.

cryptoRand.go를 실행하면 다음과 비슷한 결과를 얻는다.

```
$ go run cryptoRand.go
Using default values!
Ce30g--D
$ go run cryptoRand.go 20
AEIePSYb13KwkDnO5Xk_
```

코드를 실행한 결과는 genPass.go를 실행시킨 결과와 다르지 않다. 하지만 위 결과가 좀 더 안전한 난수를 만들어내므로 보안이 중요한 애플리케이션에서는 난수를 만들 때 이런 방식을 사용해야 한다.

이제 난수와 문자열을 생성하는 방법을 알았으니 전화번호부 애플리케이션을 다시 살펴보자. 이 장에서 배운 것을 활용해서 전화번호부를 임의의 데이터로 채워보자.

⁙ 전화번호부 애플리케이션 업데이트

이 책의 마지막 절에서는 1장에서 만든 전화번호부 애플리케이션의 데이터를 임의로 채워본다. 이 방법은 테스트 용도로 많은 데이터를 만들어야 할 때 유용하게 사용할 수 있다.

TIP

> 과거에 카프카(Kafka) 토픽에 샘플 데이터를 넣을 때 이 기법을 많이 사용했다.

전화번호부 애플리케이션의 이번 버전에서는 전화번호를 기반으로 검색할 수 있게 바꿀 예정이다. 임의의 숫자를 검색하는 것이 임의의 문자열을 검색하는 것보다 쉽기 때문이다. 그렇지만 search() 함수에서 바뀌는 내용은 적다. 이제 search()

에서는 v.Surname == key 대신 v.Tel == key를 사용해 Tel 필드를 검색할 것이다.

phoneBook.go의 **populate()** 함수(ch02 디렉터리에서 찾을 수 있다)에서 모든 작업을 수행한다. populate()의 구현은 다음과 같다.

```go
func populate(n int, s []Entry) {
  for i := 0; i < n; i++ {
    name := getString(4)
    surname := getString(5)
    n := strconv.Itoa(random(100, 199))
    data = append(data, Entry{name, surname, n})
  }
}
```

getString() 함수는 생성한 문자열을 읽기 쉽게 만들도록 A부터 Z까지의 문자를 생성한다. 특별한 성과 이름을 사용할 필요는 없다. 세 자리 번호를 사용해야 검색이 좀 더 쉬워지기 때문에 전화번호는 random(100, 199)를 호출해 100에서 198 범위로 생성했다. 생성한 이름, 성, 전화번호로 마음껏 테스트해보자.

phoneBook.go를 실행하면 다음과 같은 결과를 얻을 수 있다.

```
$ go run phoneBook.go search 123
Data has 100 entries.
{BHVA QEEQL 123}
$ go run phoneBook.go search 1234
Data has 100 entries.
Entry not found: 1234
$ go run phoneBook.go list
Data has 100 entries.
{DGTB GNQKI 169}
{BQNU ZUQFP 120}
...
```

임의로 생성한 이름과 성이 완벽하지는 않지만 테스트 목적으로는 충분하다. 3장에서는 CSV 데이터를 다루는 방법을 알아본다.

⁝⁝ 연습문제

- 두 개의 배열을 연결해 새로운 슬라이스를 만드는 함수를 구현해보자.
- 두 개의 배열을 연결해 새로운 배열을 만드는 함수를 구현해보자.
- 두 개의 슬라이스를 연결해 새로운 배열을 만드는 함수를 구현해보자.

⁝⁝ 요약

2장에서는 숫자, 문자열, 에러를 비롯한 Go의 기본 데이터 타입을 살펴봤다. 또한 배열과 슬라이스를 이용해 비슷한 데이터 타입을 묶는 방법도 알아봤다. 마지막으로 배열과 슬라이스의 차이점과 슬라이스가 배열보다 더 많은 용도로 사용될 수 있는 이유와 포인터를 살펴봤고, 전화번호부 애플리케이션에서 사용하기 위한 난수와 문자열을 생성하는 방법도 살펴봤다.

3장에서는 Go에서 제공하는 일부 합성 데이터 타입인 맵^{map}과 구조체^{structure}를 살펴본다. 맵은 여러 데이터 타입을 키로 사용할 수 있고, 구조체는 여러 데이터 타입을 묶어 새로운 타입을 만들어 하나의 단위로 접근할 수 있게 해준다. 3장에서 살펴보겠지만 구조체는 Go에서 중요한 역할을 맡고 있다.

⫸ 참고 자료

- sort 패키지 문서: https://golang.org/pkg/sort/

- time 패키지 문서: https://golang.org/pkg/time/

- crypto/rand 패키지 문서: https://golang.org/pkg/crypto/rand/

- math/rand 패키지 문서: https://golang.org/pkg/math/rand/

03

합성 데이터 타입

3장의 핵심 주제로 Go의 합성 데이터 타입인 맵과 구조체를 다룬다. 이것들을 배열이나 슬라이스와 구분하는 이유는 맵과 구조체가 더 유연하고 강력하기 때문이다. 보통 배열이나 슬라이스로 할 수 없는 일이 있을 때 맵을 사용한다. 맵으로도 문제가 해결되지 않는다면 새로운 구조체를 만드는 것을 고려해야 한다.

1장에서 전화번호부 애플리케이션의 초기 버전을 만들 때 이미 구조체를 사용했다. 그러나 3장에서는 구조체와 맵을 더 자세히 살펴본다. 3장에서 배우는 지식을 이용하면 구조체를 이용해 CSV 포맷의 데이터를 읽고 저장하고, 맵을 이용해 주어진 키로 빠르게 구조체의 슬라이스를 검색할 수 있는 인덱스를 만들 수 있다.

마지막으로 Go의 일부 기능을 적용해 1장에서 만든 전화번호부 애플리케이션을 개선해본다. 전화번호부 애플리케이션의 새 버전에서는 디스크에서 데이터를 불러오고 저장할 수 있는 기능을 추가해 더 이상 데이터를 하드코딩할 필요가 없다.

3장에서 다루는 내용은 다음과 같다.

- 맵

- 구조체

- 포인터와 구조체

- 정규표현식과 패턴 매칭

- 전화번호부 애플리케이션 개선

맵은 여러 가지 데이터 타입을 키로 사용할 수 있고, 구조체는 여러 가지 데이터 타입을 묶어 새로운 타입을 만든다. 일단 맵부터 살펴보자.

⠿ 맵

배열과 슬라이스는 인덱스로 양의 정수만 사용할 수 있다는 한계점이 있다. 맵은 값들끼리 서로 비교가 가능한 데이터 타입들을 키로 활용할 수 있기 때문에 강력한 기능을 가진 데이터 구조라고 볼 수 있다. 맵을 사용할 때 지켜야 할 경험적인 규칙은 양의 정수가 아닌 인덱스가 필요하거나 양의 정수여도 연속되지 않고 범위가 넓은 인덱스를 사용할 때 맵을 사용해야 한다는 것이다.

TIP

> bool 변수도 비교할 수 있지만 두 개의 값밖에 저장하지 못하기 때문에 **bool** 변수를 맵의 키로 사용하는 것은 바람직하지 못하다. 또한 부동소수점 값도 비교할 수 있지만 내부 표현의 정밀도로 인해 버그나 충돌이 발생할 수 있으므로 부동소수점을 맵의 키로 활용하는 것을 피해야 한다.

맵의 필요성과 장점이 궁금하다면 다음 목록이 답변이 될 수 있다.

- 맵은 다용도로 사용할 수 있다. 이 장의 뒤쪽에서는 맵을 사용해 데이터베이스 인덱스를 만들어본다. 맵을 사용하면 주어진 키로 검색과 데이터 접근을 할 수 있고 어떤 경우에는 키의 조합으로도 데이터에 접근할 수 있다.

- 항상 그렇지는 않지만 Go에서 맵은 성능이 좋다. 맵의 모든 원소에 선형 시간 으로 접근할 수 있다. 원소를 추가하고 검색하는 것도 빠르고 맵의 크기에 따라 원소 추가와 검색 성능이 좌우되지 않는다.

- 맵은 이해하기 쉬우므로 설계가 명확해진다.

make()나 맵 리터럴^{map literal}을 사용해 새로운 맵 변수를 생성할 수 있다. 문자열 키와 정수 값을 갖는 새로운 맵을 만들고 싶다면 make(map[string]int)만 적은 다음 원하는 변수에 대입하면 된다. 반면 맵 리터럴을 이용해 맵을 만들려면 다음과 같은 내용을 적어야 한다.

```
m := map[string]int {
    "key1": -1
    "key2": 123
}
```

맵을 만들 때 데이터를 추가하고 싶다면 맵 리터럴을 사용하는 것이 좀 더 성능이 좋다.

TIP

> 맵에서 원소들의 순서에는 어떠한 가정도 하면 안 된다. Go는 맵을 반복할 때 무작위 순서로 키를 반복하는데, 언어에서 의도적으로 설계한 부분이다.

맵의 길이(맵에 존재하는 키의 개수)는 배열과 슬라이스처럼 len() 함수로 구할 수 있다. 또한 delete()를 이용하면 맵의 특정 키와 값 쌍을 지울 수 있다. delete()는 맵의 이름 과 키의 이름 두 가지를 변수로 받는다.

또한 v, ok := aMap[k] 구문이 반환하는 두 번째 값을 이용하면 aMap이라는 맵에 k라는 키가 존재하는지 확인할 수 있다. ok가 true라면 키 k는 존재한다. true가 아니라면 v는 맵의 값에 해당하는 데이터 타입의 제로 값이 된다. 맵에 존재하지 않는 키의 값을 얻으려고 한다면 Go는 제로 값만 반환할 것이다.

이제 맵 변수가 nil인 특수한 상황을 살펴보자.

nil 맵에 저장

맵 변수에 nil을 대입할 수도 있다. 하지만 그럴 경우 해당 변수에 새로운 맵을 대입하기 전까지는 사용할 수 없다. nil 맵에 데이터를 저장하려고 한다면 프로그램이 충돌한다. 책의 깃허브 저장소에 있는 ch03 디렉터리의 nilMap.go 파일에 들어있는 main() 함수에 해당 상황이 나와 있다.

```
func main() {
    aMap := map[string]int{}
    aMap["test"] = 1
```

위 코드는 map[string]int{}가 반환하는 값을 aMap이 가리키고 있으므로 잘 작동한다.

```
    fmt.Println("aMap:", aMap)
    aMap = nil
```

여기서 aMap은 아무것도 가리키지 않는다는 의미인 nil을 가리키고 있다.

```
    fmt.Println("aMap:", aMap)
    if aMap == nil {
        fmt.Println("nil map!")
        aMap = map[string]int{}
    }
```

맵을 사용하기 전에 맵이 nil을 가리키고 있는지 체크해보는 것이 좋다. 여기서는 if aMap == nil을 이용해 aMap에 키/값 쌍을 저장할 수 있는지 확인해본다. nil 맵에 값을 저장하려고 한다면 프로그램이 충돌할 것이다. aMap = map[string]int{} 구문을 이용해 이를 방지할 수 있다.

```
aMap["test"] = 1
// 프로그램이 충돌한다.
aMap = nil
aMap["test"] = 1
}
```

프로그램의 마지막 부분에서는 nil 맵에 저장을 시도해 프로그램이 충돌하는 모습을 보여준다. 이런 코드를 프로덕션 환경에서 사용하면 안 된다.

NOTE

> 실제 애플리케이션에서 맵을 함수의 매개변수로 이용한다면 사용하기 전에 맵이 nil이 아닌지 체크해봐야 한다.

nilMap.go를 실행하면 다음과 같은 결과가 생성된다.

```
$ go run nilMap.go
aMap: map[test:1]
aMap: map[]
nil map!
panic: assignment to entry in nil map

goroutine 1 [running]:
main.main()
        /Users/mtsouk/Desktop/mGo3rd/code/ch03/nilMap.go:21 +0x225
```

프로그램이 충돌한 이유는 프로그램 결과에 panic: assignment to entry in nil map이라고 나와 있다.

맵 반복

for를 range 키워드와 함께 사용하면 다른 언어의 **foreach** 루프와 같은 기능을 구현할 수 있고 맵의 크기와 키들을 알지 못하더라도 맵을 반복할 수 있다. range를 맵에 사용하면 키와 값 쌍을 반환한다.

다음 코드를 입력하고 forMaps.go로 저장하자.

```go
package main

import "fmt"

func main() {
  aMap := make(map[string]string)
  aMap["123"] = "456"
  aMap["key"] = "A value"

  // range는 맵에서도 쓸 수 있다.
  for key, v := range aMap {
    fmt.Println("key:", key, "value:", v)
  }
```

여기서는 range로부터 키와 값 모두를 반환받았다.

```go
  for _, v := range aMap {
    fmt.Print(" # ", v)
  }
  fmt.Println()
}
```

여기서는 맵에서 반환되는 값에만 관심 있기 때문에 키는 무시했다.

이미 알고 있듯이 for와 range 루프에서 반환하는 키와 값 쌍의 순서에 대해 어떠한 가정도 하면 안 된다.

forMaps.go를 실행하면 다음과 같은 결과가 나온다.

```
$ go run forMaps.go
key: key value: A value
key: 123 value: 456
 # 456 # A value
```

맵을 살펴봤으니 이제 Go 구조체를 알아보자.

구조체

Go의 구조체는 매우 강력하며 여러 타입의 데이터를 같은 이름 아래 모으고 조직하는 데 사용한다. 구조체는 좀 더 유연한 데이터 타입이며 함수와 연결할 수 있다. 이를 메서드^{method}라 부른다.

NOTE

사용자 정의 타입인 구조체는 보통 main() 함수나 다른 패키지 함수 밖에서 정의해 전역 범위나 전체 Go 패키지에서 사용할 수 있게 한다. 따라서 지역 범위에서만 사용하고 다른 곳에서의 사용 여부가 확실하지 않다면 새로운 데이터 타입은 함수 밖에서 정의하는 것이 좋다.

새 구조체 정의

새 구조체를 정의하면 여러 값의 집합을 하나의 데이터 타입으로 묶어 하나의 객체처럼 주고받을 수 있다. 구조체는 필드^{field}들을 갖고 있는데, 각각의 필드는 데이터 타입을 갖고 있다. 데이터 타입은 심지어 다른 구조체나 구조체의 슬라이스가 될

수 있다. 또한 구조체는 새로운 데이터 타입이므로 type 키워드, 구조체의 이름,
struct 키워드를 차례대로 적어 정의한다.

다음 코드에서는 Entry라는 새 구조체를 정의한다.

```
type Entry struct {
    Name       string
    Surname    string
    Year       int
}
```

NOTE

> type 키워드는 새로운 데이터 타입을 정의하고 기존 타입들에 앨리어스(alias)를 만들 수 있다.
> 따라서 type myInt int로 int 타입과 같은 myInt라는 새 타입을 만들 수 있다. 그러나 Go는 myInt
> 와 int를 완전히 다른 데이터 타입으로 생각하기 때문에 두 타입이 같은 종류의 값들을 갖고 있음
> 에도 직접 두 타입 간 비교를 할 수 없다. 각각의 구조체는 새 데이터 타입을 만들어내기 때문에
> type 키워드를 사용한다.

5장에서 설명하겠지만 구조체의 필드들은 보통 대문자로 시작한다(이는 필드를 이용해 무엇
을 하고 싶은지에 따라 달라진다). Entry 구조체는 Name, Surname, Year라는 세 개의 필드를
갖고 있다. 처음 두 개의 필드는 string 타입이고 마지막 필드는 int 타입이다.

V가 Entry 구조체의 인스턴스라고 할 때 세 개의 필드는 V.Name, V.Surname,
V.Year처럼 점(.)을 이용해 접근할 수 있다. p1이라는 구조체 리터럴structure literal은
p1 := aStructure{"fmt", 12, -2}로 정의할 수 있다.

구조체 변수를 다루는 방식은 두 가지가 있다. **일반 변수**regular variables로 다룰 수도
있고 구조체의 메모리 주소를 가리키는 **포인터 변수**pointer variables로 다룰 수도 있다.
두 가지 모두 자주 사용하는 방식이며 보통 별도의 함수를 이용해 초기화한다. 함수
를 이용하면 일부 또는 모든 필드를 초기화할 수 있고 구조체 변수를 사용하기 전에
다른 일들을 수행할 수 있기 때문이다. 정리하자면 함수를 사용해 새 구조체 변수를

만드는 주요한 방식에는 일반 구조체 변수를 반환하는 방식과 구조체의 포인터를 반환하는 방식 두 가지가 있다. 두 방식 각각 다른 두 가지의 초기화 방식을 갖고 있다. 첫 번째는 Go 컴파일러에서 구조체를 초기화해 반환하는 방식이고 다른 방식은 사용자가 직접 초기화를 하는 방식이다.

구조체 타입 정의에서 구조체 필드를 적는 순서는 정의된 구조체의 **타입 동일성**^{type} ^{identity}을 판단하는 데 중요하다. 쉽게 말해 Go에서는 두 구조체의 필드가 서로 같더라도 나열된 순서가 다르면 서로 다른 것으로 취급한다.

new 키워드 사용

또한 new() 키워드를 사용해 pS := new(Entry)와 같이 새 구조체 인스턴스를 만들 수 있다. new() 키워드는 다음과 같은 특징을 갖고 있다.

- 데이터 타입에 따라 적절한 메모리 공간을 할당하고 제로 값으로 만든다.

- 항상 할당된 메모리의 포인터를 반환한다.

- 채널과 맵을 제외한 모든 데이터 타입에서 사용할 수 있다.

앞에서 언급한 특징들을 다음 코드에서 확인할 수 있다. 다음 코드를 좋아하는 에디터에 입력하고 structures.go로 저장하자.

```go
package main

import "fmt"

type Entry struct {
    Name        string
    Surname     string
    Year        int
}
```

```
// Go에 의해 초기화된다.
func zeroS() Entry {
  return Entry{}
}
```

Go의 중요한 규칙을 다시 기억해보자. 변수의 초깃값이 없다면 Go 컴파일러는 자동으로 해당 타입의 제로 값으로 초기화한다. 구조체에서 초깃값이 주어지지 않은 필드는 각 타입의 제로 값으로 초기화된다. 따라서 zeroS() 함수는 제로 값들이 들어있는 Entry 구조체를 반환한다.

```
// 사용자에 의해 초기화된다.
func initS(N, S string, Y int) Entry {
  if Y < 2000 {
    return Entry{Name: N, Surname: S, Year: 2000}
  }
  return Entry{Name: N, Surname: S, Year: Y}
}
```

이 경우에는 사용자가 새로운 구조체 변수를 초기화한다. 또한 initS() 함수는 Year 필드의 값이 2000보다 작은지 체크하고 적절히 행동한다. 값이 2000보다 작다면 Year 필드의 값은 2000이 된다. 이 조건은 애플리케이션의 요구 사항에 따라 달라질 수 있으며 구조체를 초기화하는 곳에서 입력을 확인하는 것이 좋다는 것을 보여준다.

```
// Go에서 초기화하고, 포인터를 반환한다.
func zeroPtoS() *Entry {
  t := &Entry{}
  return t
}
```

zeroPtoS() 함수는 제로 값으로 초기화된 구조체의 포인터를 반환한다.

```go
// 사용자가 초기화하고, 포인터를 반환한다.
func initPtoS(N, S string, Y int) *Entry {
    if len(S) == 0 {
        return &Entry{Name: N, Surname: "Unknown", Year: Y}
    }
    return &Entry{Name: N, Surname: S, Year: Y}
}
```

또한 **initPtoS()** 함수는 구조체의 포인터를 반환한다. 그리고 사용자 입력의 길이도 체크한다. 다시 말하지만 이 조건 검사는 애플리케이션 요구 사항에 따라 달라질 수 있다.

```go
func main() {
    s1 := zeroS()
    p1 := zeroPtoS()
    fmt.Println("s1:", s1, "p1:", *p1)

    s2 := initS("Mihalis", "Tsoukalos", 2020)
    p2 := initPtoS("Mihalis", "Tsoukalos", 2020)
    fmt.Println("s2:", s2, "p2:", *p2)

    fmt.Println("Year:", s1.Year, s2.Year, p1.Year, p2.Year)

    pS := new(Entry)
    fmt.Println("pS:", pS)
}
```

new(Entry)를 호출하면 Entry 구조체의 포인터가 반환된다. 일반적으로 많은 구조체 변수를 초기화할 때 구조체 초기화를 위한 함수를 만들어 에러를 줄일 수 있다.

structures.go를 실행하면 다음과 같은 출력이 생성된다.

```
s1: {  0} p1: {  0}
s2: {Mihalis Tsoukalos 2020} p2: {Mihalis Tsoukalos 2020}
Year: 0 2020 0 2020
pS: &{  0}
```

문자열의 제로 값은 빈 문자열이므로 s1, p1, pS의 Name과 Surname 필드에서는 아무 데이터도 출력되지 않는다.

다음 절에서는 같은 타입의 구조체들을 묶어 슬라이스의 원소로 사용하는 방법을 알아본다.

구조체의 슬라이스

구조체의 슬라이스를 만들어 여러 구조체를 하나의 변수로 묶을 수 있다. 그러나 주어진 구조체의 필드에 접근하려면 슬라이스의 원소로 존재하는 구조체가 정확히 어디에 위치하는지 알 필요가 있다.

다음 그림으로 구조체의 슬라이스가 어떻게 작동하는지 이해하고 슬라이스 특정 원소의 필드에 접근하기 위한 방법을 알아보자.

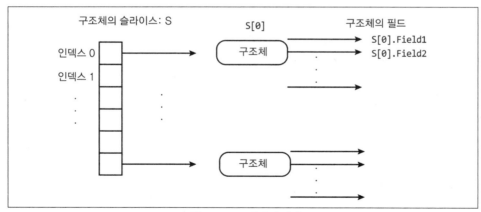

그림 3.1: 구조체의 슬라이스

슬라이스의 각 원소는 구조체이고 슬라이스의 인덱스를 이용해 접근할 수 있다. 원하는 슬라이스 원소를 선택한 후 해당 원소의 필드를 선택할 수 있다.

전체 과정이 약간 복잡하지만 이 절의 코드를 살펴보면 한결 이해하기 쉬울 것이다. 다음 코드를 입력하고 sliceStruct.go로 저장하자. 책의 깃허브 저장소에 있는 ch03 디렉터리에서 같은 파일을 찾을 수 있다.

```go
package main

import (
    "fmt"
    "strconv"
)

type record struct {
    Field1 int
    Field2 string
}

func main() {
    S := []record{}
    for i := 0; i < 10; i++ {
        text := "text" + strconv.Itoa(i)
        temp := record{Field1: i, Field2: text}
        S = append(S, temp)
    }
```

슬라이스에 새 구조체를 추가하려면 **append()**를 써야 한다.

```go
    // 첫 번째 원소의 필드에 접근한다.
    fmt.Println("Index 0:", S[0].Field1, S[0].Field2)
    fmt.Println("Number of structures:", len(S))
    sum := 0
```

```
    for _, k := range S {
        sum += k.Field1
    }
    fmt.Println("Sum:", sum)
}
```

sliceStruct.go를 실행하면 다음과 같은 결과가 나온다.

```
Index 0: 0 text0
Number of structures: 10
Sum: 45
```

구조체는 4장에서 리플렉션을 다룰 때와 6장에서 구조체를 이용해 JSON 데이터를 다루는 방법을 알아볼 때 다시 살펴본다. 이제 정규표현식과 패턴 매칭을 알아보자.

⁝⁝· 정규표현식과 패턴 매칭

패턴 매칭pattern matching은 문자열에서 특정한 문자 집합을 찾는 것으로, 문자 집합은 정규표현식과 문법에 맞춰 작성한 검색 패턴으로 표현한다.

정규표현식regular expression은 검색 패턴을 정의하는 문자열의 시퀀스다. 컴파일러는 코드에 나온 정규표현식을 유한 오토마타로 만든 인식기로 변환한다. **유한 오토마타**finite automata란 상태 전이도transition diagram를 일반화한 것이며, 결정론적deterministic일 수도 있고 비결정론적일 수도 있다. 여기서 비결정론적nondeterministic이란 어떤 상태에서 주어진 입력값에 대해 전이될 수 있는 상태가 여러 개라는 말이다. 또한 **인식기**recognizer란 문자열 x가 주어진 언어에 맞는 문장인지 판별하는 프로그램을 말한다.

문법grammar이란 형식 언어formal language에서 문장을 생성하는 규칙이다. 언어에서 사용하는 알파벳을 이용해 그 언어의 구문^{syntax}에 맞게 생성할 수 있는 유효한 문자열을 표현할 때 이러한 생성 규칙을 따른다. 문법은 문자열의 의미나 문맥은 표현하지 않고 문자열의 형태만 다룬다. 여기서 중요한 점은 정규표현식에서 가장 핵심적인 부분이 바로 문법이라는 것이다. 문법이 없다면 정규표현식을 정의하거나 사용할 수 없기 때문이다.

정규표현식과 패턴 매칭을 이 장에서 다루는 이유가 궁금할 수도 있다. 이유는 간단하다. 일반 텍스트 파일에서 CSV 데이터를 읽고 저장하는 방법을 곧 살펴볼 것인데, 이때 읽고 있는 데이터가 유효한지 파악해야 하기 때문이다.

Go 정규표현식

먼저 정규표현식을 만들 때 자주 이용하는 매칭 패턴^{match pattern}을 살펴보자.

표현식	설명
.	모든 문자를 매칭한다.
*	여러 번을 의미한다(단독으로 사용할 수 없다).
?	0회 또는 1회(단독으로 사용할 수 없다)
+	1회 이상을 의미한다(단독으로 사용할 수 없다).
^	줄의 시작을 나타낸다.
^	줄의 끝을 나타낸다.
[]	문자들을 그룹화하고자 []를 사용한다.
[A-Z]	대문자 A에서 대문자 Z까지의 모든 문자를 의미한다.
\d	0과 9 사이의 모든 숫자
\D	숫자가 아닌 문자

(이어짐)

표현식	설명
\w	모든 단어 문자: [0-9A-Za-z_]
\W	단어가 아닌 모든 문자
\s	공백 문자
\S	공백이 아닌 문자

표에 나타나 있는 문자들은 정규표현식의 문법을 구성하고 정의하는 데 사용한다. Go에서는 **regexp** 패키지를 이용해 정규표현식을 정의하고 패턴 매칭을 수행한다. **regexp.MustCompile()** 함수로 정규표현식을 생성하고 **Match()** 함수로 주어진 문자열이 정규표현식에 매칭되는지 판단할 수 있다.

regexp.MustCompile() 함수는 주어진 정규표현식을 파싱해 패턴 매칭에 사용하는 **regexp.Regexp** 변수를 반환한다. **regexp.Regexp**는 컴파일된 정규표현식이다. 표현식이 파싱되지 않는다면 함수가 패닉을 일으킨다. 패닉을 통해 표현식이 유효하지 않다는 사실을 일찍 알아낼 수 있다. 주어진 바이트 슬라이스가 정규표현식 re (regexp.Regexp 변수다)에 매칭된다면 **re.Match()** 메서드는 **true**를 반환하고, 아니라면 **false**를 반환한다.

TIP

> 패턴 매칭을 위한 별도의 함수를 만들면 편리하게 함수를 재사용할 수 있다.

정규표현식과 패턴 매칭이 사용하기 쉽고 편해 보일 수는 있지만 이들이 많은 버그의 원인이라는 점을 기억하자. 주어진 문제를 해결할 수 있는 가장 간단한 정규표현식을 사용하는 것이 좋다. 하지만 정규표현식의 사용을 피할 수 있다면 피하는 것이 장기적으로는 나은 결정이다.

이름과 성 매칭

다음 유틸리티는 이름과 성을 매칭한다. 이름과 성의 첫 글자는 대문자며 그다음부터는 소문자로 나타낸다. 입력은 숫자나 다른 문자를 포함하지 않는다.

유틸리티의 소스코드는 ch03 디렉터리의 nameSurRE.go에서 찾을 수 있다. 다루고자 하는 기능을 지원하는 함수는 matchNameSur()이고, 다음과 같이 구현했다.

```go
func matchNameSur(s string) bool {
    t := []byte(s)
    re := regexp.MustCompile(`^[A-Z][a-z]*$`)
    return re.Match(t)
}
```

함수의 기능은 `^[A-Z][a-z]*$` 정규표현식으로 구현했는데, ^는 줄의 시작을 나타내고 $는 줄의 끝을 나타낸다. 해당 정규표현식은 대문자[A-Z]로 시작하고 그다음부터는 아무 길이의 소문자[a-z]*로 된 문자열을 매칭하는 일을 한다. Z는 정규표현식에 매칭되지만 ZA는 두 번째 문자가 대문자이므로 매칭되지 않는다. 비슷하게, Jo+는 + 문자를 포함하기 때문에 매칭되지 않는다.

nameSurRE.go를 여러 종류의 입력과 함께 실행하면 다음과 같은 결과가 나온다.

```
$ go run nameSurRE.go Z
true
$ go run nameSurRE.go ZA
false
$ go run nameSurRE.go Mihalis
True
```

이를 통해 사용자 입력을 체크할 수 있다.

정수 매칭

다음 유틸리티는 양의 정수와 음의 정수를 매칭한다. 이를 정규표현식을 정의하는 방법으로 구현한다. 양의 정수만 매칭하고 싶다면 정규표현식에서 [-+]?를 [+]?로 대체하면 된다.

유틸리티의 소스코드는 ch03 디렉터리의 intRE.go에서 찾을 수 있다. matchInt() 함수는 다음과 같이 구현했다.

```go
func matchInt(s string) bool {
    t := []byte(s)
    re := regexp.MustCompile(`^[-+]?\d+$`)
    return re.Match(t)
}
```

이전처럼 함수에서 정수를 매칭하는 기능은 정규표현식 `^[-+]?\d+$`로 구현했다. 이를 언어로 풀어서 설명하자면 매칭하고 싶은 문자열은 ? 또는 +로 시작하고(이는 생략할 수 있다) 아무 길이의 숫자(\d+)로 이뤄져 있다는 뜻이다. 또한 문자열이 끝나기($) 전에 최소한 1개의 숫자는 있어야 한다.

intRE.go를 실행해 여러 입력을 넣어보면 다음과 같은 결과를 얻을 수 있다.

```
$ go run intRE.go 123
true
$ go run intRE.go /123
false
$ go run intRE.go +123.2
false
$ go run intRE.go +
false
$ go run intRE.go -123.2
false
```

이 책의 뒷부분에서는 테스트 함수를 작성해 Go 코드를 테스트하는 방법을 알아본다. 그 전까지는 대부분의 테스트를 수동으로 수행할 예정이다.

레코드의 필드 매칭

다음 예제에서는 입력에 대한 검사를 수행하기 전에 전체 레코드를 읽고 분할할 때 다른 방식을 사용한다. 또한 처리하고자 하는 레코드의 필드가 정확한 개수인지도 검사한다. 각각의 레코드는 이름, 성, 전화번호까지 총 3개의 필드를 갖고 있어야 한다.

유틸리티의 전체 코드는 ch03 디렉터리의 fieldsRE.go에서 찾을 수 있다. 살펴보고자 하는 기능을 구현한 함수는 다음과 같다.

```go
func matchRecord(s string) bool {
    fields := strings.Split(s, ",")
    if len(fields) != 3 {
        return false
    }
    if !matchNameSur(fields[0]) {
        return false
    }
    if !matchNameSur(fields[1]) {
        return false
    }
    return matchTel(fields[2])
}
```

matchRecord() 함수는 콤마(,)를 기준으로 필드를 나누고 레코드가 갖고 있는 필드의 개수를 체크한 다음 각각의 필드를 적절한 함수로 전달해 더 많은 체크를 한다. 필드를 나누는 것은 strings.Split(s, ",")를 이용하는데, 이를 통해 레코드가 갖고 있는 필드의 개수만큼의 길이를 갖는 슬라이스를 얻을 수 있다.

앞의 두 필드에서의 체크가 성공적이라면 함수는 matchTel(fields[2])의 반환값을 반환한다. 이는 함수 전체의 결과와 동일하기 때문이다.

fieldsRE.go를 여러 종류의 입력과 함께 실행하면 다음과 같은 결과를 얻는다.

```
$ go run fieldsRE.go Name,Surname,2109416471
true
$ go run fieldsRE.go Name,Surname,OtherName
false
$ go run fieldsRE.go One,Two,Three,Four
false
```

첫 번째 레코드는 모든 필드에 문제가 없으므로 **true**를 반환하고, 두 번째 레코드는 유효하지 않은 전화번호를 갖고 있으므로 **false**를 반환한다. 마지막은 3개가 아니라 4개의 필드를 갖고 있기 때문에 검사에 실패한다.

전화번호부 애플리케이션 개선

이제 전화번호부 애플리케이션을 개선하자. 전화번호부의 새 버전은 다음 개선 사항을 포함한다.

- insert와 delete 커맨드를 지원한다.

- 파일에서 데이터를 읽어온 후 종료하기 전에 다시 파일에 쓰는 기능이 있다.

- 각 항목을 마지막으로 방문한 시간이 필드로 존재한다.

- Go 맵을 이용해 구현된 데이터베이스 인덱스가 있다.

- 전화번호의 유효성을 검증할 수 있도록 정규표현식을 사용한다.

CSV 파일 다루기

프로그램을 실행할 때 데이터 유실이 발생하는 것을 바라지는 않을 것이다. 또한 프로그램을 실행할 때마다 데이터 없이 프로그램을 실행하고 싶지도 않을 것이다. 프로그램을 실행하는 컴퓨터에 데이터를 저장하면 이 문제들을 쉽게 해결할 수 있다. 여기서는 다루기 매우 쉬운 포맷인 CSV 포맷을 설명한다(이는 나중에 전화번호부 애플리케이션에서도 사용한다). Go에는 encoding/csv 패키지(https://golang.org/pkg/encoding/csv/)가 있으므로 쉽게 CSV 데이터를 다룰 수 있다. 다음 유틸리티에서 입력과 출력 파일은 모두 커맨드라인 인수로 주어진다.

> **TIP**
>
> io.Reader와 io.Writer는 매우 자주 사용하는 Go 인터페이스다. 이들은 파일에서 데이터를 읽거나 쓸 때 사용하고 거의 모든 읽기/쓰기 동작에서 이 인터페이스들을 사용한다. 읽기 작업을 위해 같은 인터페이스를 사용하면 공통된 특성을 공유할 수 있지만 직접 읽기 함수를 구현해 Go에서 io.Reader 인터페이스를 사용하는 어디에서나 해당 함수를 사용할 수 있다는 점이 가장 중요하다. io.Writer 인터페이스도 마찬가지다. 인터페이스는 4장에서 더 자세히 다룬다.

CSV 데이터를 다루고자 구현해야 할 주요 기능은 다음과 같다.

- 디스크에서 CSV 데이터를 읽어와 구조체의 슬라이스에 넣기

- CSV 포맷으로 데이터를 디스크에 저장하기

encoding/csv 패키지는 CSV 파일을 읽고 쓰는 데 필요한 함수들을 갖고 있다. 우리는 작은 CSV 파일들을 다루기 때문에 csv.NewReader(f).ReadAll()을 이용해 전체 파일을 한 번에 읽어온다. 큰 데이터를 갖고 있는 파일이거나 파일을 읽어올 때 입력을 체크하고 싶거나 입력을 변경하고 싶으면 ReadAll() 대신 Read()를 이용해 각각의 줄별로 읽는 것이 나은 선택이다.

Go는 CSV 파일에서 각 필드를 구분하는 문자로 콤마(,)를 사용한다고 가정한다. 해당 동작을 바꾸고 싶다면 하고자 하는 작업에 따라 CSV 데이터를 읽거나 쓸 때

Comma 변수의 값을 바꿔야 한다. 여기서는 구분자를 탭 문자로 바꿨다.

CSV 파일을 다루는 것은 새로 배우는 내용이므로 깃허브 저장소에 있는 ch03 디렉
터리의 csvData.go 파일에 따로 CSV 파일을 읽고 쓰는 방법을 설명해놨다. 이제
csvData.go의 소스코드를 부분마다 나눠 살펴보자. 먼저 csvData.go의 도입 부분
에는 import문이 있고 Record 구조체와 Record 슬라이스인 전역 변수 myData도
선언돼 있다.

```go
package main

import (
    "encoding/csv"
    "fmt"
    "os"
)

type Record struct {
    Name        string
    Surname     string
    Number      string
    LastAccess  string
}

var myData = []Record{}
```

그런 다음에는 CSV 데이터가 있는 텍스트 파일을 읽는 readCSVFile() 함수를 구현
했다.

```go
func readCSVFile(filepath string) ([][]string, error) {
    _, err := os.Stat(filepath)
    if err != nil {
        return nil, err
    }

    f, err := os.Open(filepath)
    if err != nil {
        return nil, err
    }
    defer f.Close()

    // CSV 파일을 한 번에 읽어온다.
    // lines의 타입은 [][]string이다.
    lines, err := csv.NewReader(f).ReadAll()
    if err != nil {
        return [][]string{}, err
    }

    return lines, nil
}
```

함수 안에서 주어진 파일 경로의 존재 여부와 정규 파일인지에 대한 체크를 한다는 점에 주목하자. 어디에서 체크를 해야 하는지 정답은 없지만 체크하는 곳의 일관성은 있어야 한다. readCSVFile() 함수는 읽어 들인 모든 줄을 포함하는 [][]string 슬라이스를 반환한다. csv.NewReader()는 각 줄의 필드들을 분리해주기 때문에 이를 저장할 수 있는 2차원의 슬라이스가 필요하다.

saveCSVFile() 함수를 이용해 CSV 파일을 저장하는 방법을 살펴보자.

```go
func saveCSVFile(filepath string) error {
    csvfile, err := os.Create(filepath)
    if err != nil {
```

```go
        return err
    }
    defer csvfile.Close()

    csvwriter := csv.NewWriter(csvfile)
    // 기본 구분자를 탭으로 바꾼다.
    csvwriter.Comma = '\t'
    for _, row := range myData {
        temp := []string{row.Name, row.Surname, row.Number, row.LastAccess}
        _ = csvwriter.Write(temp)
    }
    csvwriter.Flush()
    return nil
}
```

기본 구분자인 csvwriter.Comma의 값이 변경됐음에 주의하자.

마지막으로 main() 함수의 구현을 살펴보자.

```go
func main() {
    if len(os.Args) != 3 {
        fmt.Println("csvData input output!")
        return
    }

    input := os.Args[1]
    output := os.Args[2]
    lines, err := readCSVFile(input)
    if err != nil {
        fmt.Println(err)
        return
    }

    // CSV 데이터를 칼럼별로 읽어 들인다. 각 줄은 슬라이스다.
```

```
    for _, line := range lines {
      temp := Record{
        Name:      line[0],
        Surname:   line[1],
        Number:    line[2],
        LastAccess: line[3],
      }
      myData = append(myData, temp)
      fmt.Println(temp)
    }

    err = saveCSVFile(output)
    if err != nil {
      fmt.Println(err)
      return
    }
  }
```

main() 함수는 readCSVFile()에서 읽은 데이터를 myData 슬라이스에 저장한다. lines는 2차원 슬라이스이고 lines에서 각각의 줄은 여러 필드로 나눠져 있다는 것을 기억하자.

여기에서 입력의 각 줄은 4개의 필드를 갖고 있고 입력으로 사용하는 CSV 데이터 파일은 다음과 같다.

```
$ cat ~/csv.data
Dimitris,Tsoukalos,2101112223,1600665563
Mihalis,Tsoukalos,2109416471,1600665563
Jane,Doe,0800123456,1608559903
```

csvData.go를 실행하면 다음과 같은 결과를 얻는다.

```
$ go run csvData.go ~/csv.data /tmp/output.data
{Dimitris Tsoukalos 2101112223 1600665563}
{Mihalis Tsoukalos 2109416471 1600665563}
{Jane Doe 0800123456 1608559903}
```

결과로 만들어지는 CSV 파일의 내용은 다음과 같다.

```
$ cat /tmp/output.data
Dimitris        Tsoukalos       2101112223      1600665563
Mihalis Tsoukalos       2109416471      1600665563
Jane    Doe     0800123456      1608559903
```

output.data 파일은 각 레코드에 존재하는 필드의 구분자로 탭 문자를 사용했다. csvData.go 유틸리티는 다른 종류의 CSV 파일을 변환하는 데 유용하게 사용할 수 있다.

인덱스 추가

이 절에서는 맵을 이용해 데이터베이스의 인덱스를 구현하는 방법을 살펴본다. 데이터베이스 인덱스는 중복 없는 하나 또는 그 이상의 키들로 이뤄진다. 보통은 중복이 없으면서 빨리 찾고자 하는 무언가를 인덱스로 만든다. 데이터베이스의 기본키primary key들은 기본적으로 고유한 성질을 갖고 있고 중복되는 기본 키를 갖는 다른 레코드는 없다. 우리는 전화번호를 기본 키로 사용한다. 따라서 인덱스는 구조체의 전화번호 필드를 기반으로 만들어진다.

> **NOTE**
>
> 검색에 사용할 필드로 인덱스를 만들어야 한다. 질의에 사용되지 않는 필드로 인덱스를 만드는 것은 아무 소용이 없다.

실제로 앞에서 설명한 내용을 어떻게 적용하는지 살펴보자. S라는 슬라이스가 다음과 같은 데이터를 갖고 있다고 생각해보자.

```
S[0]={0800123123, ...}
S[1]={0800123000, ...}
S[2]={2109416471, ...}
     .
     .
     .
```

각각의 슬라이스 원소는 구조체이고 전화번호를 비롯한 다른 많은 정보를 갖고 있다. 이 데이터를 어떻게 인덱스로 만들까? Index라는 인덱스는 다음 형식의 데이터를 갖고 있다.

```
Index["0800123123"] = 0
Index["0800123000"] = 1
Index["2109416471"] = 2
     .
     .
     .
```

0800123000 전화번호를 찾고 싶다면 Index에 0800123000이라는 키가 있는지 봐야 한다. 키가 있다면 0800123000에 해당하는 값인 Index["0800123000"]에 찾고 싶은 레코드의 인덱스가 저장돼 있으므로 이를 이용해 원하는 레코드를 찾을 수 있다. 이처럼 우리는 어떤 슬라이스 원소에 접근해야 할지 알기 때문에 전체 슬라이스를 탐색할 필요가 없다. 이를 애플리케이션에 적용해보자.

전화번호부 애플리케이션의 개선된 버전

전화번호부 애플리케이션에서 전체 데이터를 하드코딩한 것은 좋은 구조라고 보기 힘들다. 이번에는 주소록의 목록을 외부 파일에서 CSV 포맷으로 읽을 것이다. 새 버전은 데이터를 같은 CSV 파일에 저장해서 나중에 다시 읽어올 수 있게 만든다.

전화번호부 애플리케이션의 각 항목은 다음 구조체로 이뤄져 있다.

```
type Entry struct {
    Name        string
    Surname     string
    Tel         string
    LastAccess  string
}
```

각 항목의 키는 **Tel** 필드다. 따라서 기존 전화번호를 갖는 항목을 추가하려고 하면 추가되지 않고 실패로 처리한다. 또한 전화번호를 이용해 애플리케이션에서 전화번호부를 검색한다. 데이터베이스에서는 기본 키를 이용해 각각의 고유한 레코드를 구분하는데, 전화번호부 애플리케이션은 Entry 구조체의 슬라이스를 이용한 작은 데이터베이스를 구현했다. 마지막으로 전화번호를 저장할 때는 하이픈(-) 문자를 저장하지 않는다. 전화번호를 저장하기 전에 전화번호에 있는 하이픈 문자를 모두 제거한다.

> **TIP**
>
> 개인적으로는 커다란 애플리케이션의 일부 기능을 구현한 좀 더 작은 프로그램을 만들어보며 큰 애플리케이션의 다양한 부분을 탐구하는 것을 선호한다. 이 과정을 통해 큰 어플리케이션을 어떻게 구현해야 할지 이해할 수 있고 더 쉽게 최종 제품을 만들 수 있다.

만들고 싶은 애플리케이션은 실제로 동작하는 커맨드라인 유틸리티이므로 데이터 변경과 검색을 위한 커맨드를 지원해야 한다. 애플리케이션의 업데이트된 기능은 다음과 같다.

- **insert** 커맨드로 데이터 추가
- **delete** 커맨드로 데이터 삭제
- **search** 커맨드로 데이터 검색

- **list** 커맨드로 레코드 목록 구하기

CSV 데이터 파일의 경로는 하드코딩해 코드를 간단하게 만들었다. 또한 프로그램을 실행할 때 자동으로 CSV 파일을 읽고 **insert**나 **delete** 커맨드가 들어오면 자동으로 파일을 업데이트한다.

TIP

> Go는 CSV를 지원하지만 웹 서비스의 데이터 교환에서 더 널리 사용하는 형식은 JSON이다. 그러나 CSV 데이터를 다루는 것이 JSON 형식의 데이터를 다루는 것보다 쉽다. JSON을 다루는 방법은 6장에서 다룬다.

앞서 설명했듯이 전화번호부 애플리케이션의 이번 버전은 전화번호 데이터를 담고 있는 전체 슬라이스를 선형 검색할 필요 없이 원하는 레코드를 빠르게 찾기 위한 인덱스를 지원한다. 사용한 인덱싱 기법이 아름답지는 않지만 검색 자체는 매우 빠르게 만들어준다. 전화번호를 기반으로 검색하기 때문에 각각의 전화번호와 전화번호에 해당하는 레코드의 슬라이스 인덱스를 연결하는 맵을 생성할 것이다. 인덱스를 이용하면 맵을 통해 쉽고 빠르게 해당 전화번호가 존재하는지 알 수 있다. 전화번호가 있다면 전체 슬라이스에서 검색하지 않고도 해당 레코드에 바로 접근할 수 있다. 이 방식(그리고 모든 인덱싱 방식)의 유일한 단점은 맵의 모든 데이터를 최신으로 유지해야 한다는 것이다.

이런 과정은 애플리케이션의 고수준 설계^{high-level design}다. 간단한 애플리케이션에서는 애플리케이션의 기능을 너무 자세히 설계할 필요는 없다. 지원하는 커맨드와 CSV 데이터 파일의 경로 정도만 생각하면 충분하다. 그러나 REST API를 구현한 RESTful 서버를 만들 때는 설계 단계나 프로그램의 의존성을 분석하는 단계가 실제 개발하는 단계만큼 중요하다.

업데이트된 전화번호부 유틸리티의 전체 코드는 ch03 디렉터리의 phoneBook.go에서 찾을 수 있다. 언제나처럼 책의 깃허브 저장소에 코드가 존재하고 다음부터는 이를 명시적으로 언급하지 않을 것이다. 지금부터는 특별한 이유가 없는 한 소스코드의 이름만 언급할 예정이다.

phoneBook.go에서 가장 흥미로운 부분은 다음에 표현한 부분이다. main() 함수의 구현을 두 부분으로 나눠 살펴보자. 첫 부분에서는 실행할 커맨드를 받고 사용하게 될 CSV 파일을 가져온다.

```go
func main() {
  arguments := os.Args
  if len(arguments) == 1 {
    fmt.Println("Usage: insert|delete|search|list <arguments>")
    return
  }

  // CSVFILE이 존재하지 않는다면 빈 파일을 새로 만든다.
  _, err := os.Stat(CSVFILE)
  // 에러가 nil이 아니라면 파일은 존재하지 않는다.
  if err != nil {
    fmt.Println("Creating", CSVFILE)
    f, err := os.Create(CSVFILE)
    if err != nil {
      f.Close()
      fmt.Println(err)
      return
    }
    f.Close()
  }
```

전역 변수 CSVFILE에 명시한 파일 경로에 파일이 없다면 프로그램의 나머지 부분에서 사용할 새 파일을 만들어야 한다. os.Stat(CSVFILE) 호출의 결과에 따라 동작이 달라진다.

```
fileInfo, err := os.Stat(CSVFILE)
// 정규 파일인가?
mode := fileInfo.Mode()
if !mode.IsRegular() {
  fmt.Println(CSVFILE, "not a regular file!")
  return
}
```

CSVFILE이 있어야 할 뿐만 아니라 정규 유닉스 파일이어야 한다. `mode.IsRegular()` 함수를 사용해 정규 파일인지 판단할 수 있다. 정규 파일이 아니라면 에러 메시지를 출력하고 프로그램을 종료한다.

```
err = readCSVFile(CSVFILE)
if err != nil {
  fmt.Println(err)
  return
}
```

여기에서는 CSVFILE을 읽는다. 빈 파일이라도 상관없다. CSVFILE의 내용은 Entry의 슬라이스인 `[]Entry{}`로 선언한 전역 변수 `data`에 저장한다.

```
err = createIndex()
if err != nil {
  fmt.Println("Cannot create index.")
  return
}
```

여기서는 `createIndex()`를 이용해 인덱스를 만든다. 인덱스는 전역 변수 `index`에 `map[string]int` 형태로 저장한다.

main()의 두 번째 부분은 올바른 커맨드를 실행하고 해당 커맨드가 성공적으로 실행됐는지 판단한다.

```go
// 커맨드를 구분한다.
switch arguments[1] {
case "insert":
  if len(arguments) != 5 {
    fmt.Println("Usage: insert Name Surname Telephone")
    return
  }
  t := strings.ReplaceAll(arguments[4], "-", "")
  if !matchTel(t) {
    fmt.Println("Not a valid telephone number:", t)
    return
  }
```

전화번호를 저장하기 전에 **strings.ReplaceAll()**을 사용해 전화번호에 있는 모든 하이픈(-) 문자를 지워야 한다. 하이픈 문자가 없으면 아무 변경도 일어나지 않는다.

```go
  temp := initS(arguments[2], arguments[3], t)
  // nil이면 에러다.
  if temp != nil {
    err := insert(temp)
    if err != nil {
      fmt.Println(err)
      return
    }
  }
case "delete":
  if len(arguments) != 3 {
    fmt.Println("Usage: delete Number")
    return
  }
```

```go
        t := strings.ReplaceAll(arguments[2], "-", "")
        if !matchTel(t) {
            fmt.Println("Not a valid telephone number:", t)
            return
        }
        err := deleteEntry(t)
        if err != nil {
            fmt.Println(err)
        }
    case "search":
        if len(arguments) != 3 {
            fmt.Println("Usage: search Number")
            return
        }
        t := strings.ReplaceAll(arguments[2], "-", "")
        if !matchTel(t) {
            fmt.Println("Not a valid telephone number:", t)
            return
        }
        temp := search(t)
        if temp == nil {
            fmt.Println("Number not found:", t)
            return
        }
        fmt.Println(*temp)
    case "list":
        list()
    default:
        fmt.Println("Not a valid option")
    }
}
```

상대적으로 큰 switch 블록에서는 각각의 주어진 커맨드마다 다음 내용처럼 동작한다는 사실을 알 수 있다.

- insert 커맨드에서는 insert() 함수를 실행한다.

- list 커맨드에서는 list() 함수를 실행한다. list는 유일하게 아무 인수도 필요하지 않은 커맨드다.

- delete 커맨드에서는 deleteEntry() 함수를 실행한다.

- search 커맨드에서는 search() 함수를 실행한다.

다른 모든 커맨드가 입력되면 default 브랜치가 실행된다. 인덱스는 createIndex() 함수에서 생성하고 업데이트되며 다음과 같이 구현돼 있다.

```go
func createIndex() error {
    index = make(map[string]int)
    for i, k := range data {
        key := k.Tel
        index[key] = i
    }
    return nil
}
```

data 슬라이스 전체에 접근해 인덱스 맵의 키/값 쌍을 업데이트한다. 슬라이스의 값은 맵의 키가 되고 슬라이스의 인덱스는 맵의 값이 된다.

delete 커맨드는 다음처럼 구현한다.

```go
func deleteEntry(key string) error {
    i, ok := index[key]
    if !ok {
        return fmt.Errorf("%s cannot be found!", key)
    }
    data = append(data[:i], data[i+1:]...)
    // 인덱스를 업데이트한다. 해당 키는 이제 더 이상 존재하지 않는다.
```

```
        delete(index, key)

        err := saveCSVFile(CSVFILE)
        if err != nil {
            return err
        }
        return nil
    }
```

deleteEntry() 함수의 동작은 간단하다. 먼저 슬라이스에서 데이터가 들어있는 항목을 찾을 수 있도록 인덱스에서 전화번호를 검색한다. 전화번호가 없다면 그냥 fmt.Errorf("%s cannot be found!", key)로 에러를 생성하고 반환한다. 전화번호가 있으면 data = append(data[:i], data[i+1:]...)를 이용해 data 슬라이스에서 데이터를 지운다. 그런 다음에는 인덱스를 업데이트해야 한다. 이처럼 인덱스를 이용하면 빠르게 검색할 수 있는 대신 인덱스를 신경 써야 한다. 항목을 지운 다음에는 saveCSVFile(CSVFILE)를 호출해 변경된 데이터를 저장해야 한다.

NOTE

> 사실 전화번호부 애플리케이션의 현재 버전은 한 번에 하나의 요청만 처리하므로 매번 인덱스를 새로 생성한다. 따라서 인덱스를 업데이트해도 문제가 생기지는 않는다. 실제 데이터베이스의 인덱스 생성은 비용이 많이 들기 때문에 데이터베이스 관리 시스템에서는 매번 인덱스를 생성하지 않고 인덱스도 디스크에 저장한다.

insert 커맨드는 다음처럼 구현한다.

```
func insert(pS *Entry) error {
    // 이미 있다면 추가하지 않는다.
    _, ok := index[(*pS).Tel]
    if ok {
        return fmt.Errorf("%s already exists", pS.Tel)
```

```
  }
  data = append(data, *pS)
  // 인덱스를 업데이트한다.
  _ = createIndex()

  err := saveCSVFile(CSVFILE)
  if err != nil {
    return err
  }
  return nil
}
```

인덱스는 추가하고자 하는 전화번호가 이미 있는지 판단하는 데 도움을 준다. 앞서 설명한 것처럼 이미 있는 항목과 같은 **Tel** 값을 갖는 항목을 추가하려고 할 때는 프로세스가 실패한다. 중복 검사를 통과한다면 data 슬라이스에 새 레코드를 추가하고 그에 맞게 인덱스를 업데이트하고 CSV 파일에 데이터를 저장한다.

인덱스를 사용하는 **search** 커맨드는 다음과 같이 구현한다.

```
func search(key string) *Entry {
  i, ok := index[key]
  if !ok {
    return nil
  }
  data[i].LastAccess = strconv.FormatInt(time.Now().Unix(), 10)
  return &data[i]
}
```

인덱스로 사용하기 때문에 전화번호를 검색하는 과정은 단순해진다. 그저 인덱스에서 찾고자 하는 전화번호에 접근을 시도한다. 있다면 해당 레코드를 반환한다. 아니라면 코드는 nil을 반환한다. 함수에서 **Entry** 변수의 포인터를 반환하므로 nil도 반환할 수 있다. 레코드를 반환하기 전에 레코드에는 언제 접근했는지 알 수 있게

search() 함수에서 해당 구조체의 **LastAccess** 필드를 업데이트한다.

입력으로 사용한 CSV 파일의 초기 데이터는 다음과 같다.

```
$ cat ~/csv.data
Dimitris,Tsoukalos,2101112223,1600665563
Mihalis,Tsoukalos,2109416471,1600665563
Mihalis,Tsoukalos,2109416771,1600665563
Efipanios,Savva,2101231234,1600665582
```

전화번호는 유일해야 하지만 이름과 성은 여러 개 있을 수도 있다. phoneBook.go 를 실행하면 다음과 같은 결과를 얻는다.

```
$ go run phoneBook.go list
{Dimitris Tsoukalos 2101112223 1600665563}
{Mihalis Tsoukalos 2109416471 1600665563}
{Mihalis Tsoukalos 2109416771 1600665563}
{Efipanios Savva 2101231234 1600665582}
$ go run phoneBook.go delete 2109416771
$ go run phoneBook.go search 2101231234
{Efipanios Savva 2101231234 1608559833}
$ go run phoneBook.go search 210-1231-234
{Efipanios Savva 2101231234 1608559840}
```

코드에 구현한 것처럼 **210-1231-234**는 **2101231234**로 변환됐다.

```
$ go run phoneBook.go delete 210-1231-234
$ go run phoneBook.go search 210-1231-234
Number not found: 2101231234
$ go run phoneBook.go insert Jane Doe 0800-123-456
$ go run phoneBook.go insert Jane Doe 0800-123-456
0800123456 already exists
$ go run phoneBook.go search 2101112223
{Dimitris Tsoukalos 2101112223 1608559928}
```

위의 커맨드를 실행하고 난 뒤의 CSV 파일 내용은 다음과 같다.

```
$ cat ~/csv.data
Dimitris,Tsoukalos,2101112223,1600665563
Mihalis,Tsoukalos,2109416471,1600665563
Jane,Doe,0800123456,1608559903
```

원하는 것처럼 0800-123-456이 0800123456으로 변환된 것을 확인할 수 있다.

이전 버전보다는 훨씬 나아졌지만 전화번호부 애플리케이션의 새 버전은 아직 완벽하지 않다. 다음 항목들을 개선할 수 있다.

- 전화번호 기반으로 출력을 정렬하는 기능

- 성 기반으로 출력을 정렬하는 기능

- CSV 파일 대신 JSON 레코드와 JSON 슬라이스를 사용할 수 있게 만드는 기능

4장에서는 구조체 슬라이스를 정렬하는 기능을 구현해보며 전화번호부 애플리케이션을 계속 개선한다.

⋮⋅ 연습문제

- 배열을 맵으로 바꾸는 프로그램을 작성해보자.

- 맵을 두 개의 슬라이스로 바꾸는 프로그램을 작성해보자. 첫 번째 슬라이스는 맵의 키를 갖고 있고 두 번째 슬라이스는 맵의 값들을 갖고 있어야 한다. 두 슬라이스에서 같은 인덱스에 있는 값들은 원래 맵에서의 키/값 쌍과 같아야 한다.

- nameSurRE.go를 수정해 여러 커맨드라인 인수를 처리할 수 있게 만들어보자.

- intRE.go의 코드를 바꿔 여러 커맨드라인 인수를 처리하고 프로그램이 끝나기 전에 처리한 true와 false의 개수를 출력하게 만들어보자.

- csvData.go를 수정해 # 문자를 기반으로 레코드의 필드를 구분하게 만들어보자.

- os.Args를 구조체의 슬라이스로 변환하는 프로그램을 작성해보자. 구조체는 커맨드라인 인수 각각의 인덱스와 값을 필드로 갖고 있어야 하고 이를 위해 직접 구조체를 정의해야 한다.

- phoneBook.go를 수정해 LastAccess 필드를 이용한 인덱스를 생성해보자. 인덱스가 실용적이라고 생각하는가? 잘 동작하는가? 왜 그렇게 생각하는가?

- csvData.go를 수정해 커맨드라인 인수로 주어진 문자를 구분자로 이용할 수 있게 만들어보자.

⠿ 요약

3장에서는 Go의 합성 타입인 맵과 구조체를 다뤘다. 또한 CSV 파일을 다루는 방법과 정규표현식 및 패턴 매칭을 사용하는 방법을 알아봤다. 이제 데이터를 적합한 구조체에 저장할 수 있고 정규표현식을 통해 데이터가 유효한지 검사할 수 있으며 CSV 파일 형태로 데이터를 저장해 데이터를 보존할 수 있다.

4장에서는 데이터 타입에 추가할 수 있는 타입 메서드, 리플렉션, 인터페이스를 살펴본다. 이 모든 것은 전화번호부 애플리케이션을 개선하는 데 활용할 예정이다.

⠿ 참고 자료

- encoding/csv 패키지 문서: https://golang.org/pkg/encoding/csv/

- runtime 패키지 문서: https://golang.org/pkg/runtime/

04

리플렉션과 인터페이스

3장의 전화번호부 애플리케이션을 다시 떠올려보자. 해당 애플리케이션의 전화번호 레코드와 같은 구조체를 성이나 이름으로 정렬하려면 어떻게 해야 할까? 같은 동작을 수행하는 여러 데이터 타입에서 각각의 데이터 타입마다 정렬 함수를 구현하지 않고 정렬하려면 어떻게 해야 할까? 또한 전화번호부 애플리케이션에 두 가지 다른 포맷의 CSV 데이터가 있다고 가정해보자. 서로 다른 종류의 CSV 레코드는 별도의 Go 구조체에 저장하기 때문에 다른 방식으로 정렬해야 할 것이다. 전화번호부 애플리케이션을 두 벌 만들지 않고 이 문제를 해결하려면 어떻게 해야 할까? 마지막으로 정말 특이한 데이터를 정렬하는 프로그램을 구현해야 한다고 가정하자. 예를 들어 여러 종류의 3차원 형태 데이터를 갖고 있는 슬라이스를 정렬해야 한다고 생각해보자. 이 문제를 해결하려면 어떻게 해야 할까?

위의 모든 질문에 대한 답변은 **인터페이스**interface를 사용하는 것이다. 그러나 인터페이스를 데이터 조작이나 정렬에만 사용하는 것은 아니다. 인터페이스는 추상화를 표현하고 서로 다른 데이터 타입 간에 공통적으로 공유하는 동작을 정의하고 식별하고자 존재한다. 특정 데이터 타입을 위한 인터페이스를 구현하고 나면 해당 데이터 타입의 값들과 변수들이 사용할 수 있는 기능의 새로운 세계가 펼쳐지는데, 이로 인해 시간이 절약되고 생산성을 늘려준다. 인터페이스는 타입 메서드$^{type\ method}$와 함께 사용할 수 있다. 타입 메서드는 특정 데이터 타입(Go에서는 보통 구조체다)에 연결된 함수라고 생각하면 된다. 특정 인터페이스가 요구하는 타입 메서드를 구현하기만 하면 해당 인터페이스를 만족한다. 이는 나중에 설명할 빈 인터페이스에서도 마찬가지다.

Go의 또 다른 유용한 기능은 **리플렉션**^{reflection}이다. 리플렉션은 실행 시점에 구조체의 데이터 타입을 알 수 있게 해준다. 하지만 리플렉션은 Go의 고급 기능이므로 보통은 필요 없는 기능이다.

4장에서 다루는 내용은 다음과 같다.

- 리플렉션

- 타입 메서드

- 인터페이스

- 두 개의 다른 CSV 포맷 다루기

- Go에서의 객체지향 프로그래밍 $^{Object-oriented\ Programming}$

- 전화번호부 애플리케이션 업데이트

⠿ 리플렉션

먼저 Go의 고급 기능인 리플렉션을 알아보자. 리플렉션을 먼저 다루는 이유는 쉬운 주제이기 때문이 아니라 Go에서 다른 여러 데이터 타입, 인터페이스가 어떻게 작동하는지 이해하는 것을 돕기 때문이다.

어떤 경우에는 실행 시점에 구조체 필드의 이름을 알아야 할 때가 있다. 이때 리플렉션을 사용해야 한다. 리플렉션은 구조체의 필드와 값을 출력할 수 있게 할 뿐만 아니라 JSON 데이터를 디코딩해 만들어지는 구조체처럼 실제 구조를 알지 못하는 구조체를 다룰 수 있게 만들어준다.

내가 리플렉션을 배웠을 때 스스로에게 되물었던 두 가지 질문은 다음과 같다.

- Go에 리플렉션이 왜 있을까?

- 리플렉션을 언제 사용해야 할까?

첫 번째 질문에 대답하자면 리플렉션을 통해 **동적으로** 임의의 오브젝트 구조에 대한 정보를 알아낼 수 있기 때문이다. Go에서는 `reflect` 패키지로 이 기능을 제공한다. 3장에서 `fmt.Println()` 함수는 매개변수의 데이터 타입을 이해하고 타입에 따라 다르게 행동한다고 했던 말을 기억하는가? 사실 `fmt` 패키지에서도 내부에서 리플렉션을 사용한다.

두 번째 질문에 대한 대답은 다음과 같다. 리플렉션을 이용하면 프로그램을 작성할 때는 존재하지 않지만 실행 시점에는 존재하는(이미 존재하는 패키지의 사용자 정의 데이터 타입을 사용할 때다) 데이터 타입을 처리할 수 있게 해준다.

또한 데이터 타입에 공통 인터페이스를 구현하지 않아 일반적이지 않거나 알 수 없는 행위를 할 때 리플렉션을 유용하게 활용할 수 있다. 여기서 일반적이지 않다는 뜻은 나쁘거나 에러를 발생시키는 행위가 아니라 그저 사용자가 정의한 구조체에서 하는 행위를 말한다.

NOTE

> Go에 제네릭이 도입됨에 따라 리플렉션을 덜 빈번하게 사용하게 될 수도 있다. 제네릭을 사용하면 다른 데이터 타입들도 쉽게 다룰 수 있고 더 나아가서는 정확한 데이터 타입을 몰라도 되기 때문이다. 그러나 구조체 전체의 정보를 알고 싶거나 변수의 데이터 타입을 알고 싶다면 여전히 리플렉션을 활용해야 한다. 리플렉션과 제네릭은 13장에서 다룬다.

reflect 패키지에서 주로 사용하는 타입은 reflect.Value와 reflect.Type이다. reflect.Value는 특정 타입의 값을 저장하는 데 사용하고 reflect.Type은 Go에서 지원하는 타입을 표현하는 데 사용한다. reflect.TypeOf()와 reflect.ValueOf() 는 각각 reflect.Type과 reflect.Value 값을 반환한다. reflect.TypeOf()는 변수의 실제 타입을 반환한다는 점을 주의하자. 구조체를 매개변수로 넘기면 구조체의 이름을 반환한다.

Go에서 구조체는 매우 중요하므로 reflect 패키지는 구조체의 필드 개수를 알 수 있는 reflect.NumField() 메서드를 제공하고 Field() 메서드로 구조체 특정 필드의 reflect.Value 값을 얻을 수 있다.

또한 reflect 패키지에는 reflect.Kind 데이터 타입이 있는데, 이는 int, struct와 같이 변수의 데이터 타입 종류를 나타낸다. reflect 패키지 문서에서 reflect.Kind 의 가능한 모든 값을 확인할 수 있다. Kind() 함수는 변수의 종류가 무엇인지 반환한다.

마지막으로 Int()와 String() 메서드는 reflect.Value 값에 대응하는 정수와 문자열 값을 반환한다.

NOTE

> 리플렉션 코드는 읽기 어려워 보일 수도 있다. 따라서 Go 철학에 따라 리플렉션이 정말 필요한 곳이 아니라면 리플렉션을 사용하지 말아야 한다. 리플렉션이 좋은 기능을 갖고 있는 것은 맞지만 깔끔한 코드를 만들어주지는 않는다.

Go 구조체의 내부

다음 프로그램은 리플렉션을 사용해 Go 구조체의 내부 구조와 필드들을 알아내는 방법을 보여준다. 다음 프로그램을 작성하고 reflection.go로 저장하자.

```
package main

import (
    "fmt"
    "reflect"
)

type Secret struct {
    Username string
    Password string
}

type Record struct {
    Field1 string
    Field2 float64
    Field3 Secret
}

func main() {
    A := Record{"String value", -12.123, Secret{"Mihalis","Tsoukalos"}}
```

먼저 다른 구조체(Secret{"Mihalis", "Tsoukalos"})를 값으로 포함하는 **Record** 구조체를 정의했다.

```
    r := reflect.ValueOf(A)
    fmt.Println("String value:", r.String())
```

위 코드를 실행하면 A 변수의 **reflect.Value**를 반환한다.

```
    iType := r.Type()
```

Type()을 사용해 변수의 데이터 타입을 얻을 수 있다. 앞 코드에서는 변수 A의 타입을 알아냈다.

```
fmt.Printf("i Type: %s\n", iType)
fmt.Printf("The %d fields of %s are\n", r.NumField(), iType)

for i := 0; i < r.NumField(); i++ {
```

위 for 루프로 구조체의 모든 필드를 방문할 수 있고 해당 필드의 특성을 조사할 수 있다.

```
fmt.Printf("\t%s ", iType.Field(i).Name)
fmt.Printf("\twith type: %s ", r.Field(i).Type())
fmt.Printf("\tand value _%v_\n", r.Field(i).Interface())
```

위 fmt.Printf() 구문은 필드의 이름, 데이터 타입, 값을 출력한다.

```
// Record 에 다른 구조체가 임베드돼 있는지 체크한다.
k := reflect.TypeOf(r.Field(i).Interface()).Kind()
// 비교를 위해 문자열 형태로 변환해야 한다.
if k.String() == "struct" {
```

문자열 형태로 데이터 타입을 체크하려면 데이터 타입을 문자열 변수로 바꾸는 과정이 선행돼야 한다.

```
    fmt.Println(r.Field(i).Type())
}

// 위와 같은 내용이지만 내부 표현 형식을 사용한다.
if k == reflect.Struct {
```

체크할 때 데이터 타입의 내부 표현 형식을 사용할 수도 있다. 하지만 문자열 값을 사용하는 것이 더 자연스럽다.

```go
            fmt.Println(r.Field(i).Type())
        }
    }
}
```

reflection.go를 실행하면 다음과 같은 결과가 나온다.

```
$ go run reflection.go
String value: <main.Record Value>
i Type: main.Record
The 3 fields of main.Record are
        Field1  with type: string       and value _String value_
        Field2  with type: float64      and value _-12.123_
        Field3  with type: main.Secret  and value _{Mihalis Tsoukalos}_
main.Secret
main.Secret
```

main.Record는 Go에서 정의한 구조체의 완전한 이름이다. main은 패키지의 이름 이고 Record는 구조체의 이름이다. Go는 서로 다른 패키지의 항목들을 각자 다른 것으로 판단하기 때문에 위와 같은 형식으로 이름이 정해진다.

위의 코드에서는 구조체의 값은 아무것도 변경하지 않는다. 구조체 필드의 값을 변경하고 싶다면 Elem() 메서드를 사용하고 구조체의 포인터를 ValueOf()로 전달 해야 한다. 포인터를 사용하면 실제 변수를 변경할 수 있다는 것을 다시 떠올려보 자. 실제 값을 변경하고자 사용할 수 있는 메서드들도 있다. SetString()을 사용하 면 문자열 필드를 변경할 수 있고 SetInt()를 사용하면 정수 필드를 변경할 수 있다.

다음 절에서 실제 예제를 살펴보자.

리플렉션을 이용해 구조체 값 바꾸기

Go의 내부 구조를 파악하는 기능도 유용하지만 실제로는 Go 구조체의 값을 바꾸는 기능을 더 많이 활용한다. 이번 절에서는 이를 알아본다.

다음 코드를 적고 setValues.go로 저장하자. 책의 깃허브 저장소에서도 코드를 찾을 수 있다.

```go
package main

import (
    "fmt"
    "reflect"
)

type T struct {
    F1 int
    F2 string
    F3 float64
}

func main() {
    A := T{1, "F2", 3.0}
```

이번 프로그램에서 살펴볼 변수는 A다.

```go
    fmt.Println("A:", A)

    r := reflect.ValueOf(&A).Elem()
```

Elem()과 변수 A의 포인터를 사용하면 필요에 따라 변수 A를 변경할 수 있다.

```
fmt.Println("String value:", r.String())
typeOfA := r.Type()
for i := 0; i < r.NumField(); i++ {
    f := r.Field(i)
    tOfA := typeOfA.Field(i).Name
    fmt.Printf("%d: %s %s = %v\n", i, tOfA, f.Type(), f.Interface())

    k := reflect.TypeOf(r.Field(i).Interface()).Kind()
    if k == reflect.Int {
        r.Field(i).SetInt(-100)
    } else if k == reflect.String {
        r.Field(i).SetString("Changed!")
    }
}
}
```

SetInt()를 사용해 정수 값을 변경하고 SetString()을 사용해 문자열 값을 바꿨다. 정수 값은 -100으로, 문자열 값은 Changed!로 변경했다.

```
    fmt.Println("A:", A)
}
```

setValues.go를 실행하면 다음과 같은 결과가 나온다.

```
$ go run setValues.go
A: {1 F2 3}
String value: <main.T Value>
0: F1 int = 1
1: F2 string = F2
2: F3 float64 = 3
A: {-100 Changed! 3}
```

첫 번째 줄은 A의 초깃값을 보여주고 마지막 줄은 A의 수정된 필드들을 보여준다. 위와 같은 코드는 주로 구조체의 필드들을 동적으로 바꿀 때 사용한다.

리플렉션의 세 가지 단점

리플렉션은 Go에서 제공하는 강력한 기능임은 분명하다. 하지만 모든 도구가 그렇듯이 리플렉션도 함부로 남용하면 안 되는데, 이유는 크게 세 가지다.

- 리플렉션을 너무 많이 사용하면 코드를 이해하기 어렵고 관리하기 힘들어진다. 문서를 잘 작성해서 어느 정도 해소할 수는 있겠지만 개발자는 중요한 문서 작성에 대한 시간 투입마저도 꺼리는 경향이 있다.

- 리플렉션을 사용하면 실행 속도가 느려진다. 구체적으로 타입이 지정된 코드가 리플렉션을 이용해 데이터 타입을 동적으로 다루는 코드보다 훨씬 빠르다. 또한 타입을 동적으로 다루는 코드는 리팩토링이나 분석을 수행하는 도구를 적용하기 힘들다.

- 리플렉션에 관련된 에러는 빌드 시간에 잡을 수 없고 프로그램을 실행하다가 패닉이 발생해서야 발견하게 된다. 다시 말해 리플렉션에 관련된 에러로 인해 프로그램 전체가 멈춰버릴 수 있다. 심지어 프로그램을 전부 개발하고 몇 개월이나 몇 년이 지나서야 발견되는 경우도 있다. 이러한 문제에 대처하기 위한 한 가지 방법은 문제가 발생할 가능성이 있는 함수를 충분히 테스트하는 코드를 추가하는 것이다. 하지만 이로 인해 코드가 늘어나서 속도는 더욱 느려진다.

이제 리플렉션이 해줄 수 있는 일을 알았으니 인터페이스 사용에 필수적으로 사용하는 타입 메서드를 알아보자.

⫸ 타입 메서드

타입 메서드^{Type Method}는 특정 데이터 타입과 연결되는 함수다. 타입 메서드는 사실 함수지만 함수와는 살짝 다른 방식으로 정의하고 사용한다.

새로운 타입 메서드를 정의하는 것은 새 함수를 정의하는 것처럼 간단하다. 함수를
데이터 타입과 연결하는 특정 규칙을 만족하기만 하면 된다.

타입 메서드 생성

2 × 2 행렬들을 계산하고 싶다고 생각해보자. 이를 구현하는 아주 자연스러운 방법
은 새로운 데이터 타입을 정의하고 타입 메서드를 이용해 더하기, 빼기, 곱하기 연산
을 정의하는 것이다. 이를 더 일반적으로 만들고자 두 개의 2 × 2 행렬을 입력받는
커맨드라인 유틸리티(실제로는 총 8개의 정수를 받는다)를 만들어 이 행렬들을 정의한 타입 메서
드를 이용해 행렬 계산을 수행할 것이다.

ar2x2라는 데이터 타입이 있을 때 다음과 같은 방법으로 FunctionName이라는 타입
메서드를 만들 수 있다.

```
func (a ar2x2) FunctionName(parameters) <return values> {
  ...
}
```

함수를 정의할 때 (a ar2x2)라고 적었기 때문에 FunctionName() 함수는 ar2x2 타
입과 연결된 타입 메서드가 된다. 다른 데이터 타입들은 해당 함수를 사용할 수
없다. 그러나 다른 데이터 타입이나 일반 함수로 FunctionName()을 정의하는 것은
자유다. varAr이라는 ar2x2 변수가 있다면 구조체에서 필드를 선택하는 코드처럼
varAr.FunctionName() 형태로 FunctionName()을 호출할 수 있다.

타입 메서드를 쓰고 싶지 않다면 쓰지 않아도 괜찮다. 사실 모든 타입 메서드는

일반 함수로 재작성할 수 있다. 따라서 FunctionName()을 다음처럼 정의할 수도 있다.

```
func FunctionName(a ar2x2, parameters...) <return values> {
    ...
}
```

내부적으로는 Go 컴파일러가 메서드들을 자기 자신을 첫 번째 매개변수로 사용하는 일반 함수로 변경한다. 그렇지만 인터페이스를 만족하려면 타입 메서드를 써야 한다.

TIP

> 구조체의 필드나 데이터 타입의 타입 메서드를 선택하고자 사용한 표현식을 선택자(selectors)라고 부른다.

주어진 크기의 행렬끼리 계산을 수행할 때는 행렬의 크기가 변하지 않으므로 슬라이스 대신 배열을 사용하는 것이 더 합리적이다. 어떤 사람들은 배열 포인터 대신 슬라이스를 이용하는 것이 더 실용적이라고 주장하기도 한다. 이 문제에 대해서는 자신이 더 좋다고 생각하는 방식을 사용해도 상관없다.

대부분의 경우(그리고 필요한 경우) 타입 메서드를 호출한 변수에 타입 메서드를 실행한 결과를 저장해야 한다. 이를 ar2x2 타입에서 구현하고자 func (a *ar2x2)처럼 타입 메서드에 배열의 포인터를 넘겨야 한다.

다음 절에서는 타입 메서드를 실제로 활용해보자.

타입 메서드 사용

이 절에서는 ar2x2 타입을 예로 들면서 타입 메서드를 사용하는 방법을 보여준다. Add() 함수와 Add() 메서드는 두 행렬을 더하는 데 동일한 알고리듬을 사용한다. 함수의 경우 배열을 반환하고 메서드는 결과를 변수에 저장한다는 것이 유일한 차이점이다.

행렬을 더하고 빼는 건 복잡한 과정이 필요 없지만(그저 행렬들 각각에서 같은 위치에 있는 값들을 더하거나 빼면 된다) 행렬 곱셈의 경우 좀 더 복잡한 과정을 거친다. 따라서 덧셈과 뺄셈에서는 for 루프를 사용해 더 큰 행렬에도 코드를 그대로 사용하면 되지만 곱셈은 정적 코드를 사용하기 때문에 더 큰 행렬에서 사용하려면 코드를 변경해야 한다.

> **NOTE**
>
> 구조체의 타입 메서드를 정의할 때는 메서드의 이름이 구조체 필드의 이름과 겹치지 않아야 한다. Go 컴파일러는 겹치는 이름이 있는 모호한 상황에서는 컴파일을 해주지 않는다.

다음 코드를 작성하고 methods.go로 저장하자.

```go
package main

import (
    "fmt"
    "os"
    "strconv"
)

type ar2x2 [2][2]int

// 일반적인 Add() 함수
func Add(a, b ar2x2) ar2x2 {
    c := ar2x2{}
    for i := 0; i < 2; i++ {
```

```
      for j := 0; j < 2; j++ {
         c[i][j] = a[i][j] + b[i][j]
      }
   }
   return c
}
```

여기에서는 두 개의 **ar2x2** 변수를 더해 결과를 반환하는 일반적인 함수를 구현
했다.

```
// 타입 메서드 Add()
func (a *ar2x2) Add(b ar2x2) {
   for i := 0; i < 2; i++ {
      for j := 0; j < 2; j++ {
         a[i][j] = a[i][j] + b[i][j]
      }
   }
}
```

여기에서는 **ar2x2** 데이터 타입과 연결되는 타입 메서드 **Add()**를 구현했다. 덧셈의
결과를 반환하지 않고 **Add()** 메서드를 호출한 ar2x2 변수가 변경돼 덧셈의 결과를
저장한다. 이 때문에 타입 메서드를 정의할 때 포인터를 사용했다. 위와 같이 동작
하게 만들고 싶지 않다면 타입 메서드의 함수 시그니처와 구현을 변경해 원하는
대로 작동하게 만들어야 한다.

```
// 타입 메서드 Subtract()
func (a *ar2x2) Subtract(b ar2x2) {
   for i := 0; i < 2; i++ {
      for j := 0; j < 2; j++ {
         a[i][j] = a[i][j] - b[i][j]
```

```
      }
    }
  }
```

이 메서드는 ar2x2 a에서 ar2x2 b를 뺀 결과를 a에 저장한다.

```
// 타입 메서드 Multiply()
func (a *ar2x2) Multiply(b ar2x2) {
  a[0][0] = a[0][0]*b[0][0] + a[0][1]*b[1][0]
  a[1][0] = a[1][0]*b[0][0] + a[1][1]*b[1][0]
  a[0][1] = a[0][0]*b[0][1] + a[0][1]*b[1][1]
  a[1][1] = a[1][0]*b[0][1] + a[1][1]*b[1][1]
}
```

여기서는 작은 크기의 배열을 다루고 있기 때문에 곱셈을 할 때 for 루프를 사용하지 않는다.

```
func main() {
  if len(os.Args) != 9 {
    fmt.Println("Need 8 integers")
    return
  }

  k := [8]int{}
  for index, i := range os.Args[1:] {
    v, err := strconv.Atoi(i)
    if err != nil {
      fmt.Println(err)
      return
    }
    k[index] = v
  }
```

```
    a := ar2x2{{k[0], k[1]}, {k[2], k[3]}}
    b := ar2x2{{k[4], k[5]}, {k[6], k[7]}}
```

main() 함수에서는 입력을 받아 두 개의 2 × 2 행렬을 생성한다. 그런 다음에는 두 행렬을 이용해 원하는 계산을 수행한다.

```
    fmt.Println("Traditional a+b:", Add(a, b))
    a.Add(b)
    fmt.Println("a+b:", a)
    a.Subtract(a)
    fmt.Println("a-a:", a)

    a = ar2x2{{k[0], k[1]}, {k[2], k[3]}}
```

일반 함수와 타입 메서드를 활용한 두 가지 다른 방식으로 **a+b**를 계산했다. **a.Add(b)**와 **a.Subtract(a)** 모두 a의 값을 바꾸기 때문에 다시 사용하기 전에 **a**를 초기화했다.

```
    a.Multiply(b)
    fmt.Println("a*b:", a)

    a = ar2x2{{k[0], k[1]}, {k[2], k[3]}}
    b.Multiply(a)
    fmt.Println("b*a:", b)
}
```

마지막으로 **a*b**와 **b*a**를 계산하면 다른 결과가 나오는 것을 통해 행렬 곱셈에서는 교환 법칙이 성립하지 않는다는 사실을 확인해본다.

methods.go를 실행하면 다음과 같은 결과가 나온다.

```
$ go run methods.go 1 2 0 0 2 1 1 1
Traditional a+b: [[3 3] [1 1]]
a+b: [[3 3] [1 1]]
a-a: [[0 0] [0 0]]
a*b: [[4 6] [0 0]]
b*a: [[2 4] [1 2]]
```

입력된 2 × 2 행렬은 [[1 2] [0 0]]과 [[2 1] [1 1]]이며, 위의 출력은 이들을 이용해서 계산한 결과다.

이제 타입 메서드를 알아봤으니 인터페이스를 알아보자. 인터페이스는 타입 메서드를 사용해서 구현해야 한다.

⠿ 인터페이스

인터페이스는 메서드들을 이용해 구현되는 특정 행위를 정의하고자 사용한다. 인터페이스는 Go에서 중요한 역할을 하며, 같은 작업을 하는 여러 데이터 타입을 다룰 때 코드를 간단하게 만들어준다(fmt.Println()이 대부분의 데이터 타입을 사용할 수 있다는 사실을 다시 떠올려보자). 하지만 인터페이스는 불필요하게 복잡해지면 안 된다. 인터페이스를 만들려고 한다면 사용하고자 하는 여러 데이터 타입의 공통된 행위가 무엇인지부터 생각해야 한다.

인터페이스는 타입 메서드와 함께 사용한다. 타입 메서드는 함수와 비슷하지만 특정 데이터 타입과 연결되는 함수다. 모든 데이터 타입에 사용할 수 있지만 Go에서는 보통 구조체 데이터 타입에 타입 메서드를 사용한다.

이미 알고 있듯이 인터페이스가 요구하는 타입 메서드를 구현한다면 인터페이스를 만족satisfied implicitly하게 된다.

빈 인터페이스empty interface는 **interface{}**로 정의할 수 있다. 빈 인터페이스는 아무 메서드도 갖고 있지 않으므로 빈 인터페이스는 모든 데이터 타입에서 구현했다고 말할 수 있다.

하나의 데이터 타입에서 특정 인터페이스의 메서드들을 구현하기만 한다면 해당 데이터 타입은 해당 인터페이스를 자동으로 만족시킨다.

좀 더 엄밀히 설명하자면 Go 인터페이스 타입은 특정 **행위**[behavior]를 지원하고자 구현해야 할 메서드 집합을 명시하는 방식으로 정의한다. 어떤 데이터 타입이 인터페이스를 만족하려면 그 인터페이스가 요구하는 **모든 타입 메서드**를 구현해야 한다. 그러므로 인터페이스는 구현해야 하는 메서드의 집합을 명시한 **추상 타입**[abstract types]이고, 다른 타입은 인터페이스의 인스턴스로 간주할 수 있다. 따라서 인터페이스는 메서드의 집합이면서 타입이라고 볼 수 있다. 작고 잘 정의된 인터페이스가 좋다는 것도 명심하자.

TIP

경험적으로 두 가지 또는 그 이상의 데이터 타입의 공통 행위를 공유하는 목적을 가졌을 때만 새 인터페이스를 만들어야 한다. 그리고 기본적으로 덕 타이핑(duck typing)이다.

인터페이스가 갖는 가장 큰 **장점**은 특정 인터페이스를 매개변수로 갖는 모든 함수에 해당 인터페이스를 구현한 데이터 타입의 변수를 전달할 수 있다는 점이다. 이를 이용하면 각각의 데이터 타입별로 따로 함수를 구현할 필요가 없다. 하지만 최근에 Go에 제네릭을 추가하면서 다른 선택지도 생겼다.

인터페이스는 Go에서 객체지향의 개념인 **다형성**[polymorphism]을 제공하는 데 활용할 수 있다. 다형성은 공통된 행위를 하는 다른 타입의 객체에 접근하는 동일한 방법을 제공하는 성질이다.

마지막으로 인터페이스는 **합성**[composition]에 활용할 수 있다. 기존 인터페이스들을 합성해 나타내는 새 인터페이스를 만들 수 있다. 새로 만들어진 인터페이스는 인터페이스의 행위들이 합성돼 있다. 다음 그림은 인터페이스 합성이 어떻게 작동하는지 시각적으로 보여준다.

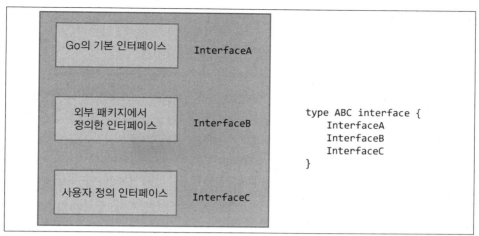

그림 4.1: 인터페이스 합성

그림 4.1은 인터페이스 **ABC**를 만족하려면 인터페이스 정의에 따라 **InterfaceA**, **InterfaceB**, **InterfaceC**를 모두 만족해야 함을 보여준다. 또한 모든 **ABC** 변수는 3가지 인터페이스의 행위를 지원하기 때문에 **InterfaceA** 변수, **InterfaceB** 변수, 또는 **InterfaceC** 변수로 사용할 수 있다. 마지막으로 **ABC** 변수를 요구하는 곳에서는 **ABC** 인터페이스를 만족하는 변수만 사용할 수 있다. **ABC** 인터페이스에 메서드를 추가하는 것에는 아무 제약이 없다. 기존 인터페이스를 합성해서 원하는 행위를 정확히 표현할 수 없을 때는 새로운 메서드를 추가해도 된다.

NOTE

> 기존 인터페이스를 합성할 때는 같은 이름을 갖는 메서드를 포함시키지 않는 편이 좋다.

인터페이스는 많은 수의 메서드를 포함하고 있을 필요가 없다. 사실 인터페이스가 갖는 메서드 수가 적을수록 더 일반적이고 널리 사용할 수 있어 훨씬 유용하다.

다음 절에서는 `sort.Interface`를 사용하는 방법을 살펴본다.

sort.Interface 인터페이스

sort 패키지는 sort.Interface라는 인터페이스를 포함하고 있다. 슬라이스로 저장한 커스텀 데이터 타입에서 sort.Interface를 구현한다면 슬라이스를 원하는 방식으로 정렬할 수 있다. sort 패키지에서 sort.Interface는 다음과 같이 정의한다.

```
type Interface interface {
    // Len은 컬렉션의 원소 개수를 나타낸다.
    Len() int
    // Less는 i번째 인덱스의 원소가
    // j번째 인덱스의 원소보다 먼저 위치해야 하는지 알려준다.
    Less(i, j int) bool
    // Swap은 i번째와 j번째 인덱스의 원소를 교환한다.
    Swap(i, j int)
}
```

sort.Interface의 정의로부터 sort.Interface를 구현하려면 다음과 같은 세 가지 메서드를 구현해야 한다는 것을 알 수 있다.

- Len() int

- Less(i, j int) bool

- Swap(i, j int)

Len() 메서드는 정렬하고자 하는 슬라이스의 길이를 반환해 인터페이스가 모든 원소에 대해 Less() 메서드를 호출했는지 판단할 수 있게 돕는다. Less() 메서드는 원소들을 쌍으로 비교하며 어떻게 원소들을 정렬할지 정의하는 메서드다. Less()의 반환 타입이 bool이므로 Less()는 오직 i번째 인덱스가 j번째 인덱스보다 크거나 작은지에만 관심이 있다. 마지막으로 Swap() 메서드는 슬라이스의 두 원소를 교환하는 데 사용하고 정렬 알고리듬에 필수적인 메서드다.

sort.go에서 찾을 수 있는 다음 코드는 sort.Interface를 사용하는 방법을 보여준다.

```
package main

import (
    "fmt"
    "sort"
)

type S1 struct {
    F1 int
    F2 string
    F3 int
}

// S2 레코드들을 F3.F1 값을 기반으로 정렬하고 싶다.
// F3.F1은 S1 구조체의 F1 필드를 말한다.
type S2 struct {
    F1 int
    F2 string
    F3 S1
}
```

S2 구조체는 F3라는 S1 타입 필드를 갖고 있고, 이 또한 구조체다.

```
type S2slice []S2
```

정렬은 슬라이스로 이뤄진다. 여기서는 **S2slice**라는 새로운 데이터 타입을 정의하고 sort.Interface의 세 가지 타입 메서드를 구현한다.

```go
// S2slice 타입에서 sort.Interface를 구현한다.
func (a S2slice) Len() int {
    return len(a)
}
```

여기서는 S2slice 타입의 Len()을 구현했다. 보통 Len()의 구현은 간단하다.

```go
// 어떤 필드를 이용해 비교하는지 정한다.
func (a S2slice) Less(i, j int) bool {
    return a[i].F3.F1 < a[j].F3.F1
}
```

여기서는 S2slice 타입의 Less() 메서드를 구현했다. 이 메서드는 어떤 방식으로 원소들을 정렬할지 정의한다. 여기서는 임베딩된 구조체의 데이터(F3.F1)를 이용했다.

```go
func (a S2slice) Swap(i, j int) {
    a[i], a[j] = a[j], a[i]
}
```

여기서는 Swap() 타입 메서드를 이용해 정렬할 때 원소들을 교환하는 방식을 정의했다. 보통 구현은 간단하다.

```go
func main() {
    data := []S2{
        S2{1, "One", S1{1, "S1_1", 10}},
        S2{2, "Two", S1{2, "S1_1", 20}},
        S2{-1, "Two", S1{-1, "S1_1", -20}},
    }
```

```
    fmt.Println("Before:", data)
    sort.Sort(S2slice(data))
    fmt.Println("After:", data)

    // 역순 정렬도 자동으로 동작한다.
    sort.Sort(sort.Reverse(S2slice(data)))
    fmt.Println("Reverse:", data)
}
```

sort.Interface를 구현했다면 sort.Reverse()를 이용해 역순으로 정렬하는 것도 가능하다.

sort.go를 실행하면 다음과 같은 결과를 얻는다.

```
$ go run sort.go
Before: [{1 One {1 S1_1 10}} {2 Two {2 S1_1 20}} {-1 Two {-1 S1_1
-20}}]
After: [{-1 Two {-1 S1_1 -20}} {1 One {1 S1_1 10}} {2 Two {2 S1_1 20}}]
Reverse: [{2 Two {2 S1_1 20}} {1 One {1 S1_1 10}} {-1 Two {-1 S1_1
-20}}]
```

첫 번째 줄에서는 원래의 슬라이스를 출력했다. 두 번째 줄에서는 정렬된 슬라이스, 세 번째 줄에서는 역순으로 정렬된 슬라이스를 출력했다.

빈 인터페이스

이전에 언급한 것처럼 빈 인터페이스empty interface는 그저 interface{}를 이용해 정의할 수 있고 모든 데이터 타입은 빈 인터페이스를 이미 구현한 것과 같다. 따라서 모든 데이터 타입의 변수는 빈 인터페이스 타입을 매개변수로 받는 곳에 사용할 수 있다. 따라서 interface{} 매개변수를 갖는 함수는 모든 데이터 타입의 변수를 받을 수 있다. 하지만 함수에서 interface{} 매개변수를 사용할 때 함수 안에서 데이터 타입을 검증하지 않고 사용하려면 모든 데이터 타입에서 동작하는 구문들만 사용해야 한다. 그렇지 않으면 프로그램이 충돌하거나 잘못 작동할 수도 있다.

다음 프로그램은 S1과 S2라는 두 개의 구조체를 정의하지만 Print()라는 하나의 함수로 출력한다. Print()는 interface{} 매개변수를 요구하기 때문에 S1과 S2 변수 모두를 받을 수 있다. Print() 함수 안의 fmt.Println(s) 구문은 S1과 S2에서 모두 동작한다.

> **NOTE**
>
> 하나 또는 그 이상의 interface{} 매개변수를 갖는 함수를 만들고 특정한 데이터 타입에서만 적용할 수 있는 구문을 사용한다면 제대로 작동하지 않을 것이다. 예를 들어 모든 interface{} 매개변수에 5를 곱할 수 없고 fmt.Printf()를 %d 제어 문자열과 함께 사용할 수 없다.

empty.go의 소스코드는 다음과 같다.

```go
package main

import "fmt"

type S1 struct {
    F1 int
    F2 string
}

type S2 struct {
    F1 int
    F2 S1
}

func Print(s interface{}) {
    fmt.Println(s)
}

func main() {
    v1 := S1{10, "Hello"}
```

```
    v2 := S2{F1: -1, F2: v1}
    Print(v1)
    Print(v2)
```

v1과 v2는 다른 데이터 타입이지만 두 타입 모두 Print()에 사용할 수 있다.

```
    // 정수를 출력한다.
    Print(123)
    // 문자열을 출력한다.
    Print("Go is the best!")
}
```

Print()는 정수와 문자열 모두에서 작동한다.

empty.go를 실행하면 다음과 같은 결과를 얻는다.

```
{10 Hello}
{-1 {10 Hello}}
123
Go is the best!
```

빈 인터페이스를 사용하기는 쉽다. 그저 interface{}를 이용해 모든 타입의 변수를 매개변수로 받을 수 있고 모든 값을 반환할 수 있다. 하지만 큰 힘에는 큰 책임이 따른다. interface{}를 매개변수나 반환값으로 활용할 때는 매우 주의해야 한다. 변수의 실제 값을 사용하려면 실제로 들어오는 데이터 타입을 잘 알아야 하기 때문이다. 이는 다음 절에서 다룬다.

타입 단언과 타입 스위치

타입 단언^{type assertion}은 인터페이스의 값을 특정한 타입처럼 쓸 수 있게 해주는 기능을 제공한다. 인터페이스는 실제 값을 갖고 있지 않은 가상의 데이터 타입이고 행위만 정의할 뿐 어떤 데이터를 갖고 있어야 하는지는 정의하지 않기 때문에 타입 단언이 필요하다. 그런데 타입 단언을 하기 전에, 데이터 타입을 알지 못할 때는 어떻게 해야 할까? 지원하는 데이터 타입과 지원하지 않는 데이터 타입에 대한 구분은 어떻게 해야 할까? 데이터 타입에 따라 다른 행동을 어떻게 해야 할까? 이 질문들의 답은 타입 스위치다. 타입 스위치^{type switch}는 switch 블록을 사용하고 타입 단언을 통해 여러 데이터 타입을 구분한 다음 각각의 타입마다 다른 행동을 취할 수 있게 해준다. 타입 스위치를 빈 인터페이스에서 사용한다면 타입 단언이 필요하다.

> **TIP**
>
> 모든 종류의 인터페이스와 데이터 타입에서 타입 스위치를 사용할 수 있다.

실제 작업은 함수 안에서 이뤄진다. 함수 안에서 지원하는 데이터 타입을 정의하고 지원하는 각 데이터 타입에 따라 다른 행동이 일어나기 때문이다.

타입 단언은 x.(T) 형식으로 표기하며 x는 인터페이스 타입, T는 특정한 타입을 나타낸다. 이를 이용하면 빈 인터페이스의 실제 값을 알아낼 수 있다. 타입 단언을 쓰려면 x의 값이 nil이어서는 안 되고 x의 실제 타입이 T 타입과 같아야 한다.

다음 코드는 typeSwitch.go에서 찾을 수 있다.

```
package main

import "fmt"

type Secret struct {
    SecretValue string
}
```

```go
type Entry struct {
  F1 int
  F2 string
  F3 Secret
}

func Teststruct(x interface{}) {
  // 타입 스위치
  switch T := x.(type) {
  case Secret:
    fmt.Println("Secret type")
  case Entry:
    fmt.Println("Entry type")
  default:
    fmt.Printf("Not supported type: %T\n", T)
  }
}
```

위의 코드는 Secret과 Entry 타입을 지원하는 타입 스위치다.

```go
func Learn(x interface{}) {
  switch T := x.(type) {
  default:
    fmt.Printf("Data type: %T\n", T)
  }
}
```

Learn() 함수에서는 입력 매개변수의 데이터 타입을 출력한다.

```go
func main() {
  A := Entry{100, "F2", Secret{"myPassword"}}
  Teststruct(A)
```

```
    Teststruct(A.F3)
    Teststruct("A string")

    Learn(12.23)
    Learn('€')
}
```

코드의 마지막 부분에서는 함수를 호출해 변수 **A**를 조사한다. typeSwitch.go를 실행하면 다음과 같은 결과를 얻는다.

```
$ go run typeSwitch.go
Entry type
Secret type
Not supported type: string
Data type: float64
Data type: int32
```

결과에서 볼 수 있듯이 TestStruct()와 Learn()에 전달하는 변수의 타입에 따라 다른 코드가 실행했다.

엄밀히 말하자면 타입 단언은 다음의 두 작업을 수행한다.

- 인터페이스의 값이 특정 타입을 따르는지 확인한다. 타입 단언을 이렇게 활용할 때는 내부 값과 **bool** 타입의 값이라는 두 가지 값을 반환한다. 내부 값은 변수가 실제로 갖고 있는 값이고, **bool** 변수의 값은 타입 단언을 성공적으로 수행했는지와 내부 값을 활용해도 되는지 알려준다. **aVar**라는 변수가 **int** 타입인지 체크할 수 있게 **aVar.(int)**의 표현식을 사용한다. 이 표현식은 두 가지 값을 반환한다. 성공적이었다면 실제 **aVar**의 **int** 값과 **true**를 반환한다. 아니라면 두 번째 값으로 **false**를 반환하고 이는 타입 단언이 실패해 실제 값을 추출하지 못했다는 것을 의미한다.

- 인터페이스에 저장된 구체적인 값을 이용하거나 이 값을 새 변수에 저장한다.

float64 값이 인터페이스에 저장돼 있다면 타입 단언으로 그 값을 가져올 수 있다.

NOTE

> Go에서 제공하는 reflect 패키지의 기능을 이용해 interface{} 변수의 내부 데이터 타입과 실제 값을 알아낼 수 있다.

지금까지 빈 인터페이스 변수에 저장된 데이터 타입을 알아내는 방법을 살펴봤다. 이제 빈 인터페이스 변수에 저장된 실제 값을 알아내는 방법을 알아보자.

설명한 것처럼 타입 단언을 이용해 실제 값을 알아내려고 시도할 때 다음과 같은 두 가지 경우가 있다.

- 올바른 데이터 타입을 사용하면 아무 이슈 없이 내부의 값을 가져올 수 있다.

- 올바르지 않은 데이터 타입을 사용하면 프로그램은 패닉이 일어난다.

다음 코드를 포함한 assertions.go에 모든 경우가 나와 있다. 많은 주석으로 과정을 설명하고 있다.

```go
package main

import (
    "fmt"
)

func returnNumber() interface{} {
    return 12
}

func main() {
    anInt := returnNumber()
```

returnNumber() 함수는 int 값을 빈 인터페이스로 감싸서 반환한다.

```
number := anInt.(int)
number++
fmt.Println(number)
```

위 코드에서 빈 인터페이스로 감싸진 변수(anInt)에서 int 값을 알아냈다.

```
// 값을 가져올 수 있는 타입 단언을 사용하지 않았으므로
// 다음 문장은 실패한다.
// anInt++

// 다음 문장은 실패하지만
// ok bool 변수가 타입 단언이 성공했는지 아닌지 알려준다.
value, ok := anInt.(int64)
if ok {
   fmt.Println("Type assertion successful: ", value)
} else {
   fmt.Println("Type assertion failed!")
}

// 다음 문장은 성공적이지만
// 타입 단언이 성공했는지 확인하지 않기 때문에 위험하다.
// 우연히 성공했을 뿐이다.
i := anInt.(int)
fmt.Println("i:", i)

// anInt가 bool이 아니기 때문에 패닉을 일으킨다.
_ = anInt.(bool)
}
```

마지막 문장에서 프로그램이 패닉을 일으킨다. anInt가 bool 값을 갖고 있지 않기 때문이다. assertions.go를 실행하면 다음과 같은 결과를 얻는다.

```
$ go run assertions.go
13
Type assertion failed!
i: 12
panic: interface conversion: interface {} is int, not bool

goroutine 1 [running]:
main.main()
        /Users/mtsouk/Desktop/mGo3rd/code/ch04/assertions.go:39 +0x192
```

패닉이 발생한 이유가 출력됐다. panic: interface conversion: interface {} is int, not bool. Go 컴파일러가 다른 도움을 줄 수 있을까?

다음은 map[string]interface{} 맵과 사용법을 알아본다.

map[string]interface{} 맵

커맨드라인 인수를 처리하는 유틸리티가 있다. 모든 과정이 예상대로 진행된다면 커맨드라인 인수로 프로그램에서 지원하는 타입이 들어오고 모든 것이 잘 처리될 것이다. 예상하지 못한 일이 발생하면 어떻게 될까? 그 경우 이 절에서 설명할 map[string]interface{} 맵이 도움을 줄 수 있다.

map[string]interface{} 맵이나 interface{} 값을 저장하는 맵에서는 데이터를 원래 타입으로 저장할 수 있다는 장점이 있다. map[string]string이나 다른 맵을 사용한다면 모든 데이터를 string 타입으로 변환해야 하므로 원래의 데이터 타입 정보와 데이터의 구조를 잃어버릴 것이다.

요즘의 웹 서비스에서는 JSON 레코드를 주고받는다. 그런데 JSON 레코드를 지원하는 프로그램에서는 지원하지 않는 형태의 JSON 레코드가 입력으로 들어올 수도 있다. 이 경우 map[string]interface{}를 이용하면 알지 못하는 타입의 JSON 레코드를 저장할 수 있다. mapEmpty.go에서 임의의 JSON 레코드를 커맨드라인 인수로 받아 처리하는 방법을 보여준다. JSON 레코드를 비슷하지만 똑같지 않은 두 가지 방식으로 입력해볼 것이다. exploreMap()과 typeSwitch() 함수 간에 큰 차이는 없지만 typeSwitch()가 더 자세한 출력을 만들어낸다. mapEmpty.go의 코드는 다음과 같다.

```go
package main

import (
    "encoding/json"
    "fmt"
    "os"
)

var JSONrecord = `{
    "Flag": true,
    "Array": ["a","b","c"],
    "Entity": {
        "a1": "b1",
        "a2": "b2",
        "Value": -456,
        "Null": null
    },
    "Message": "Hello Go!"
}`
```

전역 변수는 JSONrecord의 기본값을 갖고 있고 사용자 입력이 아니다.

```go
func typeSwitch(m map[string]interface{}) {
    for k, v := range m {
        switch c := v.(type) {
        case string:
            fmt.Println("Is a string!", k, c)
        case float64:
            fmt.Println("Is a float64!", k, c)
```

230

```
        case bool:
            fmt.Println("Is a Boolean!", k, c)
        case map[string]interface{}:
            fmt.Println("Is a map!", k, c)
            typeSwitch(v.(map[string]interface{}))
        default:
            fmt.Printf("...Is %v: %T!\n", k, c)
        }
    }
    return
}
```

typeSwitch() 함수에서는 타입 스위치를 사용해 입력으로 들어온 맵의 값들을 구분한다. 값들 중 맵이 있다면 **typeSwitch()**를 재귀적으로 호출해 해당 맵의 값들을 조사한다.

for 루프를 이용해 map[string]interface{}의 모든 값을 조사할 수 있다.

```
func exploreMap(m map[string]interface{}) {
    for k, v := range m {
        embMap, ok := v.(map[string]interface{})
        // 맵일 경우 한 단계 더 들어간다.
        if ok {
            fmt.Printf("{\"%v\": \n", k)
            exploreMap(embMap)
            fmt.Printf("}\n")
        } else {
            fmt.Printf("%v: %v\n", k, v)
        }
    }
}
```

exploreMap() 함수는 입력 맵의 내용을 조사한다. 값으로 맵이 있다면 재귀적으로 exploreMap()을 호출한다.

```go
func main() {
    if len(os.Args) == 1 {
        fmt.Println("*** Using default JSON record.")
    } else {
        JSONrecord = os.Args[1]
    }

    JSONMap := make(map[string]interface{})
    err := json.Unmarshal([]byte(JSONrecord), &JSONMap)
```

6장에서 다루는 json.Unmarshal()은 JSON 데이터를 Go에서 사용하는 값으로 바꾼다. 이 값은 보통 구조체지만 여기서는 map[string]interface{} 맵을 사용했다. 엄밀히 말하자면 json.Unmarshal()의 두 번째 매개변수는 빈 인터페이스 타입이기 때문에 모든 데이터 타입을 사용할 수 있다.

```go
    if err != nil {
        fmt.Println(err)
        return
    }
    exploreMap(JSONMap)
    typeSwitch(JSONMap)
}
```

NOTE

map[string]interface{}는 JSON 레코드에 어떤 데이터가 들어올지 모를 때 매우 유용하게 사용할 수 있다. 다시 말해 알려지지 않은 형태의 JSON 데이터를 저장하는 데는 map[string]interface{}가 좋다.

mapEmpty.go를 실행하면 다음과 같은 결과가 나온다.

```
$ go run mapEmpty.go
*** Using default JSON record.
Message: Hello Go!
Flag: true
Array: [a b c]
{"Entity":
Value: -456
Null: <nil>
a1: b1
a2: b2
}
Is a Boolean! Flag true
...Is Array: []interface {}!
Is a map! Entity map[Null:<nil> Value:-456 a1:b1 a2:b2]
Is a string! a2 b2
Is a float64! Value -456
...Is Null: <nil>!
Is a string! a1 b1
Is a string! Message Hello Go!
$ go run mapEmpty.go '{"Array": [3, 4], "Null": null, "String": "Hello
Go!"}'
Array: [3 4]
Null: <nil>
String: Hello Go!
...Is Array: []interface {}!
...Is Null: <nil>!
Is a string! String Hello Go!
$ go run mapEmpty.go '{"Array":"Error"'
unexpected end of JSON input
```

첫 번째 실행에서는 아무 커맨드라인 인수도 입력하지 않았으므로 JSONrecord에
저장된 기본값을 사용해 하드코딩한 데이터를 출력했다. 나머지 두 실행에서는 사
용자 입력을 사용했다. 각각의 실행에서는 유효한 데이터와 유효하지 않은 데이터
를 입력했다. 세 번째 실행에서는 올바르지 않은 JSON 레코드를 입력했기 때문에
json.Unmarshal()에서 에러 메시지가 생성됐다.

에러 타입

error 타입을 다시 살펴보자. error 타입도 다음처럼 인터페이스로 정의한다.

```
type error interface {
    Error() string
}
```

따라서 error 인터페이스를 만족하려면 Error() string 타입 메서드를 구현해야 한다. 이는 함수나 메서드의 실행이 성공했는지 확인하고자 에러를 사용하는 방식을 바꾸지 않고 Go에서 인터페이스를 항상 명료하게 사용하는 것이 얼마나 중요한지 보여준다. 그러나 기본 인터페이스 대신 직접 error 인터페이스를 언제 구현해야 하는지 잘 알아야 한다. 에러 조건에 더 많은 정보를 담고 싶을 때 직접 error 인터페이스를 구현해야 한다는 것이 앞선 질문에 대한 답변이다.

이제 error 인터페이스를 실제로 사용하는 상황을 다뤄보자. 파일에서 더 이상 읽을 내용이 없을 때 Go에서는 io.EOF 에러를 반환한다. 이는 엄밀히 말하자면 에러가 아니라 파일을 읽는 정상적인 과정 중 일부분이다. 파일에 아무 내용이 없다면 읽기를 시도할 때마다 io.EOF 에러가 발생할 것이다. 그러나 특정한 상황에서는 파일을 전부 읽어서 읽기를 실패한 경우와 빈 파일인 경우를 구분할 필요가 있다면 문제가 생길 때도 있다. 에러 인터페이스의 도움을 받아 이러한 이슈를 해결할 수 있다.

> **NOTE**
>
> 여기서 나온 코드 예제는 파일 입출력과 관련된 내용이다. 여기서 파일 입출력을 언급했기 때문에 Go에서 파일을 읽는 방법에 대해 궁금증이 생길 수도 있지만 파일을 읽는 과정 자체보다는 에러와 에러 핸들링에 더 집중했다.

errorInt.go의 코드에서 package와 import를 제외한 내용은 다음과 같다.

```go
type emptyFile struct {
    Ended bool
    Read int
}
```

프로그램에서 위의 새로운 데이터 타입을 사용한다.

```go
// error 인터페이스를 구현한다.
func (e emptyFile) Error() string {
    return fmt.Sprintf("Ended with io.EOF (%t) but read (%d) bytes", e.Ended,
e.Read)
}
```

emptyFile에서 error 인터페이스를 구현했다.

```go
// 값을 확인한다.
func isFileEmpty(e error) bool {
    // 타입 단언
    v, ok := e.(emptyFile)
```

타입 단언을 통해 emptyFile 구조체인지 확인한다.

```go
    if ok {
        if v.Read == 0 && v.Ended == true {
            return true
        }
    }
    return false
}
```

이 함수는 파일이 빈 파일인지 아닌지 체크하는 함수다. **if**문을 살펴보면 다음과 같다. 0바이트를 읽었고(v.Read == 0) 파일의 끝에 도달했다면(v.Ended == true) 해당 파일은 빈 파일이다.

여러 에러 변수를 다룬다면 타입 스위치를 이용해 타입 단언 이후에 **isFileEmpty**를 호출해야 한다.

```go
func readFile(file string) error {
    var err error
    fd, err := os.Open(file)
    if err != nil {
        return err
    }
    defer fd.Close()

    reader := bufio.NewReader(fd)
    n := 0
    for {
        line, err := reader.ReadString('\n')
        n += len(line)
```

입력을 각각의 줄 단위로 읽는다. 파일 입출력은 6장에서 더 자세히 다룬다.

```go
        if err == io.EOF {
            // 파일의 끝이므로 더 이상 읽을 것이 없다.
            if n == 0 {
                return emptyFile{true, n}
            }
        }
```

파일의 끝에 도달했고(io.EOF) 문자를 0개 읽었다면 읽고 있는 파일은 빈 파일이다. 이 정보는 **emptyFile** 구조체에 추가해 **error** 변수로 반환한다.

```
        break
      } else if err != nil {
        return err
      }
    }
    return nil
}

func main() {
  flag.Parse()
  if len(flag.Args()) == 0 {
    fmt.Println("usage: errorInt <file1> [<file2> ...]")
    return
  }

  for _, file := range flag.Args() {
    err := readFile(file)
    if isFileEmpty(err) {
      fmt.Println(file, err)
```

여기서 readFile() 함수의 에러 메시지를 체크한다. 에러 체크를 하는 순서는 매우 중요한데, 첫 번째로 선택된 조건이 실행되기 때문이다. 따라서 더 자세하게 조건을 나눌 필요가 있다.

```
    } else if err != nil {
      fmt.Println(file, err)
    } else {
      fmt.Println(file, "is OK.")
    }
  }
}
```

errorInt.go를 실행하면 다음과 같은 결과가 나온다.

```
$ go run errorInt.go /etc/hosts /tmp/doesNotExist /tmp/empty /tmp /tmp/
Empty.txt
/etc/hosts is OK.
/tmp/doesNotExist open /tmp/doesNotExist: no such file or directory
/tmp/empty open /tmp/empty: permission denied
/tmp read /tmp: is a directory
/tmp/Empty.txt Ended with io.EOF (true) but read (0) bytes
```

첫 번째 파일(/etc/hosts)은 아무 이상 없이 읽을 수 있었지만 두 번째 파일(/tmp/doesNotExist)은 찾지 못했다. 세 번째 파일(/tmp/empty)은 파일을 읽을 권한이 없었고 네 번째 파일(/tmp)은 디렉터리였다. 마지막 파일(/tmp/Empty.txt)은 빈 파일이었고 프로그램을 통해 이 에러 상황을 발견할 수 있었다.

나만의 인터페이스 만들기

기존 인터페이스들을 살펴봤고 이제는 3차원 형태들을 부피에 따라 정렬하는 또 다른 커맨드라인 유틸리티를 작성해보자. 이 작업으로 다음과 같은 항목을 배울 수 있다.

- 새 인터페이스 만들기

- 기존 인터페이스 합성하기

- 3차원 형태에서 sort.Interface 구현하기

새로운 인터페이스를 만드는 것은 쉽다. 편의를 위해 main 패키지에 우리가 만든 인터페이스를 포함시켰다. 하지만 보통 만든 인터페이스를 공유해야 하므로 main이 아닌 다른 패키지에 인터페이스를 만든다.

다음 코드에서 새 인터페이스를 정의한다.

```
type Shape2D interface {
```

```
    Perimeter() float64
}
```

이 인터페이스는 다음과 같은 속성을 가진다.

- Shape2D라는 이름을 가진다.

- float64 값을 반환하는 Perimeter() 메서드를 구현해야 한다.

직접 정의한다는 사실 외에는 Go에서 기본적으로 제공하는 인터페이스와 다른 점이 없다. 다른 인터페이스처럼 사용하면 된다. 따라서 데이터 타입이 Shape2D 인터페이스를 만족하려면 float64 값을 반환하는 Perimeter() 타입 메서드를 구현해야한다.

Go 인터페이스 사용

다음 코드는 인터페이스를 사용하는 가장 간단한 방식을 보여준다. 함수를 호출할 때처럼 인터페이스의 메서드를 직접 호출하고 결과를 받는다. 다음처럼 구현하는 것도 가능하지만 보통은 인터페이스를 매개변수로 받는 함수를 사용해 여러 데이터 타입에서 활용한다.

코드에서는 주어진 변수가 원하는 데이터 타입인지는 assertions.go에 나온 방식으로 확인한다. 이 경우에는 변수가 Shape2D 인터페이스를 만족하는지 확인할 수 있도록 interface{}(a).(Shape2D) 표현식을 이용한다. 변수 a는 확인하고자 하는 변수이고 Shape2D는 만족하고자 하는 인터페이스다.

다음 프로그램은 Shape2D.go에서 가장 중요한 부분이다.

```
type Shape2D interface {
```

```
    Perimeter() float64
  }
```

이 코드는 Shape2D 인터페이스의 정의 부분이며 해당 인터페이스를 만족하려면 Perimeter() 타입 메서드를 구현해야 한다.

```
type circle struct {
  R float64
}

func (c circle) Perimeter() float64 {
  return 2 * math.Pi * c.R
}
```

위의 circle 타입에서는 Perimeter() 타입 메서드를 구현해 Shape2D 인터페이스를 만족시킨다.

```
func main() {
  a := circle{R: 1.5}
  fmt.Printf("R %.2f -> Perimeter %.3f \n", a.R, a.Perimeter())

  _, ok := interface{}(a).(Shape2D)
  if ok {
    fmt.Println("a is a Shape2D!")
  }
}
```

앞서 언급한 것처럼 interface{}(a).(Shape2D)는 변수가 Shape2D 인터페이스를 만족하는지 해당 변수의 내부 값을 사용하지 않고 체크한다.

Shape2D.go를 실행하면 다음과 같은 결과가 나온다.

```
R 1.50 -> Perimeter 9.425
a is a Shape2D!
```

3차원 형태 데이터에서 sort.Interface 구현

이 절에서는 부피를 기반으로 여러 3차원 형태를 정렬하는 유틸리티를 만들면서 Go 인터페이스의 강력함과 유연함을 알아본다. 이번에는 하나의 슬라이스에 특정 인터페이스를 만족하는 모든 종류의 구조체를 저장해본다. Go에서는 인터페이스를 데이터 타입으로 생각하기 때문에 특정 인터페이스를 만족하는 원소들을 갖는 슬라이스를 생성해도 에러가 나지 않는다.

공통적인 인터페이스를 만족하는 서로 다른 데이터 타입의 원소들을 같은 슬라이스에 저장하고 sort.Interface를 이용해 정렬하는 시나리오는 여러 상황에서 유용할 수 있다. 간단히 말해 다음의 유틸리티는 공통 행위를 공유하는 필드의 개수와 이름이 다른 구조체를 인터페이스로 정렬한다. 각 형태의 값은 실행할 때 무작위로 생성되기 때문에 매번 유틸리티를 실행할 때마다 다른 결과를 얻는다.

인터페이스의 이름은 Shape3D이고 Vol() float64 타입 메서드를 요구한다. Cube, Cuboid, Sphere 타입이 이 인터페이스를 만족시킨다. shapes 데이터 타입에서 sort.Interface 인터페이스를 구현했고, 이는 사실 Shape3D 원소들의 슬라이스다.

모든 부동소수점 값은 rF64(min, max float64) float64 함수에서 무작위로 생성한다. 부동소수점 숫자에는 소수점 뒤에 붙는 숫자가 많지만 PrintShapes()에 따로 구현돼 있는 출력 함수에서 fmt.Printf("%.2f ", v) 구문을 사용해 화면에 표시할 숫자의 개수를 명시한다. 여기서는 소수점 뒤에 2개 숫자까지만 표시된다.

TIP

> sort.Interface를 구현해놨다면 sort.Reverse()를 이용해 역순으로 정렬도 가능하다는 사실을 다시 떠올려보자.

다음 코드를 선호하는 에디터로 작성하고 sortShapes.go로 저장하자. 코드는 어떻게 3차원 형태의 데이터를 부피 기반으로 정렬하는지 보여준다.

```go
package main

import (
    "fmt"
    "math"
    "math/rand"
    "sort"
    "time"
)

const min = 1
const max = 5

func rF64(min, max float64) float64 {
    return min + rand.Float64()*(max-min)
}
```

rF64() 함수는 float64 값을 무작위로 생성한다.

```go
type Shape3D interface {
    Vol() float64
}
```

Shape3D 인터페이스의 정의다.

```go
type Cube struct {
    x float64
}

type Cuboid struct {
```

```
    x float64
    y float64
    z float64
}

type Sphere struct {
    r float64
}

func (c Cube) Vol() float64 {
    return c.x * c.x * c.x
}
```

Cube에서 Shape3D 인터페이스를 구현했다.

```
func (c Cuboid) Vol() float64 {
    return c.x * c.y * c.z
}
```

Cuboid에서 Shape3D 인터페이스를 구현했다.

```
func (c Sphere) Vol() float64 {
    return 4 / 3 * math.Pi * c.r * c.r * c.r
}
```

Sphere에서 Shape3D 인터페이스를 구현했다.

```
type shapes []Shape3D
```

위 데이터 타입에서 sort.Interface를 사용한다.

```go
// sort.Interface를 구현한다.
func (a shapes) Len() int {
    return len(a)
}

func (a shapes) Less(i, j int) bool {
    return a[i].Vol() < a[j].Vol()
}

func (a shapes) Swap(i, j int) {
    a[i], a[j] = a[j], a[i]
}
```

위 3개의 함수로 sort.Interface를 구현한다.

```go
func PrintShapes(a shapes) {
    for _, v := range a {
        switch v.(type) {
        case Cube:
            fmt.Printf("Cube: volume %.2f\n", v.Vol())
        case Cuboid:
            fmt.Printf("Cuboid: volume %.2f\n", v.Vol())
        case Sphere:
            fmt.Printf("Sphere: volume %.2f\n", v.Vol())
        default:
            fmt.Println("Unknown data type!")
        }
    }
    fmt.Println()
}

func main() {
    data := shapes{}
    rand.Seed(time.Now().Unix())
```

PrintShapes() 함수는 출력하려고 사용했다.

```go
for i := 0; i < 3; i++ {
    cube := Cube{rF64(min, max)}
    cuboid := Cuboid{rF64(min, max), rF64(min, max), rF64(min, max)}
    sphere := Sphere{rF64(min, max)}
    data = append(data, cube)
    data = append(data, cuboid)
    data = append(data, sphere)
}
PrintShapes(data)

// 정렬
sort.Sort(shapes(data))
PrintShapes(data)

// 역순 정렬
sort.Sort(sort.Reverse(shapes(data)))
PrintShapes(data)
}
```

위 코드에서 rF64() 함수를 이용해 무작위로 형태를 생성했다.

sortShapes.go를 실행하면 다음과 같은 결과를 얻는다.

```
Cube: volume 105.27
Cuboid: volume 34.88
Sphere: volume 212.31
Cube: volume 55.76
Cuboid: volume 28.84
Sphere: volume 46.50
Cube: volume 52.41
Cuboid: volume 36.90
Sphere: volume 257.03
```

위 결과는 아직 정렬이 되지 않은 상태다.

```
Cuboid: volume 28.84
Cuboid: volume 34.88
Cuboid: volume 36.90
Sphere: volume 46.50
Cube: volume 52.41
...
Sphere: volume 257.03
```

위 결과에서는 작은 것부터 정렬해 출력했다.

```
Sphere: volume 257.03
...
Cuboid: volume 28.84
```

위 결과에서는 역순으로 정렬해 큰 것부터 출력했다.

다음 절에서는 프로그램에서 사용하는 두 가지 CSV 파일 포맷을 구분하는 방법을 알아본다.

두 가지 CSV 파일 포맷 다루기

이 절에서는 두 가지 CSV 파일 포맷에서 작동하는 커맨드라인 유틸리티를 따로 구현해본다. 여러 데이터 포맷에서 작동하는 프로그램을 만들어야 할 때가 있기 때문이다.

서로 다른 CSV 포맷의 레코드는 각각 다른 이름을 가진 Go 구조체에 저장된다는 사실을 기억해보자. 따라서 모든 CSV 포맷(결국에는 모든 슬라이스 원소들이다)에 대해 sort. Interface를 구현해야 한다.

지원하는 두 가지 포맷은 다음과 같다.

- **포맷 1**: 이름, 성, 전화번호, 마지막으로 접근한 시간

- **포맷 2**: 이름, 성, 지역 코드, 전화번호, 마지막으로 접근한 시간

사용할 두 개의 CSV 포맷의 필드 개수가 다르므로 첫 번째 레코드를 읽을 때 필드의 개수를 이용해 어떤 포맷을 사용하는지 판단한 다음 포맷에 따라 적절히 행동해야 한다. 그런 다음에는 sort.Sort()를 이용해 데이터를 정렬한다. 데이터를 저장하는 슬라이스의 타입을 이용하면 개발자의 도움 없이 어떤 구현을 사용해야 하는지 알 수 있다.

TIP

> 빈 인터페이스 변수를 사용하는 함수의 가장 큰 장점은 나중에 추가적인 데이터 타입을 지원하는 것이 쉽다는 점이다. 추가적인 함수를 구현하거나 기존 코드의 호환성을 깨지 않아도 새로운 데이터 타입을 쉽게 지원할 수 있다.

다음은 가장 중요한 함수인 readCSVFile()의 구현이다. 유틸리티의 실제 로직을 readCSVFile()에 구현했다.

```
func readCSVFile(filepath string) error {
    .
    .
    .
```

입력 파일을 읽는 코드는 생략했다. 실제로는 코드가 있다는 것을 잊지 말자.

```
var firstLine bool = true
var format1 = true
```

CSV 파일의 첫 번째 줄을 이용해 어떤 포맷을 사용할지 결정한다. 따라서 첫 번째 줄을 다루고 있는지 명시하는 플래그 변수(firstLine)가 필요하다. 또한 어떤 포맷을 다루고 있는지 명시하는 변수(format1)도 필요하다.

```
    for _, line := range lines {
        if firstLine {
            if len(line) == 4 {
                format1 = true
            } else if len(line) == 5 {
                format1 = false
```

첫 번째 포맷은 4개의 필드를 갖고 두 번째 포맷은 5개의 필드를 가진다.

```
            } else {
                return errors.New("Unknown File Format!")
            }
            firstLine = false
        }
```

CSV 파일의 첫 줄이 4개 또는 5개의 필드를 갖지 않는다면 에러 상황이므로 함수는 커스텀 에러 메시지를 반환한다.

```
        if format1 {
            if len(line) == 4 {
                temp := F1{
                    Name:       line[0],
                    Surname:    line[1],
                    Tel:        line[2],
                    LastAccess: line[3],
                }
                d1 = append(d1, temp)
            }
```

첫 번째 포맷(format1)이라면 전역 변수 **d1**에 데이터를 추가한다.

```
        } else {
          if len(line) == 5 {
            temp := F2{
              Name: line[0],
              Surname: line[1],
              Areacode: line[2],
              Tel: line[3],
              LastAccess: line[4],
            }
            d2 = append(d2, temp)
          }
```

두 번째 포맷을 다룬다면 전역 변수 **d2**에 데이터를 추가한다.

```
        }
      }
      return nil
    }
```

sortData() 함수는 빈 인터페이스를 매개변수로 받는다. 함수의 코드에서 빈 인터페이스로 넘겨받은 슬라이스의 데이터 타입과 타입 스위치를 이용해 슬라이스의 데이터 타입을 결정한다. 그런 다음 타입 단언을 이용해 빈 인터페이스 아래의 실제 데이터를 사용한다. 함수의 전체 구현은 다음과 같다.

```
func sortData(data interface{}) {
  // 타입 스위치
  switch T := data.(type) {
  case Book1:
    d := data.(Book1)
    sort.Sort(Book1(d))
    list(d)
```

```
    case Book2:
      d := data.(Book2)
      sort.Sort(Book2(d))
      list(d)
    default:
      fmt.Printf("Not supported type: %T\n", T)
    }
  }
```

타입 스위치는 처리하고 있는 데이터 타입이 Book1인지 Book2인지 결정하는 일을 한다. sort.Interface의 구현을 살펴보고 싶으면 sortCSV.go 소스코드 파일을 살펴보자.

마지막으로 list()는 sortData()에서 사용한 방식을 이용해 data 변수의 데이터를 출력한다. Book1과 Book2를 다루는 코드는 sortData()와 같지만 여전히 타입 단언을 이용해 빈 인터페이스 변수에서 실제 데이터를 가져와야 한다.

```
  func list(d interface{}) {
    switch T := d.(type) {
    case Book1:
      data := d.(Book1)
      for _, v := range data {
        fmt.Println(v)
      }
    case Book2:
      data := d.(Book2)
      for _, v := range data {
        fmt.Println(v)
      }
    default:
      fmt.Printf("Not supported type: %T\n", T)
    }
```

```
        }
```

sortCSV.go를 실행하면 다음과 같은 결과를 얻는다.

```
$ go run sortCSV.go /tmp/csv.file
{Jane Doe 0800123456 1609310777}
{Dimitris Tsoukalos 2109416871 1609310731}
{Dimitris Tsoukalos 2109416971 1609310734}
{Mihalis Tsoukalos 2109416471 1609310706}
{Mihalis Tsoukalos 2109416571 1609310717}
```

프로그램이 두 가지 CSV 포맷을 지원하므로 프로그램은 /tmp/csv.file의 포맷을 성공적으로 찾아냈다. 지원하지 않는 포맷의 경우 다음과 같은 결과가 나온다.

```
$ go run sortCSV.go /tmp/differentFormat.csv
Unknown File Format!
```

코드가 지원하지 않는 포맷이 입력된 것을 성공적으로 찾아냈다.

다음 절에서는 Go의 한정된 객체지향 기능을 알아본다.

Go의 객체지향 프로그래밍

Go는 모든 객체지향 관련 기능을 제공하지 않기 때문에 객체지향 언어를 완전히 대체할 수는 없다. 하지만 일부 객체지향의 개념을 흉내낼 수는 있다.

먼저 Go의 구조체와 타입 메서드는 객체 및 객체의 메서드와 비슷하다. 또한 인터페이스는 추상 데이터 타입처럼 같은 클래스의 행위와 객체를 정의한다. 이는 **다형성**polymorphism과 비슷한 개념이다. 또한 Go는 **캡슐화**encapsulation를 지원한다. 사용자로부터 데이터와 함수를 숨긴 프라이빗 변수와 함수를 이용해 같은 구조체와 같은 Go 패키지에서만 사용할 수 있게 만든다. 마지막으로 인터페이스를 합성하는 기능은 객체지향의 합성^{composition}과 비슷하다.

NOTE

> 객체지향 방법론에 따라 애플리케이션을 개발하고 싶다면 Go보다는 다른 언어를 선택하는 것이
> 좋다. 개인적으로 자바를 그다지 좋아하지 않기 때문에 C++나 파이썬을 추천한다. 물론 문제를
> 해결할 수 있는 가장 적합한 도구를 사용해야 한다.

이 장의 앞부분에서 앞의 기능 중 일부를 이미 살펴봤다. 5장에서는 프라이빗 필드
와 함수를 정의하는 방법을 다룬다. 다음의 obj0.go 예제는 합성, 다형성, 익명 구조
체를 기존 구조체에 임베드해서 모든 필드에 접근하는 방법을 보여준다.

```go
package main

import (
    "fmt"
)

type IntA interface {
    foo()
}

type IntB interface {
    bar()
}

type IntC interface {
    IntA
    IntB
}
```

IntC 인터페이스는 IntA와 IntB 인터페이스를 합성했다. IntA와 IntB를 만족하는
데이터 타입을 구현하면 자동으로 IntC 인터페이스도 만족한다.

```
func processA(s IntA) {
    fmt.Printf("%T\n", s)
}
```

위 함수는 IntA 인터페이스를 만족하는 데이터 타입을 다룬다.

```
type a struct {
    XX int
    YY int
}

// IntA를 만족한다.
func (varC c) foo() {
    fmt.Println("Foo Processing", varC)
}
```

구조체 c는 foo()를 구현했기 때문에 IntA를 만족한다.

```
// IntB를 만족한다.
func (varC c) bar() {
    fmt.Println("Bar Processing", varC)
}
```

구조체 c는 IntB를 만족한다. 구조체 c는 IntA와 IntB를 모두 만족하기 때문에 이 두 인터페이스를 합성한 IntC 인터페이스도 만족한다.

```
type b struct {
    AA string
    XX int
}
```

```
// 구조체 c는 2개의 필드를 갖고 있다.
type c struct {
    A a
    B b
}
```

위 구조체는 각각 a와 b 타입을 갖는 A와 B라는 필드를 갖고 있다.

```
// compose 구조체는 a 구조체의 필드를 가진다.
type compose struct {
    field1 int
    a
}
```

새로운 구조체는 익명 구조체(a)를 이용하므로 해당 익명 구조체의 필드를 갖게
된다.

```
// 다른 구조체는 같은 이름의 메서드를 가질 수 있다.
func (A a) A() {
    fmt.Println("Function A() for A")
}

func (B b) A() {
    fmt.Println("Function A() for B")
}

func main() {
    var iC c = c{a{120, 12}, b{"-12", -12}}
```

여기서 구조체 a와 구조체 b를 합성한 변수 c를 정의했다.

```
    iC.A.A()
    iC.B.A()
```

위에서는 구조체 a의 메서드(A.A())와 구조체 b의 메서드(B.A())에 접근했다.

```
    // 다음 코드는 동작하지 않는다.
    // iComp := compose{field1: 123, a{456, 789}}
    // iComp := compose{field1: 123, XX: 456, YY: 789}
    iComp := compose{123, a{456, 789}}
    fmt.Println(iComp.XX, iComp.YY, iComp.field1)
```

위의 a{456, 789}처럼 어떤 구조체에서 익명 구조체를 사용할 때는 익명 구조체(여기서는 a{456, 789} 구조체다)의 필드는 iComp.XX와 iComp.YY처럼 직접 접근할 수 있다.

```
    iC.bar()
    processA(iC)
  }
```

processA()는 IntA 변수가 필요하지만 IntC 변수는 IntA 인터페이스를 만족하기 때문에 processA()는 IntC 변수에서도 동작한다.

obj0.go의 모든 코드는 추상 클래스^{abstract class}와 상속^{inheritance}을 지원하는 실제 객체 지향 프로그래밍 언어와 비교했을 때는 매우 단순한 코드라고 할 수 있다. 하지만 구조체를 갖고 있는 원소 또는 타입을 생성하거나 이름이 같은 메서드로 여러 가지 데이터 타입을 다룰 수 있는 지금 방식으로도 충분하다.

obj0.go를 실행하면 다음과 같은 결과를 얻는다.

```
$ go run objO.go
Function A() for A
Function A() for B
456 789 123
Bar Processing {{120 12} {-12 -12}}
main.c
```

출력의 처음 두 줄은 서로 다른 두 구조체가 같은 이름의 메서드를 가질 수 있다는 것을 보여준다. 세 번째 줄에서는 익명 구조체를 또 다른 구조체에서 사용해 익명 구조체의 필드에 직접 접근할 수 있다는 것을 확인했다. 네 번째 줄은 `iC.bar()` 호출의 출력이며 `iC` 변수는 `c` 구조체이고 `IntB` 인터페이스의 메서드를 사용했다. 마지막 줄은 `processA(iC)`의 결과며 `IntA`를 매개변수로 받아 실제 데이터 타입을 출력한다. 여기서는 `main.c`를 출력했다.

Go는 객체지향 언어가 아니지만 객체지향 프로그래밍의 특성을 흉내낼 수 있다. 이제 이 장의 마지막 절로 넘어가서 환경 변수를 읽고 출력 내용을 정렬할 수 있게 전화번호부 애플리케이션을 업데이트해보자.

⋮⋮ 전화번호부 애플리케이션 업데이트

전화번호부 애플리케이션의 새 버전에는 다음과 같은 기능이 추가된다.

- 환경 변수 PHONEBOOK을 이용해 CSV 파일 경로를 바꿀 수 있다.

- `list` 커맨드는 성 필드를 기반으로 결과를 정렬해 출력한다.

CSV 파일의 경로를 환경 변수 대신 커맨드라인 인수를 이용해 받을 수 있지만 (특히 해당 인수를 생략해도 되는 경우) 코드가 복잡해질 수 있다. 6장에서 다룰 `viper`와 같은 Go 패키지에서는 `-f`나 `--filepath` 같은 커맨드라인 옵션으로 커맨드라인 인수 파싱을 간편하게 만들 수 있다.

마지막으로 PHONEBOOK 환경 변수가 설정돼 있지 않다면 기본 CSV 파일 경로를 사용한다. 일반적으로 사용자 데이터 때문에 프로그램을 재컴파일하지 않게 구현하는 것이 좋다.

CSV 파일 값 설정

CSV 파일의 값은 setCSVFILE() 함수에서 설정하고 다음처럼 정의했다.

```
func setCSVFILE() error {
    filepath := os.Getenv("PHONEBOOK")
    if filepath != "" {
        CSVFILE = filepath
    }
}
```

위 코드에서는 PHONEBOOK 환경 변수를 읽는다. 나머지 코드는 PHONEBOOK의 값이 설정돼 있지 않아 기본값을 사용해야 하는지 아니면 해당 값을 그대로 사용해도 되는지 확인하는 작업을 한다.

```
    _, err := os.Stat(CSVFILE)
    if err != nil {
        fmt.Println("Creating", CSVFILE)
        f, err := os.Create(CSVFILE)
        if err != nil {
            f.Close()
            return err
```

```
    }
    f.Close()
  }
```

명시된 파일이 존재하지 않는다면 **os.Create()**를 이용해 파일을 생성한다.

```
  fileInfo, err := os.Stat(CSVFILE)
  mode := fileInfo.Mode()
  if !mode.IsRegular() {
    return fmt.Errorf("%s not a regular file", CSVFILE)
  }
```

그런 다음 데이터를 저장할 수 있는 정규 파일인지 확인한다.

```
  return nil
}
```

main() 함수 구현의 편의를 위해 CSV 파일이 있고 접근할 수 있는지 확인하는 코드들을 **setCSVFILE()** 함수로 분리했다.

처음 PHONEBOOK 환경 변수를 사용해 전화번호부 애플리케이션을 실행할 때는 다음과 비슷한 결과를 얻는다.

```
$ export PHONEBOOK="/tmp/csv.file"
$ go run phoneBook.go list
Creating /tmp/csv.file
```

/tmp/csv.file이 없으므로 phoneBook.go가 해당 파일을 생성했고 **setCSVFILE()**의 코드가 예상대로 작동하는 것을 확인할 수 있었다.

이제 데이터를 어디서 읽고 쓰는지 알아봤으니 다음 절에서는 **sort.Interface**를 이용해 데이터를 정렬하는 방법을 살펴본다.

sort 패키지 사용

데이터를 정렬할 때는 어떤 데이터를 정렬에 활용할지 가장 먼저 결정해야 한다. 그런 다음 두 개 이상의 레코드가 같은 값을 가질 때는 어떻게 할지 정해야 한다. sort.Interface를 사용해 정렬하는 코드는 다음과 같다.

```
type PhoneBook []Entry
```

sort.Interface를 구현하기 위한 데이터 타입이 필요하다.

```
var data = PhoneBook{}
```

sort.Interface를 구현하기 위한 데이터 타입을 만들었으므로 data 변수를 PhoneBook 타입으로 바꿔야 한다. PhoneBook에서 sort.Interface는 다음처럼 구현한다.

```
// sort.Interface를 구현한다.
func (a PhoneBook) Len() int {
    return len(a)
}
```

Len() 함수는 평범하게 구현돼 있다.

```
// 먼저 성을 기반으로 정렬한다.
// 같은 성을 갖고 있다면 이름을 비교한다.
```

```
func (a PhoneBook) Less(i, j int) bool {
  if a[i].Surname == a[j].Surname {
    return a[i].Name < a[j].Name
  }
```

Less() 함수에 어떤 방식으로 슬라이스의 원소를 정렬할 것인지 정의했다. 비교하는 원소들이 같은 Surname을 갖고 있으면 그들의 Name 필드를 비교한다.

```
    return a[i].Surname < a[j].Surname
  }
```

다른 Surname 필드를 갖고 있으면 Surname 필드를 비교한다.

```
func (a PhoneBook) Swap(i, j int) {
  a[i], a[j] = a[j], a[i]
}
```

Swap()의 구현도 다른 일반적인 sort.Interface의 구현과 같다. 원하는 인터페이스를 구현한 다음에는 실제로 데이터를 정렬하는 코드를 작성해야 한다. 이는 list() 함수에서 확인할 수 있다.

```
func list() {
  sort.Sort(PhoneBook(data))
  for _, v := range data {
    fmt.Println(v)
  }
}
```

이제 정렬 코드를 구현했으니 실제로 프로그램을 실행시켜보자. 하지만 그 전에 몇 개의 항목을 데이터로 추가한다.

```
$ go run phoneBook.go insert Mihalis Tsoukalos 2109416471
$ go run phoneBook.go insert Mihalis Tsoukalos 2109416571
$ go run phoneBook.go insert Dimitris Tsoukalos 2109416871
$ go run phoneBook.go insert Dimitris Tsoukalos 2109416971
$ go run phoneBook.go insert Jane Doe 0800123456
```

마지막으로 list 커맨드를 실행해 전화번호부를 출력해본다.

```
$ go run phoneBook.go list
{Jane Doe 0800123456 1609310777}
{Dimitris Tsoukalos 2109416871 1609310731}
{Dimitris Tsoukalos 2109416971 1609310734}
{Mihalis Tsoukalos 2109416471 1609310706}
{Mihalis Tsoukalos 2109416571 1609310717}
```

알파벳 순서로 Dimitris가 Mihalis 전에 위치하므로 관련 항목들을 먼저 출력했다. 이를 통해 정렬이 잘 구현했다는 것을 확인할 수 있다.

연습문제

- 직접 만든 구조체를 포함하는 구조체의 슬라이스를 생성하고 직접 만든 구조체의 필드를 기반으로 슬라이스를 정렬해보자.

- sortCSV.go의 기능을 phoneBook.go에 통합해보자.

- phoneBook.go에 reverse 커맨드를 추가해 항목들을 역순으로 정렬해 출력해보자.

- 빈 인터페이스를 받아 직접 만든 두 개의 구조체를 구분하는 함수를 구현해보자.

☵ 요약

4장에서는 인터페이스와 타입 메서드, 타입 단언, 리플렉션을 살펴봤다. 리플렉션은 Go의 강력한 기능이지만 실행 시점의 복잡도가 증가해 Go 프로그램이 느려지는 원인이 된다. 또한 리플렉션을 부주의하게 사용하면 프로그램이 충돌할 수도 있다.

이 장의 마지막 절에서는 Go 코드를 객체지향 프로그래밍 원칙에 맞게 작성하는 방법도 소개했는데, 여기서 핵심은 Go가 객체지향 언어는 아니지만 자바, 파이썬, C++와 같은 정통 객체지향 프로그래밍 언어에서 제공하는 기능을 부분적으로 흉내는 낼 수 있다는 점이다.

5장에서는 Go의 패키지, 함수, 깃허브와 깃랩의 CI/CD를 활용한 자동화를 알아본다.

☵ 참고 자료

- reflect 패키지 문서: https://golang.org/pkg/reflect/

- sort 패키지 문서: https://golang.org/pkg/sort/

- Go 1.13에서 에러 다루기: https://blog.golang.org/go1.13-errors

- sort 패키지의 구현: https://golang.org/src/sort/

05

패키지와 함수

5장에서는 Go 패키지를 중점적으로 살펴본다. Go에서는 패키지를 이용해 코드를 조직하고 패키지 단위로 코드를 전달 및 사용한다. Go 패키지에서 가장 흔히 등장하는 컴포넌트는 함수^{function}이고 데이터를 처리할 때나 변경할 때 등 다양하게 활용할 수 있다. 또한 버전이 있는 패키지인 **모듈**^{module}도 살펴본다. 리소스를 정리할 때 활용할 수 있는 defer 역시 살펴본다.

Go는 패키지의 항목에 접근할 수 있는 범위에 관한 아주 간단한 규칙을 갖고 있다. 함수, 변수, 데이터 타입, 구조체 필드의 첫 글자가 대문자로 시작한다면 퍼블릭^{public}이 돼 패키지 밖에서도 접근할 수 있고 소문자로 시작한다면 프라이빗^{private}이 돼 패키지 내부에서만 접근할 수 있다. 따라서 fmt.Println()에서 println()이라 적지 않고 Println()으로 표기한 것이다. 구조체 변수 외에 구조체의 필드에도 같은 규칙이 적용된다. 따라서 한 구조체에서 프라이빗 필드와 퍼블릭 필드를 모두 가질 수 있다. 하지만 패키지 이름을 지정할 때는 이 규칙이 적용되지 않고 첫 글자를 대문자나 소문자로 지정해도 상관없다.

5장에서 다루는 내용은 다음과 같다.

- Go 패키지

- 함수

- 나만의 패키지 만들기

- 깃허브에 Go 패키지 저장

- 데이터베이스를 다룰 때 쓰는 패키지

- 모듈

- 더 나은 패키지 만들기

- 문서화

- 깃랩 러너^{GitLab Runners}와 Go

- 깃허브 액션^{Github Actions}과 Go

- 버전 부여하기

⠿ Go 패키지

Go 프로그램은 패키지로 구성된다. Go 패키지란 Go로 작성된 소스 파일로,
package 키워드 뒤에 패키지 이름을 적은 문장으로 시작한다.

NOTE

어떤 패키지는 구조를 갖고 있다. 예를 들어 net 패키지는 http, mail, rpc, smtp, textproto,
url 등과 같은 여러 하위 디렉터리로 구성됐으며, 이를 사용하고자 임포트할 때는 net/http,
net/mail, net/rpc, net/smtp, net/textproto, net/url처럼 표기한다.

Go 표준 라이브러리에서 제공하는 패키지와 별개로 외부에서 제공하는 패키지도 있는데, 이런 패키지는 전체 주소를 지정해 임포트해야 하며 사용하기 전에 먼저 다운로드해야 한다. 대표적인 예로 https://github.com/spf13/cobra가 있고, 이 패키지는 깃허브에 저장돼 있다.

패키지는 주로 서로 관련된 함수나 변수나 상수끼리 그룹으로 묶는 데 활용한다. 이렇게 하면 다른 곳으로 전달하기도 쉽고 다른 프로그램에서 활용하기도 편리하다. 여기서 주목할 점은 main 패키지를 제외한 다른 모든 Go 패키지는 독립적인 프로그램이 아니어서 실행 파일 형태로 컴파일할 수 없다는 점이다. 따라서 main 패키지에서 직접적으로 또는 간접적으로 호출해야만 사용할 수 있다. Go 패키지를 독립 프로그램처럼 실행하면 다음과 같이 에러가 발생한다.

```
$ go run aPackage.go
go run: cannot run non-main package
```

4장에서 살펴본 것처럼 main을 제외한 다른 패키지들은 main 패키지를 통해 직접 또는 간접적으로 호출해야 한다.

Go 패키지 다운로드

https://github.com/spf13/cobra를 다운로드하면서 외부 Go 패키지를 다운로드하는 방법을 알아보자. go get 커맨드를 다음과 같이 실행해 cobra 패키지를 다운로드할 수 있다.

```
$ go get github.com/spf13/cobra
```

패키지를 다운로드할 때는 주소에서 https://를 제외한다는 점에 주목하자. 다운로드한 결과는 ~/go 디렉터리에서 찾을 수 있다. cobra 패키지는 바이너리 파일과 함께 다운로드되는데, 이 파일은 커맨드라인 유틸리티를 만들고 구조화하는 데 도움을 준다. 바이너리 파일은 ~/go/bin에서 **cobra**라는 이름으로 찾을 수 있다.

다음 출력 결과는 **tree(1)** 유틸리티를 이용해 ~/go의 3단계 깊이까지의 구조를
출력한 것이다.

```
$ tree ~/go -L 3
/Users/mtsouk/go
├── bin
│   ├── cobra
│   ├── go-outline
│   ├── gocode
│   ├── gocode-gomod
│   ├── godef
│   ├── golint
│   ├── gopkgs
│   └── goreturns
├── pkg
│   ├── darwin_amd64
│   │   ├── github.com
│   │   ├── golang.org
│   │   ├── gonum.org
│   │   └── google.golang.org
│   ├── mod
│   │   ├── 9fans.net
│   │   ├── cache
│   │   ├── cloud.google.com
│   │   ├── github.com
│   │   ├── go.opencensus.io@v0.22.4
│   │   ├── golang.org
│   │   └── google.golang.org
│   └── sumdb
│       └── sum.golang.org
└── src
    ├── github.com
    │   ├── sirupsen
    │   └── spf13
    └── golang.org
        └── x

23 directories, 8 files
```

NOTE

> 마지막에 표시된 x 경로는 Go 개발 팀이 사용한다.

기본적으로 ~/go 아래에는 다음과 같은 세 개의 주요 디렉터리가 있다.

- **bin 디렉터리:** 바이너리 도구가 들어있다.

- **pkg 디렉터리:** 재사용할 수 있는 패키지가 저장된다. darwin_amd64 디렉터리는 맥OS에만 있고 설치된 패키지의 컴파일된 버전이 저장돼 있다. 리눅스에는 darwin_amd64 대신 linux_amd64 디렉터리가 있다.

- **src 디렉터리:** 패키지의 소스코드가 저장된다. 내부 구조는 URL 기반으로 구성돼 있다. 따라서 **github.com/spf13/viper** 패키지를 찾고 싶으면 ~/go/src/github.com/spf13/viper 디렉터리를 찾아봐야 한다. 패키지를 모듈 형태로 다운로드했다면 ~/go/pkg/mod 아래 있을 것이다.

NOTE

> Go 1.16부터는 go install 커맨드를 사용해 모듈 형태로 설치하는 것을 추천한다. go get 커맨드는 사라질 예정이지만 아직까지 자주 사용하기 때문에 알아둘 필요가 있다. 따라서 5장에서는 go get 커맨드도 함께 사용할 예정이다. 그러나 이 책에서는 주로 go mod init과 go mod tidy로 외부 의존성을 다운로드한다.

기존 패키지를 업그레이드하고 싶을 때는 **go get** 커맨드를 -u 옵션과 함께 실행해야 한다. 또한 내부에서 무슨 일이 일어나는지 확인하고 싶으면 -v 옵션을 사용해 **go get** 커맨드를 실행해야 한다. 여기서는 **viper** 패키지를 예제로 사용해본다. 출력의 일부는 생략했다.

```
$ go get -v github.com/spf13/viper
github.com/spf13/viper (download)
...
github.com/spf13/afero (download)
get "golang.org/x/text/transform": found meta tag get.
metaImport{Prefix:"golang.org/x/text", VCS:"git", RepoRoot:"https://
go.googlesource.com/text"} at //golang.org/x/text/transform?go-get=1
get "golang.org/x/text/transform": verifying non-authoritative meta tag
...
github.com/fsnotify/fsnotify
github.com/spf13/viper
```

출력에서 원하는 패키지를 다운로드하기 전에 필요한 다른 패키지들을 다운로드하는 과정을 확인할 수 있다. 대부분의 경우 알 필요 없는 내용이다.

다음 절에서는 패키지에서 가장 중요한 요소인 함수를 다룬다.

⠿ 함수

이 장의 주제인 함수는 패키지를 이루는 주요 요소다.

TIP

> 타입 메서드와 함수는 같은 방식으로 구현하고 가끔은 함수와 타입 메서드를 혼용해서 사용하기도 한다.

함수는 상호 독립적이면서 단 한 가지 일만 하도록 정의해야 한다. 따라서 여러 작업을 한꺼번에 수행하는 함수는 여러 함수로 나누는 것이 좋다.

앞에서 여러 차례 봤듯이 함수 정의는 func 키워드로 시작하고 그 뒤에 함수 시그니처와 구현이 온다. 모든 함수는 0개, 1개 또는 그 이상의 인수를 받아 0개, 1개 또는 그 이상의 값들을 반환한다. Go에서 가장 많이 사용하는 함수는 main()이다. 독립적으로 실행하는 Go 프로그램을 만들려면 반드시 필요한 함수이기 때문이다. main() 함수는 어떤 매개변수도 받지 않고 어떤 값도 반환하지 않는다. 다만 모든 Go 프로그램의 시작 지점이다. 또한 main() 함수가 끝나면 전체 프로그램이 종료된다.

익명 함수

익명 함수anonymous function는 함수 안에서 이름 없이 정의하며 주로 짧은 코드로 구현할 수 있는 대상을 표현하는 데 사용한다. Go에서 함수는 익명 함수를 반환할 수도 있고 매개변수로 받을 수도 있다. 또한 익명 함수를 변수에 연결할 수도 있다. 익명 함수는 함수형 프로그래밍에서는 **람다**^{lambda}라고 불린다. 특정 타입의 익명 함수는 **클로저**^{closure}라고 불리며 익명 함수가 정의된 범위와 같은 **정적 범위**^{lexical scope}의 변수들을 감싸들고 다닌다^{carry}.

익명 함수는 로컬 영역에서 간단한 작업을 수행할 때만 활용하는 것이 바람직하다. 익명 함수가 다루는 영역이 지역 범위를 벗어난다면 일반 함수로 정의하는 것이 좋다. 익명 함수를 이용하면 작업을 쉽고 편하게 처리할 수 있다. 단, 특별한 이유 없이 익명 함수를 남용하지 않도록 주의한다. 익명 함수의 사용 방법은 잠시 후 자세히 살펴본다.

여러 값을 반환하는 함수

앞에서 strconv.Atoi() 함수를 사용할 때 봤듯이 Go 함수는 여러 값을 동시에 반환할 수 있다. 이 경우 함수가 반환하는 여러 값에 접근하기 위한 구조체를 따로 정의하지 않아도 되므로 편리하다. 하지만 3개가 넘는 반환값을 갖는 함수에는 하나의 구조체나 슬라이스를 사용해 원하는 값을 묶는 방법을 고려해 재설계해야 할 수도 있다. 구조체나 슬라이스를 이용하면 반환된 값들을 쉽고 간단하게 다룰 수 있기 때문이다. 함수, 익명 함수, 여러 값을 반환하는 함수는 다음과 같은 functions.go에서 살펴볼 수 있다.

```
package main

import "fmt"

func doubleSquare(x int) (int, int) {
    return x * 2, x * x
}
```

이 함수는 두 개의 int 값을 반환하고 다른 변수를 사용해 이를 따로 저장할 필요는 없다. 또한 두 개 이상의 반환값을 갖는 함수에서는 반환값 정보를 무조건 괄호로 감싸 표시해야 한다.

```go
// 작은 것부터 큰 순서대로 정렬한다.
func sortTwo(x, y int) (int, int) {
  if x > y {
    return y, x
  }
  return x, y
}
```

위의 함수도 두 개의 int 값을 반환한다.

```go
func main() {
  n := 10
  d, s := doubleSquare(n)
```

위 구문에서는 doubleSquares()의 2개의 반환값을 읽어 각각 d와 s로 저장했다.

```go
  fmt.Println("Double of", n, "is", d)
  fmt.Println("Square of", n, "is", s)

  // 익명 함수
  anF := func(param int) int {
    return param * param
  }
```

anF 변수는 하나의 매개변수를 받아 하나의 값을 반환하는 익명 함수를 갖고 있다. 익명 함수의 이름은 func()이고 func 키워드가 없다는 것이 익명 함수와 일반 함수의 유일한 차이점이다.

```
    fmt.Println("anF of", n, "is", anF(n))

    fmt.Println(sortTwo(1, -3))
    fmt.Println(sortTwo(-1, 0))
}
```

마지막 두 구문에서는 sortTwo()의 결과를 출력한다. functions.go를 실행하면 다음과 같은 결과가 나온다.

```
Double of 10 is 20
Square of 10 is 100
anF of 10 is 100
-3 1
-1 0
```

다음 절에서는 이름을 가진 반환값을 다룬다.

함수의 반환값에도 이름을 붙일 수 있다.

C와 달리 Go에서는 함수의 반환값에도 이름을 붙일 수 있다. 또한 반환값에 이름을 붙여 선언한 함수의 return문에 아무런 인수도 지정하지 않으면 각 반환값이 함수 시그니처에 선언된 순서대로 반환한다.

다음 코드는 namedReturn.go의 일부다.

```
func minMax(x, y int) (min, max int) {
    if x > y {
        min = y
        max = x
```

```
    return min, max
```

여기서 return문은 min과 max 변수에 저장된 값을 반환했다. min과 max 모두 함수 시그니처에 정의돼 있고 함수 안에서는 정의하지 않았다.

```
    }
    min = x
    max = y
    return
}
```

이 return문은 return min, max와 동일하다. 함수 시그니처에서 반환값의 이름을 지정했기 때문에 함수 구현 코드 안에서 min과 max가 나온 순서대로 값이 반환된다.

namedReturn.go를 실행하면 다음과 같은 결과가 나온다.

```
$ go run namedReturn.go 1 -2
-2 1
-2 1
```

함수를 매개변수로 받는 함수

Go에서 함수는 다른 함수를 매개변수로 받을 수 있다. 함수를 다른 함수의 인수로 받는 가장 좋은 예는 sort 패키지다. sort.Slice() 함수에서는 정렬하는 방법을 명시해놓은 함수를 인수로 받는다. sort.Slice()의 시그니처는 func Slice(slice interface{}, less func(i, j int) bool)이고 다음을 의미한다.

- sort.Slice()는 아무 데이터도 반환하지 않는다.

- sort.Slice()는 인수로 interface{} 타입의 슬라이스 및 또 다른 함수가 필요

하다. 해당 슬라이스의 값들은 sort.Slice() 안에서 변경된다.

- sort.Slice()의 매개변수로 들어오는 함수의 이름은 less이고, func(i, j int) bool의 시그니처를 가져야 한다. 익명 함수에는 이름을 지정할 필요가 없지만 모든 함수의 매개변수는 이름을 갖고 있어야 하기 때문에 less라는 이름을 사용했다.

- less의 i와 j는 slice 매개변수의 인덱스를 의미한다.

비슷하게 sort 패키지에 있는 다른 함수인 sort.SliceIsSorted()는 func SliceIsSorted(slice interface{}, less func(i, j int) bool) bool로 정의돼 있다. sort.SliceIsSorted()는 bool 값을 반환해 slice가 함수의 규칙에 따라 정렬돼 있는지 알려준다.

NOTE

> 항상 sort.Slice()나 sort.SliceIsSorted()에 익명 함수를 사용할 필요는 없다. 해당 함수에서 요구하는 시그니처를 가진 일반 함수를 사용해도 된다. 그러나 익명 함수를 사용하면 더 편리하다.

sort.Slice()나 sort.SliceIsSorted()의 사용은 다음 코드에서 확인할 수 있고, 소스 파일의 이름은 sorting.go다.

```go
package main

import (
    "fmt"
    "sort"
)

type Grades struct {
    Name    string
    Surname string
    Grade   int
```

```
}

func main() {
    data := []Grades{{"J.", "Lewis", 10}, {"M.", "Tsoukalos", 7},
        {"D.", "Tsoukalos", 8}, {"J.", "Lewis", 9}}

    isSorted := sort.SliceIsSorted(data, func(i, j int) bool {
        return data[i].Grade < data[j].Grade
    })
```

아래의 **if else** 블록에서는 **sort.SliceIsSorted()**의 반환값으로 슬라이스가 정렬됐는지 체크한다.

```
    if isSorted {
        fmt.Println("It is sorted!")
    } else {
        fmt.Println("It is NOT sorted!")
    }

    sort.Slice(data, func(i, j int) bool { return data[i].Grade < data[j].Grade })
    fmt.Println("By Grade:", data)
}
```

sort.Slice()를 호출하면 **sort.Slice()**에 두 번째 인수로 전달된 익명 함수에 따라 데이터를 정렬한다.

sorting.go를 실행하면 다음과 같은 결과를 얻는다.

```
It is NOT sorted!
By Grade: [{M. Tsoukalos 7} {D. Tsoukalos 8} {J. Lewis 9} {J. Lewis
10}]
```

함수를 반환하는 함수

함수를 인수로 받는 대신 함수는 익명 함수를 반환할 수도 있다. 함수의 입력이나 외부 매개변수에 의해 반환되는 함수가 달라질 때 유용하게 사용할 수 있다. returnFunction.go에서 자세히 살펴볼 수 있다.

```go
package main

import "fmt"

func funRet(i int) func(int) int {
  if i < 0 {
    return func(k int) int {
      k = -k
      return k + k
    }
  }

  return func(k int) int {
    return k * k
  }
}
```

funRet()의 시그니처에서 함수가 func(int) int의 시그니처를 갖는 또 다른 함수를 반환하게 선언했다. 현재는 함수의 구현을 알 수 없지만 런타임에 정의될 것이다. 또한 함수는 return 키워드로 반환되고 반환된 함수를 잘 저장해놔야 한다.

```go
func main() {
  n := 10
  i := funRet(n)
  j := funRet(-4)
```

n과 -4를 funRet()에서 반환할 익명 함수를 결정하는 데 활용했다.

```
fmt.Printf("%T\n", i)
fmt.Printf("%T %v\n", j, j)
fmt.Println("j", j, j(-5))
```

첫 번째 구문에서는 함수의 시그니처를 출력했고 두 번째 구문에서는 함수 시그니처와 메모리 주소를 출력했다. 마지막 구문은 익명 함수의 포인터인 j의 메모리 주소와 j(-5)의 값을 반환했다.

```
// 입력 매개변수는 같지만
// i와 j는 다른 익명 함수를 가리키고 있다.
fmt.Println(i(10))
fmt.Println(j(10))
}
```

i와 j에 입력된 값은 같지만 다른 익명 함수를 갖고 있기 때문에 다른 값을 반환할 것이다.

returnFunction.go를 실행하면 다음과 같은 결과를 얻는다.

```
func(int) int
func(int) int 0x10a8d40
j 0x10a8d40 10
100
-20
```

출력의 첫 번째 줄은 funRet(n)의 반환값을 갖고 있는 i 변수의 데이터 타입인 func(int) int다. 두 번째 줄은 j의 데이터 타입과 익명 함수가 저장된 메모리 주소다. 세 번째 줄은 익명 함수가 저장된 변수 j의 메모리 주소와 j(-5)의 반환값이다. 마지막 두 줄은 각각 i(10)과 j(10)의 반환값이다.

이번 절에서는 함수를 반환하는 함수를 살펴봤다. 순수한 함수형 프로그래밍 언어는 아닐지라도 이 기능을 이용하면 Go를 함수형 프로그래밍 언어처럼 활용할 수 있고 함수형 프로그래밍 패러다임의 장점을 활용할 수 있다.

이제 매개변수의 개수가 정해지지 않은 가변 인수 함수를 알아보자.

가변 인수 함수

가변 인수 함수^{variadic function}란 인수의 개수가 정해지지 않은 함수를 말한다. 대표적인 예로 fmt.Println()이나 append()와 같이 널리 사용하는 함수가 있다. 사실 fmt 패키지의 함수 대부분은 가변 인수 함수다.

가변 인수 함수의 일반적인 아이디어와 규칙은 다음과 같다.

- 가변 인수 함수는 **팩 연산자**^{pack operator}를 사용한다. 팩 연산자는 데이터 타입 앞에 ... 연산자가 위치한 것을 말한다. 가변 인수 함수가 가변 길이의 int 값을 받고 싶다면 팩 연산자를 ...int처럼 활용해야 한다.

- 팩 연산자는 주어진 함수에서 한 번만 사용할 수 있다.

- 팩 연산자로 데이터를 받는 변수는 슬라이스이므로 가변 인수 함수 안에서 슬라이스 형태로 접근해야 한다.

- 팩 연산자에 대응되는 변수 이름은 항상 함수 매개변수 리스트의 끝에 위치한다.

- 가변 인수 함수를 호출할 때 팩 연산자가 위치한 곳에 값들의 리스트를 콤마(,)로 구분하거나 슬라이스를 **언팩 연산자**^{unpack operator}와 함께 사용해야 한다.

이 목록은 가변 인수 함수를 정의하고 사용할 때 알아야 할 모든 규칙이다.

팩 연산자는 빈 인터페이스와 함께 사용할 수도 있다. 사실 fmt 패키지의 함수 대부분은 ...interface{}를 이용해 가변 길이로 모든 타입의 데이터를 받는다. fmt 패키지의 최신 구현을 담은 소스코드는 https://golang.org/src/fmt/에서 확인할 수 있다.

그러나 특별히 신경을 써야 하는 예외 상황도 있다. 문자열 슬라이스([]string)인 os.Args를 매개변수로 ...interface{}를 갖고 있는 가변 인수 함수에 넘기려고 한다면 컴파일이 되지 않고 cannot use os.Args (type []string) as type []interface {} in argument to <function_name>과 비슷한 에러 메시지가 발생할 것이다. 이는 두 데이터 타입 []string과 []interface{}가 메모리에서 똑같이 표현되지 않아 발생한 일이다. 이 내용은 모든 데이터 타입에 적용되는 사실이며 os.Args...를 이용해 슬라이스 각각의 값을 가변 인수 함수에 넘길 수는 없다는 것을 의미한다.

반대로 os.Args...이 아니라 os.Args를 사용한다면 컴파일에는 문제가 없지만 슬라이스의 각 항목이 전달되는 것이 아니라 전체 슬라이스를 하나의 항목으로 전달하게 된다. 따라서 everything(os.Args, os.Args) 구문은 동작은 하지만 원하는 대로 동작하지는 않는다.

이 문제를 해결하려면 문자열(또는 다른 타입의) 슬라이스를 interface{}의 슬라이스로 변환해야 한다. 다음 코드처럼 변환할 수 있다.

```
empty := make([]interface{}, len(os.Args[1:]))
for i, v := range os.Args {
    empty[i] = v
}
```

이제 empty...을 사용해 가변 인수 함수의 인수로 사용할 수 있다. 앞에서 설명한 것이 가변 인수 함수와 팩 연산자를 다룰 때 혼란스러운 유일한 지점이다.

NOTE

> 표준 라이브러리에서는 이런 변환을 지원하지 않으므로 직접 구현해야 한다. 타입 변환은 슬라이스의 모든 원소를 방문해야 하므로 시간이 많이 든다. 원소의 개수가 많아질수록 변환 시간은 더 오래 걸린다. 이 문제는 https://github.com/golang/go/wiki/InterfaceSlice에서 찾을 수 있다.

이제 가변 인수 함수를 써볼 준비가 끝났다. 다음 코드를 애용하는 에디터로 작성하고 varadic.go로 저장하자.

```go
package main
import (
    "fmt"
    "os"
)
```

가변 인수 함수는 언어의 문법에 포함돼 있기 때문에 추가적으로 무언가 해줄 필요는 없다.

```go
func addFloats(message string, s ...float64) float64 {
```

위의 가변 인수 함수는 문자열과 알 수 없는 길이의 **float64** 값을 받는다. 그런 다음 문자열과 **float64** 값들의 합을 출력한다.

```go
fmt.Println(message)
sum := float64(0)
for _, a := range s {
    sum = sum + a
}
```

이 **for** 루프에서 팩 연산자를 사용한 슬라이스에 접근한다. 가변 인수 함수를 사용했더라도 특별하게 처리한 내용은 없다.

```go
s[0] = -1000
return sum
}
```

슬라이스의 개별 원소에 접근할 수도 있다.

```go
func everything(input ...interface{}) {
    fmt.Println(input)
}
```

또 다른 가변 인수 함수가 알 수 없는 길이의 interface{} 값을 받는다.

```go
func main() {
    sum := addFloats("Adding numbers...", 1.1, 2.12, 3.14, 4, 5, -1, 10)
```

가변 인수 함수의 인수를 바로 지정할 수 있다.

```go
    fmt.Println("Sum:", sum)
    s := []float64{1.1, 2.12, 3.14}
```

그러나 보통은 슬라이스와 언팩 연산자를 사용한다.

```go
    sum = addFloats("Adding numbers...", s...)
    fmt.Println("Sum:", sum)
    everything(s)
```

위에서 슬라이스 s를 언팩하지 않았기 때문에 동작한다.

```go
    // []string을 바로 []interface{} 형태로 전달할 수 없다.
    // 전달하기 전에 먼저 변환해야 한다.
    empty := make([]interface{}, len(os.Args[1:]))
```

언팩 연산자를 활용하고자 []string을 []interface{} 형태로 변환했다.

```
for i, v := range os.Args[1:] {
    empty[i] = v
}
everything(empty...)
```

이제 empty의 내용을 언팩할 수 있다.

```
arguments := os.Args[1:]
empty = make([]interface{}, len(arguments))
for i := range arguments {
    empty[i] = arguments[i]
}
```

위에서는 살짝 다른 방식으로 []string을 []interface{}로 변환했다.

```
everything(empty...)
// 동작하는 코드다.
str := []string{"One", "Two", "Three"}
everything(str, str, str)
}
```

위 구문은 str 변수의 내용이 아니라 str 전체를 세 번 전달했기 때문에 동작한다.
따라서 everything 함수 내부의 슬라이드는 세 개의 원소를 갖고 있다. 각각의 원
소는 str 변수와 동일하다.

variadic.go를 실행하면 다음과 같은 결과를 얻는다.

```
$ go run variadic.go
Adding numbers...
Sum: 24.36
Adding numbers...
Sum: 6.36
```

```
[[-1000 2.12 3.14]]
[]
[]
[[One Two Three] [One Two Three] [One Two Three]]
```

마지막 줄의 출력으로 everything() 함수에 str 변수를 세 번 전달했을 때의 결과를 확인할 수 있다.

가변 인수 변수는 함수의 매개변수 숫자를 알 수 없을 때 매우 유용하게 쓸 수 있다. 다음 절에서는 이미 몇 번 사용해본 defer를 알아본다.

defer 키워드

ch03/csvData.go와 전화번호부 애플리케이션을 구현할 때 이미 defer를 사용했다. 그런데 defer는 무슨 일을 할까? defer 키워드는 해당 함수를 감싸고 있는 함수가 반환될 때까지 함수의 실행을 미룬다.

보통 defer문은 파일 입력과 출력 연산을 수행할 때 흔히 사용하는데, 이렇게 하면 연 파일을 언제 닫을지 신경 쓸 필요가 없기 때문이다.

defer문을 이용해 실행이 미뤄진 함수^{deferred function}를 호출하는 순서는 후입선출^{LIFO,} ^{Last In First Out}이라는 점이 중요하다. 즉, 마지막에 defer문으로 미룬 함수가 가장 먼저 호출된다. 쉽게 말해 어떤 함수에서 f1(), f2(), f3()의 순서로 defer문을 실행했다면 나중에 그 함수가 반환될 때는 f3(), f2(), f1()의 순서로 실행된다.

이 절에서는 하나의 프로그램에서 부주의하게 defer를 남용할 때 위험한 점을 알아본다. defer.go의 코드는 다음과 같다.

```go
package main

import (
```

```
    "fmt"
)

func d1() {
  for i := 3; i > 0; i-- {
    defer fmt.Print(i, " ")
  }
}
```

d1() 함수 안에서 defer를 fmt.Print()와 함께 호출했다. fmt.Print()는 d1() 함수가 반환되기 직전에 실행된다는 것을 떠올려보자.

```
func d2() {
  for i := 3; i > 0; i-- {
    defer func() {
      fmt.Print(i, " ")
    }()
  }
  fmt.Println()
}
```

d2()에서 defer를 매개변수가 없는 익명 함수처럼 사용했다. 실제로는 익명 함수에서 직접 매개변수로 i를 받아 사용해야 한다. d2()의 경우 익명 함수를 언제 실행하는지에 따라 i의 값이 바뀌기 때문에 위험하다.

NOTE

> 익명 함수는 클로저(closure)이므로 함수 범위 밖의 변수에 접근할 수 있다.

```
func d3() {
  for i := 3; i > 0; i-- {
```

```
      defer func(n int) {
         fmt.Print(n, " ")
      }(i)
   }
}
```

여기서는 현재의 i 값을 익명 함수의 매개변수로 넘겨 n 변수를 초기화했다. 따라서 더 이상 i의 값이 모호해지지 않는다.

```
func main() {
   d1()
   d2()
   fmt.Println()
   d3()
   fmt.Println()
}
```

main()에서는 d1(), d2(), d3()를 호출한다.

defer.go를 실행하면 다음과 같은 결과가 나온다.

```
$ go run defer.go
1 2 3
0 0 0
1 2 3
```

결과가 좀 복잡하고 이해하기 어려울 수도 있다. 특히 코드가 명확하지 않으면 defer의 작동 과정이나 결과를 이해하기가 힘들다. 앞에서 나온 결과를 하나씩 살펴보면서 얼마나 이해하기 힘든지 느껴보자.

먼저 d1() 함수에서 생성된 첫 번째 결과(1 2 3)부터 보자. 여기서 i 값은 3, 2, 1의 순으로 들어갔다. d1()에서 실행이 미뤄진 함수는 fmt.Print()다. 따라서 d1()이 반환하는 시점에 for 루프에서 사용한 i 변수로부터 값 세 개를 역순으로 받는다. 실행이 미뤄진 함수를 후입선출^{LIFO}의 순서로 처리하기 때문이다.

다음으로 두 번째 결과(0 0 0)를 살펴보자. 이 값은 d2() 함수에서 생성된 것이다. 특이하게도 결과로 1 2 3이 아닌 0 세 개가 출력됐다. 그 이유는 의외로 간단하다. for 루프를 마치고 나면 변수 i 값이 0이기 때문이다. 그렇다면 익명 함수 안의 fmt.Print()에서 0만 세 번 찍히는 부분이 이해하기 쉽지 않다. defer에 지정한 익명 함수는 for 루프가 끝난 뒤에 평가되기 때문이다. 게다가 이 익명 함수는 매개변수를 받지 않는다. 따라서 값이 0인 i 변수만 세 번 평가됐기 때문에 이런 결과가 나온 것이다. 이렇게 헷갈리기 쉬운 코드는 끔찍한 버그가 발생하기 쉽다. 따라서 이런 코드는 피해야 한다.

마지막 세 번째 결과(1 2 3)를 살펴보자. 이 값은 d3() 함수에서 나온 것이다. 이번에 나온 익명 함수는 매개변수를 받기 때문에 defer문으로 실행이 미뤄질 때마다 현재의 i 값을 적용한다. 따라서 익명 함수를 실행할 때마다 처리할 값이 달라져 이런 결과가 나온다.

이 예제를 완전히 이해했다면 defer를 가장 바람직하게 사용한 함수는 d3()라는 것을 알 수 있다. 원하는 변수를 명시적으로 익명 함수에 전달해 이해하기 쉽기 때문이다. 이제 defer를 알아봤으니 완전히 다른 것을 살펴보자. 다음 절에서는 나만의 패키지를 개발하는 방법을 알아본다.

⁘ Go 패키지 직접 만들기

코드를 조직화하고 배포할 수 있게 직접 패키지를 개발해야 하는 경우가 생길 수도 있다. 이 장의 첫 부분에서 설명한 것처럼 대문자로 시작하는 모든 것은 퍼블릭으로 간주되며 패키지 밖에서도 접근할 수 있다. 이외의 다른 것들은 프라이빗으로 간주된다. 유일한 예외는 Go 패키지의 이름이다. 패키지 이름에는 대문자를 허용하지만 패키지 이름은 소문자로 짓는 것이 좋다.

Go 패키지가 로컬 환경에 있다면 수동으로 컴파일할 수 있다. 그러나 인터넷에서 패키지를 다운로드한 경우 자동으로 컴파일되므로 신경 쓸 필요가 없다. 또한 다운로 드하는 패키지에 문제가 있을 경우 다운로드할 때 문제점을 발견할 수 있을 것이다.

그러나 저장된 패키지를 직접 컴파일하고 싶은 경우 post05.go(PostgreSQL과 5장을 조합한 이름)의 예시처럼 다음 커맨드를 입력하면 된다.

```
$ go build  -o post.a post05.go
```

위 커맨드를 이용해 post05.go를 컴파일하고 post.a 파일에 저장한다.

```
$ file post.a
post.a: current ar archive
```

post.a 파일은 **ar** 아카이브 파일이다.

NOTE

> Go 패키지를 직접 컴파일하는 주요한 이유는 코드에 에러가 있는지 확인하기 위함이다. 또한 Go 패키지를 플러그인(https://golang.org/pkg/plugin/)이나 공유 라이브러리(shared library) 형태로 빌드할 수 있다. 이들은 이 책의 범위를 벗어난다.

init() 함수

모든 Go 패키지는 옵션으로 **init()**이라는 프라이빗 함수를 가질 수 있다. 이 함수 는 실행을 시작할 때 자동으로 호출된다. **init()** 함수는 다음과 같은 특징을 갖고 있다.

- **init()**은 인수를 갖지 않는다.

- init()은 아무 값도 반환하지 않는다.

- init() 함수를 사용하지 않아도 무방하다.

- init() 함수는 Go가 내부적으로 호출한다.

- init() 함수가 main 패키지 안에 있어도 상관없다. 이 경우 init()은 main() 함수를 호출하기 전에 실행된다. 실제로 모든 init() 함수는 main() 함수 실행에 앞서 실행된다.

- 소스 파일에는 여러 개의 init() 함수가 있을 수 있다. 이들은 선언한 순서대로 실행된다.

- 패키지를 여러 번 임포트할지라도 패키지의 init() 함수는 한 번만 실행된다.

- Go의 패키지는 여러 파일을 갖고 있을 수도 있고 각각의 소스 파일에는 하나 이상의 init() 함수가 있을 수 있다.

init() 함수는 원래 프라이빗 함수로 설계됐다. 따라서 이 함수가 속한 패키지가 아닌 곳에서는 호출할 수 없다. 또한 패키지 사용자는 init() 함수를 직접 제어할 수 없다. 따라서 공용 패키지에 있는 init() 함수를 사용하거나 init()의 전역 상태를 변경하기 전에 잘 살펴봐야 한다.

init() 함수를 사용할 때 고려해야 할 사항은 다음과 같다.

- 패키지 함수나 메서드를 실행하기 전에 네트워크 연결을 초기화할 때 다소 시간이 걸릴 수 있다.

- 패키지 함수나 메서드를 실행하기 전에 하나 또는 그 이상의 서버와 연결할 때 다소 시간이 걸릴 수 있다.

- 필요한 파일이나 디렉터리를 생성할 수 있다.

- 리소스를 사용할 수 있는지 체크할 수 있다.

실행 순서가 복잡하다고 느낄 수 있는데, 다음 절에서 실행 순서를 자세히 다룬다.

실행 순서

main 패키지가 A 패키지를 임포트하고 A 패키지는 B 패키지를 임포트한다고 할 때 다음과 같은 순서를 따른다.

- 프로세스가 main 패키지에서 시작된다.

- main 패키지가 A 패키지를 임포트한다.

- A 패키지가 B 패키지를 임포트한다.

- B 패키지의 전역 변수가 초기화된다.

- (있다면) B 패키지의 init() 함수들이 실행된다. 여기서 처음 init() 함수가 실행된다.

- A 패키지의 전역 변수가 초기화된다.

- (있다면) A 패키지의 init() 함수들이 실행된다.

- main 패키지의 전역 변수가 초기화된다.

- (있다면) main 패키지의 init() 함수들이 실행된다.

- main 패키지의 main() 함수가 실행된다.

NOTE

main 패키지에서 B 패키지를 바로 임포트하더라도 아무 일도 일어나지 않는다. A 패키지가 B 패키지를 임포트했으므로 B 패키지 관련 일들은 A 패키지가 이미 실행했기 때문이다.

그림 5.1은 Go 코드를 실행할 때 내부적으로 벌어지는 일을 보여준다.

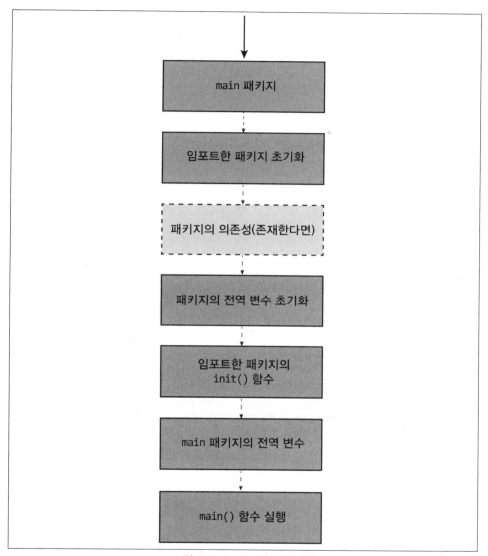

그림 5.1: Go 코드의 실행 순서

Go 코드를 실행하는 순서에 대한 더 자세한 사항은 Go 언어 스펙 문서(https://golang. org/ref/spec#Order_of_evaluation)와 패키지 초기화 문서(https://golang.org/ref/spec#Package_initialization) 에 잘 나와 있다.

깃허브에 Go 패키지 저장

이 절에서는 Go 패키지를 저장할 깃허브 저장소를 생성하고 공개하는 방법을 살펴본다.

먼저 나만의 깃허브 저장소를 생성해야 한다. 새로운 깃허브 저장소를 만들려면 깃허브 웹 사이트의 저장소 탭을 방문해야 한다. 깃허브 저장소 탭에서는 존재하는 저장소를 둘러볼 수 있고 새로 만들 수도 있다. New 버튼을 클릭하고 필요한 정보를 입력하면 새로운 저장소를 만들 수 있다. 퍼블릭 저장소를 만든다면 모두가 해당 패키지를 볼 수 있고 프라이빗 저장소로 만든다면 정해진 사람들만이 볼 수 있다.

NOTE

저장소에 명확한 README.md 파일을 작성해 어떤 Go 패키지인지 설명하는 것이 좋다.

그런 다음에는 로컬 환경에 저장소를 복제해야 한다. 보통은 git(1) 유틸리티를 이용한다. 저장소의 생성자가 mactsouk이고 저장소의 이름이 post05라면 다음 git clone 커맨드를 이용하면 된다.

```
$ git clone git@github.com:mactsouk/post05.git
```

그 후 cd post05을 커맨드라인에 입력하면 끝난다. 이제 Go 패키지의 코드를 작성하면 된다. git commit과 git push를 이용해 깃허브 저장소에 코드를 푸시하는 것도 잊지 말자.

저장소의 모습은 그림 5.2에서 확인할 수 있다. post05 저장소는 나중에 더 자세히 살펴본다.

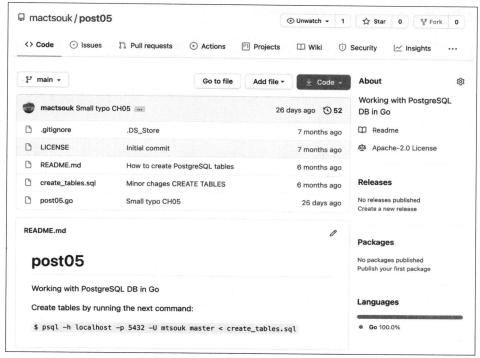

그림 5.2: Go 패키지가 있는 깃허브 저장소

해당 패키지를 사용하고 싶다면 그저 **go get**을 이용해 패키지를 가져온 후 패키지의 URL을 import 블록에 포함시키기만 하면 된다. 책의 뒷부분에서 실제로 사용할 예정이다.

다음 절에서는 데이터베이스를 다룰 수 있게 해주는 Go 패키지를 살펴본다.

데이터베이스를 다루는 Go 패키지

이 절에서는 주어진 Postgres 데이터베이스를 다루는 Go 패키지를 만들어보며 패키지를 개발, 저장, 사용하는 방법을 알아본다. 보통 애플리케이션에서 특정 스키마와 테이블에 접근할 때는 데이터베이스 관련 함수들을 별도의 패키지로 만들어 사용한다. NoSQL의 경우도 마찬가지다.

Go는 데이터베이스를 다루는 범용 패키지(https://golang.org/pkg/database/sql/)를 제공한다. 그러나 실제로 각 데이터베이스에 연결하고 사용할 때는 드라이버 역할을 할 패키지가 필요하다.

원하는 Go 패키지를 만드는 순서는 다음과 같다.

- PostgreSQL을 사용하는 데 필요한 외부 Go 패키지를 다운로드한다.

- 패키지 파일을 만든다.

- 필요한 함수를 개발한다.

- Go 패키지를 사용한다.

- CI/CD 도구로 자동화한다.

필요할 때 프로그램에서 실제 커맨드를 직접 작성하는 게 아니라 데이터베이스를 사용하기 위한 패키지를 만드는 이유가 궁금할 수도 있다. 그 이유는 다음과 같다.

- Go 패키지는 애플리케이션을 개발하는 모든 팀원에게 공유할 수 있다.

- Go 패키지를 통해 어떻게 데이터베이스를 사용해야 하는지 문서화할 수 있다.

- Go 패키지로 제공한 특수한 함수가 요구 사항에 더 잘 맞다.

- 데이터베이스 전체 기능을 사용할 필요가 없다. 그저 패키지에서 제공하는 함수와 기능만 사용하면 된다.

- 데이터베이스에 변경 사항이 생겨도 Go 패키지의 함수가 같다면 다른 사람들은 데이터베이스 변경 사항을 몰라도 된다.

간단히 말해 작성한 함수들을 이용해 특정 데이터베이스의 데이터 및 테이블과 상호작용한다. 데이터베이스의 스키마를 모르거나 다른 테이블과 어떤 방식으로 연결돼 있는지 모른다면 상호작용할 수 없을 것이다.

> **NOTE**
>
> 기술적인 이유와는 별개로, 여러 개발자에게 공유할 수 있는 Go 패키지를 만드는 것은 그 자체만으로도 재미있다.

이제 데이터베이스와 테이블을 더 알아보자.

데이터베이스 이해

Postgres, MySQL, MongoDB와 같은 데이터베이스 서버와 통신하고자 한다면 추가적인 패키지를 다운로드해야 한다. 현재 PostgreSQL을 사용하고 있으므로 PostgreSQL로 통신할 수 있게 만들어주는 패키지를 다운로드해야 한다. PostgreSQL에는 두 가지 주요 패키지가 있다. 여기서는 **github.com/lib/pq** 패키지를 사용할 예정이며 다른 패키지를 사용해도 된다.

> **NOTE**
>
> PostgreSQL을 다룰 수 있는 다른 패키지는 **jackc/pgx**며 https://github.com/JackC/pgx에서 찾을 수 있다.

다음과 같이 패키지를 다운로드할 수 있다.

```
$ go get github.com/lib/pq
```

PostgreSQL 서버는 docker-compose.yml을 이용해 도커^{Docker} 이미지로 실행했다.
해당 내용은 다음과 같다.

```
version: '3'

services:
  postgres:
    image: postgres
    container_name: postgres
    environment:
      - POSTGRES_USER=mtsouk
      - POSTGRES_PASSWORD=pass
      - POSTGRES_DB=master
    volumes:
      - ./postgres:/var/lib/postgresql/data/
    networks:
      - psql
    ports:
      - "5432:5432"

volumes:
  postgres:

networks:
  psql:
    driver: bridge
```

PostgreSQL 서버의 기본 포트 번호는 5432다. 같은 컴퓨터에서 PostgreSQL 서버에
접속하므로 호스트명은 **localhost**로 지정하거나 IP 주소를 선호한다면 **127.0.0.1**
로 지정해야 한다. 다른 PostgreSQL 서버를 사용한다면 연결 정보를 그에 맞게 변
경해야 한다.

아래의 getSchema.go는 PostgreSQL 데이터베이스에 접속해서 주어진 데이터베이스와 public 스키마에 존재하는 데이터베이스들의 리스트를 가져오는 프로그램이다. 모든 연결 정보는 커맨드라인 인수로 받는다.

```go
package main

import (
    "database/sql"
    "fmt"
    "os"
    "strconv"

    _ "github.com/lib/pq"
)
```

PostgreSQL 데이터베이스의 인터페이스인 **lib/pq** 패키지는 코드에서 직접적으로 사용하지 않는다. 따라서 **lib/pq** 패키지를 _와 함께 임포트해 Go 컴파일러가 사용하지 않은 패키지를 임포트했다는 에러를 발생하지 않게 해야 한다.

대부분의 경우 _를 이용해 패키지를 임포트할 필요가 없지만 이번에는 다르다. 지금처럼 sql 패키지에 직접 핸들러로 등록해야 하는 것과 같이 부수 효과^{side effect}가 있는 패키지를 임포트하는 경우 _를 사용해야 할 때도 있다.

```go
func main() {
    arguments := os.Args
    if len(arguments) != 6 {
        fmt.Println("Please provide: hostname port username password db")
```

```
        return
    }
```

도움말은 최대한 자세하게 적는 것이 좋다.

```
    host := arguments[1]
    p := arguments[2]
    user := arguments[3]
    pass := arguments[4]
    database := arguments[5]
```

이곳에서 데이터베이스 연결 정보를 알 수 있다.

```
    // 포트 번호는 무조건 정수여야 한다.
    port, err := strconv.Atoi(p)
    if err != nil {
        fmt.Println("Not a valid port number:", err)
        return
    }
    // 연결 문자열
    conn := fmt.Sprintf("host=%s port=%d user=%s password=%s dbname=%s
sslmode=disable", host, port, user, pass, database)
```

여기서 PostgreSQL 데이터베이스 서버에 연결할 때 사용할 연결 문자열connection string
을 정의했다. 연결 문자열이 sql.Open()으로 전달돼 실제 연결이 맺어진다. 하지만
지금까지는 연결이 맺어진 것이 아니다.

```
    // PostgreSQL 데이터베이스에 연결한다.
    db, err := sql.Open("postgres", conn)
    if err != nil {
```

```
        fmt.Println("Open():", err)
        return
    }
    defer db.Close()
```

sql.Open() 함수는 데이터베이스 연결을 열고 프로그램이 끝나거나 Close()를 이용해 데이터베이스 연결을 끊을 때까지 연결을 유지한다.

```
    // 모든 데이터베이스를 가져온다.
    rows, err := db.Query(`SELECT "datname" FROM "pg_database" WHERE
datistemplate = false`)
    if err != nil {
        fmt.Println("Query", err)
        return
    }
```

SELECT 쿼리를 실행하기 전에 먼저 쿼리를 만들어야 한다. 표현된 SELECT 쿼리는 아무 매개변수를 포함하고 있지 않다. 따라서 다른 변수에 기반을 두고 쿼리를 변경할 필요가 없으므로 그냥 Query() 함수에 넘겨 실행하면 된다. SELECT 쿼리의 결과로는 커서cursor가 반환돼 rows 변수에 저장된다. 쿼리 결과가 수백만 개일 수도 있으므로 전체 결과를 얻는 것이 아니라 결과를 하나씩 가져올 수 있는 커서가 반환된다.

```
    for rows.Next() {
        var name string
        err = rows.Scan(&name)
        if err != nil {
            fmt.Println("Scan", err)
            return
        }
        fmt.Println("*", name)
```

```
    }
    defer rows.Close()
```

위 코드는 SELECT 쿼리의 결과를 처리하는 방법을 보여준다. 결과는 비어 있을 수도 있고 엄청 많을 수도 있다. rows 변수가 커서이므로 Next()를 통해 다음 줄로 넘어 갈 수 있다. 그런 다음 SELECT 쿼리의 결과를 Go 변수로 대입해 사용할 수 있게 만든다. 이 작업은 Scan()을 통해 이뤄지고 포인터 매개변수가 필요하다. SELECT 쿼리가 여러 값을 반환한다면 여러 개의 매개변수를 사용해 Scan()을 호출해야 한 다. 마지막으로 Close()를 defer와 함께 호출해 사용된 여러 리소스를 해제한다.

```
    // __current__ 데이터베이스의 모든 테이블을 가져온다.
    query := `SELECT table_name FROM information_schema.tables WHERE
table_schema = 'public' ORDER BY table_name`
    rows, err = db.Query(query)
    if err != nil {
      fmt.Println("Query", err)
      return
    }
```

이번에는 데이터베이스에 또 다른 SELECT 쿼리를 실행해본다. 코드의 가독성을 높 이고자 SELECT 쿼리의 정의는 query 변수에 저장돼 있다. query 변수의 내용은 db.Query() 메서드에 전달된다.

```
    // 아래에서 SELECT를 통해 반환된 열들을 처리한다.
    for rows.Next() {
      var name string
      err = rows.Scan(&name)
      if err != nil {
        fmt.Println("Scan", err)
```

```
        return
    }
    fmt.Println("+T", name)
}
defer rows.Close()
}
```

이전처럼 row 커서와 Next() 메서드를 이용해 SELECT 쿼리의 결과를 처리했다. getSchema.go를 실행하면 다음과 같은 결과가 나온다.

```
$ go run getSchema.go localhost 5432 mtsouk pass go
* postgres
* master
* go
+T userdata
+T users
```

결과를 어떻게 해석해야 할까? *로 시작하는 줄은 PostgreSQL 데이터베이스이고 +T로 시작하는 것은 데이터베이스 테이블이다. 따라서 이 PostgreSQL 서버에는 postgres, master, go라는 세 개의 데이터베이스가 있다. 커맨드라인 인수로 받은 go 데이터베이스의 public 스키마에는 userdata와 users라는 두 개의 테이블이 있다.

getSchema.go는 범용으로 사용할 수 있고 PostgreSQL 서버의 정보를 얻어올 수 있다. 다만 이 때문에 필요한 커맨드라인 인수의 개수가 많다.

이제 Go를 사용해 PostgreSQL 데이터베이스에 접근하고 쿼리하는 방법을 배웠으니 다음은 깃허브나 깃랩에 저장소를 만들어 개발할 Go 패키지를 배포하고 관리하는 방법을 알아보자.

Go 패키지 저장

Go 패키지를 만들 때 가장 먼저 해야 할 일은 저장소를 만드는 일이다. 깃허브 저장소를 사용해 패키지를 관리할 것이다. 특히 뭔가 중요한 것을 만들 때는 개발 도중에는 프라이빗 저장소로 유지해 다른 사람이 접근하지 못하게 하는 것도 좋다.

우리는 post05라는 이름의 퍼블릭 저장소를 사용할 것이고 전체 경로는 https://github.com/mactsouk/post05다.

로컬 환경에서 해당 패키지를 사용할 수 있게 **go get** 커맨드를 실행해야 한다. 하지만 패키지를 개발하고자 한다면 **git clone git@github.com:mactsouk/post05.git** 으로 깃허브 저장소의 내용을 가져와 수정해야 한다.

Go 패키지의 설계

그림 5.3에 작업할 Go 패키지의 데이터베이스 스키마가 나와 있다. 특정 데이터베이스와 스키마를 다룰 때는 Go 코드에 스키마 정보를 '포함'시켜야 한다는 점을 기억하자. 간단히 말해 다루고자 하는 데이터베이스의 스키마를 알아야 한다.

스키마를 이용해 사용자 데이터를 저장하고 업데이트할 수 있다. 두 개의 테이블을 연결하는 것은 **userID**이고 유일해야 한다. 추가적으로 같은 사용자 이름을 갖는 사용자는 존재할 수 없으므로 **Users** 테이블의 **Username** 필드도 유일해야 한다.

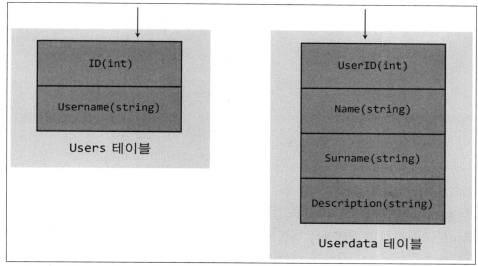

그림 5.3: Go 패키지에서 사용할 두 개의 데이터베이스 테이블

이 스키마는 이미 PostgreSQL 데이터베이스 서버에 존재하므로 Go 코드에서는 관련 테이블이 PostgreSQL 데이터베이스에 저장돼 있다고 가정한다. Users 테이블을 제외하고도 UserData 테이블에 각 사용자의 정보들을 갖고 있다. Users 테이블에 정보를 기록하면 변경될 수 없지만 Userdata 테이블의 정보는 변경될 수 있다.

go라는 데이터베이스에 Users와 Userdata 테이블을 생성하고 싶다면 다음과 같은 구문을 실행하면 된다. 이 파일은 **psql** 유틸리티의 create_tables.sql에 저장돼 있다.

```
DROP DATABASE IF EXISTS go;
CREATE DATABASE go;

DROP TABLE IF EXISTS Users;
DROP TABLE IF EXISTS Userdata;

\c go;

CREATE TABLE Users (
  ID SERIAL,
```

```
    Username VARCHAR(100) PRIMARY KEY
);

CREATE TABLE Userdata (
    UserID Int NOT NULL,
    Name VARCHAR(100),
    Surname VARCHAR(100),
    Description VARCHAR(200)
);
```

Postgres 데이터베이스를 다루는 커맨드라인 유틸리티는 **psql**이며 **psql** 커맨드로 create_tables.sql을 실행하는 방법은 다음과 같다.

```
$ psql -h localhost -p 5432 -U mtsouk master < create_tables.sql
```

이제 실행할 수 있는 구조를 갖췄으므로 패키지의 기능을 다뤄볼 시간이다. 해당 Go 패키지의 기능은 다음과 같다.

- 새 사용자 생성하기

- 사용자 삭제하기

- 사용자 업데이트하기

- 사용자 목록 구하기

각각의 작업은 다음과 같은 하나 또는 그 이상의 함수나 메서드가 필요하고 이들을 구현해보자.

- Postgre와의 연결을 초기화하는 함수. 연결에 관한 세부 정보는 사용자로부터 주어지며 패키지에서 해당 정보를 사용할 수 있다. 하지만 커넥션을 맺는 함수 자체는 프라이빗이다.

- 연결 세부 정보의 기본값이 존재해야 한다.

- 주어진 사용자 이름이 존재하는지 판단하는 함수. 이 함수는 프라이빗 함수다.

- 새로운 사용자를 데이터베이스에 추가하는 함수

- 존재하는 사용자를 데이터베이스에서 지우는 함수

- 존재하는 사용자의 정보를 업데이트하는 함수

- 모든 사용자의 리스트를 구하는 함수

이제 Go 패키지의 구조와 함수들을 알았으니 실제로 구현해보자.

Go 패키지 구현

이 절에서는 주어진 Postgres 데이터베이스 스키마를 다루는 패키지를 구현한다. 필요한 각각의 함수들을 구현한 다음 이 함수들을 조합하면 전체 패키지의 기능을 구현할 수 있다.

NOTE

> 패키지를 개발할 때는 주기적으로 변경 사항을 깃허브나 깃랩 저장소에 커밋해야 한다.

Go 패키지를 만들 때 가장 먼저 필요한 것은 데이터베이스 테이블의 데이터를 갖고 있을 수 있는 구조체들이다. 대부분의 경우 테이블 개수만큼의 구조체가 필요하다. 따라서 다음과 같이 구조체들을 정의했다.

```
type User struct {
  ID        int
  Username  string
}
```

```
type Userdata struct {
    ID          int
    Name        string
    Surname     string
    Description  string
}
```

사실 두 개의 Go 구조체를 따로 정의하는 것은 크게 의미가 없다. User 구조체에는 실제 데이터가 없고 PostgresSQL의 User와 Userdata 테이블의 데이터를 처리하기 위한 함수들에서 이 구조체들을 따로 전달할 필요가 없기 때문이다. 따라서 다음과 같이 모든 데이터를 담을 수 있는 하나의 구조체로 만들어도 된다.

```
type Userdata struct {
    ID          int
    Username    string
    Name        string
    Surname     string
    Description  string
}
```

코드의 가독성을 위해 구조체의 이름을 데이터베이스 테이블과 동일한 이름으로 지었다. 사실 지금의 경우 Userdata 구조체는 Userdata 테이블보다 더 많은 필드를 갖고 있으므로 정확히 동일한 것은 아니다. 사실 Userdata 테이블의 모든 것이 필요하지는 않다.

패키지의 도입부는 다음과 같다.

```
package post05

import (
```

```
        "database/sql"
        "errors"
        "fmt"
        "strings"

        _ "github.com/lib/pq"
    )
```

처음으로 main이 아닌 패키지인 post05 패키지가 나왔다. 해당 패키지는 PostgreSQL
과 통신할 것이기 때문에 **github.com/lib/pq** 패키지를 _와 함께 임포트했다. 앞서
다룬 것처럼 임포트한 패키지를 직접 사용하는 것이 아니라 스스로 sql 패키지의
데이터베이스 핸들러로 등록하기 때문이다. 해당 패키지는 sql 패키지를 통해서만
사용된다.

이제 데이터베이스에 연결하기 위한 정보를 알아야 한다. post05 패키지에서는 다
음의 전역 변수들을 이용한다.

```
    // 연결 상세 정보
    var (
        Hostname  = ""
        Port      = 2345
        Username  = ""
        Password  = ""
        Database  = ""
    )
```

Port 변수를 제외하고 다른 모든 전역 변수는 문자열 타입의 기본값으로 초기화했
다. 이 모든 변수는 코드에서 적절히 초기화해야 한다. 초기화는 패키지 밖에서
진행하므로 모든 변수의 첫 글자는 대문자로 시작한다.

다음의 openConnection() 함수는 프라이빗 함수이므로 패키지 내에서만 접근할 수 있다.

```go
func openConnection() (*sql.DB, error) {
    // 연결 문자열
    conn := fmt.Sprintf("host=%s port=%d user=%s password=%s dbname=%s
sslmode=disable", Hostname, Port, Username, Password, Database)

    // 데이터베이스 연결
    db, err := sql.Open("postgres", conn)
    if err != nil {
        return nil, err
    }
    return db, nil
}
```

비슷한 코드를 getSchema.go에서 본 적이 있다. 그때처럼 연결 문자열을 만들고 sql.Open()에 전달한다.

이제 프라이빗 함수인 **exists()** 함수를 살펴보자.

```go
// 이 함수는 사용자 이름을 받아 ID를 반환한다.
// 사용자가 존재하지 않으면 -1를 반환한다.
func exists(username string) int {
    username = strings.ToLower(username)

    db, err := openConnection()
    if err != nil {
        fmt.Println(err)
        return -1
    }
    defer db.Close()

    userID := -1
```

```
  statement := fmt.Sprintf(`SELECT "id" FROM "users" where username = '%s'`,
username)
  rows, err := db.Query(statement)
```

여기서 해당 사용자 이름이 데이터베이스에 존재하는지 알려주는 쿼리를 정의했다. 모든 데이터가 데이터베이스에 저장돼 있기 때문에 항상 데이터베이스와 상호작용해야 한다.

```
  for rows.Next() {
    var id int
    err = rows.Scan(&id)
    if err != nil {
      fmt.Println("Scan", err)
      return -1
    }
```

rows.Scan(&id)가 에러 없이 잘 실행됐다면 반환된 값은 원하는 사용자의 ID다.

```
    userID = id
  }
  defer rows.Close()
  return userID
}
```

exists()의 마지막 부분에서는 자원을 해제하고 exists()에 매개변수로 주어진 사용자 이름을 갖고 있는 ID를 반환한다.

다음과 같이 AddUser() 함수의 구현을 확인할 수 있다.

```go
// AddUser는 데이터베이스에 새로운 사용자를 추가하고
// 해당 사용자의 User ID를 반환한다.
// 에러가 발생한다면 -1을 반환한다.
func AddUser(d Userdata) int {
    d.Username = strings.ToLower(d.Username)
```

모든 사용자 이름은 소문자로 변환해 중복을 제거한다.

```go
db, err := openConnection()
if err != nil {
    fmt.Println(err)
    return -1
}
defer db.Close()

userID := exists(d.Username)
if userID != -1 {
    fmt.Println("User already exists:", Username)
    return -1
}
insertStatement := `insert into "users" ("username") values ($1)`
```

위에서 매개변수를 이용한 쿼리를 만드는 방법을 확인할 수 있다. 위 쿼리에서는
$1 하나가 필요하다.

308

```
_, err = db.Exec(insertStatement, d.Username)
```

위와 같은 방식으로 원하는 값을 전달할 수 있다. 여기서는 d.Username을 insertStatement 변수에 전달했다.

```
if err != nil {
    fmt.Println(err)
    return -1
}

userID = exists(d.Username)
if userID == -1 {
    return userID
}

insertStatement = `insert into "userdata" ("userid", "name", "surname",
"description") values ($1, $2, $3, $4)
```

위의 쿼리에서는 $1, $2, $3, $4라는 총 4개의 값이 필요하다.

```
_, err = db.Exec(insertStatement, userID, d.Name, d.Surname, d.Description)
if err != nil {
    fmt.Println("db.Exec()", err)
    return -1
}
```

insertStatement에 4개의 값이 필요하므로 db.Exec()를 호출할 때 4개의 값을 전달했다.

```
return userID
```

```
}
```

여기가 새 사용자를 데이터베이스에 추가하는 함수의 마지막 부분이다. 다음 부분
은 DeleteUser() 함수의 구현이다.

```go
// DeleteUser는 존재하는 사용자를 지운다.
func DeleteUser(id int) error {
    db, err := openConnection()
    if err != nil {
        return err
    }
    defer db.Close()

    // ID가 존재하는가?
    statement := fmt.Sprintf(`SELECT "username" FROM "users" where id = %d`, id)
    rows, err := db.Query(statement)
```

주어진 사용자 ID가 존재하는지 다시 한 번 체크해본다.

```go
    var username string
    for rows.Next() {
        err = rows.Scan(&username)
        if err != nil {
            return err
        }
    }
    defer rows.Close()

    if exists(username) != id {
        return fmt.Errorf("User with ID %d does not exist", id)
    }
```

반환된 사용자 이름이 있고 DeleteUser()에 들어온 매개변수와 같은 ID를 가진다면 삭제를 계속 진행해도 된다. 이제 사용자 데이터를 userdata와 users 테이블에서 지운다.

```go
    // Userdata에서 지운다.
    deleteStatement := `delete from "userdata" where userid=$1`
    _, err = db.Exec(deleteStatement, id)
    if err != nil {
      return err
    }

    // Users에서 지운다.
    deleteStatement = `delete from "users" where id=$1`
    _, err = db.Exec(deleteStatement, id)
    if err != nil {
      return err
    }

    return nil
}
```

이제 ListUsers() 함수의 구현을 살펴보자.

```go
func ListUsers() ([]Userdata, error) {
  Data := []Userdata{}
  db, err := openConnection()
  if err != nil {
    return Data, err
  }
  defer db.Close()
```

여기에서도 데이터베이스 쿼리를 실행하기 전에 연결부터 맺었다.

```go
    rows, err := db.Query(`SELECT
      "id","username","name","surname","description"
      FROM "users","userdata"
      WHERE users.id = userdata.userid`)
    if err != nil {
      return Data, err
    }

    for rows.Next() {
      var id int
      var username string
      var name string
      var surname string
      var description string
      err = rows.Scan(&id, &username, &name, &surname, &description)
      temp := Userdata{ID: id, Username: username, Name: name, Surname: surname,
  Description: description}
```

여기서는 SELECT 쿼리로 가져온 데이터를 Userdata 구조체에 저장한다. 슬라이스에 이 구조체를 추가하고 ListUsers() 함수가 해당 슬라이스를 반환한다. 이 과정은 더 이상 읽어올 것이 없을 때까지 계속된다.

```go
      Data = append(Data, temp)
      if err != nil {
        return Data, err
      }
    }
    defer rows.Close()
    return Data, nil
  }
```

Data의 내용을 append()로 업데이트한다. 쿼리가 끝난 다음에는 존재하는 사용자들의 목록이 담긴 Data를 반환한다.

마지막으로 UpdateUser() 함수를 살펴보자.

```go
// UpdateUser는 존재하는 사용자를 업데이트한다.
func UpdateUser(d Userdata) error {
  db, err := openConnection()
  if err != nil {
    return err
  }
  defer db.Close()

  userID := exists(d.Username)
  if userID == -1 {
    return errors.New("User does not exist")
  }
```

먼저 주어진 사용자 이름이 데이터베이스에 존재하는지 확인한다. 데이터 업데이트는 사용자 이름을 기반으로 이뤄진다.

```go
  d.ID = userID
  updateStatement := `update "userdata" set "name"=$1, "surname"=$2,
"description"=$3 where "userid"=$4`
  _, err = db.Exec(updateStatement, d.Name, d.Surname, d.Description, d.ID)
  if err != nil {
    return err
  }

  return nil
}
```

업데이트 구문은 updateStatement에 저장돼 있고 db.Exec()에서 필요한 매개변수들과 함께 실행해 사용자 데이터를 업데이트한다.

Go 패키지 테스트

패키지를 테스트하고자 postGo.go라는 커맨드라인 유틸리티를 만들어야 한다.

NOTE

> postGo.go가 외부 패키지를 사용하므로 go get이나 go get -u를 이용해 외부 패키지의 최신 버전을 다운로드하는 것을 잊지 말자. 우리가 해당 패키지의 개발자라도 위 커맨드로 다운로드해야 한다.

postGo.go는 테스트 용도로만 활용하므로 대부분의 데이터를 하드코딩했다. 모든 사용자 이름은 랜덤하게 생성된 이름이다.

postGo.go의 코드는 다음과 같다.

```go
package main

import (
  "fmt"
  "math/rand"
  "time"

  "github.com/mactsouk/post05"
)
```

post05 패키지에서 Postgres를 다루는 함수들을 구현했기 때문에 lib/pq 패키지를 임포트할 필요는 없다.

```
var MIN = 0
var MAX = 26

func random(min, max int) int {
  return rand.Intn(max-min) + min
}

func getString(length int64) string {
  startChar := "A"
  temp := ""
  var i int64 = 1
  for {
    myRand := random(MIN, MAX)
    newChar := string(startChar[0] + byte(myRand))
    temp = temp + newChar
    if i == length {
      break
    }
    i++
  }
  return temp
}
```

random()과 getString() 함수는 사용자 이름으로 사용할 랜덤 문자열을 생성하는 데 도움을 주는 함수들이다.

```
func main() {
  post05.Hostname = "localhost"
  post05.Port = 5432
  post05.Username = "mtsouk"
  post05.Password = "pass"
  post05.Database = "go"
```

앞에서 Postgres 서버에 연결하기 위한 매개변수들을 정의했다. 매개변수에는 데이터베이스 이름(go)이 포함돼 있다. 모든 변수는 **post05** 패키지에 존재하므로 앞의 코드처럼 접근해야 한다.

```
data, err := post05.ListUsers()
if err != nil {
  fmt.Println(err)
  return
}
for _, v := range data {
  fmt.Println(v)
}
```

먼저 존재하는 사용자의 목록을 가져왔다.

```
SEED := time.Now().Unix()
rand.Seed(SEED)
random_username := getString(5)
```

그런 다음 사용자 이름으로 사용할 랜덤 문자열을 생성했다. **getString(5)**를 호출해 생성된 사용자 이름은 모두 5글자다. 원한다면 길이를 바꿔도 상관없다.

```
t := post05.Userdata{
  Username:     random_username,
  Name:        "Mihalis",
  Surname:     "Tsoukalos",
  Description: "This is me!"
}

id := post05.AddUser(t)
```

```
if id == -1 {
    fmt.Println("There was an error adding user", t.Username)
}
```

이 코드에서는 데이터베이스에 새로운 사용자를 추가했다. 사용자 이름을 포함한 사용자 데이터는 **post05.Userdata** 구조체에 저장한다. **post05.Userdata** 구조체는 **post05.AddUser()** 함수에 전달되고 해당 함수는 새로운 사용자의 ID를 반환한다.

```
err = post05.DeleteUser(id)
if err != nil {
    fmt.Println(err)
}
```

위에서는 **post05.AddUser(t)**를 통해 생성한 사용자 ID를 이용해 해당 사용자를 삭제했다.

```
// 다시 한 번 삭제를 시도한다.
err = post05.DeleteUser(id)
if err != nil {
    fmt.Println(err)
}
```

같은 사용자를 한 번 더 지우려고 시도한다면 사용자 이름을 찾지 못해 삭제에 실패한다.

```
id = post05.AddUser(t)
if id == -1 {
    fmt.Println("There was an error adding user", t.Username)
}
```

이번에는 같은 사용자를 다시 생성했다. 이번에는 Postgres에서 생성한 사용자의 ID가 이전과 달라졌다.

```
t = post05.Userdata{
    Username:       random_username,
    Name:           "Mihalis",
    Surname:        "Tsoukalos",
    Description:    "This might not be me!"
}
```

이번에는 데이터베이스에 들어있는 정보를 업데이트하고자 **post05.Userdata** 구조체의 **Description** 필드를 수정한 다음 **post05.UpdateUser()** 함수를 호출했다.

```
err = post05.UpdateUser(t)
if err != nil {
    fmt.Println(err)
}
}
```

postGo.go를 실행하면 다음과 같은 결과가 나온다.

```
$ go run postGo.go
{4 mhmxz Mihalis Tsoukalos This might not be me!}
{6 wsdlg Mihalis Tsoukalos This might not be me!}
User with ID 7 does not exist
```

위 결과를 통해 postGo.go가 예상대로 작동함을 알 수 있다. 데이터베이스에 연결하고 사용자를 생성하고 삭제했다. 이를 통해 **post05** 패키지도 예상대로 잘 동작한다는 것을 알 수 있다. 이제 Go 패키지를 알아봤으니 Go의 모듈을 알아볼 시간이다.

⠿ 모듈

Go 모듈이란 버전을 표시한 패키지와 비슷하다(실제로 Go 모듈은 여러 개의 패키지로 구성될 수도 있다). Go는 모듈 버전에 **시맨틱 버저닝**^{semantic versioning}을 적용한다. 버전 번호는 문자 v로 시작해서 그 뒤로 각각 메이저, 마이너, 패치 버전이 온다. 예를 들어 v1.0.0, v1.0.5, v2.0.2와 같은 버전이 있을 수 있다. V1, v2, v3에 해당하는 부분은 패키지의 메이저 버전을 의미한다. 이 버전 사이에서는 대개 하위 호환성을 보장하지 않는다. 따라서 v1에서 작동하는 프로그램이 v2나 v3에서 작동하지 않을 수 있다. 물론 작동할 수도 있지만 100% 보장하지는 않는다. 버전의 두 번째 숫자는 기능을 의미한다. v1.1.0은 v1.0.2나 v1.0.0보다 많은 기능을 담고 있으며 예전 버전과 호환된다. 마지막 세 번째 숫자는 기능 추가가 아닌 버그 픽스^{bug fixes}에 따라 붙인다. 이러한 시맨틱 버저닝은 Go 버전에도 똑같이 적용된다.

NOTE

> Go 모듈은 1.11 버전에서 도입했고 1.13 버전에서 기본 기능이 됐다.

모듈에 대해 더 알고 싶다면 https://blog.golang.org/using-go-modules와 https://golang.org/doc/modules/developing을 방문해보자. Go 모듈은 여러 개의 버전을 갖는 Go 패키지와 비슷하지만 완전히 같지는 않다는 사실을 기억하자. 또한 하나의 모듈은 여러 개의 패키지로 구성돼 있을 수도 있다.

Go 패키지를 잘 만드는 방법

이 절에서는 Go 패키지를 좀 더 잘 만드는 데 도움이 될 만한 몇 가지 유용한 팁을 소개한다. 뛰어난 Go 패키지를 작성하는 데 좋은 규칙을 몇 가지 소개하면 다음과 같다.

* 좋은 패키지를 만들려면 패키지를 서로 관련 있는 요소로 구성해야 한다. 자동

차를 지원하는 패키지를 만드는 것이 좋고 자동차, 자전거, 비행기를 동지에 지원하는 패키지를 만드는 것은 좋지 않은 선택이다. 쉽게 말해 한 패키지에 너무 많은 기능을 넣는 것보다 차라리 너무하다 싶을 정도로 패키지를 잘게 나누는 것이 낫다.

- 둘째, 패키지를 외부에 공개하기 전에 먼저 내부적으로 충분히 사용해봐야 한다. 그러면 어처구니없는 버그를 발견할 수 있고 원하는 방식으로 잘 작동하는지 충분히 확인할 수 있다. 그런 다음 동료 개발자에게 공유해 테스트를 거친 후에 최종적으로 외부에 공개한다. 또한 다른 사람들이 사용할 패키지에는 항상 테스트를 작성해야 한다.

- 다음으로 자신이 만든 패키지의 사용자 입장에서 검토한다. 모두 만족스럽게 사용할 만한지, 필요 이상으로 번거롭게 하는 것은 아닌지 검토한다.

- 특별한 이유가 없다면 패키지에서 함수를 너무 많이 제공하지 않아야 한다. 패키지에서 제공하는 함수의 수가 적어야 이해하기도 쉽고 사용하기도 쉽다. 또한 함수의 이름만 봐도 기능을 알 수 있게 표현하되 너무 긴 이름은 피한다.

- 인터페이스나 제네릭을 활용하면 함수의 활용도를 높일 수 있다. 따라서 적절하다고 판단하면 함수의 매개변수나 반환 타입을 한 가지 타입으로 지정하지 말고 인터페이스로 정의한다.

- 패키지를 업데이트할 때 기존 버전과 크게 달라지거나 이전 버전과 호환되지 않는 기능을 가급적 최소화해야 한다.

- Go 패키지를 새로 만들 때 비슷한 작업이나 개념을 하나로 묶을 수 있게 여러 개의 파일로 나눠 작성한다.

- 기존 패키지를 새로 만들지 않는다. 기존 패키지를 수정하거나 별도의 버전으로 만든다.

- 로그 정보를 화면에 출력하는 패키지를 좋아할 사람은 없다. 굳이 필요하다면

로그 출력 기능을 옵션으로 제공하는 것이 좋다. 필요하다면 로그를 켜고 끌 수 있는 플래그를 제공하는 편이 좋다.

- Go 패키지 코드는 다른 Go 프로그램 코드와 잘 어울리게 작성한다. 다시 말해 패키지를 사용하는 프로그램 코드에서 패키지에서 제공하는 함수 이름이 유난히 눈에 띈다면 함수의 이름을 다른 식으로 변경하는 것이 좋다. 패키지 이름은 거의 모든 곳에서 사용하기 때문에 간결하고 표현력이 뛰어난 이름을 짓는 것이 좋다.

- 새로운 타입 정의는 이를 처음 사용하는 곳에 가까이 두면 편하다. 그 타입의 정의를 찾으려고 소스코드를 뒤지는 것을 좋아할 사람은 없다.

- 가능하면 패키지에 대해 테스트 파일을 만든다. 테스트 파일을 함께 제공하는 패키지가 훨씬 전문성이 뛰어나 보인다. 사소한 부분이 큰 차이를 만든다. 게다가 사용자도 그런 패키지 개발자를 신뢰한다. 패키지에 대한 테스트 코드는 선택 사항이 아니다. 테스트 코드가 없는 패키지는 사용하지 않는 것이 좋다. 테스트는 11장에서 자세히 소개한다.

패키지의 코드에는 당연히 버그가 없어야 하며 패키지에서 제공하는 기능을 명확히 파악하고 각 함수 사이의 미묘한 차이를 쉽게 알 수 있도록 문서와 예제 코드도 함께 제공해야 한다. 다음 절에서는 Go에서 문서화를 하는 방법을 알아본다.

⫶ 문서화

이 절에서는 post05 패키지의 코드를 예시로 Go 코드에서 문서를 생성하는 방법을 알아본다. post05 패키지의 이름을 document로 바꾼 뒤 살펴본다.

Go에서 문서화는 다음과 같은 방법으로 할 수 있다. 함수, 메서드, 변수, 또는 패키지를 문서화하려면 문서화하고자 하는 항목 바로 앞 줄에서 주석을 작성하면 된다.

이때 사이에 빈 줄이 있으면 안 된다. 한 줄짜리 주석(//)을 한 번 또는 여러 번 사용해도 되고 /*로 시작해 */로 끝나는 블록 주석을 사용해도 된다. 블록 주석을 사용할 경우 주석의 내용 전체가 문서화된다.

> **NOTE**
>
> 패키지 선언 앞에는 블록 주석을 사용해 해당 패키지의 개발자 정보와 패키지가 하는 일을 설명하는 주석을 남기는 것이 권장된다.

post05 패키지의 전체 코드 대신 설명하고자 하는 부분만 책에 표현할 예정이다. 따라서 모든 함수 구현에는 **return** 구문만 존재할 것이다. post05.go의 새 버전은 document.go이며 다음과 같은 코드와 주석이 적혀 있다.

```
/*

이 패키지는 PostgreSQL 서버의 두 테이블을 관리한다.

해당 테이블의 이름은 다음과 같다.

 * Users
 * Userdata

PostgreSQL 서버에 존재하는 각 테이블의 정의는 다음과 같다.

  CREATE TABLE Users (
    ID SERIAL,
    Username VARCHAR(100) PRIMARY KEY
  );

  CREATE TABLE Userdata (
    UserID Int NOT NULL,
    Name VARCHAR(100),
    Surname VARCHAR(100),
    Description VARCHAR(200)
  );
```

```
    이곳은 코드 형식으로 렌더링된다.

이곳은 코드 형식으로 렌더링되지 않는다.
*/
package document
```

위처럼 패키지 이름 바로 위에 문서가 적혀 있다. 여기서 패키지의 기능과 필수 정보를 설명하는 것이 좋다. 위의 예제에서는 해당 패키지가 다루는 테이블을 설명하고, 테이블을 생성하기 위한 SQL 구문을 명시했다. 이 패키지가 상호작용하는 데이터베이스 서버를 명시한 것도 중요하다. 이 외에도 패키지의 작성자, 라이선스, 버전을 명시할 수도 있다.

블록 주석에서 탭을 이용해 들여쓰기를 하면 해당 줄은 시각적으로 다른 형태로 렌더링된다. 이를 이용해 문서에서 서로 다른 종류의 정보를 구분할 수 있다.

```
    // BUG(1): ListUsers() 함수는 예상대로 동작하지 않음
    // BUG(2): AddUser() 함수는 성능이 좋지 않음
```

문서를 작성할 때 **BUG** 키워드를 활용할 수 있다. 버그 또한 코드의 일부이므로 이 또한 잘 문서화해야 한다. 아무 곳에서나 **BUG** 키워드 뒤에 메시지를 적으면 된다. 보통은 버그 근처에 설명하는 것이 좋다.

```
    import (
        "database/sql"
        "fmt"
        "strings"
    )
```

파일 크기를 줄이고자 **github.com/lib/pq** 패키지는 제거했다.

```
/*
이 블록에서는 Postgres 서버의 연결 상세 정보를 담고 있는 전역 변수가 있다.
    Hostname: 서버의 IP 또는 주소
    Port: DB 서버의 TCP 포트
    Username: 데이터베이스 사용자의 사용자 이름
    Password: 데이터베이스 사용자의 비밀번호
    Database: PostgreSQL의 데이터베이스 이름
*/

var (
    Hostname = ""
    Port     = 2345
    Username = ""
    Password = ""
    Database = ""
)
```

위 코드에서는 여러 변수를 한 번에 문서화했다. 이 방식은 각각의 전역 변수 앞에
주석을 넣을 필요가 없기 때문에 가독성이 좋다. 유일한 단점은 코드에 변경이 있을
때 주석도 함께 변경해야 하는 것을 기억해야 한다는 점이다. 그러나 여러 변수를
한 번에 문서화하면 웹 기반의 godoc 페이지에서는 제대로 렌더링되지 않을 수도
있다. 따라서 각 필드에 바로 문서화를 해야 할 수도 있다.

```
// Userdata 구조체는 Userdata 테이블의 전체 정보와
// Users 테이블의 Username 필드를 갖고 있다.
type Userdata struct {
    ID          int
    Username    string
    Name        string
    Surname     string
    Description string
}
```

이 코드에서는 Go 구조체를 문서화하는 방법을 보여준다. 특히 소스 파일이 많은 구조체를 갖고 있을 때 빨리 구조체를 파악할 수 있기 때문에 유용하다.

```go
// openConnection()은 Postgres에 연결을 맺을 때 사용하며
// 패키지의 다른 함수들에서 사용한다.
func openConnection() (*sql.DB, error) {
    var db *sql.DB
    return db, nil
}
```

함수를 문서화할 때 첫 줄은 함수 이름으로 시작하는 것이 좋다. 그 이외에는 중요하다고 생각하는 것을 적으면 된다.

```go
// 이 함수는 사용자 이름을 갖고 있는 사용자 ID를 반환한다.
// 사용자가 존재하지 않으면 -1을 반환한다.
func exists(username string) int {
    fmt.Println("Searching user", username)
    return 0
}
```

여기서는 **exists()** 함수에서 특별한 의미를 갖는 반환값을 설명한다.

```go
// AddUser는 데이터베이스에 새 사용자를 추가한다.
//
// 새로운 사용자의 ID를 반환하고
// 에러 발생 시 -1를 반환한다.
func AddUser(d Userdata) int {
    d.Username = strings.ToLower(d.Username)
    return -1
}
```

```
/*
   DeleteUser는 사용자가 존재하는 경우 해당 사용자를 삭제한다.
   삭제하고자 하는 사용자의 ID가 필요하다.
*/
func DeleteUser(id int) error {
   fmt.Println(id)
   return nil
}
```

패키지 도입부 이외의 다른 곳에서도 블록 주석을 사용할 수 있다.

```
// ListUsers는 데이터베이스의 모든 사용자를 찾아
// Userdata의 슬라이스 형태로 반환한다.
func ListUsers() ([]Userdata, error) {
   // Data는 SQL 쿼리 결과를 갖고 있다.
   Data := []Userdata{}
   return Data, nil
}
```

Userdata 구조체의 문서에서 자동으로 Userdata가 사용하는 함수들을 알려준다.

```
// UpdateUser는 주어진 Userdata 구조체를 이용해
// 해당 사용자의 정보를 업데이트한다.
// 업데이트할 사용자의 ID는 함수 안에서 찾는다.
func UpdateUser(d Userdata) error {
   fmt.Println(d)
   return nil
}
```

이제 실제 문서를 살펴봐야 한다. 패키지의 문서는 두 가지 방법으로 확인할 수 있다. 먼저 **go get**을 이용하는 방법이 있다(이 경우 post05 패키지에서 했던 것처럼 깃허브 저장소를

생성해야 한다). 우리는 단지 문서화가 잘 됐는지 테스트하는 것이 목적이므로 더 쉬운 방법을 사용한다. 먼저 관련 코드를 ~/go/src 아래로 복사해야 한다. 패키지의 이름이 document이므로 ~/go/src 아래에 같은 이름의 디렉터리를 생성한다. 그런 다음 document.go 코드를 ~/go/src/document.go로 복사하면 된다. 패키지가 복잡할수록 이 과정도 복잡해진다. 그런 경우에는 go get을 이용하는 것이 나을 수도 있다.

두 방법 모두 go doc 커맨드로 document 패키지의 문서를 확인할 수 있다.

```
$ go doc document
package document // import "document"

이 패키지는 PostgreSQL 서버의 두 테이블을 관리한다.

해당 테이블의 이름은 다음과 같다.

    * Users
    * Userdata

PostgreSQL 서버에 존재하는 각 테이블의 정의는 다음과 같다.

        CREATE TABLE Users (
            ID SERIAL,
            Username VARCHAR(100) PRIMARY KEY
        );

        CREATE TABLE Userdata (
            UserID Int NOT NULL,
            Name VARCHAR(100),
            Surname VARCHAR(100),
            Description VARCHAR(200)
        );

        이곳은 코드 형식으로 렌더링된다.

이곳은 코드 형식으로 렌더링되지 않는다.

var Hostname = "" ...
func AddUser(d Userdata) int
func DeleteUser(id int) error
func UpdateUser(d Userdata) error
type Userdata struct{ ... }
```

```
    func ListUsers() ([]Userdata, error)

BUG: ListUsers() 함수는 예상대로 동작하지 않음

BUG: AddUser() 함수는 성능이 좋지 않음
```

특정 함수의 정보를 보고 싶다면 다음과 같이 go doc을 사용하면 된다.

```
$ go doc document ListUsers
package document // import "document"

func ListUsers() ([]Userdata, error)
    ListUsers는 데이터베이스의 모든 사용자를 찾아 Userdata의 슬라이스 형태로 반환한다.
```

추가적으로 Go 문서의 웹 버전을 사용할 수도 있다. godoc 유틸리티를 실행한 다음 Third Party 항목에 들어가 보자. 기본적으로 godoc이 실행하는 웹 서버는 6060번 포트로 실행하므로 http://localhost:6060으로 접속할 수 있다.

그림 5.4는 document 패키지 문서 페이지의 일부다.

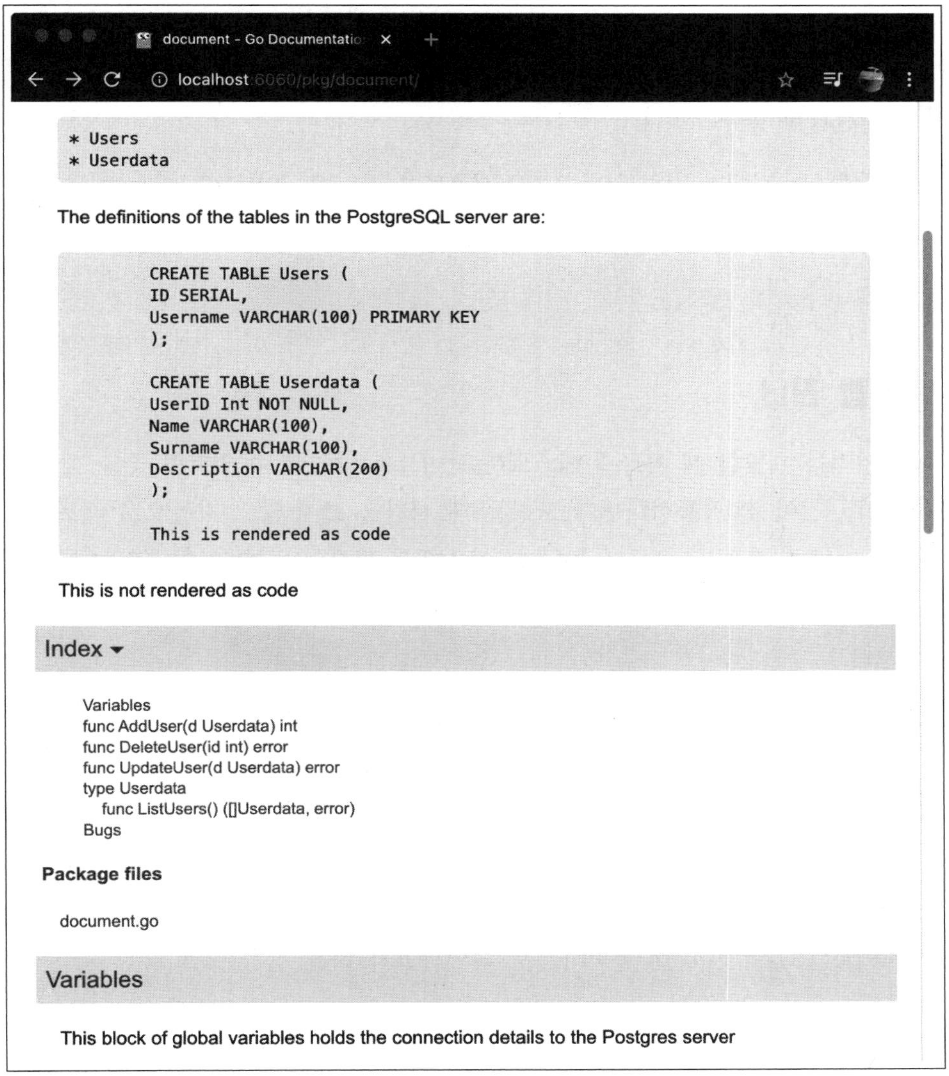
document - Go Documentatio
localhost:6060/pkg/document/
* Users
* Userdata
The definitions of the tables in the PostgreSQL server are:
CREATE TABLE Users (
ID SERIAL,
Username VARCHAR(100) PRIMARY KEY
);
CREATE TABLE Userdata (
UserID Int NOT NULL,
Name VARCHAR(100),
Surname VARCHAR(100),
Description VARCHAR(200)
);
This is rendered as code
This is not rendered as code
Index
Variables
func AddUser(d Userdata) int
func DeleteUser(id int) error
func UpdateUser(d Userdata) error
type Userdata
func ListUsers() ([]Userdata, error)
Bugs
Package files
document.go
Variables
This block of global variables holds the connection details to the Postgres server

그림 5.4: 직접 개발한 Go 패키지의 문서

NOTE

Go는 자동으로 버그 관련 문서를 맨 아래에 배치한다.

개인적으로 그래픽 인터페이스를 사용하고 있다면 렌더링된 문서를 보는 것이 모르는 항목을 찾을 때 더 편리하다. 하지만 go doc을 커맨드라인에서 사용하면 훨씬 빠르게 결과를 볼 수 있다.

다음 절에서는 깃랩과 깃허브의 CI/CD 시스템을 간략히 설명한다. 이는 패키지 개발과 배포를 하는 데 유용하게 활용할 수 있다.

⠿ 깃랩 러너

Go 패키지를 개발할 때 빠르게 테스트하고 버그를 발견할 수 있다면 좋을 것이다. 또한 모든 것이 잘 작동한다면 배포하는 데 시간을 쓰지 않고 자동으로 배포하는 기능이 있다면 유용할 것이다. CI/CD 시스템을 활용하면 이 작업들을 자동화할 수 있다. 이 절에서는 Go 프로젝트에서 **깃랩 러너**^{GitLab Runners}를 활용하는 방법을 알아본다.

NOTE

> 이 절의 작업들을 따라 해보려면 깃랩 계정과 관련 파일이 들어있는 깃랩 저장소를 생성해야 한다.

먼저 다음과 같은 파일들이 포함된 깃랩 저장소를 만든다.

- **hw.go**: 모든 것이 잘 동작하는지 확인하고자 하는 샘플 프로그램이다.

- **.gitignore**: 필수적인 파일은 아니지만 특정 파일과 디렉터리를 무시하고자 사용한다.

- **usePost05.go**: 외부 패키지를 사용하는 샘플 파일이다. https://gitlab.com/mactsouk/runners-go/-/blob/master/usePost05.go 저장소를 참고하자.

- **README.md**: 이 파일은 저장소의 웹 페이지에 자동으로 나타나며 보통 저장소에 대해 설명한다.

또한 .git 디렉터리에 저장소의 정보와 메타데이터가 있다.

초기 설정 파일

초기 설정 파일을 이용해 깃랩 설정이 잘 작동하는지 확인한다. 설정 파일의 이름은 .gitlab-ci.yml이고 깃랩 저장소의 루트 디렉터리에 위치한 YAML 파일이다. 이 설정에서는 hw.go를 컴파일해 바이너리 파일을 생성한 뒤 다른 스테이지에서 이를 실행해본다. 따라서 아티팩트를 생성해 만들어진 바이너리 파일을 계속 갖고 있어야 한다.

```
$ cat .gitlab-ci.yml
image: golang:1.15.7

stages:
    - download
    - execute

compile:
    stage: download
    script:
        - echo "Getting System Info"
        - uname -a
        - mkdir bin
        - go version
        - go build -o ./bin/hw hw.go
    artifacts:
        paths:
            - bin/

execute:
    stage: execute
    script:
        - echo "Executing Hello World!"
        - ls -l bin
        - ./bin/hw
```

위 설정 파일에서 이미 Go가 설치된 이미지를 사용했다는 것이 중요하다. 이를 통해 Go를 설치하는 시간을 절약할 수 있고 사용하고자 하는 Go 버전도 명시할 수 있다.

그러나 추가적인 소프트웨어를 설치하고 싶으면 리눅스 배포판을 사용해야 한다. 설정 파일을 저장한 다음에는 깃랩에 변경 사항을 푸시해 파이프라인을 실행한다. 파이프라인 실행 결과를 보고자 한다면 깃랩 UI의 CI/CD 옵션을 클릭해야 한다.

그림 5.5는 앞서 설명한 YAML 파일을 기반으로 한 워크플로의 정보를 보여준다. 모든 것이 잘 동작한다면 초록색으로 표시되며 에러 상황일 경우 빨간색으로 표시된다. 각 스테이지의 상세한 정보를 알고 싶다면 각 스테이지의 버튼을 클릭해 확인할 수 있다.

모든 것이 잘 동작하므로 .gitlab-ci.yml의 최종 버전을 만들 수 있다. 워크플로에 에러가 발생한다면 깃랩에 등록한 이메일로 알림이 날아올 것이다. 모든 것이 잘 동작한다면 아무 메일도 발송되지 않는다.

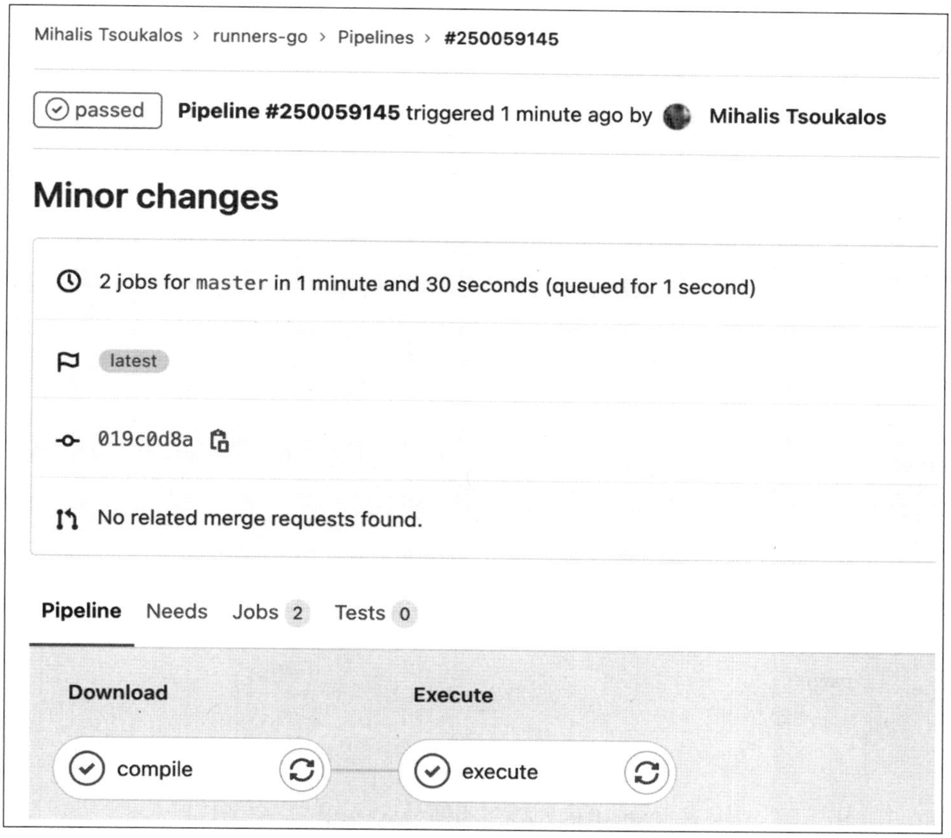

그림 5.5: 깃랩 파이프라인의 진행 상황

최종 설정 파일

CI/CD 설정 파일의 최종 버전에서는 post05 패키지를 임포트한 usePost05.go를
컴파일한다. 이를 통해 외부 패키지를 어떻게 다운로드하는지 확인할 수 있다.
.gitlab-ci.yml의 내용은 다음과 같다.

```
image: golang:1.15.7
```

```
stages:
  - download
  - execute

compile:
  stage: download
  script:
    - echo "Compiling usePost05.go"
    - mkdir bin
    - go get -v -d ./...
```

go get -v -d ./...은 프로젝트의 의존성을 전부 다운로드하는 커맨드다. 그런 다음 프로젝트를 빌드해 실행 파일을 생성할 수 있다.

```
    - go build -o ./bin/usePost05 usePost05.go
  artifacts:
    paths:
      - bin/
```

bin 디렉터리의 내용은 **execute** 스테이지에서도 사용할 수 있다.

```
execute:
  stage: execute
  script:
    - echo "Executing usePost05"
    - ls -l bin
    - ./bin/usePost05
```

깃랩 저장소에 푸시하면 자동으로 실행된다. 그림 5.6에서 **compile** 스테이지의 진행 상황을 자세히 볼 수 있다.

```
11  Fetching changes with git depth set to 50...
12  Initialized empty Git repository in /builds/mactsouk/runners-go/.git/
13  Created fresh repository.
14  Checking out 8ba14df7 as master...
15  Skipping Git submodules setup
16  Executing "step_script" stage of the job script
17  $ echo "Compiling usePost05.go"
18  Compiling usePost05.go
19  $ mkdir bin
20  $ go get -v -d ./...
    github.com/mactsouk/post05 (download)
21
22  github.com/lib/pq (download)
23  $ go build -o ./bin/usePost05 usePost05.go
24  Uploading artifacts for successful job                                    00:03
25  Uploading artifacts...
26  bin/: found 2 matching files and directories
27  Uploading artifacts as "archive" to coordinator... ok  id=1001258536 responseStatus=201 Created t
    oken=_JMwiwyt
28  Cleaning up file based variables                                          00:01
29  Job succeeded
```

그림 5.6: compile 스테이지의 상세 정보

여기서 필요한 패키지의 다운로드와 usePost05.go의 컴파일이 아무 문제없이 실행된 것을 확인할 수 있다. PostgreSQL 인스턴스가 실행되고 있지 않기 때문에 실제 PostgreSQL과 통신하는 것을 확인할 수는 없지만 usePost05.go를 실행하면 **Hostname**과 **Port** 전역 변수의 값을 확인할 수는 있다. 이는 그림 5.7에서 확인할 수 있다.

```
19  Downloading artifacts                                                     00:01
20  Downloading artifacts for compile (1001263660)...
21  Downloading artifacts from coordinator... ok          id=1001263660 responseStatus=200 OK token=Skr
    LxVpx
23  Executing "step_script" stage of the job script                          00:01
24  $ echo "Executing usePost05"
25  Executing usePost05
26  $ ls -l bin
27  total 5752
28  -rwxr-xr-x. 1 root root 5883134 Feb  2 07:23 usePost05
29  $ ./bin/usePost05
30  2345
31  localhost
33  Cleaning up file based variables                                         00:01
35  Job succeeded
```

그림 5.7: execute 스테이지의 상세 정보

지금까지 깃랩 러너를 활용해 Go 패키지를 개발하고 테스트하는 방법을 살펴봤다. 이제는 깃허브와 깃허브 액션을 활용해 자동화하는 방법을 알아보자.

⁝⁝ 깃허브 액션

이 절에서는 깃허브 액션^{Github Actions}을 이용해 Go 실행 파일을 도커 허브^{Docker Hub}에 푸시한다.

> **NOTE**
>
> 이 절의 작업들을 따라 해보고자 한다면 깃허브 계정과 관련 파일이 들어있는 깃허브 저장소를 생성해야 한다.

먼저 다음 파일들을 포함한 깃허브 저장소를 만든다.

- .gitignore: 필수적인 파일은 아니지만 **git push**를 할 때 특정 파일과 디렉터리를 무시하고자 사용한다.

- usePost05.go: 이전과 같은 파일이다.

- Dockerfile: Go 실행 파일을 포함하는 도커 이미지를 만들 때 사용한다. https://github.com/mactsouk/actions-with-go의 내용을 참고하자.

- README.md: 앞서 설명한 것처럼 저장소의 정보를 담고 있는 마크다운^{Markdown} 파일이다.

깃허브 액션을 설정하려면 .github 디렉터리를 만든 다음 .github 디렉터리 안에서 다시 workflows 디렉터리를 만들어야 한다. .github/workflows 디렉터리에 파이프라인 설정을 담은 YAML 파일이 들어있다.

그림 5.8에서 깃허브 저장소 워크플로의 개요를 확인할 수 있다.

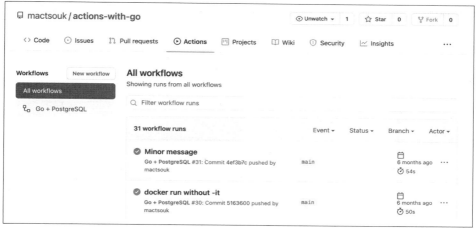

그림 5.8: 주어진 깃허브 저장소의 워크플로

도커 허브에 이미지를 푸시하고자 한다면 먼저 로그인을 해야 한다. 이 과정은 민감한 정보인 비밀번호가 필요하므로 이를 깃허브에 저장하는 방법부터 알아보자.

깃허브에 시크릿 저장

도커에 연결하기 위한 인증 정보는 깃허브의 시크릿 기능을 이용해 저장한다. 이 기능은 대부분의 CI/CD 시스템에서 구현돼 있으며 정확한 구현은 시스템마다 약간씩 다르다.

> **NOTE**
>
> 해시코프 볼트(Hashicorp Vault)를 비밀번호나 민감 정보의 중앙 저장소로 사용할 수도 있다. 하지만 해시코프 볼트를 사용하는 방법은 이 책의 범위를 훨씬 벗어난다.

깃허브 저장소의 Settings 탭에 들어가 왼쪽의 Secrets 칼럼을 선택한다. 그러면 현재 존재하는 시크릿을 확인할 수 있고 해당 페이지에서 Add new secret 링크를 클릭한다. 이 과정을 두 번 반복해 도커 허브의 사용자 이름과 비밀번호를 저장한다.

그림 5.9에서는 깃허브 저장소에 저장된 시크릿을 보여준다. 저장된 username과

password는 도커 허브에 연결할 때 사용한다.

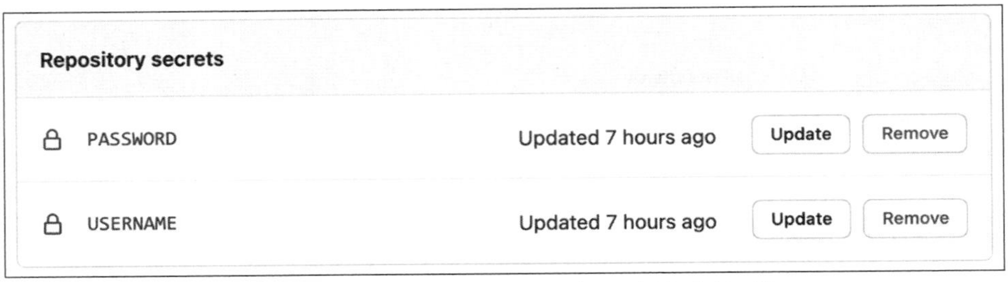

그림 5.9: `mactsouk/actions-with-go` 저장소의 시크릿

최종 설정 파일

최종 설정 파일에서는 Dockerfile의 내용을 바탕으로 Go 코드를 컴파일해 도커 이미지에 넣은 뒤 인증 정보를 활용해 도커 허브에 연결한 다음 도커 이미지를 푸시할 것이다. 많은 경우 이와 같은 방식을 이용해 도커 이미지 생성을 자동화한다. go.yml의 내용은 다음과 같다.

```
name: Go + PostgreSQL

on: [push]
```

푸시가 일어날 때만 파이프라인을 실행하도록 설정했다.

```
jobs:
  build:
    runs-on: ubuntu-18.04
```

사용할 리눅스 이미지를 설정했다. Go 바이너리 파일은 도커 이미지 안에서 빌드하므로 따로 Go를 설치할 필요는 없다.

```
steps:
# $GITHUB_WORKSPACE 아래에 저장소를 체크아웃해서 접근할 수 있게 한다.
- uses: actions/checkout@v2
- uses: actions/setup-go@v2
  with:
    stable: 'false'
    go-version: '1.15.7'
- name: Publish Docker Image
  env:
    USERNAME: ${{ secrets.USERNAME }}
    PASSWORD: ${{ secrets.PASSWORD }}
```

여기서 아까 저장했던 시크릿을 사용했다.

```
    IMAGE_NAME: gopost
run: |
  docker images
  docker build -t "$IMAGE_NAME" .
  docker images
  echo "$PASSWORD" | docker login --username "$USERNAME" --password-stdin
  docker tag "${IMAGE_NAME}" "$USERNAME/${IMAGE_NAME}:latest"
  docker push "$USERNAME/${IMAGE_NAME}:latest"
  echo "* Running Docker Image"
  docker run ${IMAGE_NAME}:latest
```

이번에는 실행 파일을 도커 이미지 안에서 빌드하므로 대부분의 작업은 docker build 커맨드에서 수행한다. 다음 스크린샷에서 go.yml을 통해 실행된 파이프라인의 결과를 확인할 수 있다.

```
146   WARNING! Your password will be stored unencrypted in /home/runner/.docker
      /config.json.
147   Login Succeeded
148   Configure a credential helper to remove this warning. See
149   https://docs.docker.com/engine/reference/commandline/login/#credentials-store
150
151   The push refers to repository [docker.io/***/gopost]
152   327a1f07ee35: Preparing
153   5516549e02ba: Preparing
154   72e830a4dff5: Preparing
155   72e830a4dff5: Mounted from library/alpine
156   5516549e02ba: Pushed
157   327a1f07ee35: Pushed
158   latest: digest:
      sha256:82beefee80b89ba4a28b2fc7aba11d17d3b3034d4752c257eece18862e9a94ce size:
      945
159   * Running Docker Image
160   2345
161   localhost
```

그림 5.10: 도커 이미지를 도커 허브에 푸시하는 파이프라인

자동화를 통해 개발 시간을 절약할 수 있으므로 가능한 한 많은 것을 자동화하자. 특히 공개된 소프트웨어일 경우 더욱 중요하다.

⠿ 버전 부여

커맨드라인 유틸리티에 자동으로 버전을 부여하는 것은 매우 어려운 작업이다. 특히 CI/CD 시스템을 사용하는 경우에는 더 어렵다. 이 절에서는 깃허브의 값을 이용해 커맨드라인 유틸리티에 버전을 부여하는 방법을 알아본다.

NOTE

> 깃랩에서도 같은 방식으로 적용할 수 있다. 적절한 깃랩 변수와 값을 찾아 적용하면 된다.

이 기법은 docker나 kubectl 등에서도 사용한다.

```
$ docker version
Client: Docker Engine - Community
 Cloud integration: 1.0.4
 Version:           20.10.0
 API version:       1.41
 Go version:        go1.13.15
 Git commit:        7287ab3
 Built:             Tue Dec  8 18:55:43 2020
 OS/Arch:           darwin/amd64
 ...
```

위 결과는 docker가 깃 커밋^{Git commit}을 이용해 버전을 부여한다는 사실을 보여준다. 예제에서는 docker에 사용하는 것보다 더 긴 값을 쓸 예정이다.

예제로 사용하는 gitVersion.go는 다음과 같이 구현했다.

```go
package main

import (
    "fmt"
    "os"
)

var VERSION string
```

VERSION 변수의 값은 Go 링커^{linker}를 사용해 런타임에 설정된다.

```go
func main() {
    if len(os.Args) == 2 {
        if os.Args[1] == "version" {
            fmt.Println("Version:", VERSION)
        }
    }
}
```

이 코드를 통해 version 커맨드를 입력했을 경우 VERSION 변수의 값이 출력되는 것을 확인할 수 있다.

Go 링커를 이용해 VERSION 변수의 값을 설정할 필요가 있다. 실제로 VERSION 값은 -ldflags 플래그를 이용해 설정할 수 있고, ldflags는 링커 플래그를 의미한다. 이 값은 cmd/link 패키지로 전달돼 빌드가 진행될 때 해당 값을 적용한다. 플래그의 값에는 변수 이름과 변수의 값을 나타내는 키/값 쌍을 -X 플래그와 함께 적어야 한다. 예제에서는 main 패키지를 사용하므로 main.Variable 형태가 돼야 하며 gitVersion.go에서는 VERSION 변수를 사용하므로 main.VERSION이 키가 된다.

그러나 먼저 어떤 값을 버전 문자열로 사용할지 결정해야 한다. git rev-list HEAD 커맨드를 실행하면 현재 저장소의 최신 커밋부터 이전 커밋들의 목록을 반환한다. 마지막 커밋의 정보만 필요하므로 git rev-list -1 HEAD 또는 git rev-list HEAD | head -1을 이용해 가장 최신 커밋만 가져올 수 있다. 그런 다음 앞에서 구한 값을 환경 변수에 저장한 뒤 Go 컴파일러에 전달해야 한다. 이 값은 커밋을 할 때마다 변경되고 항상 최신 값을 유지해야 하므로 go build를 실행할 때마다 다시 값을 갱신해줘야 한다. 이 과정을 잠시 뒤 살펴본다.

gitVersion.go에 원하는 환경 변수를 설정하려면 다음의 커맨드를 실행해야 한다.

```
$ export VERSION=$(git rev-list -1 HEAD)
$ go build -ldflags "-X main.VERSION=$VERSION" gitVersion.go
```

NOTE

위 커맨드는 bash와 zsh에서 모두 동작한다. 다른 셸을 사용한다면 올바른 방식으로 환경 변수를 정의했는지 잘 살펴보자.

두 커맨드를 한 번에 실행하고 싶다면 다음처럼 하면 된다.

```
$ export VERSION=$(git rev-list -1 HEAD) && go build -ldflags "-X main.
VERSION=$VERSION" gitVersion.go
```

생성된 실행 파일(gitVersion)을 실행하면 다음과 같은 결과가 나온다.

```
$ ./gitVersion version
Version: 99745c8fbaff94790b5818edf55f15d309f5bfeb
```

결과는 깃허브 저장소에 따라 달라질 것이다. 깃허브에서는 랜덤한 값을 생성하므로 같은 버전이 두 번 생성되지는 않는다.

⫶⫶ 연습문제

- 세 개의 int 값을 정렬하는 함수를 작성해보자. 이 함수를 두 가지 버전으로 구현한다. 하나는 이름이 있는 반환값으로 정의하고 다른 하나는 이름 있는 반환값을 사용하지 않도록 정의한다. 둘 중 어느 것이 나은가?

- jackc/pgx 패키지를 사용하도록 getSchema.go 파일을 수정해보자.

- MySQL 데이터베이스를 사용하도록 getSchema.go 파일을 수정해보자.

- 깃랩 CI/CD를 사용해 도커 허브에 도커 이미지를 푸시해보자.

⫶⫶ 요약

5장에서는 함수와 패키지를 살펴봤다. 함수는 Go에서 일급 시민first-class citizen이므로 매우 강력한 기능을 갖고 있다. 패키지 이름을 제외하고 대문자로 시작하는 모든 것들은 퍼블릭이라는 사실도 잊지 말자. 프라이빗 변수, 함수, 데이터 타입, 구조체 필드는 패키지 안에서만 사용할 수 있다. 반면 퍼블릭으로 정의한 항목들은 패키지 밖에서도 사용할 수 있다. 또한 defer 키워드를 자세히 살펴봤다. Go의 패키지는 자바의 클래스와 다르고 Go 패키지는 필요한 만큼 거대해질 수 있다. Go 모듈이란 버전을 표시한 여러 개의 패키지인 것도 명심하자.

마지막으로 문서를 만드는 방법과 깃허브 액션과 깃랩 러너를 이용해 지루한 일들
을 자동화하는 방법, 고유한 버전을 부여하는 방법을 알아봤다.

6장에서는 파일 입출력과 시스템 프로그래밍을 설명한다.

⫸ 참고 자료

- Go 1.16에서의 모듈 변경점: https://blog.golang.org/go116-modulechanges

- 캣 지엔^{Kat Zien}의 영국 고퍼콘 발표 "How do you structure your Go apps?":
  https://www.youtube.com/watch?v=1rxDzs0zgcE

- PostgreSQL: https://www.postgresql.org/

- PostgreSQL Go 패키지: https://github.com/lib/pq

- PostgreSQL Go 패키지: https://github.com/jackc/pgx

- 해시코프 볼트^{HashiCorp Vault}: https://www.vaultproject.io/

- database/sql 패키지 문서: https://golang.org/pkg/database/sql/

- 깃허브 액션 환경 변수들: https://docs.github.com/en/actions/reference/
  environment-variables

- 깃랩 CI/CD 변수: https://docs.gitlab.com/ee/ci/variables/

- cmd/link 패키지 문서: https://golang.org/cmd/link/

- golang.org가 go.dev로 변경된다. https://go.dev/blog/tidy-web

06

유닉스 시스템에게 작업 지시

6장에서는 Go에서의 **시스템 프로그래밍**^{systems programming}을 살펴본다. 시스템 프로그래밍을 통해 파일과 디렉터리 생성 및 삭제, 프로세스 제어, 시그널 처리, 네트워크 프로그래밍, 시스템 및 설정 파일 입출력을 수행할 수 있다. 1장에서 Go로 만들어진 소프트웨어는 보통 도커 환경에서 실행된다는 점을 언급한 적이 있다. 도커 이미지는 리눅스 운영체제를 사용하므로 유틸리티를 개발할 때 리눅스 환경 위에서 실행하는 것을 고려해 개발해야 한다. 하지만 Go는 이식성이 있으므로 대부분의 유틸리티는 윈도우 환경에서 아무 변경 없이 실행할 수 있다. 6장에서는 유닉스 파일 시스템에서 순환 참조가 이뤄지는지 찾는 유틸리티와 JSON 데이터를 XML 데이터로 변환하는 유틸리티를 구현해본다. 또한 **cobra** 패키지를 사용해 전화번호부 애플리케이션을 개선해본다.

6장에서 다루는 내용은 다음과 같다.

- stdin, stdout, stderr

- 유닉스 프로세스

- 유닉스 시그널 처리

- 파일 입출력

- 텍스트 파일 읽기

- 파일 쓰기

- JSON 데이터 처리

- XML 데이터 처리

- YAML 데이터 처리

- viper 패키지

- cobra 패키지

- 유닉스 파일 시스템에서 순환 참조 찾기

- Go 1.16 변경 사항

- 전화번호부 애플리케이션 업데이트

⁝ stdin, stdout, stderr

모든 유닉스 운영체제에는 항상 열려 있는 세 가지 파일이 있다. 유닉스는 프린터나 마우스를 비롯한 모든 것을 파일로 간주하기 때문에 유닉스에서 파일에 접근할 때는 양의 정수 값으로 표현하는 **파일 디스크립터**^{file descriptor}를 이용한다. 파일 디스크립터는 열린 파일에 접근하기 위한 내부 표현 방식으로, 경로를 길게 적는 것보다 훨씬 깔끔하고 간편하다.

기본적으로 모든 유닉스 시스템은 /dev/stdin, /dev/stdout, /dev/stderr 라는 세 가지 특수 표준 파일명을 사용한다. 각각에 대한 파일 디스크립터는 0, 1, 2다. 이세 가지 파일 디스크립터를 **표준 입력**^{standard input}, **표준 출력**^{standard output}, **표준 에러**^{standard error}라고도 부른다. 또한 맥OS는 파일 디스크립터 0에 /dev/fd/0으로 접근하고, 데비안 리눅스는 /dev/fd/0과 /dev/pts/0 둘 다 사용할 수 있다.

Go 코드에서 표준 입력은 **os.Stdin**, 표준 출력은 **os.Stdout**, 표준 에러는 **os.Stderr**로 접근한다. /dev/stdin, /dev/stdout, /dev/stderr이나 파일 디스크립터 값을 직접 사용해도 되지만 Go에서 제공하는 표준 파일명인 **os.Stdin**, **os.Stdout**, **os.Stderr**로 접근하는 것이 훨씬 바람직하고 안전하며 이식성도 좋다.

⁝ 유닉스 프로세스

Go 서버, 유틸리티, 도커 이미지는 대부분 리눅스 환경에서 실행하므로 리눅스 프로세스와 스레드를 알아두면 많은 도움이 된다.

프로세스^{process}란 **명령**^{instructions}, 사용자 데이터, 시스템 데이터, 실행 시간 동안 얻은 다양한 리소스로 구성된 실행 환경이다. 반면 **프로그램**^{program}은 명령들과 프로세스에서 초기화할 데이터로 구성된 바이너리 파일이다. 유닉스 프로세스는 실행할 때마다 프로세스 ID라고 부르는 부호 없는 정수 값으로 된 고유 ID가 할당된다.

프로세스는 크게 사용자 프로세스, 데몬 프로세스, 커널 프로세스로 나눌 수 있다. **사용자 프로세스**user process는 사용자 공간user space에서 실행하며 대개 특별한 접근 권한이 필요 없다. **데몬 프로세스**daemon process는 사용자 공간에서 실행하는 프로그램이지만 터미널과 상호작용하지 않고 백그라운드에서 구동한다. **커널 프로세스**kernel process는 커널 공간kernel space에서만 실행하며, 모든 커널 데이터 구조체에 대한 접근 권한이 있다.

C 언어는 fork(2) 시스템 콜을 호출하는 방식으로 프로세스를 생성할 수 있다. 프로그래머는 fork(2)의 반환값으로 부모 프로세스와 자식 프로세스를 구분한다. Go에서도 exec 패키지를 이용해 새로운 프로세스를 생성할 수 있지만 스레드를 관리하는 기능을 제공하지는 않는다. 대신 Go에서는 고루틴goroutine을 사용하고 Go 런타임이 스레드 위에서 고루틴들을 관리한다.

⁘ 유닉스 시그널 처리

유닉스 시그널을 사용하면 애플리케이션들끼리 비동기적으로 상호작용할 수 있다. 그러나 유닉스 시그널을 처리할 때는 채널을 사용해야 한다. 시그널 처리에는 고루틴과 채널이 필요하므로 Go의 동시성 모델을 잠시 살펴보자.

고루틴은 Go의 가장 작은 실행 단위다. 새로운 고루틴을 생성하려면 **go** 키워드와 함께 미리 정의된 함수나 익명 함수를 실행해야 한다. **채널**channel은 고루틴들끼리 상호작용하고 데이터를 주고받을 수 있게 하는 메커니즘이다. 고루틴과 채널을 처음 들어본다고 해도 겁먹을 필요는 없다. 고루틴과 채널은 7장에서 더 자세히 설명한다.

NOTE

> 고루틴이나 함수에서 전체 프로그램을 종료하고자 한다면 return 대신 os.Exit()를 호출하면 된다. 그러나 하나의 고루틴이나 함수가 끝난다고 전체 프로그램을 종료하는 것을 원하는 경우는 많지 않으므로 대부분은 return을 사용한다.

다음 프로그램은 SIGINT와 SIGINFO를 처리한다. Go에서 해당 SIGINT는 syscall.
SIGINT로 표현한다. 또한 switch 블록에서 default를 사용해 나머지 시그널들을
처리한다. switch를 통해 여러 가지 시그널에 따라 다른 동작을 수행할 수 있다.

모든 시그널을 전달받는 채널은 signal.Notify() 함수 안에 있다. 채널은 용량
capacity을 가질 수 있다. 특정 채널의 용량이 1이라면 해당 채널은 한 번에 한 개의
시그널을 갖고 있을 수 있다. 프로그램을 종료할 때는 동시에 다른 시그널을 처리할
필요가 없으므로 용량이 1이어도 충분하다. 보통은 익명 함수를 고루틴으로 실행해
시그널을 처리한다. 시그널이 들어오면 채널로 시그널이 보내지고 다른 고루틴에서
시그널을 받은 다음 변수로 저장한다(이때부터 채널에 다른 시그널이 들어올 수 있다). 시그널을 저장
한 변수는 switch 구문으로 처리된다.

NOTE

> SIGKILL과 SIGSTOP 시그널은 권한이 있는 사용자와 유닉스 커널이 원하는 프로세스를 종료하고자
> 존재하는 시그널이기 때문에 이 시그널들은 잡아서 처리할 수 없다.

텍스트 파일을 만들고 다음 코드를 입력한 후 signals.go로 저장하자.

```go
package main

import (
    "fmt"
    "os"
    "os/signal"
    "syscall"
    "time"
)

func handleSignal(sig os.Signal) {
    fmt.Println("handleSignal() Caught:", sig)
}
```

handleSignal()은 시그널을 처리하기 위한 함수다. 그러나 **switch** 블록 내부에서 시그널을 처리할 수도 있다.

```go
func main() {
    fmt.Printf("Process ID: %d\n", os.Getpid())
    sigs := make(chan os.Signal, 1)
```

모든 채널은 타입이 필요하므로 **os.Signal** 타입의 채널을 만들었다.

```go
signal.Notify(sigs)
```

위 구문은 처리할 수 있는 모든 시그널을 전부 처리하겠다는 의미다.

```go
start := time.Now()
go func() {
    for {
        sig := <-sigs
```

sigs 채널에서 데이터를 읽어 **sig** 변수에 저장될 때까지 기다린다.

```go
switch sig {
```

읽는 값에 따라 동작이 달라져야 한다. 여기서 **switch**를 이용해 어떤 시그널인지 구분한다.

```go
case syscall.SIGINT:
    duration := time.Since(start)
    fmt.Println("Execution time:", duration)
```

syscall.SIGINT를 처리할 때는 프로그램의 실행 시점부터의 시간을 계산한 뒤 화면에 출력했다.

```
case syscall.SIGINFO:
    handleSignal(sig)
```

syscall.SIGINFO에서는 handleSignal() 함수를 호출했다. 세부 구현 사항은 개발자가 상황에 맞춰 결정하면 된다. 리눅스 환경에서는 syscall.SIGINFO를 사용할 수 없기 때문에 syscall.SIGINFO를 syscall.SIGUSR1이나 syscall.SIGUSR2로 바꿔야 한다(https://github.com/golang/go/issues/1653).

```
        // return문을 사용하면 고루틴이 종료되므로 return문을 사용하면 안 된다.
        // 그러나 time.Sleep()은 계속 동작할 것이다.
        os.Exit(0)
    default:
        fmt.Println("Caught:", sig)
    }
```

매칭되는 항목이 없다면 default가 나머지 값들을 처리하게 되고 화면에 메시지를 출력한다.

```
    }
}()

for {
    fmt.Print("+")
    time.Sleep(10 * time.Second)
}
}
```

main() 함수 마지막에 있는 끝나지 않는 for 루프는 실제 프로그램의 동작을 시뮬레이션한 것이다. 이 루프가 없다면 프로그램은 바로 종료될 것이다.

signals.go를 실행하고 상호작용하면 다음과 같은 결과가 나온다.

```
$ go run signals.go
Process ID: 74252
+Execution time: 9.989863093s
+Caught: user defined signal 1
+signal: killed
```

출력의 두 번째 줄은 키보드에서 Ctrl + C 키를 눌렀기 때문에 발생했다. Ctrl + C 키를 누르면 syscall.SIGINT 시그널이 프로그램으로 전달된다. 세 번째 줄은 kill -USR1 74252를 다른 커맨드라인에서 실행해서 발생했다. 마지막 줄은 kill -9 74252 커맨드가 출력한 결과다. 숫자 9로 나타내는 KILL 시그널은 프로그램에서 처리할 수 없고 바로 프로그램이 종료된다. 또한 셸에서 killed라는 메시지가 나타난다.

두 가지 시그널 처리

모든 시그널 대신 특정 종류의 시그널을 처리하고 싶다면 signal.Notify(sigs)를 다음 구문으로 변경하면 된다.

```
signal.Notify(sigs, syscall.SIGINT, syscall.SIGINFO)
```

그런 다음 고루틴의 코드를 적절하게 변경해서 syscall.SIGINT와 syscall.SIGINFO를 처리할 수 있게 만들면 된다. 현재의 signals.go 코드도 두 가지 시그널 모두를 처리할 수 있다.

이제 Go에서 파일을 읽고 쓰는 방법을 알아보자.

⁝⁚ 파일 입출력

이 절에서는 io.Reader와 io.Writer 인터페이스의 사용법, 버퍼를 이용하는 파일 입출력과 버퍼를 사용하지 않은 파일 입출력, bufio 패키지를 살펴보면서 Go에서 파일을 입출력하는 방법을 알아본다.

NOTE

> io/ioutil 패키지(https://golang.org/pkg/io/ioutil/)는 Go 1.16 버전 이후로는 사라질 예정이다 (deprecated). 기존 Go 코드에서 io/ioutil 관련 기능들은 여전히 동작할 것이지만 더 이상 사용하지 않는 편이 좋다.

io.Reader와 io.Writer 인터페이스

이 절에서는 파일 입출력의 토대가 되는 두 가지의 인터페이스인 io.Reader와 io.Writer 인터페이스의 정의를 살펴본다. 전자는 파일을 읽을 수 있게 해주며 후자는 파일을 쓸 수 있게 해준다. io.Reader 인터페이스의 정의는 다음과 같다.

```
type Reader interface {
    Read(p []byte) (n int, err error)
}
```

위의 정의는 io.Reader 인터페이스를 만족하는 데이터 타입을 만들 때 다시 살펴본다. 또한 이 정의는 다음의 사실을 알려준다.

* Reader 인터페이스를 만족하려면 하나의 메서드를 구현해야 한다.

* Read()의 매개변수는 바이트 슬라이스다

* Read()의 반환값은 정수와 에러다.

Read() 메서드는 바이트 슬라이스를 입력받아 입력된 슬라이스의 길이까지의 데이터를 채운 뒤 읽은 바이트의 개수와 에러를 함께 반환하는 함수다.

io.Writer 인터페이스의 정의는 다음과 같다.

```
type Writer interface {
    Write(p []byte) (n int, err error)
}
```

위의 정의는 io.Writer 인터페이스를 만족하는 데이터 타입을 만들 때 다시 살펴본다. 또한 이 정의를 통해 다음의 정보를 알 수 있다.

- Writer 인터페이스를 만족하려면 하나의 메서드를 구현해야 한다.

- Write()의 매개변수는 바이트 슬라이스다.

- Write()의 반환값은 정수와 에러다.

Write() 메서드는 파일에 쓰고자 하는 바이트 슬라이스를 받아서 쓴 바이트의 개수와 에러 변수를 반환하는 메서드다.

io.Reader와 io.Writer의 사용과 오용

다음 코드는 io.Reader와 io.Writer를 커스텀 데이터 타입에 사용하는 방법을 보여준다. 데이터 타입은 S1과 S2 구조체다.

S1 구조체에서는 터미널에서 사용자 데이터를 읽는 인터페이스와 터미널에 데이터를 출력하는 인터페이스를 구현한다. 이미 fmt.Scanln()과 fmt.Printf() 함수가 있기 때문에 사실은 중복된 기능 구현이지만 두 인터페이스의 유연함을 보여주는 예시로 사용하기 좋아 구현해본다. 다른 상황에서는 io.Writer를 이용해 로그 서비스에 기록하거나 데이터의 사본을 백업하는 등 원하는 동작을 할 수 있다. 또한 이 예제는 인터페이스로 이상하고 비정상적인 일을 할 수 있다는 것을 보여주는 예제이기

도 하다. 개발자는 인터페이스의 의도에 맞는 올바른 기능을 구현해야 한다.

Read() 메서드는 fmt.Scanln()을 사용해 터미널에서 사용자 입력을 받고 Write() 메서드는 fmt.Printf()를 사용해 매개변수 버퍼에 담긴 내용을 F1 필드의 값만큼 반복해 출력한다.

S2 구조체에서는 io.Reader 인터페이스를 전통적인 방식으로 구현한다. Read() 메서드는 S2 구조체의 text 필드(바이트 슬라이스다)를 읽는다. 더 이상 읽을 것이 없다면 Read() 메서드는 io.EOF 에러를 반환한다. 사실 io.EOF는 에러가 아니라 예상한 상황이다. Read() 메서드는 내부에 다음의 두 가지 함수를 갖고 있다. eof()는 읽을 내용이 남았는지 알려주는 함수이고 readByte()는 S2 구조체의 text 필드를 바이트 단위로 읽는 함수다. Read() 함수가 끝나면 버퍼로 사용한 text 필드의 내용은 비워진다.

S2의 io.Reader 구현은 bufio.NewReader()와 여러 번의 Read() 호출에서 사용한다. Read() 호출의 횟수는 버퍼의 크기에 따라 달라진다. 예제의 버퍼 크기는 2다.

다음 코드를 작성하고 ioInterface.go로 저장하자.

```go
package main

import (
    "bufio"
    "fmt"
    "io"
)
```

위에서는 파일을 다루고자 io와 bufio 패키지를 사용한다는 사실을 알 수 있다.

```go
type S1 struct {
    F1    int
```

```
    F2    string
}

type S2 struct {
    F1    S1
    text []byte
}
```

우리가 다룰 구조체들이 위의 두 구조체다.

```
// S1의 포인터를 사용해 메서드가 끝나도 변경 사항이 반영될 수 있게 했다.
func (s *S1) Read(p []byte) (n int, err error) {
    fmt.Print("Give me your name: ")
    fmt.Scanln(&p)
    s.F2 = string(p)
    return len(p), nil
}
```

위 코드에서 S1의 **io.Reader** 인터페이스를 구현했다.

```
func (s *S1) Write(p []byte) (n int, err error) {
    if s.F1 < 0 {
        return -1, nil
    }

    for i := 0; i < s.F1; i++ {
        fmt.Printf("%s ", p)
    }
    fmt.Println()
    return s.F1, nil
}
```

이 메서드에서 S1의 **io.Writer** 인터페이스를 구현했다.

```go
func (s S2) eof() bool {
    return len(s.text) == 0
}

func (s *S2) readByte() byte {
    // 여기서는 eof() 함수에서 체크를 이미 했다고 가정한다.
    temp := s.text[0]
    s.text = s.text[1:]
    return temp
}
```

위 함수들은 표준 라이브러리의 **bytes.Buffer.ReadByte**의 구현이다.

```go
func (s *S2) Read(p []byte) (n int, err error) {
    if s.eof() {
        err = io.EOF
        return
    }

    l := len(p)
    if l > 0 {
        for n < l {
```

위 함수는 버퍼가 비워질 때까지 버퍼에서 데이터를 읽는 함수이고 이는 S2에서 **io.Reader** 인터페이스를 구현한 내용이다.

```go
            p[n] = s.readByte()
            n++
            if s.eof() {
                s.text = s.text[0:0]
```

```
        break
      }
    }
  }
  return
}
```

모든 데이터를 읽게 되면 관련 구조체의 필드가 비워진다. 위 메서드가 S2의 io.Reader 인터페이스 구현이고 Read()를 구현하고자 사용자 정의 함수인 eof()와 readByte() 함수의 도움을 받는다.

Go에서는 함수의 반환값에 이름을 붙일 수 있다는 사실을 기억해보자. Read() 함수는 이 기능을 사용했다. 앞에서 return 구문에 아무 추가적인 항목을 명시하지 않았지만 함수 시그니처에 명시된 순서대로 해당 변수들의 값이 자동으로 반환된다.

```
func main() {
  s1var := S1{4, "Hello"}
  fmt.Println(s1var)
```

S1 변수인 s1var을 초기화했다.

```
  buf := make([]byte, 2)
  _, err := s1var.Read(buf)
```

위 줄에서 2바이트짜리 버퍼를 사용해 s1var 변수를 읽었다.

```
  if err != nil {
    fmt.Println(err)
    return
```

```
    }
    fmt.Println("Read:", s1var.F2)
    _, _ = s1var.Write([]byte("Hello There!"))
```

위 줄에서 Write() 메서드를 호출해 s1var에 바이트 슬라이스의 내용을 썼다.

```
    s2var := S2{F1: s1var, text: []byte("Hello world!!")}
```

위 코드에서 S2 변수 s2var을 초기화했다.

```
    // s2var.text를 읽는다.
    r := bufio.NewReader(&s2var)
```

이제 s2var을 읽어본다.

```
    for {
        n, err := r.Read(buf)
        if err == io.EOF {
            break
```

io.EOF가 발생할 때까지 s2var에서 데이터를 읽는다.

```
        } else if err != nil {
            fmt.Println("*", err)
            break
        }
        fmt.Println("**", n, string(buf[:n]))
    }
}
```

ioInterface.go를 실행하면 다음과 같은 결과가 나온다.

```
$ go run ioInterface.go
{4 Hello}
```

결과의 첫 번째 줄은 s1var 변수의 내용을 보여준다.

```
Give me your name: Mike
```

s1var 변수의 Read() 메서드를 호출했다.

```
Read: Mike
Hello There! Hello There! Hello There! Hello There!
```

위는 s1var.Write([]byte("Hello There!"))의 결과다.

```
** 2 He
** 2 ll
** 2 o
** 2 wo
** 2 rl
** 2 d!
** 1 !
```

출력의 마지막 부분은 크기 2의 버퍼를 사용해 데이터를 읽는 과정을 보여준다. 다음 절에서 버퍼를 다룬다.

버퍼를 이용한 파일 입출력과 버퍼를 이용하지 않는 파일 입출력

버퍼^{buffer}를 이용한 파일 입력과 출력은 데이터를 읽거나 쓰기 전에 잠시 버퍼에 저장한다. 따라서 파일은 한 바이트 단위로 읽지 않고 한 번에 여러 바이트를 읽을 수 있다. 데이터를 버퍼에 저장해둔 후 각자 원하는 방식으로 읽는 것이다.

버퍼를 사용하지 않는 파일 입력과 출력은 실제로 파일을 읽거나 쓰기 전에 데이터를 임시로 저장하지 않는다. 이는 프로그램 성능에 영향을 끼칠 수 있다.

그렇다면 파일을 읽거나 쓸 때 언제 버퍼를 사용해야 하고, 또 어떤 경우에 버퍼를 쓰지 말아야 할까? 중요한 데이터를 다룰 때는 일반적으로 버퍼를 사용하지 않는 방식이 좋다. 버퍼를 거치는 동안 데이터가 더 이상 쓸모없는 상태가 되거나 버퍼에 저장된 사이에 컴퓨터 전원이 꺼지면 데이터를 잃어버릴 수 있기 때문이다. 하지만 버퍼 사용에 관한 기준을 명확히 세우기 힘든 상황이 많다. 따라서 구현할 때 쉬운 방식을 사용해야 한다. 그러나 버퍼를 사용하면 파일이나 소켓으로부터 데이터를 읽을 때 시스템 콜을 호출하는 횟수가 줄어들어 성능이 나아진다는 점은 알고 있어야 한다. 버퍼 사용 여부를 결정하는 것이 실제 성능에 영향을 끼칠 수 있다.

또한 bufio 패키지도 있다. 이름에서 볼 수 있듯이 bufio 패키지는 버퍼를 사용한 입력과 출력 기능을 제공한다. 내부적으로는 bufio.Reader와 bufio.Writer 인터페이스를 구현하는데, 이 인터페이스들은 각각 bufio.Reader와 bufio.Writer 객체를 감싼 인터페이스다. bufio 패키지는 텍스트 파일을 읽는 데에 매우 널리 사용하며 다음 절에서 이를 실제로 알아본다.

텍스트 파일 읽기

이 절에서는 텍스트 파일을 읽는 방법과 난수를 얻는 데 /dev/random 유닉스 장치를 사용하는 방법을 알아본다.

줄 단위로 텍스트 파일 읽기

byLine.go의 lineByLine() 함수는 파일을 줄 단위로 읽는 함수다. 보통 줄 단위로 텍스트 파일을 처리하므로 텍스트 파일을 줄 단위로 읽는 기법은 텍스트 파일을 단어 단위로 읽을 때와 문자 단위로 읽을 때에도 사용한다. 다음 유틸리티는 읽어 들인 모든 줄을 출력하는 cat(1) 유틸리티의 단순화 버전이다.

먼저 bufio.NewReader()를 이용해 파일을 읽는 변수를 만든다. 그런 다음 bufio.ReadString()을 이용해 입력 파일을 줄 단위로 읽는다. bufio.ReadString()은 bufio.ReadString()의 매개변수로 들어오는 문자를 발견할 때까지 파일을 계속 읽는데, 이를 이용해 bufio.ReadString()을 개행문자(\n)와 함께 호출하면 줄 단위로 파일을 읽게 된다.

lineByLine()의 구현은 다음과 같다.

```go
func lineByLine(file string) error {
    f, err := os.Open(file)
    if err != nil {
        return err
    }
    defer f.Close()

    r := bufio.NewReader(f)
```

읽으려고 하는 파일이 열린 것(os.Open())을 확인한 다음 bufio.NewReader()를 호출해서 읽기 변수를 생성한다.

```go
    for {
        line, err := r.ReadString('\n')
```

bufio.ReadString()은 읽은 문자열과 에러 변수를 반환한다.

```go
        if err == io.EOF {
            break
```

```
        } else if err != nil {
          fmt.Printf("error reading file %s", err)
          break
        }
      fmt.Print(line)
```

fmt.Println() 대신 fmt.Print()를 사용한 것을 보면 입력한 각 줄에 개행문자가
포함된 것을 알 수 있다.

```
    }
    return nil
  }
```

byLine.go를 실행하면 다음과 같은 결과를 얻는다.

```
$ go run byWord.go ~/csv.data
Dimitris,Tsoukalos,2101112223,1600665563
Mihalis,Tsoukalos,2109416471,1600665563
Jane,Doe,0800123456,1608559903
```

결과를 보면 ~/csv.data의 내용을 byLine.go에서 줄 단위로 출력한 것을 알 수 있
다. 다음 절에서는 단어 단위로 텍스트 파일을 읽는 방법을 알아본다.

단어 단위로 텍스트 파일 읽기

보통 파일을 처리할 때 단어 단위로 처리할 일이 많기 때문에 텍스트 파일을 단어
단위로 읽는 함수는 매우 유용하게 사용할 수 있다. 이 함수는 byWord.go의
wordByWord() 함수에서 찾을 수 있다. wordByWord() 함수는 정규표현식을 사용해
서 각 줄에 있는 단어를 구분한다. 정규표현식은 regexp.MustCompile("[^\\s]+")
로 정의하고 있으며 공백 문자를 구분자로 사용해 단어를 나눈다.

wordByWord() 함수의 구현은 다음과 같다.

```go
func wordByWord(file string) error {
  f, err := os.Open(file)
  if err != nil {
    return err
  }
  defer f.Close()

  r := bufio.NewReader(f)
  for {
    line, err := r.ReadString('\n')
    if err == io.EOF {
      break
    } else if err != nil {
      fmt.Printf("error reading file %s", err)
      return err
    }

    r := regexp.MustCompile("[^\\s]+")
```

위에서 사용하고자 하는 정규표현식을 정의했다.

```go
    words := r.FindAllString(line, -1)
```

위의 정규표현식을 적용해 line 변수를 나눴다.

```go
    for i := 0; i < len(words); i++ {
      fmt.Println(words[i])
    }
```

이 for 루프를 이용해 words 슬라이스의 필드를 출력한다. 입력한 줄의 단어 개수를 알고 싶으면 len(words)를 호출하면 된다.

```
    }
    return nil
}
```

byWord.go를 실행하면 다음과 같은 결과가 나온다.

```
$ go run byWord.go ~/csv.data
Dimitris,Tsoukalos,2101112223,1600665563
Mihalis,Tsoukalos,2109416471,1600665563
Jane,Doe,0800123456,1608559903
```

~/csv.data에는 공백이 없으므로 줄 전체를 하나의 단어로 인식했다.

문자 단위로 텍스트 파일 읽기

이 절에서는 문자 단위로 텍스트 파일을 읽어본다. 텍스트 에디터를 개발하지 않는 한 이러한 코드를 짤 일은 아마 없을 것이다. 읽어 들인 각 줄을 for 루프와 range를 이용해 반복한다. range에서 반환하는 두 개의 값 중에서 문자의 위치를 나타내는 첫 번째 값은 버리고 두 번째 값만 사용한다. 하지만 해당 값은 룬 문자이므로 string()을 사용해 문자열 값으로 바꿔야 한다.

charByChar()의 구현은 다음과 같다.

```
func charByChar(file string) error {
    f, err := os.Open(file)
    if err != nil {
        return err
    }
    defer f.Close()
```

```
    r := bufio.NewReader(f)
    for {
        line, err := r.ReadString('\n')
        if err == io.EOF {
            break
        } else if err != nil {
            fmt.Printf("error reading file %s", err)
            return err
        }

        for _, x := range line {
            fmt.Println(string(x))
        }
    }
```

fmt.Println(string(x)) 구문으로 인해 각 줄마다 한 문자를 출력하므로 프로그램의 출력이 매우 커질 수 있다. 출력의 크기를 줄이고 싶다면 fmt.Println() 대신 fmt.Print() 함수를 사용해야 한다.

```
    }
    return nil
}
```

byCharacter.go를 실행하고 head(1)를 이용해 필터링하면 다음과 같은 결과를 얻을 수 있다.

```
$ go run byCharacter.go ~/csv.data | head
D
...
,
T
```

head(1) 유틸리티를 이용하면 출력을 10개의 줄까지로 제한할 수 있다.

다음 절에서는 /dev/random 유닉스 시스템 파일을 읽는 방법을 알아본다.

/dev/random 읽기

이 절에서는 /dev/random 시스템 디바이스를 읽는 방법을 알아본다. /dev/random 시스템 장치는 랜덤 데이터를 생성하고자 존재하며 이로부터 만들어진 결과는 프로그램을 테스트하거나 난수 생성기의 시드seed로 활용할 수 있다. /dev/random에서 데이터를 가져오는 것은 약간 까다롭기 때문에 여기서 그 방법을 따로 설명한다. devRandom.go의 코드는 다음과 같다.

```
package main

import (
  "encoding/binary"
  "fmt"
  "os"
)
```

/dev/random에서 바이너리 데이터를 읽어 정수 값으로 변환하기 때문에 encoding/binary가 필요하다.

```
func main() {
  f, err := os.Open("/dev/random")
  defer f.Close()

  if err != nil {
    fmt.Println(err)
    return
  }

  var seed int64
```

```
    binary.Read(f, binary.LittleEndian, &seed)
    fmt.Println("Seed:", seed)
}
```

내부적으로 바이트들의 순서를 표현하는 방식은 리틀 엔디안^{little endian}과 빅 엔디안^{big} ^{endian}이라는 두 가지 방식이 있다. 여기서는 리틀 엔디안을 사용한다. 리틀 엔디안과 빅 엔디안 중 어떤 방식을 사용하는가에 따라 컴퓨터가 처리하는 방식이 달라진다.

NOTE

> 각종 언어들을 읽는 순서의 차이가 엔디안의 실제 예시가 될 수 있다. 유럽의 언어들은 왼쪽부터 오른쪽으로 읽고 아랍 언어는 오른쪽부터 왼쪽으로 읽는다.

빅 엔디안 표현에서는 바이트들을 왼쪽부터 오른쪽으로 읽고 리틀 엔디안 표현에서는 오른쪽부터 왼쪽으로 읽는다. 4바이트 값인 `0x01234567`을 빅 엔디안으로 표현하면 `01 | 23 | 45 | 67`로 표현하고 리틀 엔디안으로 표현하면 `67 | 45 | 23 | 01`로 표현한다.

devRandom.go를 실행하면 다음과 같은 결과를 얻을 수 있다.

```
$ go run devRandom.go
Seed: 422907465220227415
```

이를 통해 /dev/random 장치가 난수 생성기에 들어갈 시드 값을 포함한 랜덤 데이터를 생성할 수 있다는 사실을 알 수 있다.

파일에서 원하는 만큼만 데이터 읽기

이 절에서는 파일에서 원하는 만큼만 데이터를 읽는 방법을 알아본다. 다음 유틸리티는 파일의 작은 일부분만을 보고 싶을 때 유용하게 활용할 수 있다. 커맨드라인 인수로 주어진 숫자 값은 파일을 읽는 데 사용할 버퍼의 크기다. readSize.go에서 가장 중요한 코드는 readSize() 함수다.

```go
func readSize(f *os.File, size int) []byte {
  buffer := make([]byte, size)
  n, err := f.Read(buffer)
```

buffer 변수를 정의할 때 모든 마법이 일어난다. 그때 데이터를 읽어 올 최대 크기를 정의하기 때문이다. 따라서 readSize()를 호출할 때마다 f에서 최대 size만큼의 문자를 읽어오게 된다.

```go
  // io.EOF가 발생하면 아래와 같이 처리한다.
  if err == io.EOF {
    return nil
  }

  if err != nil {
    fmt.Println(err)
    return nil
  }
  return buffer[0:n]
}
```

나머지 코드는 에러 조건에 관한 내용이다. io.EOF는 특수하지만 예상했던 예외 상황이므로 따로 처리해야 한다. 정상적인 경우에는 읽어온 문자들을 바이트 슬라이스 형태로 반환한다.

readSize.go를 실행하면 다음과 같은 결과를 얻는다.

```
$ go run readSize.go 12 readSize.go
package main
```

이 예제에서는 readSize.go 자신의 코드에서 12개의 문자를 읽는다.

파일을 읽는 방법을 알아봤으니 이제 파일에 데이터를 쓰는 방법을 살펴보자.

⠿ 파일 쓰기

이제까지는 파일 읽기를 알아봤다. 이 절에서는 파일에 데이터를 쓰는 네 가지 방법과 기존 파일에 데이터를 추가하는 방법을 알아본다. writeFile.go의 코드는 다음과 같다.

```go
package main

import (
    "bufio"
    "fmt"
    "io"
    "os"
)

func main() {
    buffer := []byte("Data to write\n")
    f1, err := os.Create("/tmp/f1.txt")
```

os.Create()에서는 매개변수로 전달한 파일 경로에 해당하는 *os.File 값을 반환한다. 파일이 이미 있다면 os.Create()를 호출하면 해당 파일의 내용을 전부 삭제하고 새로 만든다.

```go
    if err != nil {
        fmt.Println("Cannot create file", err)
        return
    }
```

```
defer f1.Close()
fmt.Fprintf(f1, string(buffer))
```

fmt.Fprintf() 함수는 문자열 변수를 받아 원하는 파일에 데이터를 기록할 수 있게 도와주고, 기록하고자 하는 io.Writer를 매개변수로 넘기기만 하면 된다. 이 경우 유효한 *os.File 변수가 io.Writer 인터페이스를 만족하므로 작업을 수행할 수 있다.

```
f2, err := os.Create("/tmp/f2.txt")
if err != nil {
  fmt.Println("Cannot create file", err)
  return
}
defer f2.Close()
n, err := f2.WriteString(string(buffer))
```

os.WriteString() 함수를 이용해 문자열의 내용을 *os.File 변수에 쓴다.

```
fmt.Printf("wrote %d bytes\n", n)
f3, err := os.Create("/tmp/f3.txt")
```

위에서 우리가 사용할 임시 파일을 만든다. 이 장의 뒤쪽에서는 os.CreateTemp() 를 이용해 임시 파일들을 만드는 방법을 알아본다.

```
if err != nil {
  fmt.Println(err)
  return
}
```

```
    w := bufio.NewWriter(f3)
```

이 함수는 **io.Writer** 인터페이스를 만족하는 **bufio.Writer**를 반환한다.

```
    n, err = w.WriteString(string(buffer))
    fmt.Printf("wrote %d bytes\n", n)
    w.Flush()

    f := "/tmp/f4.txt"
    f4, err := os.Create(f)
    if err != nil {
      fmt.Println(err)
      return
    }
    defer f4.Close()

    for i := 0; i < 5; i++ {
      n, err = io.WriteString(f4, string(buffer))
      if err != nil {
        fmt.Println(err)
        return
      }
      fmt.Printf("wrote %d bytes\n", n)
    }
    // 파일에 덧붙인다.
    f4, err = os.OpenFile(f, os.O_APPEND|os.O_CREATE|os.O_WRONLY, 0644)
```

os.OpenFile()은 파일에 무언가를 쓸 수 있게 파일을 생성하거나 여는 더 좋은 방식을 제공한다. **os.O_APPEND**를 사용하면 파일이 있을 때 파일의 내용을 초기화하지 않고 덧붙인다. **os.O_CREATE**를 사용하면 파일이 없을 때 새 파일을 생성하게 된다. 마지막으로 **os.O_WRONLY**를 사용하면 파일을 쓰기 목적으로만 열게 된다.

```
    if err != nil {
        fmt.Println(err)
        return
    }
    defer f4.Close()

    // Write()에는 바이트 슬라이스가 필요하다.
    n, err = f4.Write([]byte("Put some more data at the end.\n"))
```

Write() 메서드는 매개변수로 바이트 슬라이스를 받는데, Go에서 주로 사용하는 방식이다. 이전에 사용한 함수들은 문자열을 사용했지만 문자열을 사용하는 것이 가장 좋은 방식은 아니다. 하지만 바이트 슬라이스보다 문자열 데이터를 조작하는 것이 쉬운 것처럼 바이트 슬라이스 대신 문자열을 사용하는 것이 더 실용적이다(특히 유니코드 문자를 사용할 때 더 실용적이다). 반면 문자열 값을 사용하면 메모리를 더 많이 사용하게 돼 가비지 컬렉션^{garbage collection}을 수행할 때 더 많은 데이터를 처리해야 한다.

```
    if err != nil {
        fmt.Println(err)
        return
    }
    fmt.Printf("wrote %d bytes\n", n)
}
```

writeFile.go를 실행하면 디스크에 정보를 기록한다. 관심 있는 파일들은 /tmp 폴더에서 확인할 수 있다.

```
$ ls -l /tmp/f?.txt
-rw-r--r--  1 mtsouk  wheel   14 Feb 27 19:44 /tmp/f1.txt
-rw-r--r--  1 mtsouk  wheel   14 Feb 27 19:44 /tmp/f2.txt
-rw-r--r--  1 mtsouk  wheel   14 Feb 27 19:44 /tmp/f3.txt
-rw-r--r--  1 mtsouk  wheel  101 Feb 27 19:44 /tmp/f4.txt
```

이 결과를 통해 같은 양의 정보가 f1.txt, f2.txt, f3.txt에 동일하게 기록됐다는 것을 알 수 있다. 따라서 앞에서 확인한 파일 쓰기 방법들은 모두 동일하다는 것을 확인할 수 있다.

다음 절에서는 Go에서 JSON 데이터를 다루는 방법을 알아본다.

⠿ JSON 데이터 다루기

Go에는 JSON 데이터를 다루기 위한 표준 라이브러리인 encoding/json 라이브러리가 있다. 또한 Go는 태그^{tag}를 이용해 구조체에서 JSON 필드를 지원할 수 있고, 이는 '구조체와 JSON' 절의 주제다. 태그를 이용하면 JSON 레코드를 인코딩하거나 디코딩할 수 있다. 그러나 먼저 JSON 레코드를 마샬링하거나 언마샬링하는 방법부터 알아보자.

Marshal()과 Unmarshal()

마샬링과 언마샬링은 구조체를 이용해 JSON 데이터를 다루기 위한 아주 중요한 절차다. 마샬링^{Marshaling}은 구조체를 JSON 레코드로 변환하는 과정이다. 보통 JSON 레코드 형태로 컴퓨터 네트워크를 통해 데이터를 전송하거나 디스크에 저장할 때 마샬링이 필요하다. 언마샬링^{Unmarshaling}은 바이트 슬라이스 형태의 JSON 레코드를 구조체로 변환하는 과정이다. 보통 컴퓨터 네트워크를 통해 받거나 디스크에 파일로 저장한 JSON 데이터를 코드에서 사용해야 할 때 언마샬링이 필요하다.

TIP

> JSON 레코드와 구조체를 변환할 때 생기는 가장 흔한 버그는 필요한 필드를 외부에 익스포트 (export)하지 않아서 생기는 버그다. 마샬링이나 언마샬링이 제대로 되지 않는다면 디버깅할 때 이것부터 살펴보자.

encodeDecode.go에서 JSON 레코드를 마샬링 및 언마샬링하는 코드를 확인할 수 있고, 편의상 하드코딩한 데이터를 활용했다.

```go
package main

import (
    "encoding/json"
    "fmt"
)

type UseAll struct {
    Name    string `json:"username"`
    Surname string `json:"surname"`
    Year    int    `json:"created"`
}
```

메타데이터가 알려주는 것은 UseAll 구조체의 Name 필드가 JSON 레코드에서는 username으로 변환한다는 사실이다. 마찬가지로 Surname 필드는 surname, Year 필드는 created로 변환한다. 이 정보들은 JSON 데이터를 마샬링 및 언마샬링할 때 사용한다. 이를 제외하고는 UseAll 구조체는 일반 Go 구조체와 동일하게 사용할 수 있다.

```go
func main() {
    useall := UseAll{Name: "Mike", Surname: "Tsoukalos", Year: 2021}

    // 일반 구조체
    // JSON 데이터로 인코딩하면 -> 구조체의 필드를 갖고 있는 JSON 레코드로 변환한다.
    t, err := json.Marshal(&useall)
```

json.Marshal() 함수는 구조체 변수의 포인터를 매개변수로 받는다(함수의 실제 데이터 타입은 빈 인터페이스다). 그 후 인코딩한 정보가 담긴 바이트 슬라이스와 에러 변수를 반환한다.

```go
    if err != nil {
        fmt.Println(err)
    } else {
        fmt.Printf("Value %s\n", t)
    }

    // 주어진 JSON 데이터를 문자열로 디코딩한다.
    str := `{"username": "M.", "surname": "Ts", "created":2020}`
```

JSON 데이터는 보통 문자열로 들어온다.

```go
    // 문자열을 바이트 슬라이스로 변환한다.
    jsonRecord := []byte(str)
```

하지만 json.Unmarshal()에는 바이트 슬라이스가 필요하므로 문자열을 json.Unmarshal()로 전달하기 전에 바이트 슬라이스로 변환해야 한다.

```go
    // 결과를 저장할 구조체 변수를 생성한다.
    temp := UseAll{}
    err = json.Unmarshal(jsonRecord, &temp)
```

json.Unmarshal() 함수는 JSON 레코드의 바이트 슬라이스와 JSON 레코드를 저장할 구조체의 포인터를 받고 에러를 반환한다.

```go
    if err != nil {
        fmt.Println(err)
    } else {
        fmt.Printf("Data type: %T with value %v\n", temp, temp)
    }
}
```

encodeDecode.go를 실행하면 다음과 같은 결과가 나온다.

```
$ go run encodeDecode.go
Value {"username":"Mike","surname":"Tsoukalos","created":2021}
Data type: main.UseAll with value {M. Ts 2020}
```

다음 절에서는 구조체에서 JSON 태그를 정의하는 방법을 더 자세히 알아본다.

구조체와 JSON

구조체를 JSON 레코드로 변환할 때 빈 필드들은 제외하고 싶다면 다음 코드처럼 omitempty를 사용하면 된다.

```go
// 빈 필드는 JSON에서 제외한다.
type NoEmpty struct {
    Name    string `json:"username"`
    Surname string `json:"surname"`
    Year    int    `json:"creationyear,omitempty"`
}
```

마지막으로 구조체에서 민감한 데이터를 갖고 있는 필드를 JSON 레코드에 포함시키고 싶지 않을 때는 json: 구조체 태그에 "-" 값을 사용해 JSON 레코드에서 제외할 수 있다. 다음 코드를 살펴보자.

```go
// 민감한 필드를 삭제하고 빈 필드를 제외한다.
type Password struct {
    Name    string `json:"username"`
    Surname string `json:"surname,omitempty"`
    Year    int    `json:"creationyear,omitempty"`
    Pass    string `json:"-"`
}
```

json.Marshal()을 이용해 Password 구조체를 JSON 레코드로 바꿀 때 Pass 필드는 무시한다.

이 두 가지 기법은 책의 깃허브 저장소에 있는 ch06 디렉터리의 tagsJSON.go에서 확인할 수 있다. tagsJSON.go를 실행하면 다음과 같은 결과를 얻는다.

```
$ go run tagsJSON.go
noEmptyVar decoded with value {"username":"Mihalis","surname":""}
password decoded with value {"username":"Mihalis"}
```

출력의 첫 번째 줄에서 noEmpty의 값은 NoEmpty 구조체의 변수인 noEmptyVar 변수 NoEmpty{Name: "Mihalis"}로부터 변환했다. noEmpty 구조체는 Surname과 Year 필드의 값을 따로 정의하지 않았으므로 기본값을 갖고 있다. 이때 Year 필드는 omitempty 태그를 갖고 있으므로 json.Marshal()에서 생략했다. 반면 Surname 필드는 빈 문자열 값을 갖고 있다.

출력의 두 번째 줄에서 password 변수의 값은 Password{Name: "Mihalis", Pass: "myPassword"}다. Password 변수를 JSON 레코드로 변환할 때 Pass 필드는 포함하지 않는다. Password 구조체의 나머지 두 필드 Surname과 Year는 omitempty 태그를 갖고 있으므로 무시했고 username 필드만 변환했다.

지금까지 하나의 JSON 레코드를 다루는 방법을 살펴봤다. 그러나 여러 레코드를 처리해야 한다면 어떻게 해야 할까? 다음 절에서 살펴보자.

스트림 형태로 JSON 데이터 읽고 쓰기

처리하고 싶은 JSON 레코드를 표현하는 구조체의 슬라이스가 있다고 가정해보자. 해당 레코드를 하나씩 처리해야 할까? 물론 하나씩 처리해도 문제는 없겠지만 더 쉽게 처리할 수 있는 방법은 없을까? Go는 여러 JSON 레코드를 처리할 수 있도록 스트림 형태로 JSON 데이터를 처리할 수 있는 방법을 제공하는데, 더 빠르고 효율적이다. 이 절에서는 JSONstreams.go 유틸리티의 두 함수를 이용해 이를 처리하는 방법을 알아본다.

```go
// DeSerialize 함수는 직렬화한 JSON 레코드의 슬라이스를 디코딩한다.
func DeSerialize(e *json.Decoder, slice interface{}) error {
    return e.Decode(slice)
}
```

DeSerialize() 함수는 JSON 레코드를 입력받아 디코딩한 뒤 슬라이스에 넣는다. 함수에서 *json.Decoder 매개변수의 버퍼에서 입력을 가져온 다음 interface{} 타입의 매개변수로 주어진 슬라이스에 데이터를 쓴다. 메모리 할당이 매번 발생해 성능이 나빠지는 것을 피하고자 버퍼를 포함한 *json.Decoder 매개변수는 main() 함수에서 정의한다. 다음과 같이 *json.Encoder를 사용할 때도 마찬가지다.

```go
// Serialize는 JSON 레코드를 담은 슬라이스를 직렬화한다.
func Serialize(e *json.Encoder, slice interface{}) error {
    return e.Encode(slice)
}
```

Serialize() 함수는 *json.Encoder 및 모든 타입을 받을 수 있는 interface{} 타입 슬라이스를 매개변수로 받는다. 함수는 슬라이스의 내용을 처리해 json.Encoder 버퍼에 쓴다(버퍼는 인코더가 만들어질 때 매개변수로 전달한다).

NOTE

> Serialize() 함수와 DeSerialize() 함수는 interface{}를 사용하므로 모든 타입의 JSON 레코드를 처리할 수 있다.

JSONstreams.go 유틸리티는 랜덤한 데이터를 생성한다. JSONstreams.go를 실행하면 다음과 같은 결과를 출력한다.

```
$ go run JSONstreams.go
After Serialize:[{"key":"XVLBZ","value":16},{"key":"BAICM","value":89}]
After DeSerialize:
0 {XVLBZ 16}
1 {BAICM 89}
```

main()에서 만들어진 구조체 슬라이스가 직렬화한 모습을 출력의 첫 번째 라인에서 확인할 수 있다. 그 다음에는 역직렬화해 원래의 구조체 슬라이스가 된 것도 확인할 수 있다.

JSON 레코드 출력 다듬기

이 절에서는 JSON 레코드를 멋지게 출력^{pretty print}하는 방법을 설명한다. 이는 JSON 레코드를 갖고 있는 구조체의 형태를 파악하지 않은 채, JSON 레코드를 읽기 쉬운 형태로 출력하는 방식을 말한다. JSON 레코드는 개별 레코드로 읽을 수도 있고 스트림 형태로 읽을 수도 있기 때문에 JSON 레코드 출력을 다듬는 방식 또한 개별로 처리하는 방식과 스트림으로 처리하는 방식 두 가지가 있다. 따라서 prettyPrint() 와 JSONstream()이라는 두 가지 함수를 각각 구현해본다.

prettyPrint() 함수의 구현은 다음과 같다.

```go
func PrettyPrint(v interface{}) (err error) {
  b, err := json.MarshalIndent(v, "", "\t")
  if err == nil {
    fmt.Println(string(b))
  }
  return err
}
```

모든 작업은 json.MarshalIndent()에서 이뤄지며 들여쓰기^{indent}를 적용해 출력 한다.

json.MarshalIndent() 및 json.Marshal() 함수 모두 JSON 텍스트(바이트 슬라이스)를 만들어내지만 json.MarshalIndent() 함수만 들여쓰기를 적용하고 json.Marshal() 함수는 더 작은 크기의 결과를 만들어낸다.

JSON 데이터의 스트림을 다듬어서 출력하려면 JSONstream() 함수를 이용해야 한다.

```
func JSONstream(data interface{}) (string, error) {
    buffer := new(bytes.Buffer)
    encoder := json.NewEncoder(buffer)
    encoder.SetIndent("", "\t")
```

json.NewEncoder() 함수는 매개변수로 들어온 writer 인터페이스에 쓰기 작업을 수행하는 Encoder를 반환한다. Encoder는 JSON 값을 출력 스트림에 기록한다. json.MarshalIndent()와 마찬가지로 SetIndent() 메서드로 들여쓰기를 한다.

```
    err := encoder.Encode(data)
    if err != nil {
        return "", err
    }
    return buffer.String(), nil
}
```

인코더 설정이 끝난 다음엔 Encode()를 이용해 JSON 스트림을 처리할 수 있다.

앞에서 설명한 두 함수는 prettyPrint.go에서 확인할 수 있고 랜덤한 데이터를 이용해 JSON 레코드를 만들어낸다. prettyPrint.go를 실행하면 다음과 비슷한 결과를 얻는다.

```
Last record: {BAICM 89}
{
        "key": "BAICM",
        "value": 89
}
[
        {
                "key": "XVLBZ",
                "value": 16
        },
        {
                "key": "BAICM",
                "value": 89
        }
]
```

위 출력을 통해 하나의 JSON 레코드가 멋지게 출력됐고 그다음에는 두 개의 JSON 레코드가 있는 슬라이스가 멋지게 출력된 것을 확인할 수 있다. 모든 JSON 레코드는 구조체로 표현했다.

다음 절에서는 Go에서 XML을 다루는 방법을 알아본다.

⁙ XML 다루기

이 절에서는 Go에서 XML 데이터를 다루는 방법을 간략히 설명한다. Go에서 XML을 다루는 아이디어는 JSON과 같다. Go 구조체에 XML 관련 태그를 추가해 XML 레코드를 encoding/xml 패키지의 xml.Unmarshal()과 xml.Marshal()을 이용해 관련 필드를 직렬화하거나 역직렬화한다. 하지만 xml.go에서 JSON과의 차이점을 살펴볼 수 있다.

```
package main

import (
```

382

```
    "encoding/xml"
    "fmt"
)

type Employee struct {
    XMLName   xml.Name `xml:"employee"`
    ID        int      `xml:"id,attr"`
    FirstName string   `xml:"name>first"`
    LastName  string   `xml:"name>last"`
    Height    float32  `xml:"height,omitempty"`
    Address
    Comment   string `xml:",comment"`
}
```

위에서 XML 데이터의 구조체를 정의했다. 그러나 여기서는 이름과 타입에 관한 추가적인 정보가 있다. **XMLName** 필드는 XML 레코드의 이름이고 여기서는 **employee**가 된다.

",comment" 태그를 갖는 필드는 XML의 주석이며 출력에서 따로 포맷팅한다. **attr** 태그가 있는 필드는 출력에서 해당 필드명(여기서는 id)이 속성으로 나타난다. **name>first** 표현은 Go가 **first** 태그를 **name** 태그 내부에 임베딩하라는 의미다.

마지막으로 **omitempty** 옵션이 있는 필드의 값이 빈 값일 경우 이는 출력에서 생략한다. 빈 값^{empty value}은 **0**, **false** 또는 **nil**을 갖는 포인터, 인터페이스, 배열, 슬라이스, 맵이 될 수 있고 길이가 0인 문자열도 빈 값으로 간주한다.

```
type Address struct {
    City, Country string
}

func main() {
    r := Employee{ID: 7, FirstName: "Mihalis", LastName: "Tsoukalos"}
    r.Comment = "Technical Writer + DevOps"
```

```
        r.Address = Address{"SomeWhere 12", "12312, Greece"}

        output, err := xml.MarshalIndent(&r, " ", " ")
```

JSON과 마찬가지로 `xml.MarshalIndent()`를 사용하면 출력을 다듬을 수 있다.

```
        if err != nil {
            fmt.Println("Error:", err)
        }
        output = []byte(xml.Header + string(output))
        fmt.Printf("%s\n", output)
    }
```

xml.go의 출력은 다음과 같다.

```
<?xml version="1.0" encoding="UTF-8"?>
    <employee id="7">
        <name>
            <first>Mihalis</first>
            <last>Tsoukalos</last>
        </name>
        <City>SomeWhere 12</City>
        <Country>12312, Greece</Country>
        <!--Technical Writer + DevOps-->
    </employee>
```

위 출력은 프로그램의 입력으로 주어진 구조체의 XML 버전이다.

다음 절에서는 JSON 레코드와 XML 레코드를 서로 변환하는 유틸리티를 개발한다.

JSON과 XML 변환

앞서 언급한 JSON과 XML 레코드를 서로 변환하는 유틸리티를 만들어보자. 입력은
커맨드라인 인수로 주어진다. 유틸리티는 입력의 포맷을 XML부터 유추해본다.

xml.Unmarshal()이 실패하면 json.Unmarshal()도 시도한다. 모두 실패한다면 사용자에게 에러가 발생했다고 알린다. xml.Unmarshal()이 성공했다면 데이터는 XMLrec 변수에 저장하고 JSONrec 변수로 변환한다. json.Unmarshal()이 성공한 경우도 마찬가지다.

유틸리티의 로직은 구조체 정의에서 찾을 수 있다.

```
type XMLrec struct {
    Name        string  `xml:"username"`
    Surname     string  `xml:"surname,omitempty"`
    Year        int     `xml:"creationyear,omitempty"`
}

type JSONrec struct {
    Name        string  `json:"username"`
    Surname     string  `json:"surname,omitempty"`
    Year        int     `json:"creationyear,omitempty"`
}
```

두 구조체 모두 같은 데이터를 갖고 있다. 하지만 XMLrec은 XML 데이터를 저장하는 데 사용하고 JSONrec은 JSON 데이터를 저장하는 데 사용한다.

JSON2XML.go를 실행하면 다음과 같은 결과를 얻는다.

```
$ go run JSON2XML.go '<XMLrec><username>Mihalis</username></XMLrec>'
<XMLrec><username>Mihalis</username></XMLrec>
{"username":"Mihalis"}
```

주어진 XML 레코드를 JSON 레코드로 변환했다. 다음 출력은 반대의 과정을 보여준다.

```
$ go run JSON2XML.go '{"username": "Mihalis"}'
{"username": "Mihalis"}
<XMLrec><username>Mihalis</username></XMLrec>
```

앞에서는 JSON 레코드를 입력받아 XML 레코드로 출력했다.

다음 절에서는 Go에서 YAML 파일을 다루는 방법을 알아본다.

⁞⁞ YAML 다루기

이 절에서는 Go에서 YAML을 다루는 방법을 간략히 살펴본다. Go 표준 라이브러리
는 YAML 파일을 지원하지 않으므로 YAML을 지원하는 외부 라이브러리가 있는지
살펴봐야 한다. 다음 세 개의 패키지들이 Go에서 YAML을 다룰 수 있게 도와준다.

- https://github.com/kylelemons/go-gypsy

- https://github.com/go-yaml/yaml

- https://github.com/goccy/go-yaml

개인의 취향에 따라 하나를 선택하면 된다. 이 절에서는 **go-yaml**을 사용해 yaml.go를
작성했다. Go 모듈을 사용해야 하므로 yaml.go는 ~/go/src/github.com/mactsouk/
yaml에서 개발했다. 책의 깃허브 저장소에도 코드가 있다. 코드에서 가장 중요한
부분은 다음과 같다.

```
var yamlfile = `
image: Golang
matrix:
  docker: python
  version: [2.7, 3.9]
`
```

yamlfile 변수는 YAML 데이터를 갖고 있다. 보통은 파일에서 데이터를 읽어오지
만 여기서는 해당 변수를 사용할 예정이다.

```
func main() {
  pflag.StringP("name", "n", "Mike", "Name parameter")
```

위 코드에서 name이라는 새 플래그를 만들고 -n으로 접근할 수 있게 했다. 플래그의 기본값은 Mike이며 유틸리티의 사용법에 나타나는 설명은 Name Parameter다.

```
  pflag.StringP("password", "p", "hardToGuess", "Password")
  pflag.CommandLine.SetNormalizeFunc(aliasNormalizeFunc)
```

또 다른 플래그인 password를 생성하고 -p로 접근할 수 있게 만들었다. 플래그의 기본값은 hardToGuess이며 설명도 있다. 또한 표준화된 함수[normalization function]를 등록해 password 플래그의 앨리어스를 만들었다.

```
  pflag.Parse()
  viper.BindPFlags(pflag.CommandLine)
```

pflag.Parse()는 모든 커맨드라인 플래그를 정의한 뒤 호출해야 한다. 이는 커맨드라인 플래그를 파싱해 정의한 플래그의 값으로 넣고자 사용한다.

또한 viper.BindPFlags()를 호출하면 모든 플래그를 viper 패키지에 사용할 수 있게 된다. 정확히 말해 viper.BindPFlags() 호출을 통해 pflag 플래그들[pflag.FlagSet]을 viper에 바인딩한다.

```
  name := viper.GetString("name")
  password := viper.GetString("password")
```

위 커맨드들을 이용해 두 개의 문자열 커맨드라인 플래그들을 읽었다.

```go
    // 환경 변수를 읽는다.
    viper.BindEnv("GOMAXPROCS")
    val := viper.Get("GOMAXPROCS")
    if val != nil {
      fmt.Println("GOMAXPROCS:", val)
    }
```

viper 패키지는 환경 변수도 다룰 수 있다. 먼저 viper.BindEnv()를 호출해 viper
가 환경 변수의 값을 viper.Get()으로 가져올 수 있게 만든다. GOMAXPROCS가 설정
돼 있지 않다면 fmt.Println()은 호출되지 않을 것이다.

```go
    // 환경 변수를 설정한다.
    viper.Set("GOMAXPROCS", 16)
    val = viper.Get("GOMAXPROCS")
    fmt.Println("GOMAXPROCS:", val)
  }
```

비슷하게 현재의 환경 변수 값을 바꾸고 싶다면 viper.Set()을 사용한다.

viper는 자동으로 사용법 정보를 생성해준다.

```
$ go run useViper.go --help
Usage of useViper:
  -n, --name string       Name parameter (default "Mike")
  -p, --password string   Password (default "hardToGuess")
pflag: help requested
exit status 2
```

useViper.go를 커맨드라인 인수 없이 사용하면 다음과 같은 결과를 얻는다. 우리가
~/go/src/github.com/mactsouk/useViper 내부에 있다는 것을 기억하자.

```
$ go run useViper.go
Mike hardToGuess
GOMAXPROCS: 16
```

그러나 커맨드라인 플래그로 값들을 제공하면 결과가 약간 달라진다.

```
$ go run useViper.go -n mtsouk -p hardToGuess
mtsouk hardToGuess
GOMAXPROCS: 16
```

두 번째 경우에는 더 빠르게 입력할 수 있는 커맨드라인 플래그의 단축 표현을 사용했다.

다음 절에서는 JSON 파일을 이용해 설정 정보를 저장하는 방법을 설명한다.

JSON 설정 파일 읽기

이번에는 viper 패키지를 이용해 JSON 설정 파일을 읽는 방법을 알아본다. 많은 데이터와 설정이 필요한 복잡한 애플리케이션을 작성할 때는 텍스트 파일에 설정 파일을 저장하면 매우 유용하다. 이는 jsonViper.go에서 알아본다.

다시 한 번 jsonViper.go를 ~/go/src/github.com/mactsouk/jsonViper 내부에 위치시킨다. 이를 각자의 깃허브 아이디로 바꿔야 한다. 깃허브 저장소를 만들지 않았다면 mactsouk을 사용해도 된다. jsonViper.go의 코드는 다음과 같다.

```
package main

import (
    "encoding/json"
    "fmt"
    "os"

    "github.com/spf13/viper"
```

```
)

type ConfigStructure struct {
    MacPass     string `mapstructure:"macos"`
    LinuxPass   string `mapstructure:"linux"`
    WindowsPass string `mapstructure:"windows"`
    PostHost    string `mapstructure:"postgres"`
    MySQLHost   string `mapstructure:"mysql"`
    MongoHost   string `mapstructure:"mongodb"`
}
```

여기서 중요한 점은 다음과 같다. JSON 파일에 설정을 저장하더라도 구조체는 JSON 설정 파일의 필드로 **json** 대신 **mapstructure**를 사용한다는 것이다.

```
var CONFIG = ".config.json"

func main() {
  if len(os.Args) == 1 {
    fmt.Println("Using default file", CONFIG)
  } else {
    CONFIG = os.Args[1]
  }

  viper.SetConfigType("json")
  viper.SetConfigFile(CONFIG)
  fmt.Printf("Using config: %s\n", viper.ConfigFileUsed())
  viper.ReadInConfig()
```

위 4개의 구문을 통해 JSON 파일을 사용한다는 것을 선언하고 **viper**가 설정 파일의 경로를 알게 만들고 사용한 설정 파일을 출력한 뒤 설정 파일을 읽고 파싱했다.

viper 패키지는 설정 파일이 실제로 존재하고 읽을 수 있는지 체크하지 않는다는 것을 명심하자. 파일을 찾을 수 없거나 읽을 수 없다면 **viper.ReadInConfig()**는 빈 설정 파일을 읽는 것처럼 동작할 것이다.

```
if viper.IsSet("macos") {
  fmt.Println("macos:", viper.Get("macos"))
} else {
  fmt.Println("macos not set!")
}
```

viper.IsSet()을 호출하면 macos라는 키가 설정에 있는지 체크한다. 있다면 viper.Get("macos")를 이용해 값을 읽어 화면에 출력한다.

```
if viper.IsSet("active") {
  value := viper.GetBool("active")
  if value {
    postgres := viper.Get("postgres")
    mysql := viper.Get("mysql")
    mongo := viper.Get("mongodb")
    fmt.Println("P:", postgres, "My:", mysql, "Mo:", mongo)
  }
} else {
  fmt.Println("active is not set!")
}
```

위 코드에서 값을 읽기 전에 active 키가 있는지 체크한다. 값이 true라면 postgres, mysql, mongodb라는 세 가지 키의 값을 더 읽는다.

active 키는 불리언 값을 갖고 있어야 하므로 viper.GetBool()로 값을 읽었다.

```
if !viper.IsSet("DoesNotExist") {
  fmt.Println("DoesNotExist is not set!")
}
```

예상한 것처럼 없는 키를 읽으면 실패하게 된다.

```
var t ConfigStructure
err := viper.Unmarshal(&t)
if err != nil {
  fmt.Println(err)
  return
}
```

viper.Unmarshal()을 호출해 JSON 설정 파일의 정보를 적절하게 정의한 구조체에 넣는다. 필수적이진 않지만 편리하게 활용할 수 있다.

```
    PrettyPrint(t)
  }
```

PrettyPrint() 함수의 구현은 이 장 앞의 prettyPrint.go에 있다.

이제 jsonViper.go의 의존성을 다운로드해야 한다.

```
$ go mod init
$ go mod tidy # This command is not always required
```

현재 디렉터리의 내용은 다음과 같다.

```
$ ls -l
total 44
-rw-r--r-- 1 mtsouk users    85 Feb 22 18:46 go.mod
-rw-r--r-- 1 mtsouk users 29678 Feb 22 18:46 go.sum
-rw-r--r-- 1 mtsouk users  1418 Feb 22 18:45 jsonViper.go
-rw-r--r-- 1 mtsouk users   189 Feb 22 18:46 myConfig.json
```

테스트에 사용하는 myConfig.json의 내용은 다음과 같다.

```
{
    "macos": "pass_macos",
    "linux": "pass_linux",
    "windows": "pass_windows",

    "active": true,
    "postgres": "machine1",
    "mysql": "machine2",
    "mongodb": "machine3"
}
```

jsonViper.go를 위의 JSON 파일과 함께 실행하면 다음과 같은 결과를 얻는다.

```
$ go run jsonViper.go myConfig.json
Using config: myConfig.json
macos: pass_macos
P: machine1 My: machine2 Mo: machine3
DoesNotExist is not set!
{
  "MacPass": "pass_macos",
  "LinuxPass": "pass_linux",
  "WindowsPass": "pass_windows",
  "PostHost": "machine1",
  "MySQLHost": "machine2",
  "MongoHost": "machine3"
}
```

위의 출력은 jsonViper.go가 myConfig.json를 파싱하고 원하는 정보를 찾을 때 생성된 출력이다.

다음 절에서는 docker나 kubectl 같은 강력하고 전문적인 커맨드라인 유틸리티를 만드는 데 필요한 패키지를 알아본다.

⁝⁝⁝ cobra 패키지

cobra 패키지는 커맨드, 하위 커맨드, 앨리어스로 커맨드라인 유틸리티를 간편하게 개발하는 데 사용하는 인기 있는 Go 패키지다. hugo, docker, kubectl을 써본 적이 있다면 cobra가 뭔지 금세 이해할 수 있다. 이 도구들이 cobra로 만들어졌기 때문이다. 커맨드는 한 개 이상의 앨리어스를 가질 수 있고 이 기능은 초보자와 경험이 있는 사람 모두 만족시킬 수 있다. cobra는 모든 커맨드에 적용되는 퍼시스턴트 플래그$^{Persistent Flag}$뿐만 아니라 특정 커맨드에만 지정할 수 있는 로컬 플래그$^{Local Flag}$도 지원한다. 또한 cobra는 커맨드라인 인수를 파싱할 때 기본적으로 viper를 사용한다.

모든 cobra 프로젝트는 일정한 개발 패턴을 따른다. cobra 도구를 사용할 때는 커맨드를 생성한 뒤 생성한 Go 소스코드에서 필요한 부분을 수정해 원하는 기능을 구현하는 방식을 사용한다. 작업의 복잡도에 따라 수정할 부분도 달라진다. cobra를 사용하면 작업 시간을 상당히 단축할 수 있지만 필요한 코드를 구현하는 작업은 피할 수 없다.

cobra 바이너리를 올바르게 다운로드하려면 추가적인 작업이 필요하다.

```
$ GO111MODULE=on go get -u -v github.com/spf13/cobra/cobra
```

위 커맨드는 Go 1.16보다 이전 버전을 사용하고 있더라도 Go 모듈을 이용해 cobra 바이너리와 필요한 패키지를 다운로드한다.

> **NOTE**
>
> GO111MODULE과 같은 환경 변수들을 모두 알 필요는 없지만 때로는 이런 환경 변수들이 Go 설치 과정에서의 까다로운 문제를 해결해준다. 현재 Go를 실행하는 환경에 대해 알고 싶다면 go env 커맨드를 실행하면 된다.

이 절의 목적을 달성하려면 깃허브 저장소가 필요하다. 이는 필수적인 과정은 아니지만 독자가 코드에 접근할 수 있는 유일한 방법이다.

깃허브 저장소의 경로는 https://github.com/mactsouk/go-cobra다. 가장 먼저 할 일은 깃허브 저장소의 파일을 올바른 곳에 위치시키는 것이다. 모든 파일을 ~/go에 넣으면 모든 일이 쉬워진다(정확한 경로는 깃허브 저장소에 따라 달라진다). Go 컴파일러가 Go 파일을 검색할 필요가 없기 때문이다.

우리의 경우 깃허브 사용자 이름이 mactsouk이기 때문에 ~/go/src/github.com/mactsouk 아래에 저장한다. 이를 위해 다음 커맨드를 실행해야 한다.

```
$ cd ~/go/src/github.com
$ mkdir mactsouk # only required if the directory is not there
$ cd mactsouk
$ git clone git@github.com:mactsouk/go-cobra.git
$ cd go-cobra
$ ~/go/bin/cobra init --pkg-name github.com/mactsouk/go-cobra
Using config file: /Users/mtsouk/.cobra.yaml
Your Cobra application is ready at
/Users/mtsouk/go/src/github.com/mactsouk/go-cobra
$ go mod init
go: creating new go.mod: module github.com/mactsouk/go-cobra
```

cobra 패키지는 모듈과 함께 사용하는 것이 더 좋으므로 Go 모듈을 이용해 프로젝트의 의존성을 정의했다.

Go 프로젝트가 Go 모듈을 사용한다는 것을 명시하려면 **go mod init**을 실행해야 한다. 이 커맨드는 go.sum과 go.mod 파일을 생성한다.

```
$ go run main.go
go: finding module for package github.com/spf13/cobra
go: finding module for package github.com/mitchellh/go-homedir
go: finding module for package github.com/spf13/viper
go: found github.com/mitchellh/go-homedir in github.com/mitchellh/go-
homedir v1.1.0
go: found github.com/spf13/cobra in github.com/spf13/cobra v1.1.3
go: found github.com/spf13/viper in github.com/spf13/viper v1.7.1
A longer description that spans multiple lines and likely contains
```

```
examples and usage of using your application. For example:

Cobra is a CLI library for Go that empowers applications.
This application is a tool to generate the needed files
to quickly create a Cobra application.
```

go:로 시작하는 모든 줄은 모듈 관련 내용이며 한 번만 나타난다. 나머지 줄들은
cobra 프로젝트의 기본 메시지이고 나중에 이 메시지를 수정할 것이다. 이제 cobra
도구를 사용할 준비가 됐다.

세 개의 커맨드가 있는 유틸리티

이 절에서는 cobra add 커맨드를 사용해 새 커맨드를 추가해본다. 커맨드들의 이름
은 one, two, three다.

```
$ ~/go/bin/cobra add one
Using config file: /Users/mtsouk/.cobra.yaml
one created at /Users/mtsouk/go/src/github.com/mactsouk/go-cobra
$ ~/go/bin/cobra add two
$ ~/go/bin/cobra add three
```

위 커맨드는 one.go, two.go, three.go 파일을 cmd 폴더 아래에 생성한다. 이들은
세 커맨드의 초기 구현들이다.

가장 먼저 할 일은 root.go에서 원하지 않는 코드를 지우고 유틸리티와 각 커맨드의
메시지를 Short과 Long 필드에 적혀진 것처럼 바꾸는 일이다. 그러나 원한다면 이
소스 파일을 바꾸지 않고 그대로 유지해도 상관없다.

다음 절에서는 유틸리티에 커맨드라인 플래그를 추가해 기능을 강화해본다.

커맨드라인 플래그 추가

두 가지의 전역 커맨드라인 플래그와 주어진 커맨드(two)와 연결돼 나머지 커맨드는 지원하지 않는 하나의 커맨드라인 플래그를 생성한다. 전역 커맨드라인 플래그는 ./cmd/root.go 파일 내부에 정의돼 있다. 여기서는 문자열 플래그인 directory와 부호 없는 정수 플래그인 depth를 정의한다.

두 전역 플래그 모두 ./cmd/root.go 내부의 **init()** 함수에 정의한다.

```
rootCmd.PersistentFlags().StringP("directory", "d", "/tmp", "Path to use.")
rootCmd.PersistentFlags().Uint("depth", 2, "Depth of search.")
viper.BindPFlag("directory", rootCmd.PersistentFlags().Lookup("directory"))
viper.BindPFlag("depth", rootCmd.PersistentFlags().Lookup("depth"))
```

rootCmd.PersistnetFlags()를 사용해 전역 플래그와 플래그의 데이터 타입을 정의했다. 첫 번째 플래그는 **directory**이고 d로도 사용할 수 있다. 두 번째 플래그는 **depth**이며 다른 방식으로 사용할 수는 없다. 다른 방식으로도 사용하게 만들고 싶다면 **UintP()** 메서드를 사용해야 한다. 두 플래그를 정의한 다음에는 **viper. BindPFlag()**를 통해 viper에서 플래그를 관리할 수 있게 한다. 첫 번째 플래그는 **string**이고 두 번째 플래그는 **uint**다. 두 타입 모두 cobra 패키지에서 사용할 수 있으므로 **viper.GetString("directory")**로 directory 플래그 값을 가져올 수 있고 **viper.GetUint("depth")**로 depth 플래그의 값을 가져올 수 있다.

마지막으로 **two** 커맨드에서만 사용할 수 있는 커맨드라인 플래그를 다음과 같이 추가한다.

```
twoCmd.Flags().StringP("username", "u", "Mike", "Username value")
```

플래그의 이름은 username이고 u로도 사용할 수 있다. 지역 플래그이기 때문에 **two**

커맨드에서만 사용할 수 있다. 이 값은 ./cmd/two.go 파일 안에서만 `cmd.Flags().GetString("username")`으로 가져올 수 있다.

다음 절에서는 기존 커맨드의 커맨드 앨리어스를 생성해본다.

커맨드 앨리어스 생성

이 절에서는 기존 커맨드에 앨리어스를 생성해보며 이전 코드를 계속 발전시켜 나간다. one, two, three에 대응되는 cmd1, cmd2, cmd3로도 접근할 수 있게 만들 것이다.

이를 위해 cobra에 Aliases라는 추가적인 필드를 만들어야 한다. 각 커맨드의 Command 구조체에 문자열 슬라이스 타입을 갖는 Aliases 필드가 있다. one 커맨드의 경우 ./cmd/one.go의 Command 구조체는 다음과 같이 선언해야 한다.

```
var oneCmd = &cobra.Command{
    Use: "one",
    Aliases: []string{"cmd1"},
    Short: "Command one",
```

./cmd/two.go와 ./cmd/three.go도 비슷하게 변경해야 한다. one 커맨드의 내부 이름internal name은 oneCmd라는 것을 명심하자. 다른 커맨드들도 유사한 이름을 갖고 있다.

NOTE

> 실수로 여러 커맨드에 cmd1이나 다른 앨리어스를 지정해도 Go 컴파일러가 잡아주지는 않을 것이다. 그러나 첫 번째 앨리어스만 실행될 것이다.

다음 절에서는 one과 two 커맨드에 하위 커맨드를 추가해보면서 기능을 확장해본다.

하위 커맨드 생성

이 절에서는 three 커맨드에 두 개의 하위 커맨드를 만들어본다. 두 하위 커맨드의 이름은 list와 delete가 될 것이다. cobra를 이용해 하위 커맨드를 만드는 방법은 다음과 같다.

```
$ ~/go/bin/cobra add list -p 'threeCmd'
Using config file: /Users/mtsouk/.cobra.yaml
list created at /Users/mtsouk/go/src/github.com/mactsouk/go-cobra
$ ~/go/bin/cobra add delete -p 'threeCmd'
Using config file: /Users/mtsouk/.cobra.yaml
delete created at /Users/mtsouk/go/src/github.com/mactsouk/go-cobra
```

위 커맨드를 실행하면 ./cmd 안에 delete.go와 list.go라는 두 개의 파일을 생성한다. -p 플래그 뒤에 하위 커맨드와 연결하고자 하는 커맨드의 내부 이름을 적는다. three 커맨드의 내부 이름은 threeCmd다. 이 두 가지 커맨드가 three 커맨드와 연결됐는지는 다음과 같이 검증할 수 있다.

```
$ go run main.go three delete
delete called
$ go run main.go three list
list called
```

go run main.go two list를 실행하면 list가 two의 커맨드라인 인수로 간주돼 ./cmd/list.go의 코드가 실행되지 않는다. tree(1) 유틸리티로 확인해본 go-cobra 프로젝트의 최종 버전은 다음과 같은 구조며 다음과 같은 파일들을 포함한다.

```
$ tree
.
├── LICENSE
├── README.md
├── cmd
│   ├── delete.go
│   ├── list.go
│   ├── one.go
```

```
│    ├── root.go
│    ├── three.go
│    └── two.go
├── go.mod
├── go.sum
└── main.go

1 directory, 11 files
```

여기서 다른 커맨드 아래에 있는 두 개의 하위 커맨드가 이름이 같다면 어떻게 되는지 궁금할 수도 있다. 그런 경우에는 첫 번째 하위 커맨드를 생성한 뒤 두 번째 하위 커맨드를 생성하기 전 이미 생성한 첫 번째 하위 커맨드 파일의 이름을 변경해야 한다.

go-cobra 프로젝트의 코드는 https://github.com/mactsouk/go-cobra에서 확인할 수 있다. cobra 패키지는 마지막 절에서 전화번호부 애플리케이션을 업데이트할 때 또 사용할 예정이다.

유닉스 파일 시스템에서 순환 참조 찾기

이 절에서는 유닉스 파일 시스템에서 순환 참조가 이뤄지고 있는지 찾는 실용적인 유닉스 유틸리티를 구현한다. 유닉스의 심볼릭 링크symbolic link를 이용하면 파일 시스템에 순환 참조가 생길 가능성이 있다. 이로 인해 tar(1)이나 find(1) 같은 유틸리티를 사용할 때에 문제가 발생할 수도 있고 보안 관련 이슈가 생길 수도 있다. FScycles.go 유틸리티에서는 이 상황을 감지할 수 있게 시도할 것이다.

해결책은 방문한 모든 디렉터리 경로를 맵에 기록하고 해당 경로가 두 번 이상 나타난 다면 사이클이 있다고 판단하는 것이다. 그 맵은 visited라고 부르고 map[string]int 로 정의돼 있다.

유틸리티의 결과는 검색을 시작한 루트 경로에 따라 달라진다. 이 경로는 유틸리티의 커맨드라인 인수로 주어진다.

filepath.Walk() 함수는 순환 참조를 피하고자 심볼릭 링크를 방문하지 않도록 설계했다. 그러나 우리는 루프를 발견하기를 원하기 때문에 심볼릭 링크를 방문해야 한다. 이 이슈는 잠시 뒤 해결할 것이다.

유틸리티는 IsDir() 함수를 사용해 디렉터리인지 확인한다. 디렉터리와 심볼링 링크만 파일 시스템의 순환 참조를 만들어낼 수 있으므로 디렉터리에만 관심을 가지면 된다. 마지막으로 os.Lstat()를 사용해 심볼링 링크를 처리한다. 또한 os.Lstat()은 os.Stat()와는 달리 심볼릭 링크를 따라가지 않고도 관련 정보를 반환한다(우리가 만들 유틸리티에서는 심볼릭 링크를 자동으로 따라가는 것을 원하지 않는다).

FScycles.go의 중요한 코드들은 walkFunction()에서 찾을 수 있다.

```go
func walkFunction(path string, info os.FileInfo, err error) error {
    fileInfo, err := os.Stat(path)
    if err != nil {
        return nil
    }

    fileInfo, _ = os.Lstat(path)
    mode := fileInfo.Mode()
```

먼저 경로가 있는지 확인한 다음 os.Lstat()를 호출한다.

```go
    // 먼저 정규 디렉터리인지 확인한다.
```

```
    if mode.IsDir() {
      abs, _ := filepath.Abs(path)
      _, ok := visited[abs]
      if ok {
        fmt.Println("Found cycle:", abs)
        return nil
      }
      visited[abs]++
      return nil
    }
```

이미 방문한 정규 디렉터리라면 순환 참조가 있다는 것이다. visited 맵은 방문한 모든 디렉터리를 기록한다.

```
    // 심볼릭 링크가 디렉터리를 가리키고 있는지 찾는다.
    if fileInfo.Mode()&os.ModeSymlink != 0 {
      temp, err := os.Readlink(path)
      if err != nil {
        fmt.Println("os.Readlink():", err)
        return err
      }

      newPath, err := filepath.EvalSymlinks(temp)
      if err != nil {
        return nil
      }
```

filepath.EvalSymlinks() 함수는 심볼릭 링크가 가리키고 있는 곳을 찾아내려고 사용한다. 가리키는 곳이 또 다른 디렉터리라면 다음 코드를 통해 추가적으로 filepath.Walk() 함수를 호출해 해당 디렉터리를 방문한다.

```
linkFileInfo, err := os.Stat(newPath)
if err != nil {
    return err
}

linkMode := linkFileInfo.Mode()
if linkMode.IsDir() {
    fmt.Println("Following...", path, "-->", newPath)
```

linkMode.IsDir() 구문으로 디렉터리인지 확인한다.

```
abs, _ := filepath.Abs(newPath)
```

filepath.Abs()를 호출하면 주어진 경로의 절대 경로가 반환된다. visited의 키들은 filepath.Abs()에서 반환한 값들이다.

```
            _, ok := visited[abs]
            if ok {
                fmt.Println("Found cycle!", abs)
                return nil
            }
            visited[abs]++
            err = filepath.Walk(newPath, walkFunction)
            if err != nil {
                return err
            }
            return nil
        }
    }
    return nil
}
```

FScycles.go를 실행하면 다음과 같은 결과가 생성된다.

```
$ go run FScycles.go ~
Following... /home/mtsouk/.local/share/epiphany/databases/indexeddb/v0
--> /home/mtsouk/.local/share/epiphany/databases/indexeddb
Found cycle! /home/mtsouk/.local/share/epiphany/databases/indexeddb
```

위 결과를 통해 현재 사용자의 홈 디렉터리에 순환 참조가 있다는 사실을 알 수 있다. 루프를 발견하고 난 다음에는 직접 이를 제거해야 한다.

이 장의 남은 부분에서는 Go 1.16에 추가된 기능들을 알아본다.

:⊪ Go 1.16의 새로운 기능

Go 1.16 버전에서는 파일 임베딩 기능을 추가했고 `os.ReadDir()` 함수, `os.DirEntry` 타입, `io/fs` 패키지도 추가했다.

이 기능들은 시스템 프로그래밍과 관련된 기능이므로 이번 장에서 살펴본다. Go 바이너리 실행 파일에 파일을 임베딩하는 기능부터 살펴보자.

파일 임베딩

이 절에서는 Go 1.16에서 처음으로 도입하는 정적 파일 임베딩 기능을 알아본다. 임베딩한 파일의 데이터를 저장할 수 있는 타입은 `string`, `[]byte`, `embed.FS`가 있다. 이 기능을 이용하면 Go 바이너리를 실행할 때 수동으로 파일을 다운로드할 필요가 없다. 다음 유틸리티에서는 주어진 커맨드라인 인수에 따라 두 가지 다른 파일을 검색할 수 있다.

다음과 같은 embedFiles.go 코드에서는 Go의 새로운 기능을 설명한다.

```
package main

import (
  _ "embed"
  "fmt"
  "os"
)
```

Go 바이너리에 파일을 임베딩하려면 embed 패키지가 필요하다. embed 패키지를 직접 사용하지는 않으므로 패키지 이름 앞에 _를 이용해 Go 컴파일러가 에러를 발생하지 않게 한다.

```
//go:embed static/image.png
var f1 []byte
```

줄을 //go:embed로 시작하면 Go는 이를 특별한 주석으로 취급한다. 주석의 뒤쪽에 적힌 경로에 해당하는 파일을 임베딩하는데, 앞에서는 바이너리 파일인 static/image.png를 임베딩했다. 다음 줄에서는 임베딩하는 파일의 데이터를 갖고 있을 변수를 정의해야 한다. 위에서는 f1이라는 이름을 갖는 바이트 슬라이스를 정의했다. 바이너리 파일을 임베딩할 때는 바이트 슬라이스에 데이터를 저장해야 변환 없이 바로 사용할 수 있다.

```
//go:embed static/textfile
var f2 string
```

이번에는 static/textfile에 존재하는 텍스트 파일을 f2라는 문자열 변수에 저장했다.

```
func writeToFile(s []byte, path string) error {
```

```go
    fd, err := os.OpenFile(path, os.O_CREATE|os.O_WRONLY, 0644)
    if err != nil {
        return err
    }
    defer fd.Close()

    n, err := fd.Write(s)
    if err != nil {
        return err
    }
    fmt.Printf("wrote %d bytes\n", n)
    return nil
}
```

writeToFile() 함수는 바이트 슬라이스를 파일로 저장하는 것을 도와주는 함수다. 이 함수는 다른 곳에서도 활용할 수 있다.

```go
func main() {
    arguments := os.Args
    if len(arguments) == 1 {
        fmt.Println("Print select 1|2")
        return
    }

    fmt.Println("f1:", len(f1), "f2:", len(f2))
```

이 구문에서는 f1과 f2의 길이를 출력해 임베딩한 파일의 크기와 동일한지 확인한다.

```go
    switch arguments[1] {
    case "1":
        filename := "/tmp/temporary.png"
```

```
        err := writeToFile(f1, filename)
        if err != nil {
          fmt.Println(err)
          return
        }
    case "2":
        fmt.Print(f2)
    default:
        fmt.Println("Not a valid option!")
    }
  }
```

switch 블록에서는 사용자 입력에 따라 적절한 파일을 반환한다. static/textfile의 경우에는 파일의 내용을 화면에 출력하고 바이너리 파일인 경우에는 /tmp/temporary. png에 파일을 저장한다.

이번에는 embedFiles.go를 더 실제 상황에 가깝게 살펴보고자 이를 컴파일해본다. 실제로는 실행 바이너리가 임베딩된 파일의 데이터를 갖고 있기 때문이다. 바이너리 파일은 **go build embedFiles.go**로 빌드할 수 있다. embedFiles.go를 실행하면 다음과 같은 결과를 얻는다.

```
$ ./embedFiles 2
f1: 75072 f2: 14
Data to write
$ ./embedFiles 1
f1: 75072 f2: 14
wrote 75072 bytes
```

다음과 같은 결과는 temporary.png가 올바른 경로에 위치한 것을 확인해준다.

```
$ ls -l /tmp/temporary.png
-rw-r--r--  1 mtsouk  wheel  75072 Feb 25 15:20 /tmp/temporary.png
```

임베딩 기능을 이용하면 소스 파일 자체를 출력하는 유틸리티를 만들 수도 있다. 이는 임베딩 기능을 재미있게 사용하는 방법이다. printSource.go의 소스코드는 다음과 같다.

```
package main

import (
    _ "embed"
    "fmt"
)

//go:embed printSource.go
var src string

func main() {
    fmt.Print(src)
}
```

이전처럼 임베딩할 파일을 //go:embed 줄에 정의했다. printSource.go를 실행하면 위의 코드가 화면에 출력된다.

ReadDir과 DirEntry

이 절에서는 os.ReadDir()과 os.DirEntry를 다룬다. 그러나 먼저 io/ioutil 패키지가 사라질 예정[deprecated]이라는 사실부터 살펴보자. io/ioutil 패키지의 기능은 다음처럼 다른 패키지로 옮겨졌다.

- 새로 추가된 os.ReadDir() 함수는 []DirEntry를 반환한다. 따라서 []FileInfo를 반환하는 ioutil.ReadDir()을 직접 대체할 수는 없다. os.ReadDir()이나 os.DirEntry를 이용한다고 해서 새 기능이 생기는 것은 아니지만 이를 이용하면 빠르고 간단하게 작업을 수행할 수 있다.

- os.ReadFile() 함수는 ioutil.ReadFile() 함수로 바로 대체할 수 있다.

- os.WriteFile() 함수는 ioutil.WriteFile() 함수로 바로 대체할 수 있다.

- 비슷하게 os.MkdirTemp()는 ioutil.TempDir()을 아무 변경 없이 대체할 수 있다. 하지만 os.TempDir() 함수가 이미 있기 때문에 함수 이름이 바뀌었다.

- os.CreateTemp() 함수는 ioutil.TempFile()과 같다. os.TempFile() 함수가 있지는 않지만 Go의 개발자들은 os.MkdirTemp()와 이름을 맞추고자 os.CreateTemp()를 선택했다.

TIP

> os.ReadDir()과 os.DirEntry는 io/fs 패키지의 파일 시스템 관련 인터페이스인 fs.ReadDir()과 fs.DirEntry에서도 찾을 수 있다.

ReadDirEntry.go 유틸리티는 os.ReadDir()의 사용법을 보여준다. 또한 다음 절에서 fs.DirEntry와 fs.WalkDir()을 실제로 사용하는 모습을 살펴본다. io/fs 패키지는 DirEntry를 사용하는 WalkDir() 함수만을 지원한다. fs.WalkDir()과 filepath.WalkDir() 모두 FileInfo 대신 DirEntry를 사용한다. 따라서 디렉터리를 탐색할 때 성능 개선이 필요하다면 filepath.Walk() 호출을 filepath.WalkDir() 호출로 바꿔야 한다.

유틸리티에서는 os.ReadDir()을 이용한 다음의 함수를 통해 디렉터리 트리의 크기를 계산해준다.

```
func GetSize(path string) (int64, error) {
  contents, err := os.ReadDir(path)
  if err != nil {
    return -1, err
  }

  var total int64
```

```
for _, entry := range contents {
    // 디렉터리 항목을 방문한다.
    if entry.IsDir() {
```

디렉터리를 처리할 때는 계속 깊숙하게 들어가야 한다.

```
        temp, err := GetSize(filepath.Join(path, entry.Name()))
        if err != nil {
            return -1, err
        }
        total += temp
        // 디렉터리가 아닌 항목들 각각의 크기를 구한다.
    } else {
```

파일이라면 파일의 크기를 알아야 한다. 따라서 **Info()**를 호출해 파일의 일반적인
정보를 얻고 **Size()**를 호출해 파일의 크기를 구한다.

```
        info, err := entry.Info()
        if err != nil {
            return -1, err
        }
        // int64 값을 반환한다.
        total += info.Size()
    }
}
return total, nil
}
```

ReadDirEntry.go를 실행하면 다음과 같은 결과가 나오는데, 원하던 결과다.

```
$ go run ReadDirEntry.go /usr/bin
Total Size: 1170983337
```

마지막으로 ReadDir과 DirEntry 모두 파이썬 프로그래밍 언어에서 가져왔다는 것도 알아두자.

다음 절에서는 io/fs 패키지를 살펴본다.

io/fs 패키지

이 절에서는 Go 1.16에서 추가된 io/fs 패키지의 기능을 살펴본다. io/fs는 독특한 기능을 제공하므로 io/fs가 할 수 있는 일들부터 설명하겠다. 간단히 말하자면 io/fs에서는 FS라는 읽기 전용 인터페이스를 제공한다. 예를 들어 embed.FS는 fs.FS 인터페이스를 구현했기 때문에 embed.FS는 io/fs 패키지에서 제공하는 기능들을 활용할 수 있다. 비슷하게 애플리케이션에서 직접 내부 파일 시스템을 만들어 사용할 수도 있다.

ioFS.go로 저장한 다음 코드 예제에서는 embed를 이용해 파일 시스템을 만들고 모든 파일을 ./static 폴더 아래에 넣는다. ioFS.go는 파일 목록, 파일명 검색, 파일 추출 기능을 각각 list(), search(), extract() 함수로 지원한다. 먼저 list() 함수부터 살펴보자.

```
func list(f embed.FS) error {
    return fs.WalkDir(f, ".", walkFunction)
}
```

모든 마법 같은 일들은 다음의 walkFunction() 함수에서 일어난다.

```
func walkFunction(path string, d fs.DirEntry, err error) error {
```

```
    if err != nil {
      return err
    }
    fmt.Printf("Path=%q, isDir=%v\n", path, d.IsDir())
    return nil
  }
```

walkFunction() 함수의 많은 기능은 Go에서 이미 구현했기 때문에 코드의 길이가 짧다.

그런 다음엔 extract() 함수를 구현한다.

```
  func extract(f embed.FS, filepath string) ([]byte, error) {
    s, err := fs.ReadFile(f, filepath)
    if err != nil {
      return nil, err
    }
    return s, nil
  }
```

ReadFile() 함수는 embed.FS 파일 시스템에서 주어진 파일 경로를 탐색하고 바이트 슬라이스를 반환한다.

마지막으로 search() 함수를 구현하기 위한 walkSearch() 함수를 살펴본다.

```
  func walkSearch(path string, d fs.DirEntry, err error) error {
    if err != nil {
      return err
    }
    if d.Name() == searchString {
```

searchString은 전역 변수로, 검색할 문자열을 갖고 있다. 검색하고자 하는 문자열을 발견하면 해당 경로를 화면에 출력한다.

```
fileInfo, err := fs.Stat(f, path)
if err != nil {
    return err
}
fmt.Println("Found", path, "with size", fileInfo.Size())
return nil
}
```

출력하기 전에 **fs.Stat()**를 호출해 더 많은 정보를 얻는다.

```
    return nil
}
```

main() 함수에서는 위의 세 가지 함수들을 호출한다. ioFS.go를 실행하면 다음과 같은 결과를 얻는다.

```
$ go run ioFS.go
Path=".", isDir=true
Path="static", isDir=true
Path="static/file.txt", isDir=false
Path="static/image.png", isDir=false
Path="static/textfile", isDir=false
Found static/file.txt with size 14
wrote 14 bytes
```

처음에는 파일 시스템의 모든 파일을 출력한다(이는 Path로 시작하는 모든 줄이다). 그런 다음 static/file.txt가 있는지 확인한다. 마지막으로 14바이트를 새로운 파일에 쓰고 이를 검증한다.

앞에서 살펴본 내용들이 Go 1.16 버전에서 추가하거나 개선한 중요한 사항들이다.

⁂ 전화번호부 애플리케이션 업데이트

이 절에서는 전화번호부 애플리케이션에서 데이터를 저장할 수 있게 변경해본다. 이번에는 전화번호부 애플리케이션에서 JSON 데이터만을 사용한다. 또한 cobra 패키지로 지원하는 커맨드를 구현한다. 모든 관련 코드는 별도의 깃허브 저장소에 있고 ch06 디렉터리에는 없다. 전화번호부 애플리케이션의 코드를 담고 있는 깃허브 저장소의 주소는 https://github.com/mactsouk/phonebook이다. 이 저장소를 git clone으로 복제해도 되고, 시간이 있다면 직접 자신만의 버전을 만들어도 좋다.

TIP

> 실제 애플리케이션을 개발할 때는 틈날 때마다 git commit과 git push를 이용해 개발 단계의 히스토리를 깃허브나 깃랩에 기록하는 것을 잊지 말아야 한다. 이는 백업을 위한 좋은 방법이기도 하다.

cobra 사용

먼저 빈 깃허브 저장소를 생성하고 복제해야 한다.

```
$ cd ~/go/src/github.com/mactsouk
$ git clone git@github.com:mactsouk/phonebook.git
$ cd phonebook
```

git clone 커맨드의 결과는 중요하지 않으므로 생략했다.

지금은 저장소에 거의 아무것도 없기 때문에 깃허브 저장소를 복제한 다음 가장 먼저 할 일은 cobra init 커맨드를 적절한 매개변수와 함께 실행하는 것이다.

```
$ ~/go/bin/cobra init --pkg-name github.com/mactsouk/phonebook
Using config file: /Users/mtsouk/.cobra.yaml
Your Cobra application is ready at
/Users/mtsouk/go/src/github.com/mactsouk/phonebook
```

그런 다음 cobra로 애플리케이션의 구조를 만든다. 구조를 잡은 다음에는 어떤 것을 구현해야 할지 알기 쉽다. 애플리케이션의 구조는 지원하는 커맨드에 기반을 둔다.

```
$ ~/go/bin/cobra add list
Using config file: /Users/mtsouk/.cobra.yaml
list created at /Users/mtsouk/go/src/github.com/mactsouk/phonebook
$ ~/go/bin/cobra add delete
$ ~/go/bin/cobra add insert
$ ~/go/bin/cobra add search
```

여기까지 진행했다면 프로젝트의 구조는 다음과 같아야 한다.

```
$ tree
.
├── LICENSE
├── README.md
├── cmd
│   ├── delete.go
│   ├── insert.go
│   ├── list.go
│   ├── root.go
│   └── search.go
├── go.mod
├── go.sum
└── main.go

1 directory, 10 files
```

그런 다음엔 Go 모듈을 사용하고자 다음 커맨드를 실행한다.

```
$ go mod init
go: creating new go.mod: module github.com/mactsouk/phonebook
```

필요하다면 **go mod init** 다음에 **go mod tidy**를 실행할 수도 있다. 이제 **go run main.go**를 실행하면 필요한 모든 패키지를 다운로드하고 cobra 패키지의 기본 출력이 나올 것이다.

다음 절에서는 JSON 데이터를 디스크에 저장하는 방법을 알아본다.

JSON 데이터 저장하고 읽기

saveJSONFile() 함수는 ./cmd/root.go에 다음처럼 구현한다.

```go
func saveJSONFile(filepath string) error {
  f, err := os.Create(filepath)
  if err != nil {
    return err
  }
  defer f.Close()

  err = Serialize(&data, f)
  if err != nil {
    return err
  }
  return nil
}
```

기본적으로 구조체의 슬라이스를 Serialize()로 직렬화한 뒤 그 결과를 파일로 저장해야 한다. 다음에는 파일에서 JSON 데이터를 가져와야 한다.

파일 읽기 기능은 ./cmd/root.go의 readJSONFile() 함수에 구현했다. JSON 데이터를 읽으려고 한다면 데이터를 구조체의 슬라이스로 역직렬화해야 한다.

delete 커맨드 구현

delete 커맨드를 이용하면 기존 항목을 지울 수 있다. 이는 ./cmd/delete.go에 구현돼 있다.

```
var deleteCmd = &cobra.Command{
  Use: "delete",
  Short: "delete an entry",
  Long: `delete an entry from the phone book application.`,
  Run: func(cmd *cobra.Command, args []string) {
    // key의 값을 가져온다.
    key, _ := cmd.Flags().GetString("key")
    if key == "" {
      fmt.Println("Not a valid key:", key)
      return
    }
```

먼저 적절한 커맨드라인 플래그인 **key**를 읽어 지우고자 하는 레코드를 파악한다.

```
    // 데이터를 삭제한다.
    err := deleteEntry(key)
    if err != nil {
      fmt.Println(err)
      return
    }
  },
}
```

그런 다음 **deleteEntry()** 함수를 이용해 실제 데이터를 삭제한다. 삭제가 성공적으로 이뤄지고 난 다음엔 **deleteEntry()**에서 **saveJSONFile()**을 호출해 변경 사항을 반영하게 만든다.

다음 절에서는 **insert** 커맨드를 살펴본다.

insert 커맨드 구현

insert 커맨드는 사용자 입력이 필요하기 때문에 커맨드라인 플래그를 이용해야 한다. 각각의 레코드는 세 가지 필드를 갖고 있으므로 커맨드에서도 세 가지의 플래그가 필요하다. 그런 다음 insert() 함수를 호출해 디스크에 데이터를 쓴다. ./cmd/insert.go를 참고해 insert 커맨드의 구현을 살펴보기 바란다.

list 커맨드 구현

list 커맨드는 전화번호부 애플리케이션의 목록을 나열한다. list 커맨드는 커맨드라인 인수가 필요 없다.

```
func list() {
  sort.Sort(PhoneBook(data))
  text, err := PrettyPrintJSONstream(data)
  if err != nil {
    fmt.Println(err)
    return
  }
  fmt.Println(text)
  fmt.Printf("%d records in total.\n", len(data))
}
```

함수에서는 출력을 다듬고자 PrettyPrintJSONstream()을 호출하기 전에 데이터를 정렬한다.

search 커맨드 구현

search 커맨드는 주어진 전화번호부를 이용해 검색하는 데 사용한다. 이는 ./cmd/ search.go에서 search() 함수로 구현하며 주어진 키를 이용해 인덱스 맵에 데이터가 있는지 찾는다. 키가 있다면 관련 레코드를 반환한다.

TIP

> JSON과 cobra로 인한 JSON 관련 동작 변경을 제외한 나머지 다른 코드들은 4장에서의 전화번호부 애플리케이션과 거의 같은 코드다.

전화번호부 애플리케이션을 실행하면 다음과 비슷한 결과가 나온다.

```
$ go run main.go list
[
        {
                "name": "Mastering",
                "surname": "Go",
                "tel": "333123",
                "lastaccess": "1613503772"
        }
]

1 records in total.
```

이는 list 커맨드의 결과다. 항목을 추가하고 싶다면 다음과 같이 간단한 방법으로 추가할 수 있다.

```
$ go run main.go insert -n Mike -s Tsoukalos -t 9416471
```

다시 list 커맨드를 실행하면 insert 커맨드가 성공했다는 것을 확인할 수 있다.

```
$ go run main.go list
[
        {
                "name": "Mastering",
                "surname": "Go",
                "tel": "333123",
                "lastaccess": "1613503772"
        },
        {
                "name": "Mike",
```

```
        "surname": "Tsoukalos",
        "tel": "9416471",
        "lastaccess": "1614602404"
        }
]

2 records in total.
```

다음에는 go run main.go delete --key 9416471을 이용해 항목을 삭제할 수 있다. 이전에 언급한 것처럼 애플리케이션의 키는 전화번호이므로 전화번호를 기반으로 항목들을 삭제한다. 그러나 다른 속성들을 이용해 삭제하도록 구현해도 무방하다.

커맨드를 찾을 수 없을 때는 다음과 같은 결과를 얻을 것이다.

```
$ go run main.go doesNotExist
Error: unknown command "doesNotExist" for "phonebook"
Run 'phonebook --help' for usage.
Error: unknown command "doesNotExist" for "phonebook"
exit status 1
```

doesNotExist 커맨드를 지원하지 않기 때문에 cobra에서 에러 메시지를 출력했다.

⁖⁖ 연습문제

- byCharacter.go, byLine.go, byword.go를 이용해 유닉스 유틸리티 wc(1)의 간단한 버전을 만들어보자.

- 커맨드라인 옵션을 처리할 수 있도록 viper 패키지를 이용해 wc(1)의 전체 버전을 만들어보자.

- cobra 패키지를 이용한 커맨드라인 옵션 대신 커맨드를 이용하는 wc(1)의 전체 버전을 만들어보자.

- 파일에서 데이터를 받을 수 있도록 JSONstreams.go를 수정해보자.

- 사용자가 정한 위치에 바이너리 파일을 저장할 수 있도록 embedFiles.go를 수정해보자.

- 검색하고자 하는 문자열을 커맨드라인 인수로 입력할 수 있도록 ioFS.go를 수정해보자.

- ioFS.go를 `cobra`로 구현해보자.

- byLine.go는 `ReadString('\n')`을 이용해 입력 파일을 읽는다. 이를 `Scanner` (https://golang.org/pkg/bufio/#Scanner)를 이용해 읽어오도록 수정하자.

- 비슷하게 byword.go도 `ReadString('\n')`으로 이용해 입력 파일을 읽는다. 대신 `Scanner`를 이용하도록 수정하자.

- 외부의 YAML 데이터를 읽어올 수 있도록 yaml.go를 수정해보자.

⠿ 요약

6장에서는 주로 시스템 프로그래밍과 파일 입출력을 알아봤고 시그널 처리, 커맨드라인 인수, 텍스트 파일 읽기, JSON 데이터, `cobra`를 이용해 강력한 커맨드라인 유틸리티 만들기 등의 주제도 다뤘다.

실제 애플리케이션을 만들 때 파일 시스템처럼 운영체제와 상호작용하는 것을 빼놓을 수 없으므로 6장의 내용은 매우 중요하다.

7장에서는 고루틴, 채널, 데이터 공유 등 Go의 동시성을 다룬다.

⁝⁝⁞ 참고 자료

- viper 패키지: https://github.com/spf13/viper

- cobra 패키지: https://github.com/spf13/cobra

- encoding/json 패키지 문서: https://golang.org/pkg/encoding/json

- io/fs 패키지 문서: https://golang.org/pkg/io/fs/

- 엔디안: https://en.wikipedia.org/wiki/Endianness

- Go 1.16 릴리스 노트: https://golang.org/doc/go1.16

07

Go의 동시성

Go 동시성 모델의 핵심 구성 요소는 Go의 최소 실행 단위인 **고루틴**^{goroutine}이다. Go는 모든 것이 고루틴 형태로 실행된다. 모든 실행 가능한 Go 프로그램은 적어도 하나의 고루틴을 갖고 있으며, `main` 패키지의 `main()` 함수를 실행하는 데 사용한다. 고루틴을 실행할 책임은 Go 스케줄러^{Go scheduler}가 갖고 있고 각각의 고루틴은 스케줄러의 명령에 따라 하나의 운영체제 스레드에서 실행된다. 얼마나 많은 스레드를 생성할지는 운영체제 스케줄러에서 결정하지 않는다. 대신 Go 런타임에서 `GOMAXPROCS` 만큼의 스레드를 사용해 Go 코드를 실행할 수 있게 충분히 많은 스레드를 생성한다.

그러나 고루틴들은 직접 통신할 수 없다. Go에서 데이터 공유는 **채널**^{channel}이나 **공유 메모리**^{shared memory}로 구현한다. 채널은 여러 고루틴을 연결하는 접착제처럼 동작한다. 고루틴들은 데이터를 처리하고 커맨드를 실행할 수는 있지만 서로 직접적으로 통신할 수는 없고 채널, 로컬 소켓, 공유 메모리를 이용해 통신한다. 반면 채널은 데이터를 처리할 수 없고 코드를 실행할 수 없지만 고루틴들로부터 데이터를 주고 받을 수 있고 또 다른 특별한 목적을 가질 수도 있다.

여러 개의 채널과 고루틴을 조합하면 데이터 흐름을 만들 수 있고 Go에서는 이를 파이프라인^{pipeline}이라고 부른다. 데이터베이스에서 데이터를 읽어오는 고루틴이 있다면 채널을 통해 데이터를 두 번째 고루틴으로 전달한 후 데이터를 처리하고 다시 데이터베이스에 데이터를 저장하기 전에 처리한 데이터를 또 다른 채널을 통해 별도의 고루틴으로 전달할 수도 있다.

7장에서 다루는 내용은 다음과 같다.

- 프로세스, 스레드, 고루틴

- Go 스케줄러

- 고루틴

- 채널

- 경쟁 상태^{Race Conditions}

- select 키워드

- 고루틴 시간 초과

- Go 채널 재방문

- 공유 메모리와 공유 변수

- 클로저 변수와 go 구문

- context 패키지

- semaphore 패키지

⠿ 프로세스, 스레드, 고루틴

프로세스^{process}는 운영체제에서 실행 중인 프로그램을 나타내는 표현이고, **프로그램**^{program}은 운영체제 프로세스를 생성할 때 필요한 정보를 담고 있는 디스크의 바이너리 파일이다. 바이너리 파일은 특별한 포맷(리눅스의 경우 ELF)으로 저장돼 있으며 CPU가 실행할 모든 커맨드와 다른 유용한 정보들을 포함하고 있다. 프로그램이 메모리에 적재된 다음 커맨드를 실행하고 프로세스가 생성된다. 따라서 프로세스는 실행 시간에 얻는 리소스와 더불어 메모리, 열린 파일의 정보, 사용자 데이터 등과 같은 추가적인 정보를 함께 갖고 있다.

스레드^{thread}는 프로세스보다 좀 더 가볍고 작은 실행 단위다. 프로세스는 하나 또는 그 이상의 스레드를 갖고 있으며 각 스레드는 제어 흐름과 스택을 따로 갖는다. 간단히 말해 프로세스는 바이너리 파일을 실행한 것이고 스레드는 프로세스의 일부분이다.

고루틴은 Go 프로그램에서 동시에 실행할 수 있는 최소 단위다. 여기서 최소라는 점이 중요하다. 고루틴은 유닉스 프로세스처럼 독립적인 개체가 아니다. 고루틴은 유닉스 프로세스 안에 사는 스레드 안에 있다. 고루틴은 스레드보다 가볍고 당연히 프로세스보다도 가볍다. 하나의 컴퓨터에서 수천 내지 수만 개를 거뜬히 구동할 수 있다. 고루틴은 스택이 작고 생성 시간이 빠르며 적은 지연시간으로 채널을 통해 통신할 수 있기 때문에 스레드보다 가벼울 수 있다.

실제로는 프로세스 하나가 여러 스레드로 구성되고 다시 각 스레드는 여러 고루틴으로 구성된다. 단, 고루틴은 자신이 속할 프로세스 환경이 있어야 한다. 따라서 고루틴을 생성하려면 스레드가 최소한 하나 있는 프로세스가 필요하다. 프로세스와 스레드는 운영체제에서 관리해주지만 필요한 스레드는 Go가 생성해주고 개발자는 고루틴의 숫자를 관리해야 한다.

이제 프로세스, 프로그램, 스레드, 고루틴의 개념을 어느 정도 파악했으니 Go 스케줄러를 잠시 살펴보자.

⫶ Go 스케줄러

운영체제 커널의 스케줄러가 프로그램에 있는 스레드의 실행을 담당하듯이 Go 런타임에도 고루틴 실행을 담당하는 스케줄러가 있다. Go 스케줄러는 m:n 스케줄링이란 기법을 사용한다. 여기서 m은 실행되는 고루틴의 개수이고 n은 고루틴을 멀티플렉싱multiplexing할 운영체제의 스레드 개수다. Go 스케줄러는 Go의 구성 요소로 Go 프로그램에 있는 고루틴의 실행 방법과 순서를 담당한다. 따라서 Go에서 스케줄러의 역할은 매우 중요하다. Go 스케줄러도 고루틴으로 실행된다.

> **NOTE**
>
> Go 스케줄러는 한 프로그램 내의 고루틴만 다루기 때문에 커널의 스케줄러에 비해 훨씬 간결하고 효율적이며 빠르게 작동한다.

Go는 **포크-조인 동시성**fork-join concurrency 모델을 사용한다. 여기서 포크는 프로그램을 실행하다가 임의의 시점에 자식 브랜치를 생성하는 것을 말하며, fork(2) 시스템 콜과 혼동해서는 안 된다. 조인은 자식 브랜치가 끝나 부모와 합류하는 것을 말한다. 대개 sync.Wait() 구문이나 고루틴의 결과를 수집하는 채널에서 조인하고, 고루틴에서 자식 브랜치가 생성되면서 포크한다.

균등 스케줄링 전략fair scheduling strategy은 모든 부하를 현재 사용할 수 있는 프로세서로 고르게 나누는 방식으로, 상당히 직관적이고 구현도 간단한 편이다. 얼핏 보면 모든 프로세서를 골고루 사용하면서 복잡하지도 않아 완벽한 기법처럼 보일 수 있지만 실제로는 그렇지 않다. 분산 작업 중 상당수는 다른 작업에 의존성을 갖기 때문이다. 따라서 결국 충분히 활용하지 않거나 다른 프로세서보다 더 많이 사용하는 프로세서가 생기기 마련이다. 고루틴은 일종의 **작업**task인 반면 이러한 고루틴을 호출하는 문장 다음부터는 모두 컨티뉴에이션continuation[1]이다. Go 스케줄러에서 사용하는

---

1. 현재 지점을 실행한 후에 이어서 할 일을 가리키는 개체다. 함수 호출에 인수로 전달해 프로그램 실행 흐름을 제어할 수 있다. - 옮긴이

작업 훔치기 전략^{work-stealing strategy}에 따르면 충분히 활용하지 않고 있는 논리적인 프로세서에게 줄 작업을 다른 프로세서에서 찾는다.

적절한 작업을 발견하면 그 프로세서에서 작업을 훔쳐오기 때문에 작업 훔치기 전략이라 부른다. 또한 Go에서 사용하는 작업 훔치기 알고리듬에서는 컨티뉴에이션을 훔쳐 큐에 저장한다. **스톨링 조인**^{stalling join}이란 스레드의 실행을 멈추고 다른 작업을 찾기 시작하는 지점이다.

작업 훔치기와 컨티뉴에이션 훔치기^{continuation stealing} 모두 스톨링 조인이 발생하지만 작업보다는 컨티뉴에이션이 더 많이 발생하므로 Go 스케줄링 알고리듬은 작업보다는 컨티뉴에이션을 훔쳐온다.

컨티뉴에이션 훔치기의 가장 큰 단점은 프로그래밍 언어의 컴파일러에서 처리할 작업이 늘어난다는 것이다. 다행히 Go에서 이런 기능을 제공하기 때문에 작업 훔치기 알고리듬을 수행할 때 컨티뉴에이션 훔치기를 사용한다. 컨티뉴에이션 훔치기는 고루틴 대신 함수만 사용하는 것과 여러 고루틴으로 구성된 스레드 하나만 사용하는 것의 결과가 같다는 장점이 있다. 어떤 경우라도 주어진 시점에 단 하나만 실행되기 때문에 당연하다고 볼 수 있다.

Go 스케줄러는 크게 OS 스레드(M)_(현재 사용하는 OS에 따라 달라짐), 고루틴(G), 논리적 프로세서(P)라는 세 가지 개체에 의해 작동된다. Go 프로그램에서 사용할 수 있는 프로세서의 수는 GOMAXPROCS 환경 변수로 지정한다. 따라서 프로세서의 최대 개수는 GOMAXPROCS개다. 이제 Go의 m:n 스케줄링 알고리듬으로 돌아가보자. m개의 고루틴이 구동하게 되면 n개의 OS 스레드에서 스케줄링할 대상이 된다. 이때 논리적 프로세서를 최대 GOMAXPROCS개 사용한다. GOMAXPROCS는 잠시 후 자세히 알아본다.

그림 7.1에는 두 가지 큐_(글로벌 큐와 논리적 프로세서마다 붙어 있는 로컬 큐)가 있다. 글로벌 큐에 있는 고루틴을 실행하려면 논리적 프로세서에 있는 로컬 큐에 할당해야 한다.

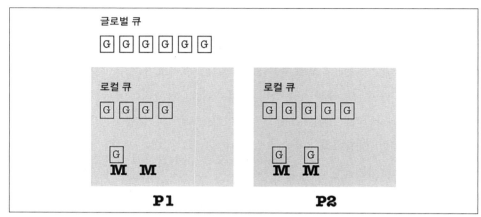

그림 7.1: Go 스케줄러 작동 방식

각각의 논리적 프로세서마다 스레드가 여러 개 있어 현재 사용할 수 있는 논리적 프로세서에 대한 로컬 큐 사이에 훔치기가 발생할 수도 있다. 마지막으로 Go 스케줄러는 필요에 따라 OS 스레드를 더 생성할 수 있다. 하지만 OS 스레드는 상당히 무거운 편이다. 다시 말해 처리해야 할 OS 스레드가 너무 많으면 Go 애플리케이션의 속도가 느려지게 된다.

이제 GOMAXPROCS의 의미와 사용법을 알아보자.

GOMAXPROCS 환경 변수

GOMAXPROCS 환경 변수를 이용하면 사용자 레벨^{user-level} Go 코드를 실행하고자 동시에 사용하는 OS 스레드의 수를 설정할 수 있다. Go 1.5 버전부터 GOMAXPROCS에 대한 기본값은 현재 사용하는 유닉스 머신의 논리적 코어 수에 따라 결정된다. runtime.GOMAXPROCS() 함수로 GOMAXPROCS 값을 프로그램에서 설정할 수도 있다.

현재 사용하는 머신의 코어 수보다 적은 값을 GOMAXPROCS 변수에 할당하면 프로그램 성능에 영향을 미칠 수 있다. 그렇다고 현재 사용할 수 있는 코어 수보다 큰 값을 GOMAXPROCS에 할당한다고 해서 프로그램이 더 빨리 실행되는 것은 아니다.

이 절에서 언급한 것처럼 프로그램에서 GOMAXPROCS 값을 설정할 수 있다. 이는 maxprocs.go에 나타나 있고 runtime 패키지의 부가적인 기능도 알아본다. main() 함수의 구현은 다음과 같다.

```go
func main() {
    fmt.Print("You are using ", runtime.Compiler, " ")
    fmt.Println("on a", runtime.GOARCH, "machine")
    fmt.Println("Using Go version", runtime.Version())
```

runtime.Complier 변수는 실행하고 있는 바이너리를 빌드할 때 사용한 컴파일러 정보를 담고 있다. 가장 유명한 두 가지는 gc와 gccgo다. runtime.GOARCH 값은 현재 아키텍처를 담고 있고 runtime.Version()에서는 Go 컴파일러의 현재 버전을 반환한다. 이 정보는 runtime.GOMAXPROCS를 사용할 때 필요한 정보는 아니지만 시스템에 대해 더 잘 알 수 있는 정보다.

```go
    fmt.Printf("GOMAXPROCS: %d\n", runtime.GOMAXPROCS(0))
}
```

runtime.GOMAXPROCS(0)를 호출하면 무슨 일이 일어날까? runtime.GOMAXPROCS() 는 항상 동시에 실행할 수 있는 CPU 최대 개수의 직전 값을 반환한다. runtime. GOMAXPROCS()의 매개변수가 1보다 크거나 같다면 runtime.GOMAXPROCS()는 현재 설정을 변경한다. 여기서는 0을 입력하므로 아무 설정도 변경하지 않는다.

maxprocs.go를 실행하면 다음과 같은 결과가 나온다.

```
You are using gc on a amd64 machine
Using Go version go1.16.2
GOMAXPROCS: 8
```

GOMAXPROCS의 값을 다음 기법으로 변경할 수 있다.

```
$ export GOMAXPROCS=100; go run maxprocs.go
You are using gc on a amd64 machine
Using Go version go1.16.2
GOMAXPROCS: 100
```

위 커맨드는 GOMAXPROCS 값을 일시적으로 100으로 바꾼 뒤 maxprocs.go를 실행한다.

적은 개수의 코어를 사용해 성능 테스트를 하지 않는 한 GOMAXPROCS 값을 바꿀 이유는 별로 없다. 다음 절에서는 동시성과 병렬성의 공통점과 차이점을 설명한다.

동시성과 병렬성

흔히 동시성^{concurrency}과 병렬성^{parallelism}을 같은 개념이라고 생각하기 쉬운데, 절대 그렇지 않다. 병렬성은 특정한 여러 개체를 동시에 실행하는 것을 말하는 반면 동시성은 구성 요소들을 최대한 독립적으로 실행할 수 있게 구성하는 방식을 뜻한다.

소프트웨어 구성 요소를 구성할 때 동시성을 지원해야만 안전하게 병렬로 실행할 수 있다. 단, 하드웨어와 OS에서 병렬성을 지원해야 한다.[2] 참고로 Erlang이란 프로그래밍 언어는 지금처럼 멀티코어 CPU가 등장하고 RAM 용량도 커지기 전에 이런 기능을 지원했다.

동시성 설계가 제대로 된 시스템이라면 동시성을 지원하는 개체가 추가되면 병렬로 실행할 수 있는 일이 늘어나기 때문에 전반적인 시스템 처리 속도가 빨라진다. 따라서 문제를 동시성의 관점에서 잘 표현하고 구현해야만 병렬성의 본래 목표를 달성할 수 있다. 그러려면 개발자는 시스템의 설계 단계부터 동시성을 고려하고 시스템의 구성 요소를 최대한 병렬로 실행시켜야 효과를 높일 수 있다. 그러므로 개발자는 병렬성을 고민할 것이 아니라 원래 풀려던 문제를 효율적으로 해결할 수 있게 시스템을 최대한 독립적인 구성 요소로 나눌 방법을 고민해야 한다.

---

2. 동시성은 병렬성을 일반화한 좀 더 넓은 의미라고 볼 수 있다. 동시성은 CPU가 하나뿐인 환경에서 여러 스레드를 교차 실행하는 경우도 포함하는 반면 병렬성은 여러 CPU에서 여러 스레드나 프로세스를 완전히 동시에 실행하는 것을 말한다. – 옮긴이

설사 현재 사용하는 머신에서 여러분이 구현한 함수들의 병렬 실행을 제대로 지원하지 못하더라도 동시성을 제대로 반영해 설계해두면 프로그램의 설계와 유지 보수성도 더욱 향상시킬 수 있다.

다시 말해 병렬성보다 동시성이 더 중요하다. 이제 채널을 살펴보기 전에 Go 동시성 모델의 주요 구성 요소인 고루틴을 살펴보자.

고루틴

고루틴을 정의하고 생성해서 실행하려면 **go** 키워드를 적고 그 뒤에 이어서 원하는 함수 이름이나 **익명 함수**^{anonymous function}를 적으면 된다. 함수를 호출하는 문장 앞에 **go** 키워드를 붙이면 그 함수는 즉시 반환하고 실제 동작은 백그라운드에서 고루틴 형태로 실행되기 시작한다. 고루틴의 실행 순서는 예측하거나 제어할 수 없다. OS 스케줄러와 Go 스케줄러, OS의 부하량에 따라 달라지기 때문이다.

고루틴 생성

이 절에서는 고루틴을 생성하는 방법을 알아본다. create.go 프로그램의 `main()` 함수에서 구현을 확인할 수 있다.

```
func main() {
  go func(x int) {
    fmt.Printf("%d ", x)
  }(10)
```

이런 방식으로 익명 함수를 고루틴으로 실행할 수 있다. 마지막의 **(10)**로 매개변수를 익명 함수로 넘길 수 있다. 위의 익명 함수는 값을 화면에 출력하는 일만 한다.

```
    go printme(15)
```

일반 함수도 고루틴으로 실행할 수 있다. 보통 고루틴으로 실행하는 함수는 직접적으로 아무 값도 반환하지 않는다. 고루틴과 데이터를 주고받고자 한다면 공유 메모리나 채널 같은 다른 메커니즘을 이용해야 한다.

```
    time.Sleep(time.Second)
    fmt.Println("Exiting...")
  }
```

Go 프로그램은 고루틴이 끝날 때까지 기다리지 않기 때문에 이를 수동으로 지연시켜야 하므로 time.Sleep() 함수를 호출했다. 뒤에서는 프로그램이 끝나기 전에 모든 고루틴이 끝나는 것을 기다리도록 코드를 고쳐볼 것이다.

create.go를 실행하면 다음과 같은 결과가 나온다.

```
$ go run create.go
10 * 15
Exiting...
```

10은 익명 함수의 결과며 * 15는 go printme(15) 구문에서 나온 결과다. 그러나 create.go를 여러 번 더 실행해보면 약간 다른 결과를 얻을 수도 있다. 이는 두 개의 고루틴이 항상 같은 순서로 실행되지 않기 때문이다.

```
$ go run create.go
* 15
10 Exiting...
```

다음 절에서는 여러 개의 고루틴을 실행하는 방법을 알아본다.

고루틴 여러 개 생성

이 절에서는 multiple.go 프로그램으로 여러 개의 고루틴을 생성하는 방법을 알아본다. 고루틴의 개수는 프로그램의 커맨드라인 인수로 주어진다. main() 함수의 가장 중요한 코드는 다음에서 확인할 수 있다.

```
fmt.Printf("Going to create %d goroutines.\n", count)
for i := 0; i < count; i++ {
```

for 루프를 이용해 여러 고루틴을 생성해도 무방하고, 특히 많은 고루틴을 생성해야 할 때 for 루프를 사용하면 편리하다.

```
    go func(x int) {
        fmt.Printf("%d ", x)
    }(i)
}
time.Sleep(time.Second)
fmt.Println("\nExiting...")
```

다시 한 번 time.Sleep()으로 main() 함수가 종료되는 것을 지연시켰다.

multiple.go를 실행하면 다음과 같은 결과를 얻는다.

```
$ go run multiple.go 15
Going to create 15 goroutines.
3 0 8 4 5 6 7 11 9 12 14 13 1 2 10
Exiting...
```

multiple.go를 여러 번 실행한다면 다른 결과를 얻을 것이다. 따라서 여전히 개선의 여지가 있다. 다음 절에서는 time.Sleep() 호출을 제거하고 고루틴이 끝날 때까지 프로그램을 기다리게 만들어본다.

고루틴이 끝날 때까지 기다리기

여러 개의 고루틴을 생성하는 것만으로는 충분하지 않다. 여러 개의 고루틴을 생성했다면 main() 함수가 끝나기 전에 고루틴들이 끝나는 것을 기다려야 한다. 따라서 이 절에서는 multiple.go의 코드에서 고루틴이 끝나는 것을 기다리도록 개선해본다. 해당 코드의 개선된 버전은 varGoroutines.go다. 하지만 먼저 코드가 어떻게 동작하는지 알아보자.

동기화 프로세스는 sync.WaitGroup을 정의하고 Add(), Done(), Wait() 메서드를 사용하는 것부터 시작한다. sync 패키지, 특히 waitgroup.go를 살펴본다면 sync.WaitGroup 타입은 두 개의 필드를 갖고 있는 구조체일 뿐이라는 것을 알 수 있다.

```
type WaitGroup struct {
    noCopy noCopy
    state1 [3]uint32
}
```

각각의 sync.Add() 호출은 세 개의 uint32 항목으로 이뤄진 배열인 state1 필드의 카운터를 증가시킨다. 경쟁 상태^{race condition}를 피하고자 한다면 go 구문 앞에서 sync.Add()를 호출해야 한다는 점을 주의하자(경쟁 상태는 '경쟁 상태' 절에서 알아본다). 각각의 고루틴이 작업을 끝낼 때는 sync.Done() 함수를 호출해 똑같은 카운터를 감소시켜야 한다. sync.Done() 내부에서는 Add(-1)을 호출한다. Wait() 메서드는 카운터가 0이 될 때까지 기다린 뒤 반환한다. main() 함수 안에서 Wait()가 반환된다면 main()이 종료되고 프로그램이 끝난다는 의미다.

TIP

> Add(1)을 여러 번 호출하는 대신 Add()를 1이 아닌 다른 양의 정수와 함께 호출해도 된다. 이는 생성할 고루틴의 개수를 이미 알고 있을 때 유용하게 사용할 수 있다. 하지만 Done()은 이 기능을 지원하지 않는다.

varGoroutines.go의 중요 부분은 다음과 같다.

```
var waitGroup sync.WaitGroup
fmt.Printf("%#v\n", waitGroup)
```

여기에서 사용할 sync.WaitGroup 변수를 생성했다. fmt.Printf()를 호출하면 sync.WaitGroup 구조체의 내용을 출력한다. 보통 이렇게 출력할 일은 없지만 출력을 통해 sync.WaitGroup을 더 잘 알 수 있다.

```
for i := 0; i < count; i++ {
    waitGroup.Add(1)
```

고루틴을 생성하기 바로 전에 Add(1)을 호출해 경쟁 상태를 피했다.

```
go func(x int) {
    defer waitGroup.Done()
```

defer 키워드로 인해 익명 함수가 끝나기 바로 전에 Done()을 호출한다.

```
        fmt.Printf("%d ", x)
    }(i)
}
fmt.Printf("%#v\n", waitGroup)
waitGroup.Wait()
```

Wait() 함수는 waitGroup 변수의 카운터가 0이 될 때까지 기다렸다가 반환하고, 이는 우리가 원하던 동작이다.

```
    fmt.Println("\nExiting...")
```

Wait() 함수가 반환된 뒤에 fmt.Println() 구문이 실행될 것이다. 이제 time.Sleep() 을 호출할 필요가 없다.

varGoroutines.go를 실행하면 다음과 같은 결과가 나온다.

```
$ go run varGoroutines.go 15
Going to create 15 goroutines.
sync.WaitGroup{noCopy:sync.noCopy{}, state1:[3]uint32{0x0, 0x0, 0x0}}
sync.WaitGroup{noCopy:sync.noCopy{}, state1:[3]uint32{0x0, 0x0, 0xf}}
14 8 9 10 11 5 0 4 1 2 3 6 13 12 7
Exiting...
```

state1 슬라이스의 세 번째 값은 0xf이고 이를 10진법으로 표현하면 15다. 이 값이 15인 이유는 Add(1)을 15번 호출했기 때문이다.

NOTE

> 프로그램에서 더 많은 고루틴을 사용하는 것이 항상 정답인 것은 아니다. 고루틴이 많아지면 sync.Add(), sync.Wait(), sync.Done() 호출이 증가하고 Go 스케줄러가 관리해야 할 항목들이 늘어나 프로그램이 느려질 수도 있다.

Add()와 Done()의 호출 횟수가 일치하지 않는 경우

sync.Add()와 sync.Done()을 호출한 횟수가 같다면 프로그램에 아무런 문제가 없다. 하지만 두 값이 서로 다르면 어떻게 될까? 이 절에서 한 번 알아보자.

다음의 프로그램은 커맨드라인 매개변수가 있는지에 따라 다르게 동작한다. 커맨드라인 매개변수가 없다면 Add()가 Done()보다 적은 횟수로 호출된다. 커맨드라인 매개변수가 하나라도 있다면 Done()이 Add()보다 적은 횟수로 호출된다. 해당 코드는 addDone.go에서 직접 확인할 수 있다. 해당 프로그램의 출력을 잘 살펴봐야 하고 addDone.go를 커맨드라인 인수 없이 실행하면 다음의 에러 메시지가 나온다.

```
$ go run addDone.go
Going to create 20 goroutines.
sync.WaitGroup{noCopy:sync.noCopy{}, state1:[3]uint32{0x0, 0x0, 0x0}}
sync.WaitGroup{noCopy:sync.noCopy{}, state1:[3]uint32{0x0, 0x0, 0x13}}
19 14 15 16 17 18 10 8 9 11 12 1 0 2 5 6 3 4 7 13
Exiting...
panic: sync: negative WaitGroup counter

goroutine 19 [running]:
sync.(*WaitGroup).Add(0xc000014094, 0xffffffffffffffff)
        /usr/local/Cellar/go/1.16/libexec/src/sync/waitgroup.go:74
+0x147
sync.(*WaitGroup).Done(0xc000014094)
        /usr/local/Cellar/go/1.16/libexec/src/sync/waitgroup.go:99
+0x34
main.main.func1(0xc000014094, 0xd)
        /Users/mtsouk/ch07/addDone.go:26 +0xdb
created by main.main
        /Users/mtsouk/ch07/addDone.go:23 +0x1c6
exit status 2
```

에러의 원인은 메시지 panic: sync: negative WaitGroup counter에서 찾을 수 있다. 이는 Done()을 Add()보다 많이 호출해 발생했다. 가끔은 addDone.go가 아무에러 메시지도 발생시키지 않고 종료될 때가 있다. 이는 일반적인 동시성 관련 이슈다. 실행 순서가 바뀔 수 있으므로 항상 프로그램 충돌이 발생하거나 오작동하지는않는다. 이로 인해 디버깅이 더 어려워진다.

addDone.go를 하나의 커맨드라인 인수와 함께 실행하면 다음의 에러 메시지가 발생한다.

```
$ go run addDone.go 1
Going to create 20 goroutines.
sync.WaitGroup{noCopy:sync.noCopy{}, state1:[3]uint32{0x0, 0x0, 0x0}}
sync.WaitGroup{noCopy:sync.noCopy{}, state1:[3]uint32{0x0, 0x0, 0x15}}
19 5 6 7 8 9 0 1 3 14 11 12 13 4 17 10 2 15 16 18 fatal error: all
goroutines are asleep - deadlock!
```

```
goroutine 1 [semacquire]:
sync.runtime_Semacquire(0xc000014094)
        /usr/local/Cellar/go/1.16/libexec/src/runtime/sema.go:56 +0x45
sync.(*WaitGroup).Wait(0xc000014094)
        /usr/local/Cellar/go/1.16/libexec/src/sync/waitgroup.go:130
+0x65
main.main()
        /Users/mtsouk/ch07/addDone.go:38 +0x2b6
exit status 2
```

이전과 마찬가지로 프로그램이 충돌한 이유 fatal error: all goroutines are asleep - deadlock!가 화면에 출력된다. 이는 프로그램에서 고루틴이 끝나기를 영원히 기다린다는 의미로, Done()을 호출하지 않아 발생한 에러다.

고루틴으로 여러 파일 생성

고루틴을 사용하는 실용적인 예제로, 랜덤으로 생성한 데이터를 이용해 여러 파일을 만드는 커맨드라인 유틸리티를 소개한다. 이 파일들은 파일 시스템을 테스트하거나 테스트용 데이터를 생성하는 데 활용할 수 있다. randomFiles.go에서 중요한 코드는 다음과 같다.

```
var waitGroup sync.WaitGroup
for i := start; i <= end; i++ {
  waitGroup.Add(1)
  filepath := fmt.Sprintf("%s/%s%d", path, filename, i)
  go func(f string) {
    defer waitGroup.Done()
    createFile(f)
  }(filepath)
}
waitGroup.Wait()
```

먼저 올바른 방식으로 고루틴이 끝나는 것을 기다리도록 sync.WaitGroup 변수를 만들었다. 각 파일은 하나의 고루틴에서 만들어진다. 여기서 중요한 점은 각 파일이 유일한 파일명을 가져야 한다는 것이다. 여기서는 filepath 변수에 for 루프의 카운터를 포함시켜 유일성을 보장했다. createFile() 함수를 여러 번 호출해 파일들을 만들었다. 이와 같이 간단하지만 효과적으로 여러 파일을 생성할 수 있다.

randomFiles.go를 실행하면 다음과 같은 결과가 생성된다.

```
$ go run randomFiles.go
Usage: randomFiles firstInt lastInt filename directory
```

해당 유틸리티는 for 루프의 처음과 마지막 값, 파일명, 해당 파일을 저장할 디렉터리를 매개변수로 입력해야 한다. 따라서 이번에는 올바른 매개변수를 입력해보자.

```
$ go run randomFiles.go 2 5 masterGo /tmp
/tmp/masterGo5 created!
/tmp/masterGo3 created!
/tmp/masterGo2 created!
/tmp/masterGo4 created!
```

모든 것이 잘 돌아갔고 커맨드에 따라 4개의 파일이 생성됐다. 이제 고루틴을 알아봤으니 채널을 알아보자.

⠿ 채널

채널channel이란 주로 고루틴끼리 데이터를 주고받을 때 사용하는 통신 메커니즘이다. 먼저 각 채널마다 특정한 데이터 타입으로만 데이터를 교환할 수 있다. 이를 그 채널의 원소 타입element type이라 부른다. 둘째, 채널이 정상적으로 작동하려면 채널로 데이터를 보내는 상대방이 있어야 한다. 채널을 새로 선언하는 문장은 make()와 chan 키워드로 표시하고(make(chan int)) 채널을 닫으려면 close() 함수를 호출해야 한다. make(chan int, 1)처럼 채널의 크기를 선언할 수도 있다.

파이프라인이란 고루틴과 채널을 연결하는 가상 메서드로, 채널을 통해 한쪽 고루틴에서 출력한 데이터를 다른 고루틴에 입력할 수 있다. 파이프라인을 사용하면 데이터의 흐름을 만들 수 있다. 고루틴이나 채널을 실행할 때 상대방을 기다릴 필요가 없기 때문이다. 또한 주고받는 값을 일일이 변수에 저장할 필요가 없어 변수 사용 횟수를 줄일 수 있고 결과적으로 메모리 공간도 절약할 수 있다. 마지막으로 파이프라인을 사용하면 프로그램 설계가 간결해지므로 유지 보수하기 좋다.

채널에 데이터 쓰고 읽기

채널 ch에 데이터 val을 쓰고 싶다면 그저 ch <- val이라고 적으면 된다. 여기서 화살표는 값을 보낼 방향을 나타내고 val과 ch가 같은 타입이라면 아무 문제없다.

c라는 채널에서 하나의 값을 읽으려면 <-c를 실행하면 된다. 여기서 방향은 채널에서 외부로 향하게 지정한다. 이 값을 aVar := <-c처럼 변수에 저장할 수도 있다.

채널을 읽고 쓰는 방법은 channels.go에 나와 있고 다음 코드와 같다.

```
package main

import (
    "fmt"
    "sync"
)

func writeToChannel(c chan int, x int) {
    c <- x
    close(c)
}
```

위 함수는 값을 채널에 쓴 다음 바로 채널을 닫는다.

```
func printer(ch chan bool) {
  ch <- true
}
```

위 함수는 bool 채널에 true를 전송한다.

```
func main() {
  c := make(chan int, 1)
```

이 채널은 1의 크기를 갖는 버퍼 채널^{buffered channel}이다. 따라서 해당 버퍼가 채워지는 순간 채널을 닫을 수 있고 고루틴은 다음 구문의 실행을 계속하고 반환할 수 있다. 버퍼를 사용하지 않는 채널^{unbuffered channel}은 다른 동작을 한다. 버퍼를 사용하지 않는 채널에 값을 전달하면 다른 누군가가 값을 가져갈 때까지 실행을 멈춘다. 예제에서는 실행을 멈추는 것을 원하지 않기 때문에 버퍼 채널을 사용해야 한다.

```
var waitGroup sync.WaitGroup
waitGroup.Add(1)
go func(c chan int) {
  defer waitGroup.Done()
  writeToChannel(c, 10)
  fmt.Println("Exit.")
}(c)

fmt.Println("Read:", <-c)
```

채널에서 값을 읽은 뒤 다른 변수에 저장하지 않고 바로 값을 출력했다.

```
_, ok := <-c
if ok {
```

```
        fmt.Println("Channel is open!")
    } else {
        fmt.Println("Channel is closed!")
    }
```

위와 같은 코드를 이용해 채널이 닫혔는지 아닌지 확인할 수 있다. 예제에서는 읽어온 값 자체는 무시하기 때문에 채널이 열렸더라도 채널을 통해 전달한 값은 버려진다.

```
waitGroup.Wait()

var ch chan bool = make(chan bool)
for i := 0; i < 5; i++ {
    go printer(ch)
}
```

버퍼를 사용하지 않은 채널을 만든 뒤 아무런 동기화(Add() 함수를 호출하지 않았다) 없이 5개의 고루틴을 만들었다.

```
// 채널과 range
// 중요: c 채널이 닫히지 않았기 때문에
// range 루프는 스스로 끝나지 않는다.
n := 0
for i := range ch {
```

채널과 range 키워드를 함께 쓸 수도 있다. 하지만 채널을 사용한 range 루프는 채널이 닫히거나 break 키워드를 사용할 때만 빠져나오게 된다.

```
    fmt.Println(i)
    if i == true {
        n++
```

```
        }
        if n > 2 {
            fmt.Println("n:", n)
            close(ch)
            break
        }
    }
}
```

조건을 만족하면 ch 채널을 닫은 뒤 break를 이용해 for 루프를 빠져나간다.

```
    for i := 0; i < 5; i++ {
        fmt.Println(<-ch)
    }
}
```

닫힌 채널에서 값을 읽으려고 하면 데이터 타입의 제로 값을 읽게 된다. 따라서 for 루프 자체는 아무 문제없이 동작한다.

channels.go를 실행하면 다음과 같은 결과가 나온다.

```
Exit.
Read: 10
```

writeToChannel(c, 10)을 이용해 값 10을 채널에 쓴 다음에는 해당 값을 다시 읽어온다.

```
Channel is closed!
true
true
true
```

range를 사용한 for 루프는 3회 반복한 뒤 종료되고 반복할 때마다 **true**를 화면에
출력한다.

```
n: 3
false
false
false
false
false
```

마지막 **for** 루프에서 다섯 개의 **false** 값을 출력한다.

channels.go는 모든 것이 잘 돌아가는 것처럼 보이지만 로직에 문제가 있다. 이
문제는 '경쟁 상태' 절에서 설명하고 해결할 것이다. 또한 channels.go를 여러 번
실행하면 프로그램이 충돌할 수도 있다. 그러나 대부분의 경우 충돌하지 않기 때문
에 디버깅하기는 쉽지 않다.

닫힌 채널에서 데이터 받기

닫힌 채널에서 데이터를 읽으면 해당 데이터 타입의 제로 값을 반환한다. 그러나
닫힌 채널에 데이터를 쓰려고 한다면 프로그램이 안 좋은 방식(패닉)으로 충돌할 것이
다. 이 두 가지 상황은 readCloseCh.go에서 확인할 수 있으며 구체적인 상황은
main() 함수에 구현돼 있다.

```go
func main() {
    willClose := make(chan complex64, 10)
```

버퍼를 사용하지 않는 채널을 만든다면 프로그램이 충돌할 것이다.

```go
    // 데이터를 채널에 쓴다.
```

448

```
        willClose <- -1
        willClose <- 1i
```

두 개의 값을 `willClose` 채널에 썼다.

```
        // 데이터를 읽어 채널을 비운다.
        <-willClose
        <-willClose
        close(willClose)
```

그런 다음 채널에서 두 개의 값을 읽은 후 버린 뒤 채널을 닫는다.

```
        // 다시 읽어온다(이때 채널은 닫혀 있다).
        read := <-willClose
        fmt.Println(read)
    }
```

채널에서 읽어온 마지막 값은 `complex64` 데이터 타입의 제로 값이다. readCloseCh. go를 실행하면 다음과 같은 결과가 나온다.

```
(0+0i)
```

따라서 `complex64` 데이터 타입의 제로 값을 받았다. 이제 채널을 매개변수로 받는 함수를 알아보자.

함수 매개변수로 지정한 채널

채널을 함수의 매개변수로 사용할 때는 채널의 방향을 지정할 수 있다. 이렇게 하면 읽기 용도인지 아니면 쓰기 용도로 채널을 사용할 것인지 알 수 있다. 개인적으로는 채널의 목적을 알고 있다면 프로그램을 더욱 단단하게 만들고자 이 기능을 사용하는 것을 추천한다. 이를 사용하면 데이터를 보내기만 해야 하는 채널에서 실수로 데이터를 받거나, 데이터를 받기만 해야 하는 채널에 데이터를 보내는 일이 없을 것이다. 함수 매개변수로 사용하는 채널을 읽기 전용으로 지정한 뒤 해당 채널에 데이터를 쓰려고 한다면 에러 메시지가 출력될 것이고 이 에러 메시지는 발생할 수 있는 까다로운 버그들을 막아줄 것이다.

이 모든 내용은 channelFunc.go에 나와 있다. 채널을 매개변수로 받는 함수들의 구현은 다음과 같다.

```
func printer(ch chan<- bool) {
    ch <- true
}
```

위 함수는 쓰기 전용 채널을 매개변수로 받는다.

```
func writeToChannel(c chan<- int, x int) {
    fmt.Println("1", x)
    c <- x
    fmt.Println("2", x)
}
```

위 함수의 채널 매개변수는 읽기 전용이다.

```
func f2(out <-chan int, in chan<- int) {
    x := <-out
    fmt.Println("Read (f2):", x)
    in <- x
    return
}
```

마지막 함수는 두 개의 채널을 매개변수로 받는다. 그러나 out은 읽기 전용이고 in은 쓰기 전용이다. 허용하지 않는 동작을 하려고 한다면 Go 컴파일러가 이를 알려줄 것이다. 함수를 사용하지 않을 때도 마찬가지다.

다음 절의 주제는 경쟁 상태다. 여러 개의 고루틴을 다룰 때 정의하지 않은 행동과 난감한 상황들을 피할 수 있도록 주의 깊게 읽어보자.

⠿ 경쟁 상태

데이터 경쟁 상태^{data race condition}란 스레드나 고루틴과 같은 요소 여러 개가 프로그램의 변수나 공유 리소스에 서로 접근하려고 경쟁하는 상태를 말한다. 좀 더 자세히 표현하면 데이터 경쟁은 두 개 이상의 인스트럭션(명령)이 동일한 메모리 주소에 접근하는 상황에서 어느 하나가 쓰기 연산을 수행할 때 발생한다. 모두 읽기 연산으로만 구성됐다면 경쟁 상태가 발생하지 않는다. 실제 상황에서는 프로그램을 여러 번 실행할 때 다른 결과가 나오는 것을 의미하며, 이는 좋지 않은 일이다.

Go 소스 파일을 빌드하거나 실행할 때 -race 플래그를 지정하면 Go 경쟁 상태 감지기^{race detector}가 작동한다. 컴파일러가 기존 실행 파일과는 다른 형태로 실행 파일을 생성한다. 이렇게 수정된 버전은 공유 메모리에 접근하는 모든 경우와 sync. Mutex나 sync.WaitGroup에 대한 호출을 비롯한 모든 동기화 이벤트를 기록하고, 이는 뒤에서 알아본다. 공유 메모리 관련 이벤트들을 분석한 뒤엔 경쟁 상태 감지기가 보고서를 출력해 발생할 수 있는 문제를 수정할 수 있게 도와준다.

Go 경쟁 상태 감지기

경쟁 상태 감지기는 go run -race로 작동시킬 수 있다. channels.go를 go run -race 로 테스트한다면 다음과 같은 결과가 나온다.

```
$ go run -race channels.go
Exit.
Read: 10
Channel is closed!
true
true
true
n: 3
==================
WARNING: DATA RACE
Write at 0x00c00006e010 by main goroutine:
  runtime.closechan()
      /usr/local/Cellar/go/1.16.2/libexec/src/runtime/chan.go:355 +0x0
  main.main()
      /Users/mtsouk/ch07/channels.go:54 +0x46c

Previous read at 0x00c00006e010 by goroutine 12:
  runtime.chansend()
      /usr/local/Cellar/go/1.16.2/libexec/src/runtime/chan.go:158 +0x0
  main.printer()
      /Users/mtsouk/ch07/channels.go:14 +0x47

Goroutine 12 (running) created at:
  main.main()
      /Users/mtsouk/ch07/channels.go:40 +0x2b4
==================
false
false
false
false
false
Found 1 data race(s)
exit status 66
```

channels.go에는 문제가 없어 보이지만 사실은 경쟁 상태가 발생할 수 있는 상황이다. 이제부터 출력을 살펴보면서 channels.go의 어디가 문제인지 알아본다.

channels.go의 54번째 줄에서는 채널을 닫았는데, 14번째 줄에서는 같은 채널에 데이터를 썼다. 이는 경쟁 상태의 근본 원인이 될 수 있다. 54번째 줄은 close(ch)이고 14번째 줄은 ch <- true다. 이 두 가지 일이 어떤 순서로 일어날지 모르기

때문에 이는 경쟁 상태다. channels.go를 경쟁 상태 감지기 없이 실행한다면 잘 동작할 수도 있다. 그러나 이를 여러 번 실행한다면 panic: send on closed channel와 같은 에러 메시지가 발생할 것이다. 이는 보통 Go 스케줄러가 프로그램의 고루틴을 실행하는 순서에 달려 있다. 따라서 채널을 닫는 행동이 먼저 일어났다면 그런 다음 채널에 쓰고자 하는 시도는 실패한다. 이는 경쟁 상태다.

channels.go를 수정하려면 코드의 변경이 필요하고 더 정확히는 printer() 함수의 구현을 변경해야 한다. channels.go를 고친 버전은 chRace.go이고 코드는 다음과 같다.

```go
func printer(ch chan<- bool, times int) {
    for i := 0; i < times; i++ {
        ch <- true
    }
    close(ch)
}
```

가장 먼저 살펴볼 것은 채널에 데이터를 쓸 때 여러 고루틴을 사용하지 않고 하나의 고루틴을 사용했다는 점이다. 하나의 고루틴에서 채널에 데이터를 쓰고 그런 다음에 닫는다면 모든 일이 순차적으로 일어나게 되므로 아무 경쟁 상태도 발생하지 않는다.

```go
func main() {
    // 버퍼를 사용하지 않는 채널이다.
    var ch chan bool = make(chan bool)

    // 5개의 값을 하나의 고루틴을 이용해 채널에 쓴다.
    go printer(ch, 5)

    // 중요: 채널 ch가 닫혔기 때문에
    // range 루프는 스스로 끝난다.
```

```
    for val := range ch {
        fmt.Print(val, " ")
    }
    fmt.Println()

    for i := 0; i < 15; i++ {
        fmt.Print(<-ch, " ")
    }
    fmt.Println()
}
```

go run -race chRace.go를 실행하면 다음과 같은 결과가 나오고, 아무 경쟁 상태도 발생하지 않는다.

```
true true true true true
false false false false false false false false false false false false
false false false
```

다음 절에서는 중요하고 강력한 키워드인 select를 알아본다.

∷ select 키워드

select 키워드는 여러 채널을 동시에 기다릴 수 있게 만들어주므로 매우 중요하다. select 블록은 switch문과 비슷하게 여러 case와 부가적인 default를 가질 수 있다. 만약을 위해 select 블록에 타임아웃 옵션을 두는 것도 좋다. 마지막으로 아무 case 없이 select를 사용한다면(select{}) 영원히 기다리게 된다.

실제로 select를 이용하면 여러 통신 연산을 기다릴 수 있다. 따라서 select의 가장 큰 장점은 select 블록 하나로 여러 채널을 다룬다는 점이다. 따라서 채널에 대해 논블로킹nonblocking 방식으로 연산을 수행할 수 있다. 단, select 블록을 잘 구성해야 한다.

454

select문은 모든 채널을 동시에 확인하기 때문에 순차적으로 실행되지 않는다. select문에 있는 채널 중 사용할 수 있는 것이 없다면 사용할 수 있는 채널이 나타 날 때까지 블록된다. select문에서 사용할 수 있는 채널이 여러 개라면 Go 런타임 이 그중 하나를 임의로 선택한다.

다음의 select.go 코드는 select를 세 가지 case문으로 구성해 사용했다. 하지만 먼저 select 블록이 포함된 고루틴을 살펴보자.

```
wg.Add(1)
go func() {
    gen(0, 2*n, createNumber, end)
    wg.Done()
}()
```

위 코드는 wg.Done()을 실행하기 전에 gen() 함수가 끝나야 한다는 것을 알려준다. 이제 gen()의 구현을 살펴보자.

```
func gen(min, max int, createNumber chan int, end chan bool) {
    time.Sleep(time.Second)
    for {
        select {
        case createNumber <- rand.Intn(max-min) + min:
        case <-end:
            fmt.Println("Ended!")
            // return
```

여기서 해야 할 일은 return문을 이용해 gen()을 끝내는 것이다. 그러나 return문 을 추가하는 것을 잊어버렸다고 가정하자. 그렇게 되면 end 채널과 관련된 case를 실행한 다음에도 함수는 끝나지 않는다. createNumber 또한 return문이 없기 때문 에 함수를 끝내지 않는다. 따라서 select 구문은 또 다른 입력을 기다리게 된다.

이에 대한 해결책은 다음 코드에서 찾을 수 있다.

```
case <-time.After(4 * time.Second):
    fmt.Println("time.After()!")
    return
    }
  }
}
```

그러면 전체 select 블록에서는 무슨 일이 일어날까? 해당 select 블록은 세 개의 case문으로 구성돼 있다. 앞서 언급했듯이 select에 default가 항상 필요한 것은 아니다. 사실 이 예제에서 select 구문의 세 번째 case는 마치 똑똑한 default처럼 작동한다. time.After()는 특정 시간(4 * time.Second)을 기다린 뒤 메시지를 출력하고 return과 함께 함수를 종료하기 때문이다. 따라서 어떤 이유로 인해 다른 모든 채널이 블록된 상태가 되더라도 select문의 블록을 풀 수 있다. 두 번째 case문에서 return을 생략하는 것이 버그이기는 하지만 출구 전략을 마련하는 것은 항상 좋다.

select.go를 실행하면 다음과 같은 결과가 나온다.

```
$ go run select.go 10
Going to create 10 random numbers.
13 0 2 8 12 4 13 15 14 19 Ended!
time.After()!
Exiting...
```

이 장의 남은 부분에서 select를 활용하는 모습을 더 볼 수 있을 것이다. 기억해야 할 것은 select가 한 지점에서 여러 채널을 기다릴 수 있다는 점이다.

⫶⫶⫶ 고루틴 타임아웃

가끔은 고루틴이 끝나는 시간이 예상보다 길어질 수 있다. 이런 상황에서는 고루틴의 타임아웃timeout을 통해 프로그램의 블록 상태를 풀 수 있다. 이 절에서는 고루틴의 타임아웃을 위한 두 가지 기법을 소개한다.

main() 내부에서 고루틴 타임아웃

이 절에서는 고루틴의 타임아웃을 발생시키는 간단한 기법을 소개한다. 관련 코드는 timeOut1.go의 **main()** 함수에서 찾을 수 있다.

```go
func main() {
  c1 := make(chan string)
  go func() {
    time.Sleep(3 * time.Second)
    c1 <- "c1 OK"
  }()
```

time.Sleep()을 호출한 이유는 함수가 끝날 때까지 통상적으로 걸리는 시간을 표현하기 위해서다. 여기서는 고루틴을 실행하는 익명 함수가 대략 3초 이후에 **c1** 채널에 메시지를 쓴다고 가정했다.

```go
  select {
  case res := <-c1:
    fmt.Println(res)
  case <-time.After(time.Second):
    fmt.Println("timeout c1")
  }
```

지정한 시간만큼 기다릴 수 있게 **time.After()** 함수를 호출했다(다른 case문을 실행했다면

. 여기서는 **time.After()**에서 반환하는 실제 값에는 관심 없고 **time.After()** 함수가 끝났다는 사실, 다시 말해 그만큼 시간이 지났다는 사실이 중요하다. 이때 **time.After()** 함수에 지정한 값이 앞에 나온 코드에서 고루틴으로 실행할 **time.Sleep()** 호출에 지정한 값보다 작을수록 타임아웃 메시지를 받을 확률이 높아진다. "확률이 높아진다."라고 표현한 이유는 리눅스가 실시간 운영체제 real-time OS가 아니기 때문에 가끔 (특히 많은 양의 작업을 처리하고 있을 때) 운영체제의 스케줄러가 이상하게 행동하기 때문이다.

```go
c2 := make(chan string)
go func() {
    time.Sleep(3 * time.Second)
    c2 <- "c2 OK"
}()
select {
case res := <-c2:
    fmt.Println(res)
case <-time.After(4 * time.Second):
    fmt.Println("timeout c2")
}
}
```

위 코드는 **time.Sleep()** 호출로 인해 대략 3초가 걸리는 고루틴을 실행하는 동시에 **time.After(4 * time.Second)**라는 구문으로 타임아웃 시간이 4초라고 정의했다. **select** 블록의 첫 번째 **case**를 통해 c2 채널에서 값을 받아 **time.After(4 * time. Second)**가 반환되면 타임아웃이 발생하지 않는다. 반면 그렇지 않으면 타임아웃이 발생한다. 그런데 여기서 **time.After()**를 호출할 때 **time.Sleep()**이 반환할 때까지 충분한 시간을 지정하면 여기서 타임아웃 메시지를 받을 확률이 낮아진다.

이제 생각들을 정리해보자. timeOut1.go를 실행하면 다음과 같은 결과가 나온다.

```
$ go run timeOut1.go
timeout c1
c2 OK
```

예상했던 것처럼 첫 번째 고루틴은 정상적으로 끝나지 않아 타임아웃됐고 두 번째
고루틴은 정상적으로 종료됐다. 다음 절에서는 다른 타임아웃 기법을 알아본다.

main() 바깥에서 고루틴 타임아웃

이 절에서는 고루틴의 타임아웃을 위한 다른 기법을 알아본다. select 구문은 다른
분리된 함수에서 찾을 수 있다. 또한 타임아웃 주기는 커맨드라인 인수로 주어진다.
timeOut2.go의 흥미로운 부분은 timeout()의 구현이다.

```
func timeout(t time.Duration) {
  temp := make(chan int)
  go func() {
    time.Sleep(5 * time.Second)
    defer close(temp)
  }()

  select {
  case <-temp:
    result <- false
  case <-time.After(t):
    result <- true
  }
}
```

timeout()에서 time.After()를 호출할 때의 시간을 timeout()의 매개변수로 지정
했다. 따라서 구체적인 값은 달라질 수 있다. 타임아웃 로직은 select 블록으로
구현했다. 5초보다 긴 타임아웃 주기가 주어진다면 고루틴은 정상적으로 종료될

확률이 높다. `timeout()`에서 채널에 `false`를 쓴다면 타임아웃되지 않은 것이고, `true`를 쓴다면 타임아웃된 것이다. timeOut2.go를 실행하면 다음과 같은 결과를 얻는다.

```
$ go run timeOut2.go 100
Timeout period is 100ms
Time out!
```

타임아웃 주기가 100밀리초이므로 고루틴이 끝날 충분한 시간이 주어지지 않아 고루틴이 타임아웃됐다.

```
$ go run timeOut2.go 5500
Timeout period is 5.5s
OK
```

이번에는 타임아웃 주기를 5500밀리초로 설정했고 고루틴이 끝날 충분한 시간이 주어져 고루틴이 종료됐다.

다음 절에서는 채널에 관한 개념을 다시 살펴본다.

⁝⟩ Go 채널 다시 보기

지금까지 채널의 기본적인 사용법을 알아봤다. 이 절에서는 nil 채널의 정의와 이를 사용하는 방법, 시그널 채널, 버퍼 채널을 다룬다.

채널 타입에서 제로 값에 해당하는 값은 nil이다. 또한 닫힌 채널에 메시지를 보내면 프로그램이 패닉을 일으킨다. 하지만 닫힌 채널에서 읽을 때는 그 채널에서 지정한 타입의 제로 값에 해당하는 값을 받는다. 따라서 채널을 닫은 뒤에는 더 이상 데이터를 쓸 수 없지만 여전히 읽기 연산을 수행할 수는 있다. 채널을 닫을 수 있게 만들려면 읽기 전용으로 지정해서는 안 된다.

460

또한 nil 채널은 항상 블록된다. 다시 말해 nil 채널을 읽거나 쓰면 블록된다. 채널의 이러한 속성은 select 구문에서 채널 변수에 nil 값을 할당했을 때 해당 브랜치로 가지 못하게 하는 데 유용하다. 마지막으로 nil 채널을 닫으려고 하면 프로그램이 패닉을 일으킨다. 다음 closeNil.go 프로그램에 이 내용이 잘 나와 있다.

```go
package main

func main() {
    var c chan string
```

위 구문에서는 c라는 문자열 타입의 nil 채널을 정의했다.

```go
    close(c)
}
```

closeNil.go를 실행하면 다음과 같은 결과를 얻는다.

```
panic: close of nil channel

goroutine 1 [running]:
main.main()
        /Users/mtsouk/ch07/closeNil.go:5 +0x2a
exit status 2
```

위 결과를 통해 nil 채널을 닫을 때 나오는 메시지를 확인할 수 있다.

이제 버퍼 채널을 알아보자.

버퍼 채널

이 절에서는 **버퍼 채널**^{buffered channel}(버퍼를 사용하는 채널)을 소개한다. 이 채널들을 이용하면 나중에 더 많은 요청을 처리할 수 있게 수행할 작업을 큐에 빨리 넣을 수 있다.

또한 애플리케이션의 처리량을 제한하고자 버퍼 채널을 세마포어^{semaphore}처럼 사용할 수 있다.

여기서 소개할 기법의 작동 원리는 다음과 같다. 들어온 모든 요청은 채널로 전달되고 각각을 하나씩 처리한다. 채널이 어떤 요청에 대한 처리 작업을 끝내면 호출한 측으로 새로운 작업을 처리할 준비가 됐다는 메시지를 보낸다. 따라서 채널에서 사용하는 버퍼의 크기에 따라 동시에 처리할 수 있는 요청의 수가 결정된다.

이 기법을 구현한 파일은 bufChannel.go이고 다음 코드를 포함한다.

```go
package main

import (
    "fmt"
)

func main() {
    numbers := make(chan int, 5)
```

numbers 채널은 크기가 5인 버퍼 채널이므로 5개보다 많은 정수를 저장할 수 없다.

```go
    counter := 10

    for i := 0; i < counter; i++ {
        select {
            // 여기에서 처리가 일어난다.
        case numbers <- i * i:
            fmt.Println("About to process", i)
        default:
            fmt.Print("No space for ", i, " ")
        }
```

여기에서 numbers에 데이터를 넣기 시작했다. 하지만 채널이 전부 채워진 상태라면

462

더 이상 데이터를 넣을 수 없기 때문에 default 브랜치가 실행될 것이다.

```
        }
      fmt.Println()

      for {
        select {
        case num := <-numbers:
          fmt.Print("*", num, " ")
        default:
          fmt.Println("Nothing left to read!")
          return
        }
      }
    }
```

비슷한 방식으로 for 루프를 이용해 numbers에서 데이터를 읽어 들인다. 채널의
모든 데이터를 읽은 다음에는 default 브랜치가 실행되고 return 구문에 의해 프로
그램이 종료된다.

bufChannel.go를 실행하면 다음과 같은 결과가 나온다.

```
$ go run bufChannel.go
About to process 0
. . .
About to process 4
No space for 5 No space for 6 No space for 7 No space for 8 No space
for 9
*0 *1 *4 *9 *16 Nothing left to read!
```

이제 nil 채널을 알아보자.

nil 채널

nil 채널은 항상 블록된다. 따라서 의도적으로 블록되기를 원할 때에만 사용해야 한다. nil 채널 관련 코드는 다음과 같다.

```go
package main

import (
    "fmt"
    "math/rand"
    "sync"
    "time"
)

var wg sync.WaitGroup
```

wg를 전역 변수로 만들어 함수로 전달할 필요 없이 코드 어디에서나 접근할 수 있게 만들었다.

```go
func add(c chan int) {
    sum := 0
    t := time.NewTimer(time.Second)

    for {
        select {
        case input := <-c:
            sum = sum + input
        case <-t.C:
            c = nil
            fmt.Println(sum)
            wg.Done()
        }
    }
}
```

send() 함수는 지속적으로 c 채널로 난수를 보낸다. 함수의 매개변수인 채널 c를 타이머 t의 일부인 t.C와 혼동하지 말자. 변수 c의 이름은 바꿀 수 있지만 필드 C는 바꿀 수 없다. 타이머 t가 타임아웃되면 타이머는 t.C 채널로 값을 보낸다.

그러면 select 구문에서 이와 관련한 브랜치가 실행되면서 c 채널에 nil 값을 할당한 후 sum 변수를 화면에 출력하고 wg.Done()을 실행한다. wg.Done()을 실행하면 main() 함수의 wg.Wait()가 블록에서 해제된다. 또한 c가 nil이 되면 send()에서 더 이상 데이터를 보내지 않는다.

```go
func send(c chan int) {
    for {
        c <- rand.Intn(10)
    }
}

func main() {
    c := make(chan int)
    rand.Seed(time.Now().Unix())
    wg.Add(1)
    go add(c)
    go send(c)
    wg.Wait()
}
```

nilChannel.go를 실행하면 다음과 같은 결과를 얻는다.

```
$ go run nilChannel.go
11168960
```

add() 함수 안에 있는 select 구문의 첫 번째 브랜치가 실행되는 횟수는 정해져 있지 않기 때문에 nilChannel.go를 실행할 때마다 결과가 달라진다.

다음 절에서는 워커 풀을 다룬다.

워커 풀

워커 풀^{worker pool}은 할당된 작업을 처리하려는 스레드의 집합이다. 아파치 웹 서버와 Go의 net/http 패키지도 워커 풀을 사용한다. 메인 프로세스는 들어온 요청을 모두 받아 이를 실제로 처리할 워커 프로세스로 전달한다. 워커 프로세스가 작업을 마치면 새로운 클라이언트를 받아들일 준비를 한다. Go는 스레드가 존재하지 않기 때문에 스레드 대신 고루틴을 사용한다. 또한 스레드는 일반적으로 특정한 요청을 처리한 후에 곧바로 종료되지 않는다. 스레드를 종료했다가 새로 생성하는 데 드는 비용이 상당히 높기 때문이다. 반면 고루틴은 작업을 끝내자마자 종료된다. Go에서 제공하는 워커 풀은 버퍼 채널로 구현한 것이다. 이렇게 하면 동시에 실행되는 고루틴의 수를 제한할 수 있다.

다음 유틸리티는 정수 값의 제곱을 화면에 출력하는 간단한 작업을 한다. 각각의 모든 요청은 하나의 고루틴으로 처리한다. wPools.go의 코드는 다음과 같다.

```go
package main

import (
  "fmt"
  "os"
  "runtime"
  "strconv"
  "sync"
  "time"
)

type Client struct {
  id       int
  integer  int
}
```

Client 구조체는 처리할 요청을 관리하는 데 사용한다.

```
type Result struct {
  job       Client
  square    int
}
```

Result 구조체는 각 Client의 데이터와 이로부터 발생한 결과를 저장하는 데 사용한다. 간단히 말해 Client 구조체는 각 요청의 입력 데이터를 갖고 있고 Result는 요청의 결과를 갖고 있다는 의미다. 복잡한 데이터를 처리하고 싶다면 이 구조체들을 변경하면 된다.

```
var size = runtime.GOMAXPROCS(0)
var clients = make(chan Client, size)
var data = make(chan Result, size)
```

clients와 data는 새로운 클라이언트 요청과 결과를 쓸 수 있게 버퍼 채널을 사용했다. 프로그램의 성능을 높이고 싶다면 size의 값을 증가시키면 된다.

```
func worker(wg *sync.WaitGroup) {
  for c := range clients {
    square := c.integer * c.integer
    output := Result{c, square}
    data <- output
    time.Sleep(time.Second)
  }
  wg.Done()
}
```

worker() 함수는 clients 채널의 데이터를 읽어 요청을 처리한다. 처리가 끝난 뒤에는 data 채널로 그 결과를 쓴다. time.Sleep(time.Second)로 표현한 지연시간은 필수적인 것은 아니지만 생성되는 결과를 좀 더 실제 코드에서 발생할 수 있는 결과와 가깝게 만들고자 사용했다.

```go
func create(n int) {
    for i := 0; i < n; i++ {
        c := Client{i, i}
        clients <- c
    }
    close(clients)
}
```

create() 함수에서는 모든 요청을 생성한 뒤 이를 처리하게 clients 버퍼 채널로 요청을 전달한다. clients 채널로 전달한 데이터는 worker() 함수에서 읽게 된다.

```go
func main() {
    if len(os.Args) != 3 {
        fmt.Println("Need #jobs and #workers!")
        return
    }

    nJobs, err := strconv.Atoi(os.Args[1])
    if err != nil {
        fmt.Println(err)
        return
    }

    nWorkers, err := strconv.Atoi(os.Args[2])
    if err != nil {
        fmt.Println(err)
        return
    }
```

위 코드에서는 커맨드라인 매개변수를 읽어 작업과 워커의 수를 정의한다. 워커의 수가 clients 버퍼 채널의 크기보다 크다면 생성되는 고루틴의 개수는 clients

채널의 크기와 같아진다. 또한 작업의 개수가 워커의 수보다 크다면 작업은 작은 단위로 나눠 처리한다.

```go
go create(nJobs)
```

create() 함수에서 처리할 클라이언트 요청을 생성한다.

```go
finished := make(chan interface{})
```

finished 채널은 프로그램 실행을 블록하기 위한 용도로 사용한다. 따라서 finished 채널은 특별히 타입을 지정할 필요가 없다.

```go
go func() {
    for d := range data {
        fmt.Printf("Client ID: %d\tint: ", d.job.id)
        fmt.Printf("%d\tsquare: %d\n", d.job.integer, d.square)
    }
    finished <- true
```

finished <- true 구문은 for range 루프가 끝난 뒤 프로그램이 블록 상태가 해제된다는 것을 의미한다. wg.Wait()가 반환된 다음 data 채널이 닫히고 for range 루프가 끝나게 된다. 이는 모든 워커의 작업이 끝났다는 것을 의미한다.

```go
}()
var wg sync.WaitGroup
for i := 0; i < nWorkers; i++ {
    wg.Add(1)
    go worker(&wg)
```

```
    }
    wg.Wait()
    close(data)
```

위의 for 루프는 요청을 처리할 worker() 고루틴을 필요한 만큼 생성하고자 사용했다.

```
    fmt.Printf("Finished: %v\n", <-finished)
}
```

fmt.Printf() 내부의 <- finished 구문으로 인해 finished 채널이 닫히기 전까지 블록된다.

wPools.go를 실행하면 다음과 같은 결과를 얻는다.

```
$ go run wPools.go 10 4
Client ID: 1      int: 1   square: 1
Client ID: 0      int: 0   square: 0
Client ID: 2      int: 2   square: 4
Client ID: 3      int: 3   square: 9
Client ID: 4      int: 4   square: 16
Client ID: 5      int: 5   square: 25
Client ID: 6      int: 6   square: 36
Client ID: 7      int: 7   square: 49
Client ID: 8      int: 8   square: 64
Client ID: 9      int: 9   square: 81
Finished: true
```

위 결과를 보면 모든 요청을 처리했다는 것을 알 수 있다. 이 기법을 사용하면 서버 과부하 없이 주어진 요청을 처리할 수 있다. 그 대신 코드를 좀 더 작성해야 한다.

다음 절에서는 시그널 채널을 소개하고 시그널 채널을 활용해 적은 수의 고루틴을 다룰 때 실행 순서를 정의하는 기법을 살펴본다.

시그널 채널

시그널 채널^{signal channel}은 시그널을 보내는 용도로만 사용하는 채널이다. 쉽게 말해 다른 고루틴에게 뭔가를 알려주기만 할 때 시그널 채널을 사용한다. 시그널 채널은 데이터를 전송하는 데 사용할 수 없다. 다음 절에서 시그널 채널을 사용해 고루틴의 실행 순서를 지정하는 방법을 알아본다.

고루틴의 실행 순서 지정

이 절에서는 시그널 채널을 이용해 고루틴의 실행 순서를 지정하는 기법을 살펴본다. 하지만, 이 기법은 작은 수의 고루틴을 다룰 때에만 사용해야 한다. 다음 코드 예제는 4개의 고루틴이 있고 A(), B(), C(), D()의 순서로 실행한다. defineOrder. go의 코드 중 `package`와 `import` 블록을 생략한 부분은 다음과 같다.

```
var wg sync.WaitGroup

func A(a, b chan struct{}) {
  <-a
  fmt.Println("A()!")
  time.Sleep(time.Second)
  close(b)
}
```

함수 A()는 매개변수로 전달한 a 채널이 닫힐 때까지 블록된다. 이 함수가 끝나기 전에 b 채널을 닫는데, 이렇게 하면 다음 고루틴(여기서는 B() 함수)의 블록 상태가 풀린다.

```
func B(a, b chan struct{}) {
  <-a
  fmt.Println("B()!")
  time.Sleep(3 * time.Second)
```

```
    close(b)
}
```

마찬가지로 함수 B()는 매개변수로 전달한 a 채널이 닫힐 때까지 블록된다. B()가 끝나기 전에 b 채널을 닫는데, 이렇게 하면 다음 함수의 블록 상태가 풀린다.

```
func C(a, b chan struct{}) {
    <-a
    fmt.Println("C()!")
    close(b)
}
```

A() 및 B() 함수와 마찬가지로 C() 함수의 실행은 a 채널로 인해 블록된다. 또한 함수가 끝나기 전에 b 채널을 닫는다.

```
func D(a chan struct{}) {
    <-a
    fmt.Println("D()!")
    wg.Done()
}
```

위 함수가 마지막으로 실행된다. 따라서 이 함수는 블록됐지만 함수가 끝나기 전에 다른 채널을 닫지는 않는다. 또한 마지막 함수이므로 A(), B(), C()와는 다르게 이 함수는 여러 번 실행할 수 있다. 채널은 딱 한 번만 닫을 수 있기 때문이다.

```
func main() {
    x := make(chan struct{})
    y := make(chan struct{})
    z := make(chan struct{})
```

```
w := make(chan struct{})
```

고루틴으로 실행하고 싶은 함수의 개수만큼 채널이 필요하다.

```
wg.Add(1)
go func() {
  D(w)
}()
```

위 코드를 통해 Go가 실행 순서를 지정하는 것과는 무관하게 D()가 마지막에 실행된다는 것을 증명할 수 있다.

```
wg.Add(1)
go func() {
  D(w)
}()

go A(x, y)

wg.Add(1)
go func() {
  D(w)
}()

go C(z, w)
go B(y, z)
```

C()를 B()보다 먼저 실행해도 C()가 끝난 뒤 B()가 끝나게 된다.

```
wg.Add(1)
go func() {
  D(w)
```

```
    }()
    // 이로 인해 프로세스가 시작된다.
    close(x)
```

첫 채널을 닫으면 A()의 블록 상태가 풀리므로 고루틴의 실행이 시작된다.

```
    wg.Wait()
}
```

defineOrder.go를 실행하면 다음과 같은 결과가 나온다.

```
$ go run defineOrder.go
A()!
B()!
C()!
D()! D()! D()! D()!
```

고루틴으로 실행된 4개의 함수는 원하는 순서대로 실행됐고 마지막 함수는 원하는 횟수만큼 실행됐다. 다음 절에서는 고루틴 사이의 통신을 편하게 만들어주는 공유 메모리와 공유 변수를 다룬다.

공유 메모리와 공유 변수

공유 메모리shared memory와 공유 변수shared variable는 동시성 프로그래밍의 큰 주제이며 유닉스 스레드끼리 통신하는 데 가장 흔히 사용하는 방식이다. 같은 원리가 Go와 고루틴에도 적용되며 이 절에서 이 주제들을 다룬다. 뮤텍스mutex 변수는 상호 배제mutual exclusion 변수의 줄임말이며 스레드를 동기화하거나 여러 스레드가 동시에 쓸 수 없는 공유 데이터를 보호하기 위한 목적으로 주로 사용한다. 뮤텍스는 마치 크기가 1인 버퍼 채널처럼 작동한다. 따라서 고루틴 하나만 공유 변수에 접근할 수 있다. 다시 말해 두 개 이상의 고루틴이 공유 변수를 동시에 업데이트할 수 없는 구조다. Go에서는 이를 sync.Mutex와 sync.RWMutex 데이터 타입으로 지원한다.

임계 영역^{critical section}이란 동시성 프로그램 코드 중에서 여러 프로세스, 스레드, 고루틴 등에서 동시에 실행할 수 없는 영역이다. 이 영역은 뮤텍스로 보호해야 한다. 따라서 코드에서 임계 영역에 해당하는 부분을 먼저 찾아놔야 조심해서 처리할 부분을 구분하면서 프로그래밍할 수 있다. 두 임계 영역이 똑같은 sync.Mutex와 sync.RWMutex 변수를 사용하면 어느 한 임계 영역을 다른 임계 영역 안에 넣을 수 없다.

뮤텍스를 여러 함수에 분산시키게 된다면 프로그램의 실행 흐름을 파악하기가 어렵기 때문에 이를 최대한 피해야 한다.

sync.Mutex 타입

sync.Mutex 타입은 Go에서 뮤텍스를 구현한 것이다. sync.Mutex 타입의 정의는 sync 디렉터리 내부의 mutex.go에서 찾을 수 있다(sync.Mutex를 사용하고자 그 정의를 알아야 할 필요는 없다).

```
type Mutex struct {
    state   int32
    sema    uint32
}
```

sync.Mutex 타입의 정의에서 특별한 부분은 없다. 중요한 작업은 sync.Mutex를 잠그거나 해제하는 sync.Lock()과 sync.Unlock() 함수에서 처리한다. 뮤텍스를 잠근다는 말은 sync.Unlock() 함수로 해당 뮤텍스를 해제하지 전까지는 아무도 잠글 수 없다는 것을 의미한다. 이 모든 내용은 다음 mutex.go 코드에 나와 있다.

```
package main

import (
    "fmt"
    "os"
    "strconv"
    "sync"
    "time"
)

var m sync.Mutex
var v1 int

func change(i int) {
    m.Lock()
```

이 함수에서 v1의 값을 변경하고 여기서 임계 영역이 시작된다.

```
    time.Sleep(time.Second)
    v1 = v1 + 1
    if v1 == 10 {
        v1 = 0
        fmt.Print("* ")
    }
    m.Unlock()
```

여기에서 임계 영역이 끝난다. 이제 다른 고루틴이 뮤텍스를 잠근다.

```
}

func read() int {
    m.Lock()
    a := v1
    m.Unlock()
```

```
        return a
    }
```

이 함수는 v1의 값을 읽고자 사용했다. 따라서 이 과정을 동시성 관점에서 안전하게 만들 수 있도록 뮤텍스를 사용했다. 좀 더 자세히 이야기하자면 v1의 값을 읽는 동안 다른 누구도 v1의 값을 바꾸지 못하게 만들었다. 프로그램의 나머지 부분은 main() 함수의 구현이고 책의 깃허브 저장소 mutex.go에서 전체 코드를 확인할 수 있다.

mutex.go를 실행하면 다음과 같은 결과가 나온다.

```
$ go run -race mutex.go 10
0 -> 1-> 2-> 3-> 4-> 5-> 6-> 7-> 8-> 9* -> 0-> 0
```

뮤텍스를 사용했기 때문에 고루틴이 공유 데이터에 접근하지 않았으므로 숨겨진 경쟁 상태가 없다는 것을 확인할 수 있다.

다음 절에서는 뮤텍스를 해제하는 것을 잊어버렸을 경우 어떻게 되는지 살펴본다.

뮤텍스를 해제하는 것을 잊어버렸을 경우

깜빡하고 sync.Mutex를 해제하지 않으면 아주 간단한 코드에서도 프로그램이 패닉을 일으킬 수 있다. sync.RWMutex 뮤텍스도 마찬가지다. 이는 다음 절에서 살펴본다.

코드를 살펴보면서 이러한 상황을 더 자세히 살펴보자. 다음 코드는 forgetMutex.go의 일부분이다.

```
var m sync.Mutex
var w sync.WaitGroup
```

```
func function() {
    m.Lock()
    fmt.Println("Locked!")
}
```

뮤텍스를 잠근 뒤 해제하지 않았다. 따라서 function()을 고루틴 형태로 여러 번 실행하면 첫 번째 실행을 제외한 나머지 실행에서는 뮤텍스가 해제되는 것을 기다리면서 Lock()에서 블록된다. 예제에서는 두 개의 고루틴을 실행했다. 전체 코드는 forgetMutex.go에서 확인할 수 있고 forgetMutex.go를 실행하면 다음과 같은 결과가 나온다.

```
Locked!
fatal error: all goroutines are asleep - deadlock!

goroutine 1 [semacquire]:
sync.runtime_Semacquire(0x118d3e8)
        /usr/local/Cellar/go/1.16.2/libexec/src/runtime/sema.go:56
+0x45
sync.(*WaitGroup).Wait(0x118d3e0)
        /usr/local/Cellar/go/1.16.2/libexec/src/sync/waitgroup.go:130
+0x65
main.main()
        /Users/mtsouk/ch07/forgetMutex.go:29 +0x95

goroutine 18 [semacquire]:
sync.runtime_SemacquireMutex(0x118d234, 0x0, 0x1)
        /usr/local/Cellar/go/1.16.2/libexec/src/runtime/sema.go:71
+0x47
sync.(*Mutex).lockSlow(0x118d230)
        /usr/local/Cellar/go/1.16.2/libexec/src/sync/mutex.go:138
+0x105
sync.(*Mutex).Lock(...)
        /usr/local/Cellar/go/1.16.2/libexec/src/sync/mutex.go:81
main.function()
        /Users/mtsouk/ch07/forgetMutex.go:12 +0xac
main.main.func1()
        /Users/mtsouk/ch07/forgetMutex.go:20 +0x4c
created by main.main
```

```
          /Users/mtsouk/ch07/forgetMutex.go:18 +0x52
exit status 2
```

예상했던 것처럼 데드락^{deadlock}이 발생해 프로그램이 충돌했다. 이런 상황을 피하려면 항상 생성된 뮤텍스를 해제해야 한다.

이제 sync.Mutex의 발전된 버전인 sync.RWMutex를 살펴보자.

sync.RWMutex 타입

sync.RWMutex는 sync.Mutex의 발전된 버전으로 Go 표준 라이브러리 sync 디렉터리의 rwmutex.go에 다음과 같이 정의했다.

```
type RWMutex struct {
    w           Mutex
    writerSem   uint32
    readerSem   uint32
    readerCount int32
    readerWait  int32
}
```

쉽게 말해 sync.RWMutex는 sync.Mutex에서 몇 가지 사항을 추가하고 개선한 것이다. 그런데 sync.RWMutex는 sync.Mutex에서 어떤 점이 개선됐을까? sync.RWMutex에서는 쓰기 연산을 수행하는 함수는 동시에 한 개만 허용하지만 읽기 연산을 수행하는 함수는 동시에 여러 개가 있을 수 있다(따라서 sync.RWMutex에서 읽기 연산이 보통 빠르다). 하지만 여기서 한 가지 반드시 주의할 점이 있다. sync.RWMutex를 읽는 모든 함수가 sync.RWMutex를 해제하기 전까지 sync.RWMutex를 쓰기 용도로 잠글 수 없다. 읽기 연산을 동시에 여러 개 허용하는 대신 치러야 할 조그만 대가인 셈이다.

sync.RWMutex를 읽기 전용으로 잠그거나 해제하려면 RLock()과 RUnlock()을 사용해야 한다. sync.Mutex에서 사용하는 Lock()과 Unlock() 함수는 sync.RWMutex에서는 쓰기 목적으로 잠그거나 해제할 때 사용한다. 마지막으로 RLock()과 RUnlock() 블록 사이에 나오는 공유 변수는 절대 수정하면 안 된다.

이 내용은 모두 rwMutex.go에 나와 있고 해당 코드의 중요한 부분은 다음과 같다.

```go
var Password *secret
var wg sync.WaitGroup

type secret struct {
    RWM       sync.RWMutex
    password  string
}
```

이것들은 프로그램의 공유 변수다. 원한다면 모든 타입의 변수를 공유할 수 있다.

```go
func Change(pass string) {
    fmt.Println("Change() function")
    Password.RWM.Lock()
```

이곳이 임계 영역의 시작이다.

```go
    fmt.Println("Change() Locked")
    time.Sleep(4 * time.Second)
    Password.password = pass
    Password.RWM.Unlock()
```

이곳이 임계 영역의 끝이다.

```go
    fmt.Println("Change() UnLocked")
```

```
    }
```

Change() 함수는 공유 변수 Password를 변경하고 이를 위해 동시에 하나의 쓰기 연산만 허용하는 Lock() 함수를 사용했다.

```
func show() {
    defer wg.Done()
    Password.RWM.RLock()
    fmt.Println("Show function locked!")
    time.Sleep(2 * time.Second)
    fmt.Println("Pass value:", Password.password)
    defer Password.RWM.RUnlock()
}
```

show() 함수는 동시에 여러 함수에서 읽을 수 있게 하는 RLock()을 사용해 공유 변수 Password를 읽었다.

Change() 함수를 실행하기 전에 main() 함수 안에서 고루틴 형태로 세 개의 show() 함수가 실행된다. 여기서 중요한 점은 경쟁 상태가 하나도 발생하지 않는다는 것이다. rwMutex.go를 실행하면 다음과 같은 결과를 얻는다.

```
$ go run rwMutex.go
Change() function
```

Change() 함수가 실행됐지만 이미 show() 고루틴에서 뮤텍스를 잠궜기 때문에 뮤텍스를 획득할 수 없다.

```
Show function locked!
Show function locked!
```

이 결과를 통해 show() 고루틴이 읽기 전용으로 뮤텍스를 가져갔다는 것을 확인할
수 있다.

```
Change() function
```

Change() 함수가 실행되고 뮤텍스를 획득하기를 기다리고 있는 상태라는 것을 확인
할 수 있다.

```
Pass value: myPass
Pass value: myPass
```

여기서 show() 고루틴의 결과가 출력된다.

```
Change() Locked
Change() UnLocked
```

Change() 함수가 작업을 끝낸 것을 확인할 수 있다.

```
Show function locked!
Pass value: 54321
```

또 다른 show() 고루틴이 끝났다.

```
Change() Locked
Change() UnLocked
Current password value: 123456
```

마지막으로 두 번째 Change() 고루틴이 끝났다. 마지막 줄에서 비밀번호 값이 성공
적으로 바뀐 것을 확인할 수 있다. 전체 코드는 rwMutex.go에서 확인할 수 있다.

다음 절에서는 경쟁 상태를 피하기 위한 atomic 패키지를 사용하는 방법을 알아
본다.

atomic 패키지

원자적[atomic] 연산은 스레드나 고루틴에서 한 스텝으로 끝내야 하는 연산이다. 따라서 실행 도중에 다른 연산에 의해 방해받으면 안 된다. Go 표준 라이브러리는 atomic 패키지를 제공한다. 이 패키지를 활용하면 뮤텍스를 사용하지 않을 수 있다. atomic 패키지를 이용하면 동기화나 경쟁 상태에 대한 걱정 없이 여러 고루틴이 atomic 카운터를 갖게 할 수 있다. 그렇지만 뮤텍스가 atomic 연산보다 좀 더 유연하긴 하다.

다음 코드에 나온 것처럼 atomic 변수에 대한 읽기와 쓰기 연산은 모두 atomic 패키지에서 제공하는 atomic 함수로 처리해야 한다. atomic 패키지에서 제공하는 함수는 경쟁 상태를 피할 수 있게 해준다.

atomic.go의 코드는 다음과 같고 일부 값을 하드코딩했다.

```go
package main

import (
    "fmt"
    "sync"
    "sync/atomic"
)

type atomCounter struct {
    val int64
}
```

원자적인 int64 값을 갖고 있는 구조체다.

```go
func (c *atomCounter) Value() int64 {
    return atomic.LoadInt64(&c.val)
}
```

atomic.LoadInt64()를 이용해 현재의 int64 변수 값을 원자적으로 가져오는 함수다.

```go
func main() {
    X := 100
    Y := 4
    var waitGroup sync.WaitGroup
    counter := atomCounter{}
    for i := 0; i < X; i++ {
```

많은 수의 고루틴을 생성해 공유 변수를 변경할 것이다. 앞서 언급한 것처럼 atomic 패키지를 사용해서 공유 변수를 다루면 해당 공유 변수에 변경이 발생할 때도 쉽게 경쟁 상태를 피할 수 있다.

```go
        waitGroup.Add(1)
        go func(no int) {
            defer waitGroup.Done()
            for i := 0; i < Y; i++ {
                atomic.AddInt64(&counter.val, 1)
            }
```

atomic.AddInt64() 함수는 counter 구조체 변수에서 val 필드의 값을 안전하게 변경한다.

```go
        }(i)
    }
    waitGroup.Wait()
    fmt.Println(counter.Value())
}
```

atomic.go를 실행해 경쟁 상태가 존재하는지 체크하면 다음과 같은 결과가 나온다.

```
$ go run -race atomic.go
400
```

따라서 변수가 아무 문제없이 여러 고루틴에서 변경됐다는 것을 알 수 있다.

다음 절에서는 고루틴을 사용해 메모리를 공유하는 방법을 알아본다.

고루틴으로 메모리 공유

이 절에서는 지정한 고루틴으로 데이터를 공유하는 방법을 소개한다. 공유 메모리는 스레드끼리 통신하는 전통적인 기법인데, Go는 고루틴이 데이터의 일정 영역을 소유할 수 있게 동기화 기능을 제공한다. 다시 말해 어떤 고루틴이 가진 공유 데이터에 다른 고루틴이 접근하려면 반드시 데이터를 보유한 고루틴에게 먼저 메시지를 보내야 한다. 이런 식으로 데이터가 손상되지 않게 보호한다. 이렇게 공유 데이터를 가진 고루틴을 모니터 고루틴monitor goroutine이라 부른다. Go에서는 이를 "공유를 통해 통신하지 않고 통신을 통해 공유한다(sharing by communicating instead of communicating by sharing)"고 표현한다.

NOTE

> 개인적으로 모니터 고루틴을 사용하는 것을 전통적인 공유 메모리 방식보다 선호한다. 모니터 고루틴을 구현하는 것이 더 안전하고 Go의 철학과 맞닿아 있으며 이해하기 쉽기 때문이다.

프로그램의 로직은 monitor() 함수에 구현돼 있다. 자세히 설명하자면 select 구문을 이용해 전체 프로그램의 동작을 조율한다. 요청을 읽어 들일 때는 read() 함수로 readValue 채널에서 데이터를 읽어오고 이는 monitor() 함수에서 제어한다.

read() 함수에서는 value 변수의 현재 값을 반환한다. 반면 저장된 값을 변경하고 싶다면 set() 함수를 호출하면 된다. set() 함수에서는 writeValue 채널에 데이터를 써서 select 구문에서 처리될 수 있게 한다. 결론적으로 monitor() 함수를 거치지 않고는 공유 변수를 조작할 수 없게 된다.

monitor.go의 코드는 다음과 같다.

```go
package main

import (
    "fmt"
    "math/rand"
    "os"
    "strconv"
    "sync"
    "time"
)

var readValue = make(chan int)
var writeValue = make(chan int)

func set(newValue int) {
    writeValue <- newValue
}
```

위 함수에서 **writeValue** 채널로 데이터를 쓴다.

```go
func read() int {
    return <-readValue
}
```

read() 함수를 호출하면 **readValue** 채널에서 데이터를 읽는다(이 동작은 monitor() 함수 안에서 일어난다).

```go
func monitor() {
    var value int
```

```
    for {
      select {
      case newValue := <-writeValue:
        value = newValue
        fmt.Printf("%d ", value)
      case readValue <- value:
      }
    }
  }
```

monitor() 함수에는 영원히 반복되는 for 루프와 select 구문을 이용한 프로그램의 로직이 있다. 첫 번째 case에서는 writeValue 채널로부터 데이터를 가져와 value 변수의 값을 설정한 뒤 그 값을 출력한다. 두 번째 case는 readValue 채널을 통해 value 변수의 값을 전달한다. 모든 트래픽이 monitor() 함수의 select 블록을 거쳐 가고 monitor()는 하나의 인스턴스이기 때문에 경쟁 상태가 발생하지 않는다.

```
func main() {
  if len(os.Args) != 2 {
    fmt.Println("Please give an integer!")
    return
  }

  n, err := strconv.Atoi(os.Args[1])
  if err != nil {
    fmt.Println(err)
    return
  }

  fmt.Printf("Going to create %d random numbers.\n", n)
  rand.Seed(time.Now().Unix())
  go monitor()
```

monitor() 함수에서 프로그램의 흐름을 조율하기 때문에 가장 먼저 실행됐다.

```
var wg sync.WaitGroup

for r := 0; r < n; r++ {
  wg.Add(1)
  go func() {
    defer wg.Done()
    set(rand.Intn(10 * n))
  }()
}
```

for 루프가 끝날 때 원하는 개수만큼의 난수가 생성된다.

```
    wg.Wait()
    fmt.Printf("\nLast value: %d\n", read())
  }
```

마지막으로 모든 set() 고루틴이 끝나 모든 난수가 출력될 때까지 기다린다.

monitor.go를 실행하면 다음과 같은 결과가 출력된다.

```
$ go run monitor.go 10
Going to create 10 random numbers.
98 22 5 84 20 26 45 36 0 16
Last value: 16
```

10개의 난수가 10개의 고루틴에서 생성됐고 이 고루틴들이 monitor() 함수를 실행하는 고루틴으로 결과를 전송했다. 결과를 받는 것을 제외하고는 monitor() 함수가 이 난수들을 화면에 출력하므로 모든 결과는 monitor()에서 생성한 것이라고 볼 수 있다.

다음 절에서는 go 구문을 자세히 다룬다.

⠿ 클로저 변수와 go 구문

이번 절에서는 클로저 안에 존재하는 **클로저 변수**^{closured variables}와 **go** 구문을 다룬다. 고루틴 내부의 클로저 변수는 고루틴을 실제로 실행할 때 고루틴을 생성하고자 **go** 구문을 실행하는 시점에 평가한다. 다시 말해 클로저 변수는 Go 스케줄러가 관련 코드를 실행시키기로 결정하는 시점에 해당 값으로 교체된다. 이에 관한 내용은 goClosure.go의 **main()** 함수에서 살펴볼 수 있다.

```
func main() {
    for i := 0; i <= 20; i++ {
        go func() {
            fmt.Print(i, " ")
        }()
    }
    time.Sleep(time.Second)
    fmt.Println()
}
```

goClosure.go를 실행하면 다음과 같은 결과가 나온다.

```
$ go run goClosure.go
3 7 21 21 21 21 21 21 21 21 21 21 21 21 21 21 21 21 21 21 21
```

이 프로그램의 출력 결과를 보면 대부분 21이다. 이 값은 for 루프 변수의 마지막 값이다. i는 클로저 변수이기 때문에 실행 시점에 평가한다. 고루틴이 생성된 후 실행되려면 Go 스케줄러를 기다려야 한다. 따라서 for 루프가 끝나 i 값이 21이 된다. 이런 문제는 Go 채널에서도 똑같이 발생하므로 주의해야 한다.

goClosure.go를 Go 경쟁 상태 감지기와 함께 실행하면 문제점을 알 수 있다.

```
$ go run -race goClosure.go
2 ====================
WARNING: DATA RACE
Read at 0x00c00013a008 by goroutine 7:
  main.main.func1()
      /Users/mtsouk/ch07/goClosure.go:11 +0x3c

Previous write at 0x00c00013a008 by main goroutine:
  main.main()
      /Users/mtsouk/ch07/goClosure.go:9 +0xa4

Goroutine 7 (running) created at:
  main.main()
      /Users/mtsouk/ch07/goClosure.go:10 +0x7e
==================
2 3 5 5 7 8 9 10 9 11 12 13 14 17 18 18 18 19 20 21
Found 1 data race(s)
exit status 66
```

이제 goClosure.go의 문제점을 고쳐보자. 새로운 이름은 goClosureCorrect.go이며
main() 함수는 다음과 같다.

```
func main() {
    for i := 0; i <= 20; i++ {
        i := i
        go func() {
            fmt.Print(i, " ")
        }()
    }
}
```

위 방식이 문제점을 해결하는 하나의 해결책이다. i := i라는 구문은 문법은 맞지만
좀 특이한 문장인데, 이를 통해 고루틴에 사용할 변수의 인스턴스를 새로 생성하고
이 변수는 올바른 값을 갖고 있게 된다.

```
    for i := 0; i <= 20; i++ {
```

```
    go func(x int) {
        fmt.Print(x, " ")
    }(i)
}
```

이 방식은 경쟁 상태를 해결하기 위한 완전히 다른 방식이다. 현재 i의 값을 익명 함수에 매개변수 형태로 전달하면 아무 문제도 발생하지 않는다.

```
    time.Sleep(time.Second)
    fmt.Println()
}
```

goClosureCorrect.go를 경쟁 상태 감지기와 테스트하면 다음과 같은 결과가 나올 것이다.

```
$ go run -race goClosureCorrect.go
0 1 2 4 3 5 6 9 8 7 10 11 13 12 14 16 15 17 18 20 19
0 1 2 3 4 5 6 7 8 10 9 12 13 11 14 15 16 17 18 19 20
```

다음 절에서는 context 패키지의 기능을 알아본다.

context 패키지

context 패키지의 주목적은 Context 타입을 정의하고 캔슬레이션^{cancellation}(취소)을 지원하는 것이다. 오타가 아니다. 실제로 지금 하는 일을 취소해야 하는 경우가 있다. 이때 취소 결정을 내린 배경이나 부가 정보를 제공한다면 유용할 것이다. context 패키지를 이용하면 바로 이런 일을 할 수 있다.

context 패키지의 소스코드를 들여다보면 코드가 상당히 간단한 것을 알 수 있다.

Context 타입을 구현하는 코드조차도 단순하다. 그럼에도 context 패키지는 상당히 중요한 역할을 한다.

Context 타입은 Deadline(), Done(), Err(), Value()로 구성된 인터페이스다. 한가지 좋은 점은 Context 인터페이스의 메서드를 전부 구현할 필요가 없다는 점이다. context.WithCancel()이나 context.WithDeadline(), context.WithTimeout()과 같은 함수를 이용해 Context 변수를 수정하기만 하면 된다.

TIP

> 세 함수 모두 파생(자식) 버전인 Context와 CancelFunc() 함수를 반환한다. CancelFunc() 함수를 호출하면 부모가 자식을 가리키는 레퍼런스를 삭제하고 모든 타이머를 멈춘다. 따라서 Go 가비지 컬렉터는 더 이상 부모 고루틴과 관련 없는 자식 고루틴에 대해 가비지 컬렉션을 마음껏 수행한다. 가비지 컬렉션이 제대로 작동하려면 부모 고루틴은 자식 고루틴에 대한 레퍼런스를 갖고 있어야 한다. 자식 고루틴이 부모 고루틴 모르게 끝났다면 부모가 끝날 때까지 메모리 누수가 발생한다.

다음 예제는 context 패키지의 사용법을 보여준다. 예제 프로그램은 main() 함수를 포함해 4가지 함수를 갖고 있다. f1(), f2(), f3()은 각각 매개변수로 지연시간을 필요로 한다. 나머지 필요한 항목들은 함수 내에 정의해놨다. 예제에서 context. Background()로 빈 Context를 초기화한다. 빈 Context를 만들 수 있는 다른 함수는 context.TODO()이며 이번 장 뒤쪽에서 설명한다.

```
package main

import (
    "context"
    "fmt"
    "os"
    "strconv"
    "time"
)

func f1(t int) {
```

```
c1 := context.Background()
c1, cancel := context.WithCancel(c1)
defer cancel()
```

WithCancel() 메서드는 부모 컨텍스트의 복사본과 새로운 Done 채널을 반환한다. 함수로 된 cancel 변수는 context.CancelFunc()의 값이다. context.WithCancel() 함수는 기존 Context를 사용해 캔슬레이션으로 그 자식을 생성한다. context.WithCancel() 함수는 Done 채널도 생성한다. Done 채널이 닫히는 시점은 앞에 나온 코드처럼 cancel() 함수를 호출할 때나 부모 컨텍스트의 Done 채널이 닫힐 때다.

```
go func() {
    time.Sleep(4 * time.Second)
    cancel()
}()

select {
case <-c1.Done():
    fmt.Println("f1() Done:", c1.Err())
    return
case r := <-time.After(time.Duration(t) * time.Second):
    fmt.Println("f1():", r)
}
return
}
```

f1() 함수는 고루틴을 만들고 실행한다. time.Sleep() 호출은 실제 작업을 수행하는 데 걸리는 시간을 시뮬레이션한 것이다. 여기서는 4초가 걸린다고 가정했지만 원하는 시간으로 바꿔도 상관없다. c1 컨텍스트가 4초가 지나기 전에 Done() 함수를 호출한다면 고루틴이 끝날 충분한 시간이 없을 것이다.

```
func f2(t int) {
    c2 := context.Background()
    c2, cancel := context.WithTimeout(c2, time.Duration(t)*time.Second)
    defer cancel()
```

f2()의 cancel 변수는 context.WithTimeout()에서 만들어진 변수다. context.WithTimeout()은 Context와 time.Duration이라는 두 가지의 매개변수가 필요하다. 시간이 지나면 자동으로 cancel() 함수가 호출된다.

```
    go func() {
        time.Sleep(4 * time.Second)
        cancel()
    }()
    select {
    case <-c2.Done():
        fmt.Println("f2() Done:", c2.Err())
        return
    case r := <-time.After(time.Duration(t) * time.Second):
        fmt.Println("f2():", r)
    }
    return
}
func f3(t int) {
    c3 := context.Background()
    deadline := time.Now().Add(time.Duration(2*t) * time.Second)
    c3, cancel := context.WithDeadline(c3, deadline)
    defer cancel()
```

f3()의 cancel 변수는 context.WithDeadline()에서 만들어진 변수다. context.WithDeadline()은 Context와 데드라인을 나타내는 시간 두 가지의 매개변수가 필요하다. 데드라인이 지나면 자동으로 cancel() 함수가 호출된다.

```
```

```go
    go func() {
        time.Sleep(4 * time.Second)
        cancel()
    }()

    select {
    case <-c3.Done():
        fmt.Println("f3() Done:", c3.Err())
        return
    case r := <-time.After(time.Duration(t) * time.Second):
        fmt.Println("f3():", r)
    }
    return
}
```

f3() 로직의 나머지 부분은 f1(), f2()와 동일하다.

```go
func main() {
    if len(os.Args) != 2 {
        fmt.Println("Need a delay!")
        return
    }

    delay, err := strconv.Atoi(os.Args[1])
    if err != nil {
        fmt.Println(err)
        return
    }
    fmt.Println("Delay:", delay)

    f1(delay)
    f2(delay)
    f3(delay)
}
```

3개의 함수는 `main()` 함수에서 순차적으로 실행된다.

useContext.go를 실행하면 다음과 같은 결과가 나온다.

```
$ go run useContext.go 3
Delay: 3
f1(): 2021-03-18 13:10:24.739381 +0200 EET m=+3.001331808
f2(): 2021-03-18 13:10:27.742732 +0200 EET m=+6.004804424
f3(): 2021-03-18 13:10:30.742793 +0200 EET m=+9.004988055
```

`time.After()`의 반환값이 길게 나열돼 있고 이는 `After()`가 전송한 현재의 시간 값이다. 따라서 이 프로그램이 연산을 성공적으로 수행했다는 것을 알 수 있다.

지연시간을 길게 설정한다면 다음과 같은 결과가 나온다.

```
$ go run useContext.go 13
Delay: 13
f1() Done: context canceled
f2() Done: context canceled
f3() Done: context canceled
```

지연시간으로 인해 프로그램의 동작이 취소된 것을 확인할 수 있다.

다음 절에서는 context 패키지를 다른 방법으로 사용하는 방법을 알아본다.

context를 키/값 저장소로 사용

이번 절에서는 Context에 값을 전달해 키-값 저장소로 활용해본다. 이번 예제에서는 고루틴이 취소된 부가 정보를 전달하고자 컨텍스트에 값을 전달하지 않는다. 다음의 keyVal.go 프로그램에 `context.TODO()` 함수를 `context.WithValue()` 함수와 함께 사용하는 방법이 나와 있다.

keyVal.go의 코드는 다음과 같다.

```
package main

import (
    "context"
    "fmt"
)

type aKey string

func searchKey(ctx context.Context, k aKey) {
    v := ctx.Value(k)
    if v != nil {
        fmt.Println("found value:", v)
        return
    } else {
        fmt.Println("key not found:", k)
    }
}
```

searchKey() 함수는 Value()를 이용해 컨텍스트에서 값을 뽑아내 실제로 값이 있는지 확인한다.

```
func main() {
    myKey := aKey("mySecretValue")
    ctx := context.WithValue(context.Background(), myKey, "mySecret")
```

main()에 사용된 context.WithValue() 함수는 Context에 값을 연결할 때 사용한다. 다음 두 개의 구문으로 컨텍스트(ctx)가 두 가지 키를 포함하는지 찾는다.

```
    searchKey(ctx, myKey)
    searchKey(ctx, aKey("notThere"))
    emptyCtx := context.TODO()
```

이번에는 context.Background() 대신 context.TODO()를 이용해 컨텍스트를 생성했다. 두 가지 함수 모두 nil이 아닌 빈 Context를 만들지만 두 함수의 목적은 약간 다르다. nil 컨텍스트를 전달하면 절대로 안 되기 때문에 context.TODO()를 사용해 적절한 컨텍스트를 만들어낸다. 또한 context.TODO()는 사용하려는 Context가 확실하지 않을 때만 사용해야 한다. context.TODO()는 컨텍스트를 써야 하긴 하지만 무엇을 써야 할지 확실하지 않다는 것을 알려준다.

```
    searchKey(emptyCtx, aKey("notThere"))
}
```

keyVal.go를 실행하면 다음과 같은 결과가 나온다.

```
$ go run keyVal.go
found value: mySecret
key not found: notThere
key not found: notThere
```

searchKey()의 첫 번째 호출은 성공적이었지만 나머지 두 호출에서는 원하는 키가 존재하지 않았으므로 값을 찾을 수 없었다. 이처럼 컨텍스트는 키와 값 쌍을 저장하고 키를 기반으로 찾을 수 있게 해준다.

8장에서 HTTP를 호출할 때 클라이언트의 연결에서 타임아웃이 발생할 때를 다룰 때 context를 더 알아본다. 이 장의 마지막 절에서는 semaphore 패키지를 다룬다. semaphore 패키지는 표준 라이브러리가 아니다.

⸭ semaphore 패키지

이 장의 마지막 절은 Go 개발자들이 제공하는 semaphore 패키지를 소개한다. 세마포어semaphore는 공유 자원의 접근을 제한하고 제어하는 자료 구조다. Go에서 세마포어는 고루틴에서 공유 자원에 접근하는 것을 제한하지만 원래 세마포어는 스레드에서의 접근을 제한하고자 사용한다. 세마포어는 스레드나 고루틴이 자원에 접근할 수 있는 가중치^{weight} 값을 가질 수 있다.

이 과정은 Acquire()와 Release() 메서드를 통해 이뤄지고 정의는 다음과 같다.

```
func (s *Weighted) Acquire(ctx context.Context, n int64) error
func (s *Weighted) Release(n int64)
```

Acquire()의 두 번째 매개변수에서 세마포어의 가중치를 정의한다.

외부 패키지를 사용하기 때문에 Go 모듈을 사용하려면 해당 코드를 ~/go/src에 추가해야 한다(~/go/src/github.com/mactsouk/semaphore). 이제 semaphore.go에서 세마포어를 이용해 워커 풀을 구현한 코드를 살펴보자.

```
package main

import (
    "context"
    "fmt"
    "os"
    "strconv"
    "time"
    "golang.org/x/sync/semaphore"
)

var Workers = 4
```

위 변수를 통해 프로그램에서 실행할 고루틴의 최댓값을 명시한다.

```
var sem = semaphore.NewWeighted(int64(Workers))
```

여기에서 동시 실행할 고루틴의 최댓값과 동일한 가중치를 갖는 세마포어를 정의한다. 따라서 Workers의 값보다 많은 수의 고루틴이 동시에 세마포어를 획득할 수 없다.

```go
func worker(n int) int {
    square := n * n
    time.Sleep(time.Second)
    return square
}
```

worker() 함수는 고루틴의 일부로 실행된다. 그러나 세마포어를 사용하기 때문에 결과 값을 채널로 전달할 필요는 없다.

```go
func main() {
    if len(os.Args) != 2 {
        fmt.Println("Need #jobs!")
        return
    }

    nJobs, err := strconv.Atoi(os.Args[1])
    if err != nil {
        fmt.Println(err)
        return
    }
```

위 코드에서는 실행하고자 하는 작업의 개수를 읽어온다.

```go
    // 여기에 결과를 저장한다.
    var results = make([]int, nJobs)

    // Acquire()에서 필요하다.
    ctx := context.TODO()
    for i := range results {
```

```
err = sem.Acquire(ctx, 1)
if err != nil {
    fmt.Println("Cannot acquire semaphore:", err)
    break
}
```

위 코드에서는 nJobs에서 정의한 작업의 개수만큼 세마포어를 획득하려고 시도했다. nJobs가 Workers보다 크다면 Release() 함수를 호출할 때까지 Acquire() 함수 호출이 블록될 것이다.

```
go func(i int) {
    defer sem.Release(1)
    temp := worker(i)
    results[i] = temp
}(i)
}
```

여기에서 고루틴을 실행시켜 작업을 수행하고 results 슬라이스에 결과를 기록한다. 각 고루틴이 다른 슬라이스 원소에 값을 업데이트하기 때문에 경쟁 상태는 발생하지 않는다.

```
err = sem.Acquire(ctx, int64(Workers))
if err != nil {
    fmt.Println(err)
}
```

이는 영리한 방법이다. 모든 토큰을 획득해 sem.Acquire() 호출이 모든 워커/고루틴들이 끝날 때까지 기다린다. 이는 Wait() 호출의 기능과 유사하다.

```
    for k, v := range results {
        fmt.Println(k, "->", v)
    }
}
```

프로그램의 마지막 부분에서는 결과를 출력한다. 프로그램을 작성한 뒤에 필요한 Go 모듈을 가져오려면 다음 커맨드를 실행해야 한다.

```
$ go mod init
$ go mod tidy
$ mod download golang.org/x/sync
```

첫 번째 커맨드를 제외한 커맨드들은 **go mod init**에서 알려주기 때문에 모든 것을 기억할 필요는 없다.

마지막으로 semaphore.go를 실행하면 다음과 같은 결과가 나온다.

```
$ go run semaphore.go 6
0 -> 0
1 -> 1
2 -> 4
3 -> 9
4 -> 16
5 -> 25
```

결과의 각 줄은 ->로 나눠진 각각의 입력과 출력값을 보여준다. 세마포어를 사용해 출력 순서를 지킬 수 있었다.

⁝⁝▶ 연습문제

- 버퍼 채널을 이용해 동시성을 지원하는 wc(1) 유틸리티를 구현해보자.

- 공유 메모리를 이용해 동시성을 지원하는 wc(1) 유틸리티를 구현해보자.

- 세마포어를 이용해 동시성을 지원하는 wc(1) 유틸리티를 구현해보자.

- 동시성을 지원하는 wc(1) 유틸리티에서 실행 결과를 파일로 저장하도록 구현해보자.

- wPools.go에서 각 워커가 wc(1)의 기능을 구현하도록 수정해보자.

⁝⁝▶ 요약

7장에서는 Go 동시성, 고루틴, 채널, select 키워드, 공유 메모리, 뮤텍스, 고루틴 타임아웃, context 패키지를 다뤘다. 이 모든 지식은 강력한 Go 동시성 애플리케이션을 사용하는 데 도움을 줄 것이다. 이번 장의 개념들과 예제들을 마음껏 테스트하며 고루틴, 채널, 공유 메모리를 더 잘 이해해보자.

8장에서는 Go에서 HTTP 프로토콜을 이용한 웹 서비스를 다룬다. 또한 전화번호부 애플리케이션을 웹 서비스로 바꿔본다.

⁝⁝▶ 참고 자료

- sync 패키지 문서: https://golang.org/pkg/sync/

- 세마포어에 대해 더 알고 싶다면 https://pkg.go.dev/golang.org/x/sync/semaphore를 참고한다.

- Go 스케줄러에 대해 더 알고 싶다면 https://www.ardanlabs.com/blog/2018/08/scheduling-in-go-part1.html부터 살펴보자.

- Go 스케줄러 구현: https://golang.org/src/runtime/proc.go

08

웹 서비스 만들기

8장에서는 **net/http** 패키지를 이용해 HTTP 프로토콜을 사용해본다. 또한 전화번호부 애플리케이션을 변환해 HTTP 연결을 이용하는 웹 애플리케이션으로 만들고, 변환한 애플리케이션과 통신하기 위한 커맨드라인 클라이언트도 만들어본다(웹 서비스를 운영하고자 한다면 웹 서버가 필요하다는 사실을 잊어버리지 말자). 마지막으로 **파일 전송 프로토콜**FTP, File Transfer Protocol 서버를 만드는 방법, Go 애플리케이션에서 발생한 메트릭을 프로메테우스Prometheus로 전달하는 방법, **runtime/metrics** 패키지를 이용해 Go 런타임에서 메트릭을 가져오는 방법도 알아본다.

8장에서 다루는 내용은 다음과 같다.

- net/http 패키지

- 웹 서버 만들기

- 전화번호부 애플리케이션 업데이트

- 프로메테우스로 메트릭 노출

- 웹 클라이언트 개발

- 전화번호부 서비스를 위한 클라이언트 만들기

- 파일 서버 만들기

- HTTP 연결 타임아웃

⠿ net/http 패키지

net/http 패키지는 웹 서버와 클라이언트를 개발하는 데 필요한 기능을 제공한다. 예를 들어 http.Get()과 http.NewRequest()를 이용하면 클라이언트에서 HTTP 요청을 보낼 수 있고 http.ListenAndServe() 함수를 이용하면 명시된 IP 주소와 TCP 포트로 웹 서버를 시작할 수 있다. 또한 http.HandleFunc()를 통해 지원하는 URL 및 해당 URL로 들어오는 요청을 처리할 함수를 정의할 수 있다.

다음 세 개의 절에서는 net/http 패키지의 중요한 자료 구조 세 가지를 설명할 것이다. 이번 장을 읽는 동안 참고해보자.

http.Response 타입

http.Response는 HTTP 요청에 대한 응답을 표현하는 타입이다. http.Client와 http.Transport는 응답 헤더가 도착할 때 http.Response 값을 반환한다. 이 구조체의 정의는 https://golang.org/src/net/http/response.go에서 찾을 수 있다.

```go
type Response struct {
    Status      string   // e.g. "200 OK"
    StatusCode  int      // e.g. 200
    Proto       string   // e.g. "HTTP/1.0"
```

```
    ProtoMajor  int      // e.g. 1
    ProtoMinor  int      // e.g. 0
    Header Header
    Body io.ReadCloser
    ContentLength int64
    TransferEncoding []string
    Close bool
    Uncompressed bool
    Trailer Header
    Request *Request
    TLS *tls.ConnectionState
}
```

위 구조체의 모든 필드를 사용할 필요는 없고 이런 필드들이 있다는 것을 알아두기만 하면 충분하다. 하지만 Status, StatusCode, Body와 같은 필드는 다른 필드들보다 중요한 필드이므로 잘 알아둬야 한다. Go의 소스 파일이지만 go doc http.Response로 각 필드의 목적에 관한 자세한 정보를 알 수 있다. 참고로 표준 Go 라이브러리에서 정의하는 struct 타입은 대부분 주석이 자세히 달려 있다.

http.Request 타입

http.Request 타입은 서버가 받거나 클라이언트가 보낼 HTTP 요청을 표현하는 것이다. http.Request 타입의 퍼블릭 필드는 다음과 같다.

```
type Request struct {
    Method string
    URL *url.URL
    Proto string
    ProtoMajor int
    ProtoMinor int
```

```
    Header Header
    Body io.ReadCloser
    GetBody func() (io.ReadCloser, error)
    ContentLength int64
    TransferEncoding []string
    Close bool
    Host string
    Form url.Values
    PostForm url.Values
    MultipartForm *multipart.Form
    Trailer Header
    RemoteAddr string
    RequestURI string
    TLS *tls.ConnectionState
    Cancel <-chan struct{}
    Response *Response
}
```

Body 필드는 요청의 본문^{body}을 담고 있다. 요청의 본문을 읽은 뒤에는 GetBody()를 호출해 본문의 복사본을 만들 수 있다(복사본을 항상 만들 필요는 없다).

이제 http.Transport 구조체를 살펴보자.

http.Transport 타입

http.Transport 타입을 사용하면 HTTP 연결을 더 세부적으로 제어할 수 있다. 따라서 정의가 길고 복잡하다.

```
type Transport struct {
    Proxy func(*Request) (*url.URL, error)
    DialContext func(ctx context.Context, network, addr string) (net.Conn, error)
```

```
    Dial func(network, addr string) (net.Conn, error)
    DialTLSContext func(ctx context.Context, network, addr string) (net.Conn, error)
    DialTLS func(network, addr string) (net.Conn, error)
    TLSClientConfig *tls.Config
    TLSHandshakeTimeout time.Duration
    DisableKeepAlives bool
    DisableCompression bool
    MaxIdleConns int
    MaxIdleConnsPerHost int
    MaxConnsPerHost int
    IdleConnTimeout time.Duration
    ResponseHeaderTimeout time.Duration
    ExpectContinueTimeout time.Duration
    TLSNextProto map[string]func(authority string, c *tls.Conn) RoundTripper
    ProxyConnectHeader Header
    GetProxyConnectHeader func(ctx context.Context, proxyURL *url.URL,target
string) (Header, error)
    MaxResponseHeaderBytes int64
    WriteBufferSize int
    ReadBufferSize int
    ForceAttemptHTTP2 bool
}
```

http.Transport는 상당히 저수준의 구조체다. 반면 이번 장에서 사용할 http.
Client는 고수준의 HTTP 클라이언트이고 각각의 http.Client는 Transport 필
드를 갖고 있다. Transport 필드의 값이 nil이라면 DefaultTransport가 사용된
다(모든 프로그램에서 http.Transport를 사용해야 할 필요는 없고 사용하더라도 http.Transport의 모든 값을 고민할 필요도 없다).

DefaultTransport을 더 알고 싶다면 go doc http.DefaultTrasnport를 입력하자.

이제 웹 서버를 개발하는 방법을 알아보자.

⠿ 웹 서버 생성

이번 절에서는 Go로 간단한 웹 서버를 개발해보며 웹 애플리케이션이 동작하는 원리를 이해해본다.

소개하는 웹 서버가 HTTPS가 아니라 HTTP를 사용하는 이유가 궁금할 수도 있다. 대부분의 Go 웹 서버는 도커 이미지 형태로 배포돼 캐디나 엔진엑스 같이 HTTPS로 안전한 인증을 제공하는 웹 서버 뒤에 숨겨져 있기 때문이다. 또한 애플리케이션을 어떤 도메인 이름으로 배포할지 모르는 상태에서 HTTPS 프로토콜을 사용할 수는 없다. 도커 이미지 형태로 배포되는 마이크로서비스 환경이나 일반 웹 애플리케이션 환경에서는 이런 배포 방식을 흔하게 사용한다.

net/http 패키지는 웹 서버와 클라이언트를 개발할 수 있는 함수와 데이터 타입들을 제공한다. http.Set()과 http.Get() 메서드는 HTTP 및 HTTPS 요청을 생성하는 데 사용할 수 있고 http.ListenAndServe()는 들어오는 요청을 사용자 정의 핸들러 함수를 이용해 처리할 수 있게 만들어준다. 대부분의 웹 서비스는 여러 개의 엔드포인트를 갖고 있으므로 각각의 엔드포인트로 들어오는 요청을 처리할 여러 함수가 필요하게 된다. 또한 이렇게 함수를 나누는 것이 더 좋은 서비스 설계다.

http.HandleFunc()를 사용하면 지원할 엔드포인트 및 클라이언트 요청을 처리할 핸들러 함수를 정의할 수 있다. 또한 이 함수는 여러 번 호출될 수 있다.

이제 이론적인 내용은 빠르게 훑어봤으니 실제로 간단한 웹 서버의 구현을 살펴보자. 해당 코드는 wwwServer.go에 작성돼 있다.

```go
package main

import (
    "fmt"
    "net/http"
    "os"
    "time"
)

func myHandler(w http.ResponseWriter, r *http.Request) {
    fmt.Fprintf(w, "Serving: %s\n", r.URL.Path)
    fmt.Printf("Served: %s\n", r.Host)
}
```

위 핸들러 함수는 w http.ResponseWriter를 통해 클라이언트로 메시지를 반환한다. w http.ResponseWriter는 io.Writer 인터페이스를 구현한 또 다른 인터페이스로, 응답을 전송할 때 사용한다.

```go
func timeHandler(w http.ResponseWriter, r *http.Request) {
    t := time.Now().Format(time.RFC1123)
    Body := "The current time is:"
    fmt.Fprintf(w, "<h1 align=\"center\">%s</h1>", Body)
    fmt.Fprintf(w, "<h2 align=\"center\">%s</h2>\n", t)

    fmt.Fprintf(w, "Serving: %s\n", r.URL.Path)
    fmt.Printf("Served time for: %s\n", r.Host)
}
```

또 다른 핸들러 함수인 timeHandler를 살펴보자. 이 함수는 현재 시간을 HTML 형식으로 반환한다. fmt.Fprintf()를 호출하면 데이터를 HTTP 클라이언트로 보낸다. 반면 fmt.Printf()는 웹 서버를 실행하고 있는 터미널에 결과를 출력한다. fmt.Fprintf()의 첫 번째 인수는 w http.ResponseWriter이고 이 인터페이스는 io.Writer를 구현했기 때문에 fmt.Fprintf()에서 사용할 수 있다.

```
func main() {
    PORT := ":8001"
```

웹 서버를 실행할 포트 번호를 정의했다.

```
    arguments := os.Args
    if len(arguments) != 1 {
        PORT = ":" + arguments[1]
    }
    fmt.Println("Using port number: ", PORT)
```

미리 정의한 포트 번호(8001)를 원하지 않는다면 wwwServer.go를 실행할 때 원하는
포트 번호를 커맨드라인 인수로 입력해야 한다.

```
    http.HandleFunc("/time", timeHandler)
    http.HandleFunc("/", myHandler)
```

웹 서버 예제에서는 URL로 /time과 /를 지원한다. / 경로는 다른 핸들러에서 처리
하지 않은 모든 요청을 처리한다. myHandler()는 / 경로와 같이 사용했으므로 기본
핸들러 함수가 된다.

```
    err := http.ListenAndServe(PORT, nil)
    if err != nil {
        fmt.Println(err)
        return
    }
}
```

http.ListenAndServe()를 호출하면 미리 정의한 포트 번호를 사용해 HTTP 서버

를 실행한다. PORT 문자열에 호스트명을 입력하지 않았기 때문에 웹 서버는 모든 네트워크 인터페이스에 연결된다. 포트 번호와 호스트명은 콜론(:)으로 분리되고 호스트명이 없는 경우에도 콜론은 있어야 한다. 이 경우 서버는 모든 네트워크 인터페이스 및 호스트명에 연결된다. 따라서 앞 코드에서도 PORT의 값을 8001이 아니라 :8001로 설정했다.

net/http 패키지에는 ServeMux 타입(go doc http.ServeMux)도 있다. 이 타입은 HTTP 요청 멀티플렉서multiplexer로, 핸들러 함수와 엔드포인트를 wwwServer.go에서 정의했던 방식과는 다른 방식으로 정의할 수 있게 해준다. 따로 ServeMux 변수를 설정하지 않았다면 http.HandleFunc()는 기본값인 DefaultServeMux를 사용한다. 앞의 예제에서는 기본 Go 라우터router를 이용해 웹 서비스를 구현하므로 http.ListenAndServer()의 두 번째 매개변수의 값이 nil이 된다.

wwwServer.go를 실행한 다음 curl(1)을 이용해 상호작용하면 다음과 같은 결과가 나온다.

```
$ go run wwwServer.go
Using port number:  :8001
Served: localhost:8001
Served time for: localhost:8001
Served: localhost:8001
```

wwwServer.go는 자동으로 종료되지 않으므로 직접 종료해야 한다.

curl(1)에서는 다음과 같은 결과가 나온다.

```
$ curl localhost:8001
Serving: /
```

첫 번째 요청에서는 / 경로를 방문해 myHandler() 함수를 실행한다.

```
$ curl localhost:8001/time
<h1 align="center">The current time is:</h1><h2 align="center">Mon, 29
Mar 2021 08:26:27 EEST</h2>
Serving: /time
```

여기서는 /time을 방문해 timeHandler()에서 HTML을 반환받았다.

```
$ curl localhost:8001/doesNotExist
Serving: /doesNotExist
```

마지막으로 존재하지 않는 경로인 /doesNotExist를 방문했다. 이 경로는 서버에서 지원하는 다른 어떤 경로와도 일치하지 않기 때문에 기본 핸들러인 myHandler() 함수가 실행됐다.

다음 절에서는 전화번호부 애플리케이션을 웹 애플리케이션으로 만들어본다.

전화번호부 애플리케이션 업데이트

이번에는 전화번호부 애플리케이션을 웹 서비스로 바꿔본다. 그러려면 먼저 전화번호부 애플리케이션의 엔드포인트와 API를 정의하고 해당 API를 구현해야 한다. 또한 애플리케이션 서버와 클라이언트 사이에서 어떤 방식으로 데이터 교환을 할 것인지 생각해야 한다. 데이터 교환에는 주로 다음과 같은 네 가지의 접근 방식이 있다.

- 일반 텍스트 사용

- HTML 사용

- JSON 사용

- 일반 텍스트와 JSON 데이터를 조합해서 사용

JSON은 10장에서 살펴보고 HTML에는 HTML 태그에서 데이터를 파싱해야 하기 때문에 전화번호부 서비스에 사용하기 좋은 선택지는 아니다. 따라서 이 서비스에서는 일반 텍스트를 사용한다. 이제 전화번호부 애플리케이션의 API를 정의해보자.

API 정의

API는 다음의 URL들을 지원한다.

- **/list:** 모든 항목을 나열한다.

- **/insert/name/surname/telephone/:** 새로운 항목을 추가한다. 뒤에서 URL에 포함된 사용자 데이터를 추출하는 방법을 살펴본다.

- **/delete/telephone/:** `telephone`의 값에 기반을 두고 항목을 삭제한다.

- **/search/telephone/:** `telephone`의 값에 기반을 두고 항목을 검색한다.

- **/status:** 전화번호부에 존재하는 항목의 개수를 반환하는 추가적인 URL이다.

NOTE

> 엔드포인트의 목록은 REST 규약을 따르지 않았다. REST 규약에 관련한 내용은 10장에서 살펴본다.

이번에는 기본 Go 라우터를 사용하지 않고 직접 `http.NewServeMux()` 변수를 정의하고 값을 설정해본다. 따라서 핸들러 함수를 다른 방식으로 정의해야 한다. `func(http.ResponseWriter, *http.Request)`의 시그니쳐를 갖는 핸들러 함수는 `http.HandlerFunc` 타입으로 변환해야 하고, 변환된 핸들러는 ServeMux 타입과 ServeMux 타입의 `Handle()` 메서드에서 사용한다. 그러므로 기본값이 아닌 ServeMux를 사용할 때는 `http.HandlerFunc()`를 이용해 명시적으로 타입을 변환해야 한다. 이때 `http.HandlerFunc` 타입은 핸들러 함수로 사용할 수 있는 함수를 HTTP 핸들러로 사용할 수 있게 하는 어댑터[adapter]의 역할을 한다. 기본 Go 라우터(DefaultServeMux)를 사용할 때는 `http.HandleFunc()` 함수의 내부에서 자동으로 이 변환을 수행하므로 신경 쓸 필요 없다.

예를 들어 /time이라는 엔드포인트와 timeHandler()라는 핸들러 함수가 있다면 mux.Handle()을 mux.Handle("/time", http.HandlerFunc(timeHandler)) 형태로 호출해야 한다. DefaultServeMux와 http.HandleFunc()를 사용한다면 http.HandleFunc("/time", timeHandler)를 호출해야 한다.

다음 절에서는 HTTP 엔드포인트를 구현한다.

핸들러 구현

전화번호부 애플리케이션의 새로운 버전은 지정된 깃허브 저장소(https://github.com/mactsouk/www-phone)에 저장되고 공유될 것이다. 저장소를 생성한 다음엔 다음 작업을 수행해야 한다.

```
$ cd ~/go/src/github.com/mactsouk # 필요하다면 저장소의 경로는 바꾼다.
$ git clone git@github.com:mactsouk/www-phone.git
$ cd www-phone
$ touch handlers.go
$ touch www-phone.go
```

www-phone.go 파일은 웹 서버의 코드를 담고 있다. 보통 핸들러는 다른 패키지에 저장하지만 편의상 같은 패키지의 다른 파일인 handlers.go에 핸들러 관련 코드를 저장했다. handlers.go 파일의 내용은 다음처럼 클라이언트에 응답을 주기 위한 코드다.

```
package main

import (
    "fmt"
    "log"
    "net/http"
    "strings"
)
```

일부 필요한 패키지를 www-phone.go에 이미 임포트했지만 handlers.go에서도
필요한 모든 패키지를 임포트했다. 또한 www-phone.go와 handlers.go의 패키지
이름은 모두 **main**이다.

```
const PORT = ":1234"
```

HTTP 서버에서 연결할 기본 포트 번호다.

```
func defaultHandler(w http.ResponseWriter, r *http.Request) {
    log.Println("Serving:", r.URL.Path, "from", r.Host)
    w.WriteHeader(http.StatusOK)
    Body := "Thanks for visiting!\n"
    fmt.Fprintf(w, "%s", Body)
}
```

다른 핸들러에서 처리하지 않는 모든 요청을 처리하는 기본 핸들러를 구현했다.

```
func deleteHandler(w http.ResponseWriter, r *http.Request) {
    // 전화번호 값을 구한다.
    paramStr := strings.Split(r.URL.Path, "/")
```

/delete 경로로 들어오는 요청을 처리하는 핸들러다. 가장 먼저 URL를 분리해 원하는 정보를 읽는다.

```
fmt.Println("Path:", paramStr)
if len(paramStr) < 3 {
    w.WriteHeader(http.StatusNotFound)
    fmt.Fprintln(w, "Not found: "+r.URL.Path)
    return
}
```

충분한 개수의 매개변수가 주어지지 않았다면 클라이언트에게 정해진 HTTP 코드 (이때는 http.StatusNotFound이다)와 함께 에러 메시지를 보낸다. HTTP 코드로는 상식적으로 말이 되는 것 중 아무거나 사용할 수 있다. **WriteHeader()** 메서드를 사용하면 응답의 본문을 전송하기 전에 헤더로 상태 코드를 보내게 된다.

```
log.Println("Serving:", r.URL.Path, "from", r.Host)
```

위와 같은 방식으로 HTTP 서버가 데이터를 로그 파일에 전송한다. 이는 보통 디버깅할 때 사용한다.

```
telephone := paramStr[2]
```

삭제 과정이 전화번호를 기반으로 이뤄지기 때문에 유효한 전화번호가 필요하다. 따라서 여기서 주어진 URL을 분리해 전화번호를 구한다.

```
err := deleteEntry(telephone)
if err != nil {
    fmt.Println(err)
```

```
        Body := err.Error() + "\n"
        w.WriteHeader(http.StatusNotFound)
        fmt.Fprintf(w, "%s", Body)
        return
    }
```

전화번호를 구한 후 deleteEntry()를 호출해 해당 항목을 삭제한다. deleteEntry()
에서 반환한 값을 통해 삭제의 성공 여부를 알 수 있으므로 해당 값을 조사한 다음
클라이언트에게 응답을 보낸다.

```
    Body := telephone + " deleted!\n"
    w.WriteHeader(http.StatusOK)
    fmt.Fprintf(w, "%s", Body)
}
```

위 코드에 도달한 경우 항목을 성공적으로 삭제했으므로 적절한 메시지와 http.
StatusOK 상태 코드를 클라이언트에 전달한다. go doc http.StatusOK를 입력하면
상태 코드의 목록을 볼 수 있다.

```
func listHandler(w http.ResponseWriter, r *http.Request) {
    log.Println("Serving:", r.URL.Path, "from", r.Host)
    w.WriteHeader(http.StatusOK)
    Body := list()
    fmt.Fprintf(w, "%s", Body)
}
```

list() 함수를 호출하는 /list 요청은 실패하지 않는다. 따라서 /list에서는 항상
http.StatusOK를 반환한다. 하지만 list()의 결과가 비어 있을 수도 있다.

```
func statusHandler(w http.ResponseWriter, r *http.Request) {
    log.Println("Serving:", r.URL.Path, "from", r.Host)
    w.WriteHeader(http.StatusOK)
    Body := fmt.Sprintf("Total entries: %d\n", len(data))
    fmt.Fprintf(w, "%s", Body)
}
```

위 코드는 /status URL의 핸들러 함수를 정의한 것이고 단지 전화번호부에서 발견되는 항목들의 개수를 반환한다. 이는 웹 서버가 잘 동작하는지 확인하는 데 사용할수 있다.

```
func insertHandler(w http.ResponseWriter, r *http.Request) {
    // URL을 분리한다.
    paramStr := strings.Split(r.URL.Path, "/")
    fmt.Println("Path:", paramStr)
```

delete에서 했던 것처럼 주어진 URL을 분리해 필요한 정보를 추출한다. 여기서는 전화번호부에 새로운 항목을 추가할 예정이므로 추가할 항목의 세 가지 원소가 필요하다.

```
if len(paramStr) < 5 {
    w.WriteHeader(http.StatusNotFound)
    fmt.Fprintln(w, "Not enough arguments: "+r.URL.Path)
    return
}
```

URL에서 세 가지 항목을 추출해야 하므로 paramStr은 적어도 네 개의 원소를 갖고 있어야 한다. 따라서 len(paramStr) < 5 조건을 사용했다.

```
    name := paramStr[2]
    surname := paramStr[3]
    tel := paramStr[4]

    t := strings.ReplaceAll(tel, "-", "")
    if !matchTel(t) {
      fmt.Println("Not a valid telephone number:", tel)
      return
    }
```

전화번호가 숫자만을 포함하고 있는지 확인한다. 이를 위해 matchTel() 함수를 사용했다.

```
    temp := &Entry{Name: name, Surname: surname, Tel: t}
    err := insert(temp)
```

insert() 함수는 *Entry 값이 필요하므로 해당 함수를 호출하기 전에 *Entry 변수를 만들었다.

```
    if err != nil {
      w.WriteHeader(http.StatusNotModified)
      Body := "Failed to add record\n"
      fmt.Fprintf(w, "%s", Body)
    } else {
      log.Println("Serving:", r.URL.Path, "from", r.Host)
      Body := "New record added successfully\n"
      w.WriteHeader(http.StatusOK)
      fmt.Fprintf(w, "%s", Body)
    }

    log.Println("Serving:", r.URL.Path, "from", r.Host)
  }
```

여기가 /insert 핸들러의 마지막 부분이다. insertHandler() 구현의 마지막 부분에서는 insert()의 결과를 활용한다. 에러가 없다면 http.StatusOK를 클라이언트에게 반환한다. 에러가 있다면 http.StatusNotModified를 반환해 전화번호부가 변경되지 않았다는 사실을 알려준다. 상태 코드를 확인하는 것은 클라이언트의 책임이지만 적절한 상태 코드를 클라이언트로 전송하는 것은 서버의 책임이다.

```go
func searchHandler(w http.ResponseWriter, r *http.Request) {
    // URL에서 검색하고자 하는 값을 가져온다.
    paramStr := strings.Split(r.URL.Path, "/")
    fmt.Println("Path:", paramStr)

    if len(paramStr) < 3 {
        w.WriteHeader(http.StatusNotFound)
        fmt.Fprintln(w, "Not found: "+r.URL.Path)
        return
    }

    var Body string
    telephone := paramStr[2]
```

/delete에서 했던 것과 마찬가지로 URL에서 전화번호 값을 추출했다.

```go
    t := search(telephone)
    if t == nil {
        w.WriteHeader(http.StatusNotFound)
        Body = "Could not be found: " + telephone + "\n"
    } else {
        w.WriteHeader(http.StatusOK)
        Body = t.Name + " " + t.Surname + " " + t.Tel + "\n"
    }
    fmt.Println("Serving:", r.URL.Path, "from", r.Host)
    fmt.Fprintf(w, "%s", Body)
}
```

handlers.go에서 마지막으로 살펴볼 함수는 /search 엔드포인트의 핸들러 함수다. search() 함수는 주어진 입력이 전화번호부 레코드에 있는지 확인한 후 결과에 따라 동작한다. 또한 main() 함수의 구현은 www-phone.go에서 찾을 수 있고 다음과 같다.

```go
func main() {
  err := readCSVFile(CSVFILE)
  if err != nil {
    fmt.Println(err)
    return
  }

  err = createIndex()
  if err != nil {
    fmt.Println("Cannot create index.")
    return
  }
```

main() 함수의 첫 번째 부분에서는 전화번호부 애플리케이션을 초기화한다.

```go
mux := http.NewServeMux()
s := &http.Server{
    Addr: PORT,
    Handler: mux,
    IdleTimeout: 10 * time.Second,
    ReadTimeout: time.Second,
    WriteTimeout: time.Second,
}
```

여기에서 HTTP 서버의 매개변수를 http.Server 구조체에 저장하고 직접 http.NewServeMux()를 정의해 사용한다.

```
mux.Handle("/list", http.HandlerFunc(listHandler))
mux.Handle("/insert/", http.HandlerFunc(insertHandler))
mux.Handle("/insert", http.HandlerFunc(insertHandler))
mux.Handle("/search", http.HandlerFunc(searchHandler))
mux.Handle("/search/", http.HandlerFunc(searchHandler))
mux.Handle("/delete/", http.HandlerFunc(deleteHandler))
mux.Handle("/status", http.HandlerFunc(statusHandler))
mux.Handle("/", http.HandlerFunc(defaultHandler))
```

위 목록은 지원하는 URL의 목록이다. /search와 /search/는 둘 다 같은 핸들러 함수에서 처리하지만 /search에는 매개변수가 없기 때문에 요청이 실패할 것이다. 반면 /delete/는 특별한 방법으로 처리한다(이는 애플리케이션을 테스트할 때 살펴볼 것이다). 여기서 는 기본 Go 라우터를 사용하지 않고 http.NewServeMux()를 사용했기 때문에 핸들 러 함수를 정의할 때 http.HandlerFunc()를 사용해야 한다.

```
fmt.Println("Ready to serve at", PORT)
err = s.ListenAndServe()
if err != nil {
  fmt.Println(err)
  return
  }
}
```

ListenAndServe() 메서드를 호출하면 http.Server 구조체에 정의한 값들과 함께 HTTP 서버가 시작된다. www-phone.go의 나머지 함수들은 전화번호부와 관련된 함수다. 전화번호부 애플리케이션의 데이터는 주기적으로 저장하고 업데이트해야 한다. 실행 도중 프로그램이 충돌하면 데이터의 유실이 일어날 수도 있기 때문이다.

다음 커맨드를 실행하면 애플리케이션을 실행할 수 있다. go run으로 두 파일 모두 실행해야 한다.

```
$ go run www-phone.go handlers.go
Ready to serve at :1234
2021/03/29 17:13:49 Serving: /list from localhost:1234
2021/03/29 17:13:53 Serving: /status from localhost:1234
Path: [ search 2109416471]
Serving: /search/2109416471 from localhost:1234
Path: [ search]
2021/03/29 17:28:34 Serving: /list from localhost:1234
Path: [ search 2101112223]
Serving: /search/2101112223 from localhost:1234
Path: [ delete 2109416471]
2021/03/29 17:29:24 Serving: /delete/2109416471 from localhost:1234
Path: [ insert Mike Tsoukalos 2109416471]
2021/03/29 17:29:56 Serving: /insert/Mike/Tsoukalos/2109416471 from
localhost:1234
2021/03/29 17:29:56 Serving: /insert/Mike/Tsoukalos/2109416471 from
localhost:1234
Path: [ insert Mike Tsoukalos 2109416471]
2021/03/29 17:30:18 Serving: /insert/Mike/Tsoukalos/2109416471 from
localhost:1234
```

클라이언트에서는 curl(1)을 사용한다.

```
$ curl localhost:1234/list
Dimitris Tsoukalos 2101112223
Jane Doe 0800123456
Mike Tsoukalos 2109416471
```

/list를 방문해 전화번호부 애플리케이션의 모든 항목을 가져왔다.

```
$ curl localhost:1234/status
Total entries: 3
```

/status를 방문해 원하는 결과를 얻었다.

```
$ curl localhost:1234/search/2109416471
Mike Tsoukalos 2109416471
```

이 커맨드를 이용하면 전화번호를 검색할 수 있다. 서버에서는 검색된 레코드의 전체 정보를 반환한다.

```
$ curl localhost:1234/delete/2109416471
2109416471 deleted!
```

위 커맨드로 **2109416471**에 해당하는 레코드가 지워진 것을 확인할 수 있다. REST 에서는 **DELETE** 메서드를 사용하지만 이는 10장에서 자세히 살펴본다.

이제 /delete/ 대신 **/delete**를 방문해보자.

```
$ curl localhost:1234/delete
<a href="/delete/">Moved Permanently</a>.
```

Go 라우터에서 생성한 메시지를 통해 **/delete** 대신 **/delete/**를 사용해야 한다는 사실을 알 수 있다. 이 메시지는 라우터에 **/delete**와 **/delete/** 모두를 정의하지 않아 발생했다.

이제 새로운 레코드를 생성해보자.

```
$ curl localhost:1234/insert/Mike/Tsoukalos/2109416471
New record added successfully
```

REST에서는 **POST** 메서드를 써야 하지만 이 또한 10장에서 다룬다.

같은 레코드를 다시 생성하려고 시도하면 다음과 같은 결과가 출력될 것이다.

```
$ curl localhost:1234/insert/Mike/Tsoukalos/2109416471
Failed to add record
```

위 결과들을 살펴보면 모든 것이 잘 작동하는 것 같다. 따라서 이제 전화번호부 애플리케이션을 배포해 여러 개의 HTTP 요청을 처리하게 만들 수 있다. 여러 개의 요청을 처리할 수 있는 이유는 **http** 패키지에서는 클라이언트와의 통신 과정에서 여러 고루틴을 사용하기 때문이다(실제로 전화번호부 애플리케이션은 동시에 여러 요청을 처리할 수 있다).

이번 장의 후반부에서는 전화번호부 서버용 커맨드라인 클라이언트를 만들어본다. 또한 11장에서 코드를 테스트하는 방법을 다룬다.

다음 절에서는 메트릭을 프로메테우스로 노출하는 방법과 서버 애플리케이션의 도커 이미지를 빌드하는 방법을 알아본다.

⫸ 프로메테우스로 메트릭 노출

파일을 디스크에 쓰는 애플리케이션이 있다고 가정하고 해당 애플리케이션에서 나오는 메트릭들을 통해 여러 파일에 데이터를 쓰는 행위가 성능에 얼마나 영향을 끼치고 있는지 알고 싶다고 가정해보자. 이 경우 애플리케이션의 행동을 더 잘 이해할 수 있게 성능 데이터를 수집할 필요가 있다. 책에서 다룰 애플리케이션에서는 게이지gauge 타입의 메트릭만을 다루지만 사실 프로메테우스에서는 여러 타입의 메트릭 데이터를 수집할 수 있다. 프로메테우스에서 지원하는 메트릭의 타입은 다음과 같다.

- **카운터**counter: 증가하는 카운터를 나타내는 데 사용되는 누적 값이다. 카운터의 값은 그대로 유지할 수도, 상승할 수도, 또는 0으로 초기화할 수도 있지만 감소시킬 순 없다. 카운터는 지금까지의 요청 수, 에러 수와 같은 누적 값을 나타내는 데 주로 사용한다.

- **게이지**gauge: 증가 또는 감소할 수 있는 단일 숫자 값이다. 게이지는 보통 요청의 수, 지속 시간 등과 같이 증가하거나 감소할 수 있는 값을 나타내는 데 사용한다.

- **히스토그램**histogram: 히스토그램은 관측값을 샘플링하고 카운트 및 버킷을 만드는 데 사용한다. 히스토그램은 보통 요청 지속 시간, 응답 시간과 같은 값에 사용한다.

- **요약**^{Summary}: 요약은 히스토그램과 비슷하지만 시간에 따른 슬라이딩 윈도우에서 분위^{quantile}를 계산할 수도 있다.

히스토그램과 요약은 모두 유용하게 사용할 수 있고 통계 계산을 하는 데 유용하다. 하지만 시스템 메트릭을 저장할 때는 보통 카운터나 게이지 타입만을 사용한다.

이 절에서는 메트릭을 수집해 이를 프로메테우스에 노출하는 방법을 알아본다. 편의상 난수를 생성하는 애플리케이션을 활용하고 먼저 Go 런타임과 관련된 메트릭을 제공하는 `runtime/metrics` 패키지를 알아본다.

runtime/metrics 패키지

`runtime/metrics` 패키지는 Go 런타임의 메트릭을 개발자가 사용할 수 있게 만들어준다. 각각의 메트릭 이름은 경로처럼 정의한다. 예를 들어 `/sched/goroutines:goroutines` 메트릭은 고루틴의 개수를 알 수 있는 메트릭이다. 모든 메트릭을 수집하고 싶다면 `metrics.All()`을 사용해야 한다. `metrics.All()`을 이용하면 수동으로 메트릭을 수집하고자 많은 코드를 작성해야 하는 노력을 줄일 수 있다.

메트릭은 `metrics.Sample` 데이터 타입에 저장한다. `metrics.Sample` 데이터 타입의 정의는 다음과 같다.

```
type Sample struct {
    Name    string
    Value   Value
}
```

`Name` 값은 `metrics.All()`에서 반환하는 메트릭들의 값 중 하나여야 한다. 메트릭에 대한 설명을 이미 알고 있다면 `metrics.All()`을 사용할 필요가 없다.

`runtime/metrics` 패키지를 사용한 코드는 metrics.go에 있다. 다음 코드에서는

/sched/goroutines:goroutines의 값을 가져와 화면에 출력한다.

```go
package main

import (
  "fmt"
  "runtime/metrics"
  "sync"
  "time"
)

func main() {
  const nGo = "/sched/goroutines:goroutines"
```

nGo 변수는 수집하고자 하는 메트릭의 경로를 저장한다.

```go
  // 메트릭의 샘플을 가져오기 위한 슬라이스다.
  getMetric := make([]metrics.Sample, 1)
  getMetric[0].Name = nGo
```

그런 다음 메트릭 값을 저장하는 **metrics.Sample**의 슬라이스를 생성한다. 여기서는 하나의 메트릭만 수집하기 때문에 슬라이스의 길이는 1이 된다. **Name**의 값은 nGo에 저장된 값인 /sched/goroutines:goroutines다.

```go
  var wg sync.WaitGroup
  for i := 0; i < 3; i++ {
    wg.Add(1)
    go func() {
      defer wg.Done()
      time.Sleep(4 * time.Second)
    }()
```

적절한 데이터를 수집할 수 있도록 세 개의 고루틴을 직접 만들었다.

```
        // 실제 데이터를 가져온다.
        metrics.Read(getMetric)
        if getMetric[0].Value.Kind() == metrics.KindBad {
            fmt.Printf("metric %q no longer supported\n", nGo)
        }
```

metrics.Read() 함수는 getMetric 슬라이스로 주어진 메트릭들을 수집한다.

```
        mVal := getMetric[0].Value.Uint64()
        fmt.Printf("Number of goroutines: %d\n", mVal)
    }
```

원하는 메트릭을 읽은 다음에는 프로그램에서 사용할 수 있게 숫자 값(여기서는 unsigned int64다)으로 변경한다.

```
    wg.Wait()

    metrics.Read(getMetric)
    mVal := getMetric[0].Value.Uint64()
    fmt.Printf("Before exiting: %d\n", mVal)
}
```

코드의 마지막 줄에서는 고루틴이 모두 종료됐는지 확인한다. main() 함수의 고루틴만 남아있어야 하므로 메트릭 값은 1이 된다.

metrics.go를 실행하면 다음과 같은 결과가 나온다.

```
$ go run metrics.go
Number of goroutines: 2
Number of goroutines: 3
```

```
Number of goroutines: 4
Before exiting: 1
```

세 개의 고루틴을 생성했고 main() 함수를 실행하는 고루틴이 이미 하나 있다. 따라서 고루틴의 최대 개수는 당연히 4다.

다음 절에서는 수집한 메트릭을 프로메테우스에서 접근할 수 있게 하는 방법을 살펴본다.

메트릭 노출

메트릭을 수집하는 것과 이를 프로메테우스가 수집할 수 있게 하는 것은 완전히 다른 작업이다. 이 절에서는 메트릭을 프로메테우스가 수집할 수 있게 만드는 방법을 살펴본다.

samplePro.go의 코드는 다음과 같다.

```
package main

import (
  "fmt"
  "net/http"

  "math/rand"
  "time"

  "github.com/prometheus/client_golang/prometheus"
  "github.com/prometheus/client_golang/prometheus/promhttp"
)
```

프로메테우스와 통신하는 용도로 두 개의 외부 패키지를 사용한다.

```
var PORT = ":1234"

var counter = prometheus.NewCounter(
   prometheus.CounterOpts{
      Namespace:  "mtsouk",
      Name:       "my_counter",
      Help:       "This is my counter",
   })
```

새로운 counter 변수를 정의하고 원하는 옵션을 설정했다. Namespace 필드는 메트릭들을 그룹화하는 데 사용하므로 매우 중요하다.

```
var gauge = prometheus.NewGauge(
   prometheus.GaugeOpts{
      Namespace:  "mtsouk",
      Name:       "my_gauge",
      Help:       "This is my gauge",
   })
```

새로운 gauge 변수를 정의하고 원하는 옵션을 설정했다.

```
var histogram = prometheus.NewHistogram(
   prometheus.HistogramOpts{
      Namespace:  "mtsouk",
      Name:       "my_histogram",
      Help:       "This is my histogram",
   })
```

새로운 histogram 변수를 정의하고 원하는 옵션을 설정했다.

```
var summary = prometheus.NewSummary(
```

```
prometheus.SummaryOpts{
    Namespace:   "mtsouk",
    Name:        "my_summary",
    Help:        "This is my summary",
})
```

새로운 summary 변수를 정의하고 원하는 옵션을 설정했다.

나중에 다시 알아보겠지만 위와 같이 메트릭 변수들을 정의하는 것만으로는 충분하지 않고 해당 변수들을 프로메테우스에서 수집할 수 있게 등록해야 한다.

```
func main() {
    rand.Seed(time.Now().Unix())

    prometheus.MustRegister(counter)
    prometheus.MustRegister(gauge)
    prometheus.MustRegister(histogram)
    prometheus.MustRegister(summary)
```

네 개의 구문으로 네 개의 메트릭 변수를 등록했다. 이제 프로메테우스가 메트릭들의 존재를 알게 됐다.

```
go func() {
    for {
        counter.Add(rand.Float64() * 5)
        gauge.Add(rand.Float64()*15 - 5)
        histogram.Observe(rand.Float64() * 10)
        summary.Observe(rand.Float64() * 10)
        time.Sleep(2 * time.Second)
    }
}()
```

이 고루틴은 무한 for 루프의 존재로 인해 웹 서버를 실행하는 동안 종료되지 않고 계속 실행된다. 또한 해당 고루틴에서 time.Sleep(2 * time.Second)를 사용하기 때문에 메트릭 값은 2초마다 업데이트된다(여기서는 메트릭 값으로는 난수를 사용했다).

```
    http.Handle("/metrics", promhttp.Handler())
    fmt.Println("Listening to port", PORT)
    fmt.Println(http.ListenAndServe(PORT, nil))
}
```

이미 알고 있듯이 각 URL은 보통 직접 구현한 핸들러 함수가 처리한다. 하지만 이번 예제에서는 github.com/prometheus/client_golang/prometheus/promhttp 패키지에 존재하는 promhttp.Handler() 핸들러 함수를 이용한다. 이를 이용하면 직접 코드를 작성하지 않아도 된다. 그러나 여전히 웹 서버를 실행하기 전에 http.Handle()을 이용해 promhttp.Handler() 핸들러 함수를 등록할 필요는 있다. 메트릭들은 /metrics 경로 아래에서 찾을 수 있고 프로메테우스는 이들을 찾아갈 수 있다.

samplePro.go를 실행하는 동안 mtsouk 네임스페이스에 속하는 메트릭의 목록을 얻으려면 curl(1) 커맨드를 실행하면 된다.

```
$ curl localhost:1234/metrics --silent | grep mtsouk
# HELP mtsouk_my_counter This is my counter
# TYPE mtsouk_my_counter counter
mtsouk_my_counter 19.948239343027772
```

위의 결과가 counter 변수의 값이다. | grep mtsouk 부분을 생략한다면 전체 메트릭의 목록을 가져올 수 있다.

```
# HELP mtsouk_my_gauge This is my gauge
# TYPE mtsouk_my_gauge gauge
mtsouk_my_gauge 29.335329668135287
```

앞의 결과는 **gauge** 변수의 값이다.

```
# HELP mtsouk_my_histogram This is my histogram
# TYPE mtsouk_my_histogram histogram
mtsouk_my_histogram_bucket{le="0.005"} 0
mtsouk_my_histogram_bucket{le="0.01"} 0
mtsouk_my_histogram_bucket{le="0.025"} 0
. . .
mtsouk_my_histogram_bucket{le="5"} 4
mtsouk_my_histogram_bucket{le="10"} 9
mtsouk_my_histogram_bucket{le="+Inf"} 9
mtsouk_my_histogram_sum 44.52262035556937
mtsouk_my_histogram_count 9
```

위의 결과는 **histogram** 변수의 값이다. 히스토그램은 버킷[bucket]을 갖고 있기 때문에 출력의 길이가 길다.

```
# HELP mtsouk_my_summary This is my summary
# TYPE mtsouk_my_summary summary
mtsouk_my_summary_sum 19.407554729772105
mtsouk_my_summary_count 9
```

마지막은 **summary** 데이터다.

이제 프로메테우스에서 메트릭들을 가져갈 준비가 됐다. 실제 프로덕션의 Go 애플리케이션들은 메트릭을 노출할 수 있고 이 메트릭들을 활용해 성능을 개선하고 병목 지점을 찾는다. 이제 Go 애플리케이션용 도커 이미지를 빌드하는 방법을 알아본다.

Go 서버의 도커 이미지 생성

이 절에서는 Go 애플리케이션의 도커 이미지를 생성해본다. 도커 이미지로 얻을 수 있는 가장 큰 장점은 컴파일러나 필요한 리소스가 존재하는지 등의 걱정 없이 도커 환경에 배포할 수 있다는 것이다. 모든 것이 도커 이미지에 포함돼 있기 때문이다.

그러나 여전히 "도커 이미지 대신 일반 Go 바이너리를 사용하면 되지 않는가?"라는 질문을 할 수도 있다. 대답은 간단하다. 도커 이미지는 docker-compose.yml 파일에 들어갈 수도 있고, 쿠버네티스^{Kubernetes}를 이용해 배포할 수도 있기 때문이다. Go 바이너리는 이와 같이 활용할 수 없다.

보통은 Go가 이미 설치된 기본 도커 이미지를 이용해 바이너리 파일을 만들어낸다. samplePro.go는 외부 패키지를 사용하기 때문에 실행 바이너리를 생성하기 전에 외부 패키지를 다운로드해야 한다는 점이 중요한 포인트다.

빌드 과정은 **go mod init**과 **go mod tidy**로 시작한다. Dockerfile의 내용은 깃허브 저장소의 dFilev2에서 찾을 수 있고 그 내용은 다음과 같다.

```
# Go 모듈을 사용한다.
FROM golang:alpine AS builder
RUN apk update && apk add --no-cache git
```

golang:alpine은 **git**이 설치되지 않은 최신 Go 버전을 사용하기 때문에 수동으로 **git**을 설치해야 한다.

```
RUN mkdir $GOPATH/src/server
ADD ./samplePro.go $GOPATH/src/server
```

Go 모듈을 사용하고 싶다면 소스코드를 **$GOPATH/src** 아래에 넣어야 한다.

```
WORKDIR $GOPATH/src/server
RUN go mod init
RUN go mod tidy
RUN go mod download
RUN mkdir /pro
```

```
RUN go build -o /pro/server samplePro.go
```

go mod 커맨드를 사용해 의존성을 다운로드한다. 바이너리 파일을 빌드하는 과정은 이전과 같다.

```
FROM alpine:latest

RUN mkdir /pro
COPY --from=builder /pro/server /pro/server
EXPOSE 1234
WORKDIR /pro
CMD ["/pro/server"]
```

두 번째 스테이지에서는 바이너리 파일을 정해진 경로(/pro)에 넣고 정해진 포트(1234)를 노출했다. 포트 번호는 samplePro.go의 포트 번호와 같아야 한다.

dFilev2를 이용해 도커 이미지를 빌드하려면 다음 커맨드를 실행하기만 하면 된다.

```
$ docker build -f dFilev2 -t go-app116 .
```

도커 이미지를 생성한 다음엔 docker-compose.yml을 사용하는 방식에는 별 다른 차이가 없다. docker-compose.yml의 내용은 다음과 같다.

```
goapp:
    image: goapp
    container_name: goapp-int
    restart: always
    ports:
      - 1234:1234
    networks:
      - monitoring
```

도커 이미지의 이름은 **goapp**이고 컨테이너의 내부 이름은 **goapp-int**이다. 따라서 **monitoring** 네트워크의 다른 컨테이너가 해당 컨테이너에 접근하고자 한다면 **goapp-int** 호스트명을 써야 한다. 마지막으로 유일하게 열린 포트 번호는 **1234**다. 다음 절에서는 메트릭을 프로메테우스로 노출하는 방법을 알아본다.

메트릭 노출

이 절에서는 **runtime/metrics** 패키지에서 가져온 메트릭을 프로메테우스에 노출하는 방법을 보여준다. 예제에서는 **/sched/goroutines:goroutines**와 **/memory/classes/ total:bytes**를 사용한다. 이미 전자는 고루틴의 개수라는 것을 알고 있다. 후자는 읽기와 쓰기를 위해 Go 런타임에서 매핑한 현재 프로세스의 메모리 양이다.

> **NOTE**
>
> 다음 코드는 외부 패키지를 사용하므로 ~/go/src 아래에 위치해야 하고 go mod init을 통해 Go 모듈을 사용해야 한다.

prometheus.go의 코드는 다음과 같다.

```go
package main

import (
  "log"
  "math/rand"
  "net/http"
  "runtime"
  "runtime/metrics"
  "time"

  "github.com/prometheus/client_golang/prometheus"
  "github.com/prometheus/client_golang/prometheus/promhttp"
)
```

첫 번째 외부 패키지는 프로메테우스의 Go 클라이언트 라이브러리이고 두 번째
패키지는 기본 핸들러 함수 promhttp.Handler()를 사용하고자 쓴다.

```go
var PORT = ":1234"

var n_goroutines = prometheus.NewGauge(
    prometheus.GaugeOpts{
        Namespace:  "packt",
        Name:       "n_goroutines",
        Help:       "Number of goroutines"})

var n_memory = prometheus.NewGauge(
    prometheus.GaugeOpts{
        Namespace:  "packt",
        Name:       "n_memory",
        Help:       "Memory usage"})
```

두 개의 프로메테우스 메트릭을 정의했다.

```go
func main() {
    rand.Seed(time.Now().Unix())
    prometheus.MustRegister(n_goroutines)
    prometheus.MustRegister(n_memory)

    const nGo = "/sched/goroutines:goroutines"
    const nMem = "/memory/classes/heap/free:bytes"
```

여기서는 runtime/metrics 패키지에서 가져오고 싶은 메트릭을 정의했다.

```go
    getMetric := make([]metrics.Sample, 2)
    getMetric[0].Name = nGo
    getMetric[1].Name = nMem

    http.Handle("/metrics", promhttp.Handler())
```

여기서 /metrics 경로에 대한 핸들러 함수를 등록했다. 핸들러 함수로는 promhttp.Handler()를 사용했다.

```go
go func() {
  for {
    for i := 1; i < 4; i++ {
      go func() {
        _ = make([]int, 1000000)
        time.Sleep(time.Duration(rand.Intn(10)) * time.Second)
      }()
    }
```

이 프로그램은 적어도 두 개의 고루틴을 사용해야 한다. 하나는 HTTP 서버를 실행하는 용도로 사용해야 하고 다른 하나는 메트릭을 수집하는 용도로 사용해야 한다. 보통 HTTP 서버는 main() 함수를 실행하는 고루틴에서 실행하고 메트릭 수집은 사용자가 정의한 고루틴에서 수집한다.

바깥의 for 루프는 고루틴을 영원히 실행하는 역할을 하고 안쪽의 for 루프는 추가적인 고루틴을 만들어 /sched/goroutines:goroutines 메트릭의 값이 항상 변하게 만든다.

```go
    runtime.GC()
    metrics.Read(getMetric)
    goVal := getMetric[0].Value.Uint64()
    memVal := getMetric[1].Value.Uint64()
    time.Sleep(time.Duration(rand.Intn(15)) * time.Second)
    n_goroutines.Set(float64(goVal))
    n_memory.Set(float64(memVal))
  }
}()
```

runtime.GC() 함수는 Go 가비지 컬렉터가 실행되게 해 /memory/classes/heap/
free:bytes 메트릭의 값을 바꾼다. 두 개의 Set() 호출은 메트릭의 값을 업데이트
한다.

> **NOTE**
>
> Go의 가비지 컬렉터가 동작하는 방식은 부록 A에서 확인할 수 있다.

```
    log.Println("Listening to port", PORT)
    log.Println(http.ListenAndServe(PORT, nil))
}
```

마지막 구문에서는 기본 Go 라우터를 이용해 웹 서버를 실행한다. prometheus.go
를 ~/go/src/github.com/mactsouk 내부에서 실행하려면 다음 커맨드를 실행해야
한다.

```
$ cd ~/go/src/github.com/mactsouk/Prometheus # ~/go/src 내부의 아무 경로나 가능하다.
$ go mod init
$ go mod tidy
$ go mod download
$ go run prometheus.go
2021/04/01 12:18:11 Listening to port :1234
```

prometheus.go는 한 줄을 제외하고는 아무 출력도 하지 않는다. 다음 절에서는
curl(1)을 이용해 prometheus.go에서 원하는 메트릭을 읽는 방법을 알아본다.

메트릭 읽기

애플리케이션이 예상대로 동작하는지 확인하고자 curl(1)으로 prometheus.go의
메트릭 목록을 가져올 수 있다. 메트릭을 프로메테우스로 보내기 전에 항상 curl(1)
이나 wget(1) 같은 유틸리티를 이용해 잘 동작하는지 미리 테스트하면 좋다.

```
$ curl localhost:1234/metrics --silent | grep packt
# HELP packt_n_goroutines Number of goroutines
# TYPE packt_n_goroutines gauge
packt_n_goroutines 5
# HELP packt_n_memory Memory usage
# TYPE packt_n_memory gauge
packt_n_memory 794624
```

위 커맨드는 curl(1)을 실행하는 곳과 같은 곳에 서버가 있고 서버는 1234번 TCP 포트를 사용한다고 가정한다. 이제는 프로메테우스를 활성화해 메트릭을 가져와야 한다. 이를 위한 가장 쉬운 방법은 프로메테우스의 도커 이미지와 메트릭을 가져올 애플리케이션 모두 도커 이미지로 실행하는 것이다. 그런데 runtime/metrics 패키지는 Go 1.16 버전에 처음으로 추가됐으므로 runtime/metrics 패키지를 사용하는 Go 소스 파일을 빌드하려면 Go 1.16 버전 이상이 필요하다. 이는 도커 이미지를 빌드하고자 모듈을 사용해야 함을 의미한다. 따라서 다음과 같은 Dockerfile을 사용할 것이다.

```
FROM golang:alpine AS builder
```

바이너리를 빌드할 때 사용할 기본 도커 이미지의 이름이다. golang:alpine 이미지는 항상 Go의 최신 버전을 포함하며 주기적으로 업데이트한다.

```
RUN apk update && apk add --no-cache git
```

golang:alpine 이미지에는 git이 포함돼 있지 않으므로 직접 설치해준다.

```
RUN mkdir $GOPATH/src/server
ADD ./prometheus.go $GOPATH/src/server
WORKDIR $GOPATH/src/server
```

```
RUN go mod init
RUN go mod tidy
RUN go mod download
```

위 커맨드로 바이너리를 빌드하기 전에 필요한 의존성을 다운로드한다.

```
RUN mkdir /pro
RUN go build -o /pro/server prometheus.go

FROM alpine:latest

RUN mkdir /pro
COPY --from=builder /pro/server /pro/server
EXPOSE 1234
WORKDIR /pro
CMD ["/pro/server"]
```

원하는 도커 이미지(여기서는 goapp이다)를 빌드하려면 다음 커맨드를 실행하면 된다.

```
$ docker build -f Dockerfile -t goapp .
```

보통 docker images의 결과를 통해 goapp 도커 이미지가 성공적으로 생성됐는지 확인할 수 있다. 이는 다음과 같이 나타난다.

```
goapp          latest          a1f0cd4bd8f5    5 seconds ago    16.9MB
```

이제 프로메테우스를 설정해 원하는 메트릭을 가져오게 해보자.

프로메테우스에 메트릭 넣기

메트릭을 가져오고자 프로메테우스에 적절한 설정을 해줘야 한다. 사용할 설정 파일은 다음과 같다.

```
# prometheus.yml
scrape_configs:
  - job_name: GoServer
    scrape_interval: 5s
    static_configs:
      - targets: ['goapp:1234']
```

프로메테우스에게 **goapp**이라는 호스트명을 갖는 서버의 **1234**번 포트에 연결하라고 알렸다. 프로메테우스는 `scrape_interval` 필드의 값인 5초마다 데이터를 가져올 것이다. docker-compose.yml로 기존 디렉터리인 prometheus 디렉터리에 prometheus.yml을 넣어야 한다.

프로메테우스와 그라파나, Go 애플리케이션은 docker-compose.yml 파일을 이용해 도커 컨테이너 형태로 실행한다.

```
version: "3"

services:
  goapp:
    image: goapp
    container_name: goapp
    restart: always
    ports:
      - 1234:1234
    networks:
      - monitoring
```

여기가 메트릭을 수집하는 Go 애플리케이션에 관련된 부분이다. 도커 이미지와 도커 컨테이너의 내부 호스트명은 **goapp**이다. 연결을 위해 사용하는 포트 번호도 정의해야 한다. 여기에서는 내부 및 외부 포트 모두 **1234**다. 내부 포트는 외부 포트와 연결된다. 또한 모든 도커 이미지를 같은 네트워크에 넣어야 하고 여기에서는 **monitoring**이라는 네트워크에 넣었다.

```
prometheus:
  image: prom/prometheus:latest
  container_name: prometheus
  restart: always
  user: "0"
  volumes:
    - ./prometheus/:/etc/prometheus/
```

이곳에서 prometheus.yml의 복사본을 도커 이미지로 전달해 프로메테우스가 사용할 수 있게 했다. 따라서 로컬 환경의 ./prometheus/prometheus.yml 파일은 도커 이미지에서는 etc/prometheus/prometheus.yml 경로로 접근할 수 있게 된다.

```
    - ./prometheus_data/:/prometheus/
  command:
    - '--config.file=/etc/prometheus/prometheus.yml'
```

여기서 프로메테우스가 어떤 설정 파일을 사용할지 정의했다.

```
    - '--storage.tsdb.path=/prometheus'
    - '--web.console.libraries=/etc/prometheus/console_libraries'
    - '--web.console.templates=/etc/prometheus/consoles'
    - '--storage.tsdb.retention.time=200h'
    - '--web.enable-lifecycle'
```

```
    ports:
      - 9090:9090
    networks:
      - monitoring
```

여기서 프로메테우스 관련 설정이 끝난다. 사용한 도커 이미지는 prom/prometheus: latest며 내부 이름은 prometheus다. 프로메테우스는 9090번 포트를 사용한다.

```
  grafana:
    image: grafana/grafana
    container_name: grafana
    depends_on:
      - prometheus
    restart: always
    user: "0"
    ports:
      - 3000:3000
    environment:
      - GF_SECURITY_ADMIN_PASSWORD=helloThere
```

위의 값이 현재 admin 사용자의 비밀번호다. 그라파나와 연결할 때 필요한 값이다.

```
      - GF_USERS_ALLOW_SIGN_UP=false
      - GF_PANELS_DISABLE_SANITIZE_HTML=true
      - GF_SECURITY_ALLOW_EMBEDDING=true
    networks:
      - monitoring
    volumes:
      - ./grafana_data/:/var/lib/grafana/
```

그라파나 관련 설정도 표시했다. 그라파나는 3000번 포트를 사용한다.

```
volumes:
  grafana_data: {}
  prometheus_data: {}
```

위의 두 줄은 두 개의 volumes 필드로, 그라파나와 프로메테우스가 로컬 환경에 데이터를 저장할 수 있게 만들어준다. 따라서 도커 이미지를 재시작할 때도 데이터가 유실되지 않는다.

```
networks:
  monitoring:
    driver: bridge
```

내부적으로 세 개의 컨테이너들은 container_name 필드의 값으로 접근한다. 그러나 외부적으로는 노출된 포트를 이용해 로컬 환경에서 http://localhost:port 형태로 연결하거나 다른 머신에서 http://hostname:port를 사용해 접근할 수 있다. 두 번째 방법은 안전하지 않기 때문에 방화벽으로 막아놔야 한다. 마지막으로 docker-compose up을 실행하면 끝난다. Go 애플리케이션은 메트릭을 노출할 것이고 프로메테우스는 이를 수집하기 시작할 것이다.

다음 그림은 프로메테우스 UI(http://hostname:9090)가 packt_n_goroutines를 표시한 것이다.

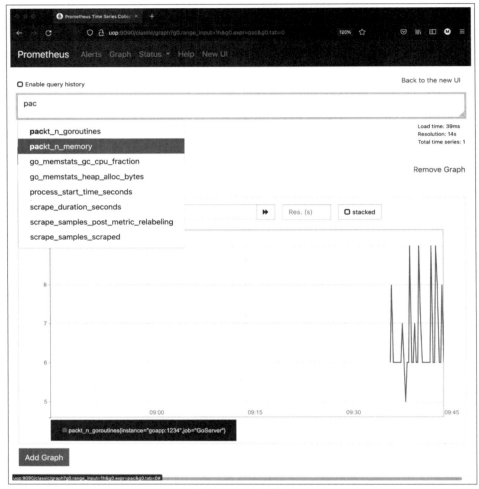

그림 8.1: 프로메테우스 UI

메트릭의 값을 시각적으로 표현하면 디버깅할 때 매우 편리하게 활용할 수 있다. 그렇지만 프로메테우스는 전문적인 시각화 툴이 아니다. 다음 절에서는 프로메테우스를 그라파나와 연결해 인상적인 그래프를 만드는 방법을 살펴본다.

그라파나에서 프로메테우스 메트릭 시각화

메트릭을 수집하기만 해서는 아무 의미가 없고 이를 시각화해서 보여줘야 할 필요가 있다. 프로메테우스와 그라파나는 함께 사용하기 쉽기 때문에 그라파나를 시각화 도구로 활용할 것이다. 그라파나에서 할 가장 중요한 일은 프로메테우스 인스턴스와 연결하는 일이다. 그라파나 용어로 그라파나 데이터 소스data source를 만들어 프로메테우스에서 데이터를 가져와야 한다.

프로메테우스에서 가져오는 데이터 소스를 만드는 과정은 다음과 같다.

1. http://localhost:3000으로 들어가 그라파나에 접속한다.

2. 관리자의 이름은 **admin**이고 비밀번호는 docker-compose.yml의 **GF_SECURITY_ADMIN_PASSWORD** 값이 된다.

3. **첫 번째 데이터 소스 추가하기**Add your first data source를 선택한다. 데이터 소스의 목록 중에 프로메테우스를 선택한다. 보통 프로메테우스는 목록의 첫 번째에 위치한다.

4. URL 필드에 http://prometheus:9090을 입력하고 **저장 및 테스트**Save & Test 버튼을 누른다. 도커 이미지 사이에 내부 네트워크가 존재하므로 그라파나 컨테이너는 프로메테우스 컨테이너에 **prometheus**라는 호스트명으로 접근할 수 있다. 이미 알고 있듯이 로컬 환경에서는 http://localhost:9000으로 접근할 수 있다. 이제 끝났다. 데이터 소스의 이름은 **Prometheus**로 설정한다.

모든 과정이 끝나면 그라파나의 첫 화면에 새로운 패널이 생긴다. 이미 선택돼 있지 않다면 패널의 데이터 소스에서 Prometheus를 선택한다. 그런 다음 Metrics 드롭다운 메뉴로 가서 원하는 메트릭을 선택한다. 선택이 끝나면 Save를 누르면 된다. 원하는 만큼 패널을 만들어보자.

다음 그림은 그라파나가 prometheus.go에서 가져온 두 개의 메트릭을 시각화한 것을 보여준다.

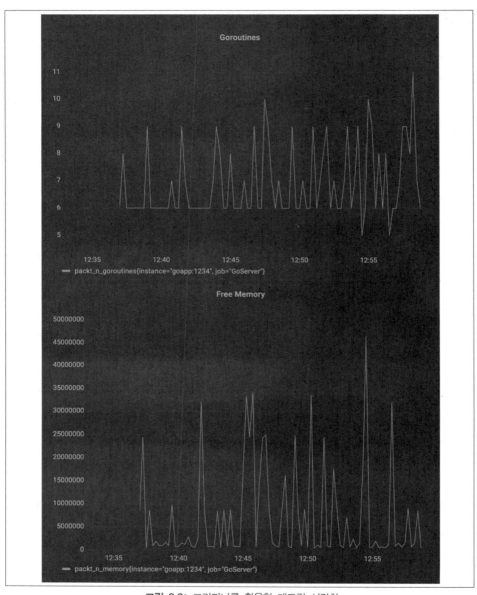

그림 8.2: 그라파나를 활용한 메트릭 시각화

그라파나에는 여기서 설명한 것보다 더 많은 기능이 있다. 시스템 메트릭을 통해 Go 애플리케이션의 성능을 확인하고 싶다면 프로메테우스와 그라파나는 좋은 선택지가 될 수 있다.

HTTP 서버를 알아봤으니 다음 절에서는 HTTP 클라이언트를 개발하는 방법을 알아본다.

⚡ 웹 클라이언트 개발

이번 절에서는 HTTP 클라이언트를 간단한 버전부터 시작해 발전된 버전까지 개발해본다. 제일 간단한 버전에서는 http.Get() 호출만 사용해 모든 동작을 수행한다. http.Get() 함수는 여러 옵션과 매개변수를 신경 쓰고 싶지 않을 때 편리하게 사용할 수 있다. 그러나 이렇게 호출하게 되면 처리할 때의 유연성을 갖지 못한다. 또한 http.Get()은 http.Response 값을 반환한다. 이는 simpleClient.go에서 확인할 수 있다.

```go
package main

import (
    "fmt"
    "io"
    "net/http"
    "os"
    "path/filepath"
)

func main() {
    if len(os.Args) != 2 {
        fmt.Printf("Usage: %s URL\n", filepath.Base(os.Args[0]))
        return
    }
```

filepath.Base() 함수는 경로의 마지막 값을 반환한다. 예를 들어 os.Args[0]이 매개변수로 주어지면 filepath.Base() 함수는 실행 바이너리 파일의 이름을 반환한다.

```
URL := os.Args[1]
data, err := http.Get(URL)
```

위의 두 구문에서는 URL과 http.Get()을 이용해 데이터를 가져왔다. http.Get()은 *http.Response와 error 변수를 반환한다. *http.Response 값에는 필요한 모든 정보가 있기 때문에 추가적으로 http.Get()을 호출할 필요는 없다.

```
if err != nil {
  fmt.Println(err)
  return
}
_, err = io.Copy(os.Stdout, data.Body)
```

io.Copy() 함수는 서버 응답의 본문이 들어 있는 data.Body에서 데이터를 읽어 os.Stdout에 출력한다. os.Stdout은 항상 열려 있기 때문에 따로 열 필요는 없다. 따라서 모든 데이터는 표준 출력에 쓰인다(그리고 보통 터미널 화면에 출력된다).

```
if err != nil {
  fmt.Println(err)
  return
}
data.Body.Close()
}
```

마지막으로 data.Body를 닫아 가비지 컬렉션이 되게 만든다.

simpleClient.go를 실행하면 다음과 같은 결과가 나온다.

```
$ go run simpleClient.go https://www.golang.org
<!DOCTYPE html>
<html lang="en">
<meta charset="utf-8">
<meta name="description" content="Go is an open source programming
language that makes it easy to build simple, reliable, and efficient
software.">
...
</script>
```

simpleClient.go에서 URL이 존재하고 접근 가능한지 체크하지만 이 과정에서 아무런 제어도 할 수 없다. 다음 절에서는 서버 응답을 처리하는 발전된 HTTP 클라이언트를 개발해본다.

http.NewRequest()를 사용해 클라이언트 개선

앞 절의 웹 클라이언트는 상대적으로 간단하지만 아무런 유연성도 제공하지 않는다. 따라서 이번 절에서는 http.Get() 함수를 사용하지 않고 URL을 읽는 방법과 더 많은 옵션을 알아본다. 하지만 프로그램이 유연해지는 대신 더 많은 코드를 작성해야 한다.

import 블록을 제외한 wwwClient.go의 코드는 다음과 같다.

```
package main

// import 블록은 깃허브 저장소를 참고하자.

func main() {
    if len(os.Args) != 2 {
        fmt.Printf("Usage: %s URL\n", filepath.Base(os.Args[0]))
        return
    }
```

filepath.Base()를 사용할 필요는 없지만 이를 사용하면 좀 더 전문적인 프로그램인 것만 같은 출력이 나온다.

```go
URL, err := url.Parse(os.Args[1])
if err != nil {
    fmt.Println("Error in parsing:", err)
    return
}
```

url.Parse() 함수는 문자열을 URL 구조체로 파싱한다. 따라서 주어진 인수가 유효한 URL이 아니라면 url.Parse()가 알려줄 것이고 언제나 그렇듯 error 변수를 체크하면 된다.

```go
c := &http.Client{
    Timeout: 15 * time.Second,
}
request, err := http.NewRequest(http.MethodGet, URL.String(), nil)
if err != nil {
    fmt.Println("Get:", err)
    return
}
```

http.NewRequest() 함수는 주어진 메서드, URL, 본문을 갖는 http.Request 객체를 반환한다. http.MethodGet 매개변수는 HTTP GET 메서드를 이용해 데이터를 검색한다는 의미다. 또한 URL.String()은 http.URL 변수를 문자열 형태로 반환한다.

```go
httpData, err := c.Do(request)
if err != nil {
    fmt.Println("Error in Do():", err)
    return
}
```

http.Do() 함수는 http.Client를 사용해 HTTP 요청 http.Request를 보낸 뒤 http.Response를 받아 반환한다. 따라서 http.Do()는 http.Get()이 하는 일을 좀 더 자세하게 표현한 것과 같다.

```go
fmt.Println("Status code:", httpData.Status)
```

httpData.Status는 응답의 HTTP 상태 코드를 갖고 있다. 상태 코드로 요청에서 무슨 일이 일어났는지 알 수 있기 때문에 이 값은 매우 중요하다.

```go
header, _ := httputil.DumpResponse(httpData, false)
fmt.Print(string(header))
```

httputil.DumpResponse() 함수는 서버의 응답을 가져올 때 사용하며 주로 디버깅 용도로 사용한다. httputil.DumpResponse()의 두 번째 인수는 결과의 본문 포함 여부를 결정하는 값이다. 여기서는 false로 설정해 응답의 본문을 제외한 헤더만 출력했다. 같은 일을 서버 쪽에서 수행하고 싶다면 httputil.DumpRequest()를 사용하면 된다.

```go
contentType := httpData.Header.Get("Content-Type")
characterSet := strings.SplitAfter(contentType, "charset=")
if len(characterSet) > 1 {
    fmt.Println("Character Set:", characterSet[1])
}
```

여기서 Content-Type의 값을 검색해 응답의 문자열 집합character set을 알아낸다.

```go
if httpData.ContentLength == -1 {
    fmt.Println("ContentLength is unknown!")
```

```
  } else {
    fmt.Println("ContentLength:", httpData.ContentLength)
  }
```

여기서 httpData.ContentLength의 값을 읽어 본문의 길이를 구했다. 해당 값이 설정돼 있지 않다면 관련 메시지를 출력한다.

```
length := 0
var buffer [1024]byte
r := httpData.Body
for {
  n, err := r.Read(buffer[0:])
  if err != nil {
    fmt.Println(err)
    break
  }
  length = length + n
}
fmt.Println("Calculated response data length:", length)
}
```

프로그램의 마지막 부분에서는 서버의 HTTP 응답 크기를 구하기 위한 기법을 소개한다. HTML 출력을 화면에 표시하고 싶다면 r 버퍼 변수의 값을 출력해야 한다.

wwwClient.go를 사용해 https://www.golang.org를 방문하면 다음과 같은 결과가 나오는데, fmt.Println("Status code:", httpData.Status)의 출력이다.

```
$ go run wwwClient.go https://www.golang.org
Status code: 200 OK
```

그다음엔 fmt.Print(string(header)) 구문의 출력인 HTTP 서버 응답의 헤더 데이터를 확인할 수 있다.

```
HTTP/2.0 200 OK
Alt-Svc: h3-29=":443"; ma=2592000,h3-T051=":443";
ma=2592000,h3-Q050=":443"; ma=2592000,h3-Q046=":443";
ma=2592000,h3-Q043=":443"; ma=2592000,quic=":443"; ma=2592000;
v="46,43"
Content-Type: text/html; charset=utf-8
Date: Sat, 27 Mar 2021 19:19:25 GMT
Strict-Transport-Security: max-age=31536000; includeSubDomains; preload
Vary: Accept-Encoding
Via: 1.1 google
```

출력의 마지막 부분은 문자열 집합(utf-8)과 코드를 통해 구한 응답의 길이 **9216**이다.

```
Character Set: utf-8
ContentLength is unknown!
EOF
Calculated response data length: 9216
```

다음 절에서는 앞서 개발한 전화번호부 웹 서비스의 클라이언트를 만들어본다.

전화번호부 서비스의 클라이언트 만들기

이번 절에서는 이번 장 앞쪽에서 만들었던 전화번호부 웹 서비스와 상호작용할 수 있는 커맨드라인 유틸리티를 만들어본다. 전화번호부 클라이언트의 이번 버전에서는 cobra 패키지를 사용한다. 따라서 이를 위한 깃허브나 깃랩 저장소가 필요하다. 이미 만들어진 저장소는 https://github.com/mactsouk/phone-cli에서 찾을 수 있다. **git clone**을 실행한 뒤 가장 먼저 할 일은 개발에 사용할 디렉터리와 저장소를 연결하는 일이다.

```
$ cd ~/go/src/github.com/mactsouk
$ git clone git@github.com:mactsouk/phone-cli.git
$ cd phone-cli
$ ~/go/bin/cobra init --pkg-name github.com/mactsouk/phone-cli
$ go mod init
$ go mod tidy
```

```
$ go mod download
```

그런 다음 유틸리티에 사용할 커맨드를 생성한다. 유틸리티의 구조는 다음과 같은 cobra 커맨드로 구현한다.

```
$ ~/go/bin/cobra add search
$ ~/go/bin/cobra add insert
$ ~/go/bin/cobra add delete
$ ~/go/bin/cobra add status
$ ~/go/bin/cobra add list
```

따라서 search, insert, delete, status, list라는 5개의 커맨드를 갖는 커맨드라인 유틸리티가 만들어졌다. 이제 각 커맨드를 구현하고 지역 매개변수를 정의해 전화번호부 서버와 상호작용하게 만들어본다.

이제 각 커맨드의 구현을 살펴보자. 먼저 전역 커맨드라인 매개변수를 정의하고 있는 root.go의 init() 함수부터 살펴보자.

```
func init() {
    rootCmd.PersistentFlags().StringP("server", "S", "localhost", "Server")
    rootCmd.PersistentFlags().StringP("port", "P", "1234", "Port number")
    viper.BindPFlag("server", rootCmd.PersistentFlags().Lookup("server"))
    viper.BindPFlag("port", rootCmd.PersistentFlags().Lookup("port"))
}
```

2개의 전역 매개변수인 server와 port를 정의했고 이들은 전화번호부 서버의 호스트 명과 포트 번호 값이다. 두 매개변수 모두 앨리어스를 갖고 viper가 이를 처리한다.

이제 status.go에서 status 커맨드의 구현을 살펴보자.

```
SERVER := viper.GetString("server")
PORT := viper.GetString("port")
```

558

모든 커맨드에서 서버의 정보를 얻고자 server와 port 커맨드라인 매개변수를 읽고 status 커맨드도 마찬가지다.

```
// 요청을 생성한다.
URL := "http://" + SERVER + ":" + PORT + "/status"
```

그런 다음 요청의 URL을 만든다.

```
data, err := http.Get(URL)
if err != nil {
    fmt.Println(err)
    return
}
```

http.Get()을 이용해 GET 요청을 보낸다.

```
// HTTP 상태 코드를 체크한다.
if data.StatusCode != http.StatusOK {
    fmt.Println("Status code:", data.StatusCode)
    return
}
```

그 후 HTTP 상태 코드를 체크해 아무 문제없이 요청을 실행했는지 살펴본다.

```
// 데이터를 읽는다.
responseData, err := io.ReadAll(data.Body)
if err != nil {
    fmt.Println(err)
    return
}
```

```
fmt.Print(string(responseData))
```

모든 것을 잘 수행했다면 서버 응답의 본문 전체를 바이트 슬라이스로 읽어 들인 뒤 문자열 형태로 화면에 출력한다. list의 구현은 status의 구현과 거의 똑같다. 유일한 차이는 list.go의 URL이 다음과 같다는 점이다.

```
URL := "http://" + SERVER + ":" + PORT + "/list"
```

그런 다음 delete.go에 있는 delete의 구현을 살펴본다.

```
SERVER := viper.GetString("server")
PORT := viper.GetString("port")
number, _ := cmd.Flags().GetString("tel")
if number == "" {
    fmt.Println("Number is empty!")
    return
}
```

server와 port 전역 매개변수 외에도 tel 매개변수를 읽는다. tel이 빈 값이라면 커맨드는 바로 반환한다.

```
// 요청을 생성한다.
URL := "http://" + SERVER + ":" + PORT + "/delete/" + number
```

여기에서도 서버에 요청할 전체 URL을 만든다.

```
// 요청을 서버로 보낸다.
data, err := http.Get(URL)
```

```
        if err != nil {
            fmt.Println(err)
            return
        }
```

요청을 서버로 보낸다.

```
        // HTTP 상태 코드를 체크한다.
        if data.StatusCode != http.StatusOK {
            fmt.Println("Status code:", data.StatusCode)
            return
        }
```

서버 응답에 에러가 있다면 delete 커맨드는 종료된다.

```
        // 데이터를 읽는다.
        responseData, err := io.ReadAll(data.Body)
        if err != nil {
            fmt.Println(err)
            return
        }
        fmt.Print(string(responseData))
```

요청을 성공적으로 수행했다면 서버 응답이 화면에 출력된다.

delete.go의 **init()** 함수에는 지역 커맨드라인 매개변수인 **tel**의 정의가 있다.

```
    func init() {
        rootCmd.AddCommand(deleteCmd)
        deleteCmd.Flags().StringP("tel", "t", "", "Telephone number to delete")
    }
```

여기서 정의한 내용이 delete 커맨드에서만 사용하는 지역 플래그다. 다음에는 search 커맨드를 살펴보고 search.go에 어떻게 구현돼 있는지 살펴본다. search 커맨드의 구현은 delete와 같고 URL만 다르다.

```
URL := "http://" + SERVER + ":" + PORT + "/search/" + number
```

search 커맨드도 검색할 전화번호를 가져오고자 tel 커맨드라인 매개변수를 지원한다. 이는 search.go의 init() 함수에 정의돼 있다.

마지막으로 살펴볼 커맨드는 insert 커맨드이고 세 개의 지역 커맨드라인 매개변수를 지원한다. 이 또한 insert.go의 init() 함수에 정의돼 있다.

```
func init() {
  rootCmd.AddCommand(insertCmd)
  insertCmd.Flags().StringP("name", "n", "", "Name value")
  insertCmd.Flags().StringP("surname", "s", "", "Surname value")
  insertCmd.Flags().StringP("tel", "t", "", "Telephone value")
}
```

이 세 가지 매개변수를 사용해 사용자 입력을 가져온다. surname의 앨리어스는 소문자 s이고, root.go에 정의한 server의 앨리어스는 대문자 S라는 점을 주의하자. 커맨드와 앨리어스는 사용자가 정의하는 것이므로 상식적인 이름과 앨리어스로 정의하자.

insert 커맨드는 다음 코드를 이용해 구현했다.

```
SERVER := viper.GetString("server")
PORT := viper.GetString("port")
```

먼저 server와 port 전역 매개변수를 읽는다.

```
number, _ := cmd.Flags().GetString("tel")
if number == "" {
  fmt.Println("Number is empty!")
  return
}
name, _ := cmd.Flags().GetString("name")
if number == "" {
  fmt.Println("Name is empty!")
  return
}
surname, _ := cmd.Flags().GetString("surname")
if number == "" {
  fmt.Println("Surname is empty!")
  return
}
```

그런 다음 세 개의 지역 커맨드라인 매개변수를 가져온다. 하나라도 빈 값이 있다면 서버로 요청을 보내지 않고 바로 반환한다.

```
URL := "http://" + SERVER + ":" + PORT + "/insert/"
URL = URL + "/" + name + "/" + surname + "/" + number
```

가독성을 위해 두 단계로 나눠 서버 요청을 만들었다.

```
data, err := http.Get(URL)
if err != nil {
  fmt.Println("**", err)
  return
}
```

그런 다음 서버로 요청을 보낸다.

```
if data.StatusCode != http.StatusOK {
    fmt.Println("Status code:", data.StatusCode)
    return
}
```

HTTP 상태 코드는 항상 체크하는 것이 좋다. 서버가 요청이 성공했다고 응답하면 계속해서 데이터를 읽는다. 아니라면 상태 코드를 출력한 뒤 종료한다.

```
responseData, err := io.ReadAll(data.Body)
if err != nil {
    fmt.Println("*", err)
    return
}
fmt.Print(string(responseData))
```

서버 응답의 본문을 읽은 다음에는 이 내용을 바이트 슬라이스에 저장하고 string(responseData)를 이용해 문자열 형태로 화면에 출력한다.

클라이언트 애플리케이션은 다음의 출력을 생성한다.

```
$ go run main.go list
Dimitris Tsoukalos 2101112223
Jane Doe 0800123456
Mike Tsoukalos 2109416471
```

위는 list 커맨드를 실행한 결과다.

```
$ go run main.go status
Total entries: 3
```

status 커맨드의 결과를 통해 전화번호부 항목의 개수를 알 수 있다.

```
$ go run main.go search --tel 0800123456
Jane Doe 0800123456
```

위에서는 search 커맨드로 검색이 성공했을 때의 결과를 확인할 수 있다.

```
$ go run main.go search --tel 0800
Status code: 404
```

위에서는 search 커맨드로 검색이 실패했을 때의 결과를 확인할 수 있다.

```
$ go run main.go delete --tel 2101112223
2101112223 deleted!
```

위는 delete 커맨드의 결과다.

```
$ go run main.go insert -n Michalis -s Tsoukalos -t 2101112223
New record added successfully
```

위는 insert 커맨드의 동작이다. 같은 번호로 두 번 이상 생성하려고 한다면 Status Code: 304라는 결과가 출력될 것이다.

다음 절에서는 net/http를 사용해 FTP 서버를 생성하는 방법을 알아본다.

⠿ 파일 서버 만들기

파일 서버는 완전한 웹 서버는 아니지만 비슷한 Go 패키지를 사용해 구현하므로 웹 서비스와 긴밀히 연결돼 있다고 볼 수 있다. 또한 파일 서버는 웹 서버와 웹 서비스의 기능을 지원하고자 자주 사용하는 서버이기도 하다.

Go는 http.FileServer() 핸들러와 http.ServeFile()을 이용해 파일 서버를 지원

한다. 이들의 가장 큰 차이점은 http.FileServer()가 http.Handler이고 http.ServeFile()은 아니라는 점이다. 또한 http.ServeFile()은 하나의 파일을 제공할 때 사용하기 좋고 http.FileServer()는 파일 서버에서 전체 디렉터리를 제공할 때 더 좋다.

http.FileServer()의 간단한 코드 예제는 fileServer.go에 있다.

```go
package main

import (
    "fmt"
    "log"
    "net/http"
)

var PORT = ":8765"

func defaultHandler(w http.ResponseWriter, r *http.Request) {
    log.Println("Serving:", r.URL.Path, "from", r.Host)
    w.WriteHeader(http.StatusOK)
    Body := "Thanks for visiting!\n"
    fmt.Fprintf(w, "%s", Body)
}
```

HTTP 서버의 기본 핸들러를 정의했다.

```go
func main() {
    mux := http.NewServeMux()
    mux.HandleFunc("/", defaultHandler)

    fileServer := http.FileServer(http.Dir("/tmp/"))
    mux.Handle("/static/", http.StripPrefix("/static", fileServer))
```

```
        fmt.Println(err)
        w.WriteHeader(http.StatusNotFound)
        fmt.Fprintln(w, "Cannot create: "+tempFileName)
        return
    }

    fmt.Println("Serving ", tempFileName)

    http.ServeFile(w, r, tempFileName)
```

위 코드를 통해 파일을 클라이언트로 전달한다.

```
    // 파일을 받는 데 30초가 걸린다.
    time.Sleep(30 * time.Second)
}
```

time.Sleep()을 호출해 파일이 30초 뒤에 지워지게 한다. 이 시간은 마음대로 조절해도 된다.

main() 함수에서는 mux.HandleFunc("/getContents/", getFileHandler) 구문으로 getFileHandler() 핸들러 함수를 사용한다. 따라서 클라이언트가 /getContents/로 요청을 보낼 때마다 파일의 콘텐츠를 HTTP 클라이언트로 반환한다.

getEntries.go를 실행하고 /getContents/를 방문하면 다음과 같은 결과가 나온다.

```
$ curl http://localhost:8765/getContents/
Dimitris,Tsoukalos,2101112223,1617028128
Jane,Doe,0800123456,1608559903
Mike,Tsoukalos,2109416471,1617028196
```

텍스트 데이터를 반환했으므로 해당 내용을 화면에 출력한다.

NOTE

10장에서는 gorilla/mux 패키지를 사용해 업로드와 다운로드를 모두 지원하는 파일 서버를 만들어본다.

다음 절에서는 HTTP 연결에 타임아웃을 설정하는 방법을 알아본다.

HTTP 연결 타임아웃 설정

이번 절에서는 서버나 클라이언트에서 시간이 너무 오래 걸리는 네트워크 연결을 타임아웃시키는 방법을 알아본다.

SetDeadline() 사용

net 패키지에서 사용하는 SetDeadline() 함수는 주어진 네트워크 연결에서 읽기와 쓰기를 수행하는 데 적용하는 데드라인을 설정한다. SetDeadline() 함수의 작동 방식 특성상 읽기나 쓰기 연산을 수행하기 전에 SetDeadline()을 호출해야 한다. 여기서 명심할 점은 Go에서는 타임아웃을 구현할 때 데드라인 방식을 이용한다는 점이다. 따라서 애플리케이션이 데이터를 보내거나 받을 때마다 이 값을 리셋할 필요는 없다. SetDeadline()를 사용하는 방법은 withDeadline.go에 나와 있고 그 중에서도 Timeout() 함수에 구현돼 있다.

```
var timeout = time.Duration(time.Second)

func Timeout(network, host string) (net.Conn, error) {
    conn, err := net.DialTimeout(network, host, timeout)
    if err != nil {
        return nil, err
    }
```

```
    if err != nil {
        fmt.Println(err)
        return
    }
    delay = t
}
```

URL은 이미 문자열이기 때문에 바로 읽어 들일 수 있고 지연시간은 strconv.Atoi() 를 통해 숫자 값으로 변환한다.

```
fmt.Println("Delay:", delay)
c := context.Background()
c, cancel := context.WithTimeout(c, time.Duration(delay)*time.Second)
defer cancel()
```

타임아웃 주기는 context.WithTimeout() 메서드로 정의했다. main() 함수 또는 패키지나 테스트의 init() 함수에서 정의한 context.Background()를 사용하는 편 이 좋다.

```
fmt.Printf("Connecting to %s \n", myUrl)
wg.Add(1)
go connect(c)
wg.Wait()
fmt.Println("Exiting...")
}
```

고루틴 형태로 실행하는 connect() 함수는 정상적으로 종료되거나 cancel() 함수 를 호출할 때 종료된다. cancel() 함수에서는 c의 Done() 메서드를 호출한다.

timeoutClient.go를 실행하고 타임아웃이 발생하면 다음과 같은 결과가 나온다.

```
$ go run timeoutClient.go http://localhost:80
Delay: 5
Connecting to http://localhost:80
Get "http://localhost:80": net/http: request canceled
The request was canceled!
Exiting...
```

다음 절에서는 서버에서 HTTP 요청을 타임아웃시키는 방법을 알아본다.

서버에서 타임아웃 설정

이번 절에서는 서버에서 너무 긴 시간 동안 종료되지 않는 네트워크 연결을 타임아웃시키는 방법을 소개한다. 클라이언트보다 서버에서의 타임아웃이 더 중요한데, 서버에 너무 많은 수의 연결이 맺어져 있을 경우 그 연결들이 닫히기 전까지 다른 요청을 처리할 수 없을 수도 있기 때문이다. 이런 현상이 발생하는 데는 크게 두 가지 원인이 있다. 하나는 클라이언트 소프트웨어에 버그가 있을 때고 다른 하나는 서버 프로세스가 서비스 거부[DoS, Denial of Service] 공격을 받을 때다.

timeoutServer.go의 **main()** 함수에서 해당 기법을 확인할 수 있다.

```
func main() {
    PORT := ":8001"
    arguments := os.Args
    if len(arguments) != 1 {
        PORT = ":" + arguments[1]
    }
    fmt.Println("Using port number: ", PORT)

    m := http.NewServeMux()
    srv := &http.Server{
        Addr:         PORT,
        Handler:      m,
        ReadTimeout:  3 * time.Second,
```

```
    WriteTimeout: 3 * time.Second,
  }
```

앞 코드에서 타임아웃 주기를 정의했다. 타임아웃 주기는 읽기와 쓰기 모두에 정의할 수 있다. ReadTimeout 필드의 값은 전체 클라이언트 요청에서 최대 기간을 의미하고 이는 본문을 포함한 요청 전체를 읽는 데 걸리는 최대 시간을 의미한다. WriteTimeout 필드는 클라이언트가 응답을 보내는 데 허용한 최대 기간을 의미한다.

```
  err := srv.ListenAndServe()
  if err != nil {
    fmt.Println(err)
    return
  }
}
```

http.Server를 정의할 때 사용한 매개변수를 제외한 나머지 코드는 평소와 다름없다. 핸들러 함수를 등록하고 ListenAndServer()를 호출해 HTTP 서버를 시작한다.

timeoutServer.go는 아무 출력도 생성하지 않는다. 그러나 클라이언트가 아무 요청 없이 연결을 맺는다면 클라이언트 연결은 3초 뒤에 끊어질 것이다. 클라이언트가 서버 응답을 받는 데 3초 이상이 걸릴 때도 마찬가지다.

⁑ 연습문제

- www-phone.go의 모든 핸들러 함수를 다른 Go 패키지로 옮기고 www-phone.go의 코드도 수정해보자. 새로운 패키지를 저장하기 위해 다른 저장소를 사용해야 한다.

- wwwClient.go에서 결과로 받아온 HTML을 외부 파일에 저장하도록 수정해보자.

- 전화번호부 애플리케이션에 getEntries.go의 기능을 추가해보자.

- 고루틴과 채널을 이용해 ab(1)의 간단한 버전을 구현해보자. ab(1)은 아파치 HTTP 서버 벤치마크 도구다.

⫸ 요약

8장에서는 HTTP 프로토콜 사용법, Go 코드에서 도커 이미지를 만드는 방법, 프로메테우스에 메트릭을 노출하는 방법, HTTP 서버와 클라이언트를 개발하는 방법을 살펴봤다. 또한 전화번호부 애플리케이션을 웹 애플리케이션으로 바꿨고 이를 사용하는 커맨드라인 클라이언트도 만들어봤다. HTTP 연결에 타임아웃을 설정하는 방법과 파일 서버를 개발하는 방법도 알아봤다.

이제 강력하고 동시성 있는 HTTP 애플리케이션을 만들 준비가 됐다. 하지만 HTTP에 대해 다 살펴본 것은 아니다. 10장에서는 지금까지 배운 것들을 이용해 강력한 RESTful 서버와 클라이언트를 개발해본다.

하지만 먼저 TCP/IP, TCP, UDP, 웹소켓을 9장에서 살펴본다.

⫸ 참고 자료

- 캐디 서버: https://caddyserver.com/

- 엔진엑스 서버: https://nginx.org/en/

- 프로메테우스에서의 히스토그램: https://prometheus.io/docs/practices/histograms/

- net/http 패키지: https://golang.org/pkg/net/http/

- 도커 공식 Go 이미지: https://hub.docker.com/_/golang/

09

TCP/IP와 웹소켓

9장에서는 좀 더 저수준의 프로토콜인 TCP와 UDP 프로토콜을 살펴보고 net 패키지를 이용해 TCP/IP 서버와 클라이언트를 개발하는 방법을 알아본다. 또한 HTTP에 기반을 둔 **웹소켓**^{Websocket} 프로토콜과 로컬 환경에서만 동작하는 유닉스 도메인 소켓을 이용해 서버와 클라이언트를 개발하는 방법도 알아본다.

9장에서 다루는 내용은 다음과 같다.

- TCP/IP

- net 패키지

- TCP 클라이언트

- TCP 서버

- UDP 클라이언트

- UDP 서버

- 동시성을 지원하는 TCP 서버

- 유닉스 도메인 소켓

- 웹소켓 서버 만들기

- 웹소켓 클라이언트 만들기

⠿ TCP/IP

TCP/IP란 인터넷을 구성하는 프로토콜 집합을 말한다. 이 이름은 가장 널리 알려진 프로토콜인 TCP와 IP에서 따온 것이다. TCP란 **전송 제어 프로토콜**^{Transmission Control Protocol}의 줄임말이다. TCP 에서는 데이터를 **세그먼트**^{segment}란 단위로 전송하고, 이를 TCP **패킷**^{packet}이라고도 부른다. TCP의 가장 큰 특징은 신뢰성을 보장한다는 것이다. 다시 말해 프로그래머가 코드를 추가로 작성하지 않아도 패킷이 제대로 전달되도록 보장해준다. 패킷이 전달됐다고 확인되지 않으면 해당 패킷을 다시 보낸다. 또한 TCP 패킷은 연결을 생성하고, 데이터를 전송하고, **확인**^{acknowledgement} 메시지를 보내고, 연결을 끊는 데에도 사용한다.

두 머신 사이에 TCP 연결이 생성되면 전화를 연결할 때처럼 **전이중**^{full duplex} 방식의 가상 회로가 생성된다. 그런 다음엔 두 머신 사이에 주고받는 데이터가 정확하다는 것이 보장되는 상태에서 지속적으로 통신할 수 있다. 특정한 이유로 연결이 끊기면 이러한 사실을 감지해 애플리케이션에게 알려준다. TCP 패킷의 헤더에는 **출발지 포트**^{source port}와 **목적지 포트**^{destination port}가 있다. 이 두 개의 필드와 함께 출발지 IP 주소와 목적지 IP 주소를 한데 묶어 하나의 TCP 연결에 대한 고유한 식별자로 사용한다. 필요한 정보만 제공한다면 추가적인 노력 없이 TCP/IP에서 이 모든 세부 사항이 처리된다.

```
for {
  reader := bufio.NewReader(os.Stdin)
  fmt.Print(">> ")
  text, _ := reader.ReadString('\n')
  fmt.Fprintf(c, text+"\n")

  message, _ := bufio.NewReader(c).ReadString('\n')
  fmt.Print("->: " + message)
  if strings.TrimSpace(string(text)) == "STOP" {
    fmt.Println("TCP client exiting...")
    return
  }
}
}
```

TCP 클라이언트 코드의 마지막 부분에서는 STOP이라는 단어가 입력될 때까지 사용자의 입력을 읽어 들인다. 위의 경우 클라이언트의 for 루프는 입력으로 STOP이 들어온 다음에 서버에서 응답이 올 때까지 기다린 뒤 종료된다. 서버에서 유용한 응답을 줄 수도 있기 때문에 코드를 이런 방식으로 코드를 작성했다. 모든 주어진 사용자 입력은 fmt.Fprintf()를 이용해 맺어진 TCP 연결을 통해 전송된다. 반면 bufio.NewReader()는 TCP 연결을 통해 들어온 데이터를 읽는 데 사용하고, 마치 일반적인 파일을 읽는 것처럼 사용한다.

tcpC.go로 TCP 서버에 연결하면(아래에서는 nc(1)을 이용해 구현한 서버에 연결한다) 다음과 같은 결과를 얻는다.

```
$ go run tcpC.go localhost:1234
>> Hello!
->: Hi from nc -l 1234
>> STOP
->: Bye!
TCP client exiting...
```

>>로 시작하는 줄은 사용자 입력을 의미하며 ->로 시작하는 줄은 서버 메시지를 의미한다. STOP을 전송한 뒤에 서버의 응답을 기다린 다음 클라이언트에서 TCP 연결을 종료한다. 이 코드에서는 Go에서 추가적인 로직(STOP 키워드)과 함께 TCP 클라이언트를 만드는 방법을 살펴봤다.

다음 절에서는 TCP 클라이언트를 만드는 다른 방법을 알아본다.

net.DialTCP()를 이용해 TCP 클라이언트 개발

이번 절에서는 TCP 클라이언트를 개발하는 다른 방법을 살펴본다. 차이점은 연결을 맺을 때 사용하는 Go 함수가 다르다는 점이다. 이번에 사용할 함수는 net.DialTCP()와 net.ResolveTCPAddr()을 사용하고, 클라이언트의 기능은 달라지지 않는다.

otherTCPclient.go의 코드는 다음과 같다.

```
package main

import (
    "bufio"
    "fmt"
    "net"
    "os"
    "strings"
)
```

TCP/IP 연결 관련 내용을 다루고 있지만 유닉스에서는 네트워크 연결을 파일처럼 취급하기 때문에 bufio와 같은 패키지가 필요하다. 따라서 기본적으로 네트워크 간의 입출력 연산이라고 생각해도 된다.

```
func main() {
  arguments := os.Args
  if len(arguments) == 1 {
    fmt.Println("Please provide a server:port string!")
    return
  }
```

포트 번호를 포함해서 연결하고자 하는 TCP 서버의 정보를 알아야 한다. 아주 특화된 TCP 클라이언트를 만드는 것이 아니므로 매개변수의 기본값은 없다.

```
connect := arguments[1]
tcpAddr, err := net.ResolveTCPAddr("tcp4", connect)
if err != nil {
  fmt.Println("ResolveTCPAddr:", err)
  return
}
```

net.ResolveTCPAddr() 함수는 TCP 네트워크에서만 사용할 수 있고 주어진 주소에 대한 *net.TCPAddr 타입의 값을 반환한다. *net.TCPAddr 구조체는 TCP 엔드포인트의 주소를 나타난다. 예제에서는 연결하고자 하는 TCP 서버를 TCP 엔드포인트로 사용했다.

```
conn, err := net.DialTCP("tcp4", nil, tcpAddr)
if err != nil {
  fmt.Println("DialTCP:", err)
  return
}
```

TCP 엔드포인트를 알고 있으니 이를 활용해 net.DialTCP()로 서버에 연결한다. net.ResolveTCPAddr()과 net.DialTCP()를 사용했다는 것을 제외하고 TCP 클라이언트로 TCP 서버와 상호작용하는 코드는 이전과 같다.

```
for {
    reader := bufio.NewReader(os.Stdin)
    fmt.Print(">> ")
    text, _ := reader.ReadString('\n')
    fmt.Fprintf(c, text+"\n")

    message, _ := bufio.NewReader(c).ReadString('\n')
    fmt.Print("->: " + message)
    if strings.TrimSpace(string(text)) == "STOP" {
        fmt.Println("TCP client exiting...")
        return
    }
  }
}
```

마지막으로 무한 루프를 사용해 TCP 서버와 상호작용한다. TCP 클라이언트는 사용자 데이터를 읽어 이를 서버로 보낸다. 그런 다음 TCP 서버에서 데이터를 읽는다. STOP 키워드가 입력되면 Close() 메서드를 이용해 클라이언트에서 TCP 연결을 종료한다.

otherTCPclient.go로 TCP 서버 프로세스와 상호작용하면 다음과 같은 결과를 얻을 수 있다.

```
$ go run otherTCPclient.go localhost:1234
>> Hello!
->: Hi from nc -l 1234
>> STOP
->: Thanks for connection!
TCP client exiting...
```

상호작용하는 방식은 tcpC.go와 같다. 이제 TCP 클라이언트를 개발하는 다른 방법을 살펴봤다. 나는 개인적으로는 tcpC.go의 방식을 선호한다. 좀 더 일반적으로

```
    fmt.Println("Please provide a port number!")
    return
}

SERVER := "localhost" + ":" + arguments[1]
s, err := net.ResolveTCPAddr("tcp", SERVER)
if err != nil {
    fmt.Println(err)
    return
}
```

코드에서 TCP 포트 번호 값을 커맨드라인 인수 형태로 가져온다. 이 포트 번호는 net.ResolveTCPAddr() 함수에서 사용한다. TCP 서버가 사용할 포트 번호를 필수적으로 지정해야 하므로 포트 번호는 필수 매개변수다. 함수의 이름처럼 ResolveTCPAddr() 함수는 TCP에서만 동작한다.

```
l, err := net.ListenTCP("tcp", s)
if err != nil {
    fmt.Println(err)
    return
}
```

마찬가지로 net.ListenTCP()는 TCP에서만 동작하고, 이 함수를 사용했기 때문에 프로그램이 TCP 서버가 된다. 이제 TCP 서버는 들어오는 연결을 맺을 준비가 됐다.

```
buffer := make([]byte, 1024)
conn, err := l.Accept()
if err != nil {
    fmt.Println(err)
    return
}
```

앞 절의 코드처럼 Accept()를 호출했기 때문에 이 구현도 하나의 클라이언트 요청만 처리할 수 있다. 코드를 간단하게 만들 수 있게 의도적으로 이와 같이 구현했다. 나중에 살펴볼 동시성을 지원하는 TCP 서버에서는 Accept()를 끝나지 않는 for 루프 안에 위치시키게 된다.

```go
for {
    n, err := conn.Read(buffer)
    if err != nil {
        fmt.Println(err)
        return
    }

    if strings.TrimSpace(string(buffer[0:n])) == "STOP" {
        fmt.Println("Exiting TCP server!")
        conn.Close()
        return
    }
```

strings.TrimSpace()로 공백을 제거한 다음 STOP과 비교해야 한다. STOP은 특별한 의미를 갖고 있고 STOP 키워드를 클라이언트로부터 수신하면 서버는 Close() 메서드를 이용해 연결을 종료한다.

```go
    fmt.Print("> ", string(buffer[0:n-1]), "\n")
    _, err = conn.Write(buffer)
    if err != nil {
        fmt.Println(err)
        return
    }
    }
}
```

클라이언트가 연결을 종료할 때까지 위 코드로 TCP 클라이언트와 상호작용한다.

otherTCPserver.go를 실행하고 TCP 클라이언트와 상호작용하면 다음과 같은 결과를 얻을 수 있다.

```
$ go run otherTCPserver.go 1234
> Hello from the client!
Exiting TCP server!
```

>로 시작하는 첫 번째 줄은 클라이언트 메시지이고 두 번째 줄은 클라이언트에서 STOP 메시지를 받았을 때 서버에서 만드는 출력이다. 따라서 TCP 서버는 클라이언트 요청을 프로그래밍한 대로 처리하고 STOP 메시지가 들어오면 프로세스를 종료한다.

다음 절에서는 UDP 클라이언트를 개발한다.

UDP 클라이언트 개발

이번 절에서는 UDP 서비스와 상호작용하는 UDP 클라이언트를 개발하는 방법을 알아본다. udpC.go의 코드는 다음과 같다.

```go
package main

import (
    "bufio"
    "fmt"
    "net"
    "os"
    "strings"
)

func main() {
    arguments := os.Args
    if len(arguments) == 1 {
        fmt.Println("Please provide a host:port string")
```

```
        return
    }
    CONNECT := arguments[1]
```

위와 같은 방식으로 사용자에게서 UDP 서버의 정보를 받아온다.

```
    s, err := net.ResolveUDPAddr("udp4", CONNECT)
    c, err := net.DialUDP("udp4", nil, s)
```

위 두 줄로 UDP를 사용하고 **net.ResolveUDPAddr()**의 반환값을 이용해 UDP 서버에 연결하려고 한다는 사실을 알 수 있다. 실제 연결은 **net.DialUDP()**에서 초기화한다.

```
    if err != nil {
        fmt.Println(err)
        return
    }
    fmt.Printf("The UDP server is %s\n", c.RemoteAddr().String())
    defer c.Close()
```

프로그램의 이 부분에서는 **RemoteAddr()**을 통해 UDP 서버의 상세 정보를 찾는다.

```
    for {
        reader := bufio.NewReader(os.Stdin)
        fmt.Print(">> ")
        text, _ := reader.ReadString('\n')
        data := []byte(text + "\n")
        _, err = c.Write(data)
```

사용자가 입력한 데이터는 bufio.NewReader(os.Stdin)로 읽어 들이고 Write()로
UDP 서버에 전송한다.

```
if strings.TrimSpace(string(data)) == "STOP" {
  fmt.Println("Exiting UDP client!")
  return
}
```

사용자가 입력한 내용이 STOP이라면 연결을 종료한다.

```
if err != nil {
  fmt.Println(err)
  return
}
buffer := make([]byte, 1024)
n, _, err := c.ReadFromUDP(buffer)
```

ReadFromUDP() 메서드로 UDP 연결에서 데이터를 읽어 들인다.

```
if err != nil {
  fmt.Println(err)
  return
}
fmt.Printf("Reply: %s\n", string(buffer[0:n]))
  }
}
```

STOP 키워드가 들어오거나 다른 방식으로 프로그램이 끝나기 전까지 for 루프는
계속 수행된다.

udpC.go는 다음과 같이 간단히 실행할 수 있다. 클라이언트로는 nc(1)을 사용했다.

```
$ go run udpC.go localhost:1234
The UDP server is 127.0.0.1:1234
```

127.0.0.1은 `c.RemoteAddr().String()`의 값이고 연결한 UDP 서버의 상세 정보다.

```
>> Hello!
Reply: Hi from the server
```

클라이언트가 `Hello!`를 UDP 서버로 보냈고 `Hi from the server`로 응답했다.

```
>> Have to leave now :)
Reply: OK - bye from nc -l -u 1234
```

클라이언트가 `Have to leave now :)`를 보냈고 UDP 서버는 `OK - bye from nc -l -u 1234`로 응답했다.

```
>> STOP
Exiting UDP client!
```

마지막으로 `STOP` 키워드를 서버로 전송하면 클라이언트가 `Exiting UDP client!`를 출력하고 종료된다. 해당 메시지는 Go 코드에서 정의했으며 원하는 메시지로 변경해도 아무 문제없다.

다음 절에서는 UDP 서버를 개발한다.

⁞⁞ UDP 서버 개발

이번 절에서는 난수를 생성해 클라이언트로 반환하는 UDP 서버를 개발하는 방법을 알아본다. UDP 서버의 코드 udpS.go는 다음과 같다.

```go
package main

import (
    "fmt"
    "math/rand"
    "net"
    "os"
    "strconv"
    "strings"
    "time"
)

func random(min, max int) int {
    return rand.Intn(max-min) + min
}

func main() {
    arguments := os.Args
    if len(arguments) == 1 {
        fmt.Println("Please provide a port number!")
        return
    }
    PORT := ":" + arguments[1]
```

서버가 사용할 UDP 포트 번호는 커맨드라인 인수로 주어진다.

```go
    s, err := net.ResolveUDPAddr("udp4", PORT)
    if err != nil {
        fmt.Println(err)
        return
    }
```

net.ResolveUDPAddr() 함수는 서버를 생성하는 데 사용할 UDP 엔드포인트를 만든다.

```
connection, err := net.ListenUDP("udp4", s)
if err != nil {
  fmt.Println(err)
  return
}
```

net.ListenUDP("udp4", s) 함수 호출로 이 프로세스가 udp4 프로토콜을 사용하는 서버가 된다. 이 서버는 두 번째 매개변수로 들어온 정보를 사용한다.

```
defer connection.Close()
buffer := make([]byte, 1024)
```

buffer 변수는 바이트 슬라이스이며 UDP 연결의 데이터를 읽는 데 사용한다.

```
rand.Seed(time.Now().Unix())
for {
  n, addr, err := connection.ReadFromUDP(buffer)
  fmt.Print("-> ", string(buffer[0:n-1]))
```

ReadFromUDP()와 WriteToUDP() 메서드는 UDP 연결에서 데이터를 읽고 쓰는 데 사용한다. 또한 UDP의 동작 방식으로 인해 UDP 서버는 여러 클라이언트에 서비스를 제공할 수 있다.

```
if strings.TrimSpace(string(buffer[0:n])) == "STOP" {
  fmt.Println("Exiting UDP server!")
  return
}
```

클라이언트 중 하나라도 STOP 메시지를 보내면 UDP 서버가 종료된다. 이 경우를 제외하고 for 루프는 영원히 실행된다.

```go
data := []byte(strconv.Itoa(random(1, 1001)))
fmt.Printf("data: %s\n", string(data))
```

data 변수에 저장된 바이트 슬라이스는 클라이언트에 데이터를 보내는 용도로 활용한다.

```go
_, err = connection.WriteToUDP(data, addr)
if err != nil {
  fmt.Println(err)
  return
  }
 }
}
```

udpS.go는 다음과 같이 실행할 수 있다.

```
$ go run udpS.go 1234
-> Hello from client!
data: 395
```

->로 시작하는 줄은 클라이언트에서 온 데이터다. data로 시작하는 줄은 UDP 서버에서 난수를 생성한 결과다. 위의 경우에는 395가 된다.

```
-> Going to terminate the connection now.
data: 499
```

위의 두 줄도 UDP 클라이언트와 상호작용한 결과다.

```
-> STOP
Exiting UDP server!
```

UDP 서버가 클라이언트에게서 STOP 키워드를 받으면 연결을 종료하고 프로그램이 끝난다.

클라이언트는 udpC.go를 사용했고 다음과 같은 결과를 출력했다.

```
$ go run udpC.go localhost:1234
The UDP server is 127.0.0.1:1234
>> Hello from client!
Reply: 395
```

클라이언트는 Hello from client! 메시지를 서버에 전송했고 서버에게서 395를 받았다.

```
>> Going to terminate the connection now.
Reply: 499
```

클라이언트는 Going to terminate the connection now. 메시지를 서버에 전송했고 서버에게서 난수인 499를 받았다.

```
>> STOP
Exiting UDP client!
```

사용자가 클라이언트에 STOP을 입력하면 UDP 연결이 끊어지고 프로그램을 종료한다.

다음 절에서는 고루틴을 사용해 여러 클라이언트에 서비스를 제공하는 동시성이 있는 TCP 서버를 개발하는 방법을 알아본다.

⁝⁝⁝ 동시성 있는 TCP 서버 개발

이번 절에서는 동시성 있는 TCP 서버를 개발하는 방법을 알아본다. 동시성 있는 TCP 서버에서는 Accept()를 호출할 때마다 새로운 고루틴을 이용해 클라이언트에

서비스를 제공한다. 따라서 하나의 서버가 동시에 여러 클라이언트에 서비스를 제공할 수 있다. 실제 프로덕션 환경의 서버들은 항상 이런 방식으로 구현한다.

concTCP.go의 코드는 다음과 같다.

```go
package main

import (
    "bufio"
    "fmt"
    "net"
    "os"
    "strconv"
    "strings"
)

var count = 0

func handleConnection(c net.Conn) {
    fmt.Print(".")
```

사실 위의 출력 구문은 필요 없다. 단지 새 클라이언트가 연결됐다는 것을 알려주려고 사용했다.

```go
    for {
        netData, err := bufio.NewReader(c).ReadString('\n')
        if err != nil {
            fmt.Println(err)
            return
        }

        temp := strings.TrimSpace(string(netData))
        if temp == "STOP" {
            break
        }
```

```
    fmt.Println(temp)
    counter := "Client number: " + strconv.Itoa(count) + "\n"
    c.Write([]byte(string(counter)))
}
```

handleConnection()은 for 루프로 인해 자동 종료되지 않는다. 이전에 살펴봤던 것처럼 STOP 키워드가 들어와야 클라이언트 연결을 종료한다. 하지만 서버 프로세스와 다른 클라이언트 연결은 종료되지 않는다.

```
    c.Close()
}
```

여기가 고루틴 형태로 실행돼 클라이언트에 서비스를 제공하는 함수의 끝이다. 클라이언트에 서비스를 제공할 때 필요한 것은 net.Conn 매개변수로 들어온 클라이언트 관련 정보뿐이다. 클라이언트 데이터를 읽은 뒤에 서버는 현재 몇 개의 클라이언트가 접속해 있는지 알려준다.

```go
func main() {
    arguments := os.Args
    if len(arguments) == 1 {
        fmt.Println("Please provide a port number!")
        return
    }

    PORT := ":" + arguments[1]
    l, err := net.Listen("tcp4", PORT)
    if err != nil {
        fmt.Println(err)
        return
    }
    defer l.Close()
```

```
    for {
      c, err := l.Accept()
      if err != nil {
        fmt.Println(err)
        return
      }
      go handleConnection(c)
      count++
    }
  }
```

새로운 클라이언트를 서버에 연결할 때마다 count 변수가 증가한다. 각 TCP 클라이언트는 서로 다른 handleConnection() 고루틴과 상호작용하게 된다. 이로 인해 서버 프로세스가 다른 연결을 받아들일 수 있다. 간단히 말해 여러 TCP 클라이언트와 통신하는 동안에도 다른 TCP 클라이언트와 연결할 수 있다는 말이다. 전에 살펴봤던 것처럼 Accept()를 이용해 새로운 TCP 클라이언트와 연결한다.

concTCP.go를 실행하면 다음과 같은 결과가 나온다.

```
$ go run concTCP.go 1234
.Hello
.Hi from  nc localhost 1234
```

첫 번째 줄은 첫 번째 TCP 클라이언트의 출력이고 두 번째 줄은 두 번째 TCP 클라이언트의 출력이다. 따라서 동시성 있는 TCP 서버가 예상하는 대로 동작하는 것을 확인할 수 있다. 동시에 여러 TCP 클라이언트가 접속할 수 있는 서버를 만들 때는 위의 코드와 같은 방식을 통해 TCP 서버를 만들 수 있다.

다음 절에서는 유닉스 도메인 소켓을 다루는 방법을 살펴본다. 유닉스 도메인 소켓은 로컬 머신에서만 사용할 수 있지만 성능이 아주 좋다.

⊯ 유닉스 도메인 소켓

유닉스 도메인 소켓^{UNIX Domain Socket} 또는 프로세스 간 통신^{Inter-Process Communication} 소켓은 같은 머신에서 실행하는 프로세스 사이에서 데이터를 교환하고자 사용하는 데이터 통신 엔드포인트다. 같은 머신에서는 TCP/IP 연결 대신 유닉스 도메인 소켓을 사용하는 이유가 뭘까? 첫째, 유닉스 도메인 소켓은 TCP/IP 연결보다 빠르기 때문이다. 둘째, 유닉스 도메인 소켓이 TCP/IP 연결보다 더 적은 자원을 사용하기 때문이다. 따라서 같은 머신에 클라이언트와 서버가 있다면 유닉스 도메인 소켓을 사용할 이유는 충분하다.

유닉스 도메인 소켓 서버

이번 절에서는 유닉스 도메인 소켓을 사용한 서버를 알아본다. TCP 포트와 네트워크 연결을 사용하지는 않지만 예제의 코드는 tcpS.go와 concTCP.go의 TCP 서버와 매우 유사하다. 다음 예제 코드에서는 에코 서비스를 구현했다.

socketServer.go의 코드는 다음과 같다.

```go
package main

import (
    "fmt"
    "net"
    "os"
)

func echo(c net.Conn) {
```

echo() 함수에서 클라이언트에 응답을 보낸다. 따라서 클라이언트의 정보를 담고 있는 **net.Conn** 매개변수가 필요하다.

```
for {
  buf := make([]byte, 128)
  n, err := c.Read(buf)
  if err != nil {
    fmt.Println("Read:", err)
    return
  }
```

for 루프 안에서 Read()를 사용해 소켓 연결의 데이터를 읽었다.

```
    data := buf[0:n]
    fmt.Print("Server got: ", string(data))
    _, err = c.Write(data)
    if err != nil {
      fmt.Println("Write:", err)
      return
    }
  }
}
```

echo()의 두 번째 부분에서는 클라이언트가 보낸 데이터를 다시 클라이언트에 돌려준다. buf[0:n]을 사용해 버퍼의 크기가 더 크더라도 같은 크기의 데이터를 응답할 수 있게 했다.

위의 함수로 모든 클라이언트 연결을 처리한다. 나중에 살펴보겠지만 위의 함수는 고루틴 형태로 실행하므로 아무 값도 반환하지 않는다.

이 함수가 TCP/IP 연결을 처리하는지 유닉스 도메인 소켓을 처리하는지는 알 수 없다. 유닉스에서 모든 것은 파일 형태처럼 간주하기 때문이다.

```go
func main() {
    if len(os.Args) == 1 {
        fmt.Println("Need socket path")
        return
    }
    socketPath := os.Args[1]
```

여기에서 서버와 클라이언트에서 사용할 소켓 파일을 명시했다. 예제에서는 소켓 파일이 커맨드라인 인수로 주어진다.

```go
    _, err := os.Stat(socketPath)
    if err == nil {
        fmt.Println("Deleting existing", socketPath)
        err := os.Remove(socketPath)
        if err != nil {
            fmt.Println(err)
            return
        }
    }
```

소켓 파일이 이미 있다면 계속하기 전에 해당 파일을 지우고 net.Listen()으로 해당 파일을 다시 만들게 된다.

```go
    l, err := net.Listen("unix", socketPath)
    if err != nil {
        fmt.Println("listen error:", err)
        return
    }
```

코드에서는 net.Listen()에서 **"unix"** 매개변수를 사용했기 때문에 유닉스 도메인 소켓 서버가 된다. net.Listen()의 매개변수로 소켓 파일의 경로도 입력해야 한다.

610

```
    for {
        fd, err := l.Accept()
        if err != nil {
            fmt.Println("Accept error:", err)
            return
        }
        go echo(fd)
    }
}
```

각 클라이언트 연결은 각각의 고루틴이 처리한다. 따라서 이 프로그램은 동시성을 지원해 여러 개의 클라이언트를 처리할 수 있는 유닉스 도메인 소켓 서버라는 것을 알 수 있다. 따라서 수천 개의 도메인 소켓 클라이언트를 처리해야 하는 서버라면 위와 같은 방식을 사용하면 된다.

다음 절에서는 유닉스 도메인 소켓 클라이언트를 만들어본 뒤 실제로 서버와 통신 해본다.

유닉스 도메인 소켓 클라이언트

이번 절에서는 유닉스 도메인 소켓 서버와 통신하는 유닉스 도메인 소켓 클라이언 트를 구현해본다. 관련 코드는 socketClient.go에서 찾을 수 있다.

```
package main

import (
    "bufio"
    "fmt"
    "net"
    "os"
    "strings"
```

```
      "time"
  )
  func main() {
    if len(os.Args) == 1 {
      fmt.Println("Need socket path")
      return
    }
    socketPath := os.Args[1]
```

위 코드에서는 사용할 소켓 파일을 가져왔다. 소켓 파일은 이미 존재해야 하며 유닉스 도메인 소켓 서버가 처리하고 있어야 한다.

```
  c, err := net.Dial("unix", socketPath)
  if err != nil {
    fmt.Println(err)
    return
  }
  defer c.Close()
```

소켓에 연결하고자 net.Dial() 함수를 사용했다.

```
  for {
    reader := bufio.NewReader(os.Stdin)
    fmt.Print(">> ")
    text, _ := reader.ReadString('\n')

    _, err = c.Write([]byte(text))
```

여기서 사용자 입력을 바이트 슬라이스로 변환한 뒤 Write()를 이용해 서버로 전송했다.

```
if err != nil {
  fmt.Println("Write:", err)
  break
}

buf := make([]byte, 256)

n, err := c.Read(buf[:])
if err != nil {
  fmt.Println(err, n)
  return
}
fmt.Print("Read:", string(buf[0:n]))
```

fmt.Print() 구문에서는 Read()에서 읽어 들인 buf 슬라이스 내용을 출력한다. 이를 위해 Read() 메서드에서 반환한 문자열의 길이를 활용한 buf[0:n] 표현식을 사용했다.

```
if strings.TrimSpace(string(text)) == "STOP" {
  fmt.Println("Exiting UNIX domain socket client!")
  return
}
```

입력으로 STOP이 주어진다면 클라이언트가 반환하고 서버의 연결을 종료한다. 일반적으로 이는 우아한 종료graceful exit를 구현하는 좋은 방법이다.

```
    time.Sleep(5 * time.Second)
  }
}
```

실제 프로그램의 동작을 모방하고자 **time.Sleep()**을 호출해 **for** 루프의 실행을 지연시켰다.

socketServer.go와 socketClient.go를 실행하면(서버를 먼저 실행한다) 다음과 같은 결과가 나온다.

```
$ go run socketServer.go /tmp/packt.socket
Server got: Hello!
Server got: STOP
Read: EOF
```

클라이언트 연결을 종료했지만 서버는 또 다른 클라이언트 요청을 기다린다.

클라이언트 쪽에서는 다음과 같은 결과를 확인할 수 있다.

```
$ go run socketClient.go /tmp/packt.socket
>> Hello!
Read: Hello!
>> STOP
Read: STOP
Exiting UNIX domain socket client!
```

지금까지 유닉스 도메인 소켓 클라이언트와 서버를 만들어 로컬에서만 사용할 수 있지만 TCP/IP보다 빠른 서버를 만들어봤다.

다음 절에서는 웹소켓 프로토콜을 다룬다.

⁞⁞⁞ 웹소켓 서버 개발

웹소켓^{WebSocket} 프로토콜은 하나의 TCP 연결 위에서 전이중 통신^{full-duplex}(동시에 양방향으로 데이터를 전송할 수 있다) 채널을 제공하는 통신 프로토콜이다. 웹소켓 프로토콜은 RFC6455(https://tools.ietf.org/html/rfc6455)에 정의돼 있으며 **http://**와 **https://** 대신 **ws://**와 **wss://**를 사용한다. 따라서 클라이언트에서 웹소켓 연결을 시작하려면

ws://로 시작하는 URL을 사용해야 한다.

이번 절에서는 **gorilla/websocket**(https://github.com/gorilla/websocket) 모듈을 사용해 작지만 제 기능을 하는 웹소켓 서버를 개발해본다. 서버는 에코 서비스를 구현해 클라이언트의 입력을 그대로 반환하게 만들 것이다.

golang.org/x/net/websocket 패키지를 사용해도 웹소켓 클라이언트와 서버를 개발할 수 있다. 하지만 **golang.org/x/net/websocket** 패키지 문서에 따르면 해당 패키지에는 일부 기능이 부족하므로 https://godoc.org/github.com/gorilla/websocket이나 https://godoc.org/nhooyr.io/websocket을 사용하는 것을 권장한다.

웹소켓 프로토콜의 장점은 다음과 같다.

- 웹소켓 연결은 전이중 통신을 제공하는 양방향 채널이다. 따라서 서버는 클라이언트가 데이터를 읽기를 기다릴 필요가 없고 이는 클라이언트도 마찬가지다.

- 웹소켓 연결은 TCP 소켓이므로 HTTP 연결을 맺기 위한 추가적인 비용이 들지 않는다.

- 웹소켓 연결은 HTTP 데이터를 전송하는 데 사용할 수도 있다. 하지만 일반 HTTP 연결이 웹소켓 연결처럼 동작하지는 않는다.

- 웹소켓 연결은 끊어지지 않고 계속 유지할 수 있으므로 매번 새로 열 필요가 없다.

- 웹소켓 연결은 실시간 웹 애플리케이션에서 사용할 수 있다.

- 클라이언트가 요청하지 않더라도 서버에서 클라이언트로 어느 때나 데이터를 전송할 수 있다.

- 웹소켓은 HTML5 규격에 포함돼 있기 때문에 모든 현대 웹 브라우저에서 지원한다.

서버 구현을 살펴보기 전에 **gorilla/websocket** 패키지의 **websocket.Upgrader** 메

서드를 알아둘 필요가 있다. `websocket.Upgrader` 메서드는 HTTP 서버 연결을 웹소켓 프로토콜로 업그레이드하고 업그레이드를 위한 매개변수를 지정할 수도 있다. 그런 다음 HTTP 연결은 웹소켓 연결이 돼 HTTP 프로토콜의 메시지는 보낼 수 없게 된다.

다음 절에서는 서버 구현을 살펴본다.

서버 구현

이번 절에서는 에코 서비스를 제공하는 웹소켓 서버를 구현해본다. 에코 서비스는 네트워크 연결을 테스트하는 데 유용하게 활용할 수 있다.

코드를 저장하고 있는 깃허브 저장소는 https://github.com/mactsouk/ws에서 찾을 수 있다. 이 절의 내용을 직접 따라 해보고 싶다면 해당 저장소를 다운로드해 ~/go/src 아래에 저장하자. 예제에서는 ~/go/src/github.com/mactsouk 아래의 ws 폴더에 저장했다.

> **TIP**
>
> 깃허브 저장소에는 웹소켓 서버 소스 파일을 도커 이미지로 만들기 위한 `Dockerfile`이 있다.

웹소켓 서버를 구현한 코드는 ws.go에서 찾을 수 있고, 다음 코드를 포함하고 있다.

```
package main

import (
    "fmt"
    "log"
    "net/http"
    "os"
    "time"
```

```
    "github.com/gorilla/websocket"
)
```

웹소켓 프로토콜을 다루기 위한 외부 패키지를 임포트했다.

```
var PORT = ":1234"

var upgrader = websocket.Upgrader{
  ReadBufferSize: 1024,
  WriteBufferSize: 1024,
  CheckOrigin: func(r *http.Request) bool {
    return true
  },
}
```

websocket.Upgrader를 정의했다. 이 변수는 바로 뒤에서 사용한다.

```
func rootHandler(w http.ResponseWriter, r *http.Request) {
  fmt.Fprintf(w, "Welcome!\n")
  fmt.Fprintf(w, "Please use /ws for WebSocket!")
}
```

일반적인 HTTP 핸들러 함수다.

```
func wsHandler(w http.ResponseWriter, r *http.Request) {
  log.Println("Connection from:", r.Host)

  ws, err := upgrader.Upgrade(w, r, nil)
  if err != nil {
    log.Println("upgrader.Upgrade:", err)
    return
  }
```

```
    defer ws.Close()
```

웹소켓 서버 애플리케이션은 `Upgrader.Upgrade` 메서드를 호출해 HTTP 요청에서 웹소켓 연결로 업그레이드한다. `Upgrader.Upgrade` 요청이 성공하면 서버는 웹소켓 연결을 사용해 클라이언트와 통신을 시작한다.

```
    for {
        mt, message, err := ws.ReadMessage()
        if err != nil {
            log.Println("From", r.Host, "read", err)
            break
        }
        log.Print("Received: ", string(message))
        err = ws.WriteMessage(mt, message)
        if err != nil {
            log.Println("WriteMessage:", err)
            break
        }
    }
}
```

`wsHandler()` 내부의 `for` 루프를 통해 `/ws`로 들어오는 모든 메시지를 처리한다. 어떤 방식을 사용하는지는 상관없다. 또한 위의 구현을 살펴보면 네트워크 이슈가 존재하거나 서버 프로세스가 강제로 종료되지 않는 한 클라이언트에서만 웹소켓 연결을 종료할 수 있다는 것을 알 수 있다.

마지막으로 웹소켓 연결에서는 웹소켓 클라이언트로 데이터를 보낼 때 `fmt.Fprintf()` 구문을 사용할 수 없다는 것을 기억하자. 이와 비슷한 기능을 하는 함수를 사용한다면 웹소켓 연결은 실패하고 어떤 데이터도 전송하거나 전송받을 수 없을 것이다. 따라서 **gorilla/websocket** 패키지를 사용한 웹소켓 연결에서 데이터를 주고받을 때는 WriteMessage()와 ReadMessage()만을 사용해야 한다. 물론 네트워크의 실제 데이터를 사용해 직접 기능을 구현할 수도 있지만 이는 책의 범위를 한참 벗어난다.

```
func main() {
  arguments := os.Args
  if len(arguments) != 1 {
    PORT = ":" + arguments[1]
  }
}
```

커맨드라인 인수가 없다면 PORT의 기본값을 사용한다.

```
mux := http.NewServeMux()
s := &http.Server{
  Addr: PORT,
  Handler: mux,
  IdleTimeout: 10 * time.Second,
  ReadTimeout: time.Second,
  WriteTimeout: time.Second,
}
```

HTTP 서버의 상세 정보며 웹소켓도 처리한다.

```
mux.Handle("/", http.HandlerFunc(rootHandler))
mux.Handle("/ws", http.HandlerFunc(wsHandler))
```

웹소켓으로 사용할 엔드포인트는 어떤 것을 쓰든지 상관없다. 예제에서는 /ws를 사용했다. 또한 여러 개의 엔드포인트를 사용해도 상관없다.

```
    log.Println("Listening to TCP Port", PORT)
    err := s.ListenAndServe()
    if err != nil {
        log.Println(err)
        return
    }
}
```

위 코드에서는 메시지를 출력할 때 `fmt.Println()` 대신 `log.Println()`을 사용했다. 서버 프로세스에서는 `fmt.Println()` 대신 `log.Println()`을 사용하는 것이 더 나은 선택이다. 로깅 정보를 파일로 전송해 나중에 살펴볼 수 있기 때문이다. 하지만 개발하는 동안에는 `fmt.Println()`을 사용해 로그 파일에 로그를 쓰는 대신 화면에서 바로 살펴보는 것을 더 선호할 수도 있다.

서버 구현은 짧지만 모든 기능을 포함하고 있다. 가장 중요한 코드는 HTTP 연결을 웹소켓 연결로 업그레이드하는 `Upgrader.Upgrade` 호출이다.

깃허브에서 코드를 다운로드해 실행하려면 다음의 과정을 거쳐야 한다. 대부분 필요한 패키지를 다운로드하고 모듈을 초기화하는 과정이다.

```
$ cd ~/go/src/github.com/mactsouk/
$ git clone https://github.com/mactsouk/ws.git
$ cd ws
$ go mod init
$ go mod tidy
$ go mod download
$ go run ws.go
```

서버를 테스트해보려면 클라이언트가 필요하다. 아직 클라이언트를 만들지 않았으므로 두 가지 방식을 사용해 서버를 테스트해볼 것이다.

websocat 사용

websocat은 웹소켓 연결을 테스트할 수 있게 해주는 커맨드라인 유틸리티다. 그러나 websocat이 기본적으로 설치돼 있지 않기 때문에 패키지 매니저를 이용해 다운로드해야 한다. 다음과 같이 websocat을 사용할 수 있으며 웹소켓 서버의 주소를 입력해야 한다.

```
$ websocat ws://localhost:1234/ws
Hello from websocat!
```

위의 문장을 입력해 서버로 전송했다.

```
Hello from websocat!
```

웹소켓 서버는 에코 서비스를 제공하고 있으므로 같은 문장을 수신 받았다. 다른 기능을 갖는 웹소켓 서버를 구현한다면 결과도 달라질 것이다.

```
Bye!
```

다시 한 번 websocat으로 문장을 입력했다.

```
Bye!
```

그리고 마지막 줄도 서버에서 보낸 데이터다. Ctrl + D를 누르면 websocat 클라이언트가 종료된다.

websocat에서 출력에 대한 상세한 정보를 얻고 싶다면 -v 플래그와 함께 실행하면 된다.

```
$ websocat -v ws://localhost:1234/ws
[INFO  websocat::lints] Auto-inserting the line mode
[INFO  websocat::stdio_threaded_peer] get_stdio_peer (threaded)
[INFO  websocat::ws_client_peer] get_ws_client_peer
```

```
[INFO  websocat::ws_client_peer] Connected to ws
Hello from websocat!
Hello from websocat!
Bye!
Bye!
[INFO  websocat::sessionserve] Forward finished
[INFO  websocat::ws_peer] Received WebSocket close message
[INFO  websocat::sessionserve] Reverse finished
[INFO  websocat::sessionserve] Both directions finished
```

두 경우 모두 서버의 출력은 다음과 비슷할 것이다.

```
$ go run ws.go
2021/04/10 20:54:30 Listening to TCP Port :1234
2021/04/10 20:54:42 Connection from: localhost:1234
2021/04/10 20:54:57 Received: Hello from websocat!
2021/04/10 20:55:03 Received: Bye!
2021/04/10 20:55:03 From localhost:1234 read websocket: close 1005 (no
status)
```

다음 절에서는 HTML과 자바스크립트를 이용해 웹소켓 서버를 테스트하는 방법을 알아본다.

자바스크립트 사용

웹소켓 서버를 테스트하는 두 번째 방법은 HTML과 자바스크립트 코드를 사용한 웹 페이지를 사용하는 방법이다. 이 방식으로 테스트하면 더 자유롭게 테스트할 수 있지만 HTML과 자바스크립트를 알고 있어야 하고 더 많은 코드를 작성해야 한다.

자바스크립트를 사용한 HTML 페이지는 웹소켓 클라이언트처럼 작동하며 다음과 같다.

```
<!DOCTYPE html>
<meta charset="utf-8">
```

```
<html lang="en">
  <head>
    <meta charset="UTF-8" />
    <meta name="viewport" content="width=device-width, initialscale=1.0" />
    <meta http-equiv="X-UA-Compatible" content="ie=edge" />
    <title>Testing a WebSocket Server</title>
  </head>
  <body>
    <h2>Hello There!</h2>
    <script>
      let ws = new WebSocket("ws://localhost:1234/ws");
```

위 자바스크립트 코드에서 웹소켓 서버의 주소와 포트 번호, 연결하고자 하는 엔드 포인트를 명시했다.

```
      console.log("Trying to connect to server.");
      ws.onopen = () => {
        console.log("Connected!");
        ws.send("Hello From the Client!")
      };
```

ws.onopen 이벤트는 웹소켓 연결이 연결됐는지 확인하고자 사용하고 send() 메서 드는 웹소켓 서버에 메시지를 보내고자 사용한다.

```
      ws.onmessage = function(event) {
        console.log(`[message] Data received from server: ${event.data}`);
        ws.close(1000, "Work complete");
      };
```

onmessage 이벤트는 웹소켓 서버에서 새로운 메시지를 전송했을 때 트리거된다.

그러나 예제의 경우 서버에서 첫 번째 메시지를 전송했을 때 연결을 종료한다.

마지막으로 close() 자바스크립트 메서드는 웹소켓 연결을 종료할 때 사용한다. 예제에서는 close() 호출이 onmessage 이벤트 내부에 있다. close()를 호출하면 onclose 이벤트가 트리거되고 해당 이벤트는 다음의 코드에서 살펴볼 수 있다.

```
ws.onclose = event => {
  if (event.wasClean) {
    console.log(`[close] Connection closed cleanly
    code=${event.code} reason=${event.reason}`);
  }
  console.log("Socket Closed Connection: ", event);
};

ws.onerror = error => {
  console.log("Socket Error: ", error);
};
    </script>
  </body>
</html>
```

자바스크립트 코드의 결과는 웹 브라우저의 자바스크립트 콘솔에서 확인할 수 있다. 예제에서는 구글 크롬Google Chrome을 사용했다. 다음 스크린샷에서 출력된 결과를 볼 수 있다.

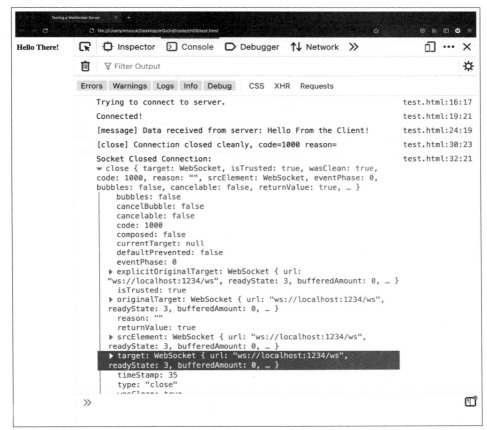

그림 9.1: 자바스크립트를 이용한 웹소켓 서버 통신

test.html에서 정의한 웹소켓 통신으로 인해 서버에서는 다음과 같은 출력을 생성한다.

```
2021/04/10 21:43:22 Connection from: localhost:1234
2021/04/10 21:43:22 Received: Hello From the Client!
2021/04/10 21:43:22 From localhost:1234 read websocket: close 1000
(normal): Work complete
```

클라이언트가 서버에 연결하고, 서버는 클라이언트로부터 수신한 데이터를 전송하고, 클라이언트가 성공적으로 연결을 종료한다. 지금까지 두 가지 방식으로 웹소켓 서버가 앞과 같이 예상대로 동작하는지 확인할 수 있었다. 이제는 Go를 사용해 실제 클라이언트를 만들어보자.

⠿ 웹소켓 클라이언트 개발

이번 절에서는 Go로 웹소켓 클라이언트를 프로그래밍해본다. 클라이언트는 사용자 데이터를 읽어 서버로 보내고, 서버 응답을 읽는다. https://github.com/mactsouk/ws 의 client 디렉터리에서 웹소켓 클라이언트의 구현을 확인할 수 있다. 서버와 클라이언트 구현 모두 하나의 저장소에 두는 것이 작업하기 더 편하다.

웹소켓 서버와 마찬가지로 **gorilla/websocket** 패키지를 사용해 클라이언트를 개발해본다.

> **NOTE**
>
> 10장에서 RESTful 서비스를 만들 때에도 gorilla를 볼 수 있다.

./client/client.go의 코드는 다음과 같다.

```go
package main

import (
    "bufio"
    "fmt"
    "log"
    "net/url"
    "os"
    "os/signal"
    "syscall"
    "time"

    "github.com/gorilla/websocket"
)
```

```
var SERVER = ""
var PATH = ""
var TIMESWAIT = 0
var TIMESWAITMAX = 5
var in = bufio.NewReader(os.Stdin)
```

in 변수를 선언해 bufio.NewReader(os.Stdin)를 쉽게 사용할 수 있게 만들었다.

```
func getInput(input chan string) {
    result, err := in.ReadString('\n')
    if err != nil {
        log.Println(err)
        return
    }
    input <- result
}
```

getInput() 함수는 고루틴 형태로 실행하고 사용자 입력을 받아 input 채널을 통해 main() 함수로 전송한다. 프로그램이 사용자 입력을 받을 때마다 예전 고루틴은 종료되고 새로운 getInput() 고루틴이 시작돼 사용자 입력을 받는다.

```
func main() {
    arguments := os.Args
    if len(arguments) != 3 {
        fmt.Println("Need SERVER + PATH!")
        return
    }

    SERVER = arguments[1]
    PATH = arguments[2]
    fmt.Println("Connecting to:", SERVER, "at", PATH)
```

```
interrupt := make(chan os.Signal, 1)
signal.Notify(interrupt, os.Interrupt)
```

웹소켓 클라이언트는 interrupt 채널을 이용해 유닉스 인터럽트^{interrupt}를 처리한다. 적절한 시그널(syscall.SIGINT)이 들어오면 websocket.CloseMessage를 사용해 서버와의 웹소켓 연결을 종료한다. 실제 프로그램도 이런 방식으로 구현한다.

```
input := make(chan string, 1)
go getInput(input)

URL := url.URL{Scheme: "ws", Host: SERVER, Path: PATH}
c, _, err := websocket.DefaultDialer.Dial(URL.String(), nil)
if err != nil {
    log.Println("Error:", err)
    return
}
defer c.Close()
```

웹소켓 연결은 websocket.DefaultDialer.Dial()을 호출해 시작한다. input 채널로 입력하는 모든 메시지는 WriteMessage() 메서드를 통해 웹소켓 서버로 전송한다.

```
done := make(chan struct{})
go func() {
    defer close(done)
    for {
        _, message, err := c.ReadMessage()
        if err != nil {
            log.Println("ReadMessage() error:", err)
            return
        }
        log.Printf("Received: %s", message)
```

```
    }
  }()
```

익명 함수로 구현한 또 다른 고루틴은 ReadMessage() 메서드로 웹소켓 연결에서
데이터를 읽는다.

```
for {
  select {
  case <-time.After(4 * time.Second):
    log.Println("Please give me input!", TIMESWAIT)
    TIMESWAIT++
    if TIMESWAIT > TIMESWAITMAX {
      syscall.Kill(syscall.Getpid(), syscall.SIGINT)
    }
```

syscall.Kill(syscall.Getpid(), syscall.SIGINT) 구문은 Go 코드로 인터럽트
시그널을 프로그램으로 보낸다. client.go의 로직에 따라 인터럽트 시그널은 서버와
의 웹소켓 연결을 닫고 프로그램의 실행을 종료한다. 이는 타임아웃이 발생한 횟수
가 미리 정의한 전역 변수보다 많을 경우에만 이뤄진다.

```
    case <-done:
      return
    case t := <-input:
      err := c.WriteMessage(websocket.TextMessage, []byte(t))
      if err != nil {
        log.Println("Write error:", err)
        return
      }
      TIMESWAIT = 0
```

사용자 입력이 들어오면 현재 타임아웃 횟수 TIMESWAIT를 0으로 초기화한다.

```
    go getInput(input)
case <-interrupt:
    log.Println("Caught interrupt signal - quitting!")
    err := c.WriteMessage(websocket.CloseMessage,
websocket.FormatCloseMessage(websocket.CloseNormalClosure, ""))
```

클라이언트 연결을 닫기 바로 전에 **websocket.CloseMessage**를 서버로 전송해 올바르게 종료할 수 있게 한다.

```
    if err != nil {
        log.Println("Write close error:", err)
        return
    }
    select {
    case <-done:
    case <-time.After(2 * time.Second):
    }
    return
        }
    }
}
```

./client/client.go가 ws.go와는 다른 디렉터리에 있기 때문에 다음 커맨드를 실행해 필요한 의존성을 설치한 다음 실행해야 한다.

```
$ cd client
$ go mod init
$ go mod tidy
$ go mod download
```

10

REST API

10장에서는 Go 프로그래밍 언어를 이용해 간단한 RESTful 서버와 클라이언트를
개발해본다. REST는 REpresentational State Transfer의 약자로, 주로 웹 서비스를
설계할 때 사용한다. 웹 서비스에서는 HTML 형태로 정보를 교환하지만 RESTful
서비스는 보통 JSON 형식으로 정보를 교환하고 Go에서도 이를 지원한다. REST는
어떤 운영체제나 시스템 아키텍처와 강하게 결합돼 있지 않고 특정 프로토콜도 아
니다. RESTful 서비스를 개발하려면 HTTP와 같은 프로토콜을 사용해야 한다.
RESTful 서비스를 개발할 때는 적절한 Go 구조체를 만들고 JSON 데이터로 마샬링
및 언마샬링을 수행해야 한다.

10장에서 다루는 내용은 다음과 같다.

* REST 소개

* RESTful 서버와 클라이언트 개발

* 실제로 작동하는 RESTful 서버 만들기

- RESTful 클라이언트 만들기

- 바이너리 파일 업로드 및 다운로드

- RES API 문서화를 위한 스웨거^{Swagger} 사용

⁝⁝ REST 소개

대부분의 현대 웹 애플리케이션은 API를 노출해 클라이언트에서 해당 API를 통해 상호작용할 수 있게 구성한다. REST에서 무조건 HTTP를 사용할 필요는 없지만 대부분의 웹 서비스는 내부적으로 HTTP 프로토콜을 사용한다. 또한 REST는 어떠한 데이터 형식이든 사용할 수 있지만 대부분의 RESTful 서비스에서는 JSON 형식을 사용하므로 보통 REST는 HTTP를 통한 JSON 통신을 의미하기도 한다. 데이터를 일반 텍스트 형식으로 전송하는 경우도 있는데, 보통은 데이터가 간단해서 JSON 레코드를 사용할 필요가 없을 때 일반 텍스트를 사용한다. 그리고 RESTful 서비스의 작동 방식 때문에 서비스는 다음 원칙에 맞는 아키텍처를 갖고 있어야 한다.

- 클라이언트-서버 구조

- 무상태^{stateless}

- 캐시 처리 가능^{cacheable}

- 인터페이스 일관성^{uniform interface}

- 계층화^{layered system}

HTTP 프로토콜에 따라 HTTP 서버는 다음의 동작을 수행할 수 있다.

- POST는 새 리소스를 생성하는 데 사용한다.

- GET은 기존 리소스를 읽는 데(가져오는 데) 사용한다.

636

- **PUT**은 기존 리소스를 업데이트하는 데 사용한다. 보통 PUT 요청에는 리소스의 업데이트된 내용 전체를 포함한다.

- **DELETE**는 기존 리소스를 삭제하는 데 사용한다.

- **PATCH**는 기존 리소스를 업데이트하는 데 사용한다. 보통 PATCH 요청에는 변경 사항만 포함돼 있다.

(평범하지 않은 동작을 수행할 때 특히) 수행하는 모든 동작도 잘 문서화해야 한다. 참고로 Go가 지원하는 HTTP 메서드는 **net/http** 패키지에 다음과 같이 상수로 정의하고 있다.

```
const (
    MethodGet     = "GET"
    MethodHead    = "HEAD"
    MethodPost    = "POST"
    MethodPut     = "PUT"
    MethodPatch   = "PATCH" // RFC 5789
    MethodDelete  = "DELETE"
    MethodConnect = "CONNECT"
    MethodOptions = "OPTIONS"
    MethodTrace   = "TRACE"
)
```

각 클라이언트에서 보내는 요청에 대한 응답을 보낼 때의 HTTP 상태 코드^{HTTP status code}에도 관습이 존재한다. 가장 널리 사용하는 HTTP 상태 코드와 의미는 다음과 같다.

- **200**은 모든 것을 잘 처리했고 요청한 동작을 잘 수행했다는 의미다.

- **201**은 리소스를 생성했다는 의미다.

- **202**는 요청이 받아들여져 처리하고 있음을 의미한다. 보통 요청을 처리할 때 오랜 시간이 걸리는 경우 사용한다.

- **301**은 요청한 리소스가 영구적으로 이동했음을 의미한다. 이때 새로운 URI를 응답의 일부로 포함해야 한다. RESTful 서비스에서는 API 버저닝^{API versioning}을 사용하기 때문에 거의 사용하지 않는다.

- **400**은 잘못된 요청^{bad request}이라는 의미이며 이때는 요청의 내용을 변경해 다시 시도해야 한다.

- **401**은 클라이언트가 인가 없이 보호된 리소스에 접근하려고 했음을 의미한다.

- **403**은 클라이언트가 적절한 인증을 했음에도 불구하고 해당 리소스에 접근할 권한이 없음을 의미한다. 유닉스에서 사용자가 해당 동작을 수행할 권한이 부족하다는 이야기와 동일한 의미다.

- **404**는 리소스를 찾지 못했음을 의미한다.

- **405**는 클라이언트에서 해당 리소스에 지원하지 않는 HTTP 메서드로 요청을 보냈음을 의미한다.

- **500**은 내부 서버를 의미한다. 대부분은 서버에서 실패한 경우다.

HTTP 프로토콜에 대해 더 알고 싶다면 https://datatracker.ietf.org/doc/html/rfc7231에서 RFC 7231을 살펴보자.

이번 장에서는 특정 프로젝트에 대한 작은 RESTful 클라이언트를 만들어본다. 클라이언트는 주어진 서버에 접속해 사용자 이름의 목록을 가져온다. 가져온 각 사용자마다 또 다른 엔드포인트에 요청을 보내 로그인과 로그아웃을 한 시간의 목록도 가져온다.

개인적인 경험에 의하면 대부분의 코드는 RESTful 서버와 상호작용하기 위한 코드가 아니라 데이터를 특정 형식으로 변환하고 MySQL 데이터베이스에 저장하기 위한 코드다. 이 과정에서 제일 어려운 두 가지 작업은 다음과 같다. 첫 번째로 어려운 작업은 유닉스 epoch 형식으로 날짜와 시간을 가져와 분 및 초 정보를 제거하는 작업이고, 두 번째로 어려운 작업은 레코드가 이미 데이터베이스에 존재하는지 확인한 다음 없다면 새로운 레코드로 추가하는 작업이다. 따라서 코드를 책임지는 프로그램의 로직 대부분은 RESTful 서비스뿐만 아니라 모든 서비스에 적용할 수 있는 코드다.

이번 장의 첫 번째 절은 RESTful 서버와 클라이언트를 프로그래밍하기 위한 일반적이면서도 필수적인 정보를 담고 있다.

:: RESTful 서버 및 클라이언트 개발

이번 절에서는 Go 표준 라이브러리를 이용해 RESTful 서버 및 클라이언트를 개발해보고 이를 통해 내부적으로 어떻게 동작하는지 확인해본다. 이번 절에서 만들 서버는 다음 엔드포인트들을 갖고 있다.

- **/add**: 서버에 새 항목을 추가할 때 사용하는 엔드포인트다.

- **/delete**: 기존 항목을 삭제할 때 사용하는 엔드포인트다.

- **/get**: 기존 항목에 대한 정보를 가져오고자 사용하는 엔드포인트다.

- **/time**: 현재 날짜와 시간을 반환하는 엔드포인트며 주로 RESTful 서버를 테스트할 때 사용한다.

- **/**: 다른 엔드포인트에 해당하지 않는 요청을 처리할 때 사용하는 엔드포인트다.

개인적으로는 위와 같이 RESTful 서비스를 구성하는 것을 선호한다. 엔드포인트를 다음과 같은 방식으로도 정의할 수 있다.

- **GET 메서드를 사용한 /users/ 엔드포인트**: 사용자의 목록을 가져온다.

- **GET 메서드를 사용한 /users/:id 엔드포인트**: 주어진 ID에 해당하는 사용자의

정보를 가져온다.

- **DELETE 메서드를 사용한 /users/:id 엔드포인트:** 주어진 ID에 해당하는 사용자의 정보를 지운다.

- **POST 메서드를 사용한 /users/ 엔드포인트:** 새로운 사용자를 생성한다.

- **PATCH나 PUT 메서드를 사용한 /users/:id 엔드포인트:** 주어진 ID에 해당하는 사용자의 정보를 업데이트한다.

위 방식으로 서비스를 구현하는 것은 연습문제로 남겨놓는다. 어떤 엔드포인트를 사용할 것인지에 대한 부분만 새로 정의하면 되고 실제 핸들러의 코드는 동일할 것이기 때문에 그렇게 어렵지는 않을 것이다. 다음 절에서는 RESTful 서버의 구현을 살펴본다.

RESTful 서버

이 절에서의 구현은 REST 서비스가 내부적으로 어떻게 동작하는지 이해하고자 소개한다. 각 핸들러 함수의 로직은 간단하다. 사용자 입력을 읽어 입력과 HTTP 메서드가 원하는 것인지 체크한다. 각 클라이언트가 서버와 상호작용하는 원칙도 간단하다. 서버는 클라이언트에 적절한 에러 메시지와 HTTP 코드를 응답해 무슨 일이 일어났는지 알 수 있게 해야 한다. 마지막으로 커뮤니케이션을 위해 이 모든 것을 문서화해야 한다.

rServer.go에 저장된 서버 코드는 다음과 같다.

```go
package main

import (
    "encoding/json"
    "fmt"
```

```
    "io"
    "log"
    "net/http"
    "os"
    "time"
)
type User struct {
    Username string `json:"user"`
    Password string `json:"password"`
}
```

사용자 데이터를 갖고 있는 구조체다. JSON 태그를 빠트리면 문제가 생긴다.

```
var user User
```

사용자 정보를 갖고 있는 전역 변수다. 이 변수는 /add, /get, /delete 엔드포인트 및 그 구현에서 사용한다. 전역 변수는 프로그램 전체에서 공유하므로 이 코드는 동시성 관점에서 안전^{concurrently safe}하지 않다. 하지만 지금은 이 코드를 RESTful 서버가 무엇인지 배우는 데 활용하고 있으므로 큰 문제는 아니다.

실제로 동작하는 'RESTful 서버 개발' 절에서는 동시성 관점에서 안전한 RESTful 서버를 구현한다.

```
// PORT는 웹 서버가 사용하는 포트 번호를 담고 있다.
var PORT = ":1234"
```

RESTful 서버는 HTTP 프로토콜을 사용하는 서버이므로 사용할 TCP 포트 번호를 정의해야 한다.

```go
// DATA는 User 레코드를 갖고 있는 맵이다.
var DATA = make(map[string]string)
```

위의 전역 변수는 서비스의 데이터를 갖고 있다.

```go
func defaultHandler(w http.ResponseWriter, r *http.Request) {
    log.Println("Serving:", r.URL.Path, "from", r.Host)
    w.WriteHeader(http.StatusNotFound)
    Body := "Thanks for visiting!\n"
    fmt.Fprintf(w, "%s", Body)
}
```

위 코드는 기본 핸들러의 구현이다. 실제 서버에서는 기본 핸들러가 서버의 사용법
을 출력할 때도 있고 사용할 수 있는 엔드포인트의 목록을 출력할 수도 있다.

```go
func timeHandler(w http.ResponseWriter, r *http.Request) {
    log.Println("Serving:", r.URL.Path, "from", r.Host)
    t := time.Now().Format(time.RFC1123)
    Body := "The current time is: " + t + "\n"
    fmt.Fprintf(w, "%s", Body)
}
```

현재 날짜와 시간을 반환하는 또 다른 간단한 핸들러다. 이런 핸들러는 보통 서버의
상태를 테스트할 때 사용하고 실제 프로덕션 환경에서는 제거된다.

```go
func addHandler(w http.ResponseWriter, r *http.Request) {
    log.Println("Serving:", r.URL.Path, "from", r.Host, r.Method)
    if r.Method != http.MethodPost {
        http.Error(w, "Error:", http.StatusMethodNotAllowed)
        fmt.Fprintf(w, "%s\n", "Method not allowed!")
```

```
        return
    }
```

여기서 처음으로 http.Error() 함수를 확인할 수 있다. http.Error() 함수는 에러 메시지 및 HTTP 상태 코드와 함께 클라이언트 요청에 대한 응답을 주는 함수다. 여기서 응답을 보내는 에러 메시지는 일반 텍스트여야 한다. 그러나 클라이언트로 원하는 데이터를 쓰려면 여전히 fmt.Fprintf() 구문을 사용해야 한다.

```
    d, err := io.ReadAll(r.Body)
    if err != nil {
        http.Error(w, "Error:", http.StatusBadRequest)
        return
    }
```

io.ReadAll()을 사용해 클라이언트에서 온 모든 데이터를 읽었다. 이 작업이 성공했는지 체크하고자 io.ReadAll(r.Body)에서 반환된 error 변수에 값이 있는지 확인했다.

```
    err = json.Unmarshal(d, &user)
    if err != nil {
        log.Println(err)
        http.Error(w, "Error:", http.StatusBadRequest)
        return
    }
```

클라이언트에서 데이터를 읽은 뒤에는 user 전역 변수에 데이터를 넣는다. 데이터를 저장할 장소와 이를 통해 할 일은 서버에서 결정한다. 데이터 형식에 관한 규칙은 없지만 클라이언트는 서버의 데이터 형식을 따라야 한다.

```
    if user.Username != "" {
        DATA[user.Username] = user.Password
        log.Println(DATA)
        w.WriteHeader(http.StatusOK)
```

주어진 Username 필드가 빈 값이 아니라면 DATA 맵에 새로운 구조체를 추가한다. 이 코드에서는 데이터의 영속성을 보장하지 않으므로 RESTful 서버를 재시작할 때마다 DATA 맵은 초기화된다.

```
    } else {
        http.Error(w, "Error:", http.StatusBadRequest)
        return
    }
}
```

Username 필드가 빈 값이라면 DATA 맵에 새로운 데이터를 추가할 수 없으므로 http.StatusBadRequest 코드와 함께 요청이 실패하게 된다.

```
func getHandler(w http.ResponseWriter, r *http.Request) {
    log.Println("Serving:", r.URL.Path, "from", r.Host, r.Method)
    if r.Method != http.MethodGet {
        http.Error(w, "Error:", http.StatusMethodNotAllowed)
        fmt.Fprintf(w, "%s\n", "Method not allowed!")
        return
    }
```

/get 엔드포인트에서는 http.MethodGet을 사용해야 하므로 해당 조건을 만족하는지(if r.Method != http.MethodGet) 체크한다.

```
d, err := io.ReadAll(r.Body)
if err != nil {
   http.Error(w, "ReadAll - Error", http.StatusBadRequest)
   return
}
```

여기에서도 클라이언트 요청에서 데이터를 문제없이 읽었는지 체크한다.

```
err = json.Unmarshal(d, &user)
if err != nil {
   log.Println(err)
   http.Error(w, "Unmarshal - Error", http.StatusBadRequest)
   return
}
fmt.Println(user)
```

그런 다음 클라이언트 데이터를 User 구조체(전역 변수 user)에 넣는다.

```
_, ok := DATA[user.Username]
if ok && user.Username != "" {
   log.Println("Found!")
   w.WriteHeader(http.StatusOK)
   fmt.Fprintf(w, "%s\n", d)
```

원하는 레코드를 찾았다면 d 변수의 데이터와 함께 요청이 성공했다는 사실을 클라이언트로 응답한다. d 변수는 io.ReadAll(r.Body) 호출에서 초기화한 뒤 이미 JSON 레코드로 마샬링한 상태다.

```
} else {
   log.Println("Not found!")
```

```
        w.WriteHeader(http.StatusNotFound)
        http.Error(w, "Map - Resource not found!", http.StatusNotFound)
    }
    return
}
```

아니라면 요청한 레코드를 찾지 못했다고 클라이언트에게 알려준다.

```
func deleteHandler(w http.ResponseWriter, r *http.Request) {
    log.Println("Serving:", r.URL.Path, "from", r.Host, r.Method)
    if r.Method != http.MethodDelete {
        http.Error(w, "Error:", http.StatusMethodNotAllowed)
        fmt.Fprintf(w, "%s\n", "Method not allowed!")
        return
    }
```

HTTP DELETE 메서드는 리소스를 삭제할 때 사용한다. 여기서도 적절한 메서드를 사용했는지 확인할 수 있게 r.Method != http.MethodDelete 조건을 활용한다.

```
    d, err := io.ReadAll(r.Body)
    if err != nil {
        http.Error(w, "ReadAll - Error", http.StatusBadRequest)
        return
    }
```

이번에도 마찬가지로 클라이언트 입력을 d 변수에 저장한다.

```
    err = json.Unmarshal(d, &user)
    if err != nil {
        log.Println(err)
```

```
$ curl -H 'Content-Type: application/json' -d '{"user": "mihalis",
"password" : "admin"}' http://localhost:1234/add
```

위 커맨드를 실행하면 {"user": "mihalis", "password" : "admin"}에 해당하는
새로운 사용자를 추가한다.

```
$ curl -H -d '{"user": "admin"}' http://localhost:1234/add
curl: (3) URL using bad/illegal format or missing URL
Error:
Method not allowed!
```

-H 뒤에 아무 값도 오지 않았기 때문에 에러가 발생했다. 요청이 서버로 보내지기는
했지만 /add 엔드포인트에서는 기본 HTTP 메서드를 사용하지 않으므로 요청이 거
절됐다.

```
$ curl -H 'Content-Type: application/json' -d '{"user": "admin",
"password" : "admin"}' http://localhost:1234/get
Error:
Method not allowed!
```

이번엔 curl 커맨드 자체는 올바르지만 HTTP 메서드를 제대로 설정하지 않아 원하
던 응답이 내려오지 않았다.

```
$ curl -X GET -H 'Content-Type: application/json' -d '{"user": "admin",
"password" : "admin"}' http://localhost:1234/get
Map - Resource not found!
$ curl -X GET -H 'Content-Type: application/json' -d '{"user":
"mtsouk", "password" : "admin"}' http://localhost:1234/get
{"user": "mtsouk", "password" : "admin"}
```

두 개의 /get 요청을 보냈지만 두 번째 요청에서만 관련 레코드를 찾을 수 있었다.

```
$ curl -H 'Content-Type: application/json' -d '{"user": "mtsouk",
"password" : "admin"}' http://localhost:1234/delete -X DELETE
{"user": "mtsouk", "password" : "admin"}
```

마지막 요청에서는 {"user": "mtsouk", "password" : "admin"}에 해당하는 사용자를 성공적으로 삭제했다.

위 모든 요청을 보내는 동한 서버에서 생성한 출력은 다음과 같다.

```
$ go run rServer.go
Ready to serve at :1234
2021/04/27 12:41:31 Serving: / from localhost:1234
2021/04/27 12:41:38 Serving: /add from localhost:1234 POST
2021/04/27 12:41:38 map[mtsouk:admin]
2021/04/27 12:41:41 Serving: /add from localhost:1234 POST
2021/04/27 12:41:41 map[mtsouk:admin]
2021/04/27 12:41:58 Serving: /add from localhost:1234 POST
2021/04/27 12:41:58 map[mihalis:admin mtsouk:admin]
2021/04/27 12:43:02 Serving: /add from localhost:1234 GET
2021/04/27 12:43:13 Serving: /get from localhost:1234 POST
2021/04/27 12:43:30 Serving: /get from localhost:1234 GET
{admin admin}
2021/04/27 12:43:30 Not found!
2021/04/27 12:43:30 http: superfluous response.WriteHeader call from
main.getHandler (rServer.go:101)
2021/04/27 12:43:41 Serving: /get from localhost:1234 GET
{mtsouk admin}
2021/04/27 12:43:41 Found!
2021/04/27 12:44:00 Serving: /delete from localhost:1234 DELETE
2021/04/27 12:44:00 {mtsouk admin}
2021/04/27 12:44:00 map[mihalis:admin]
2021/04/27 12:44:00 After: map[mihalis:admin]
```

지금까지 curl(1)을 이용해 RESTful 서버를 테스트해봤다. 다음 절에서는 RESTful 서버와 통신하기 위한 커맨드라인 클라이언트를 개발한다.

RESTful 클라이언트

이번 절에서는 앞에서 개발했던 RESTful 서버의 클라이언트를 개발해본다. 하지만 이번에 개발할 클라이언트는 마치 RESTful 서버의 기능을 테스트하는 프로그램처럼 동작할 것이다(이번 장 뒤쪽에서 cobra를 사용해 제대로 된 클라이언트를 개발하는 방법을 알아본다). 클라이언트의 코드는 rClient.go에서 찾을 수 있다.

```go
package main

import (
    "bytes"
    "encoding/json"
    "fmt"
    "io"
    "net/http"
    "os"
    "time"
)

type User struct {
    Username string `json:"user"`
    Password string `json:"password"`
}
```

서버 구현에서 살펴본 코드와 같은 코드며 데이터 교환 용도로 사용한다.

```go
var u1 = User{"admin", "admin"}
var u2 = User{"tsoukalos", "pass"}
var u3 = User{"", "pass"}
```

테스트할 때 사용할 세 개의 **User** 변수를 미리 정의했다.

```go
const addEndPoint = "/add"
const getEndPoint = "/get"
const deleteEndPoint = "/delete"
const timeEndPoint = "/time"
```

사용할 엔드포인트에 해당하는 상수들도 미리 정의했다.

```go
func deleteEndpoint(server string, user User) int {
    userMarshall, _ := json.Marshal(user)
    u := bytes.NewReader(userMarshall)

    req, err := http.NewRequest("DELETE", server+deleteEndPoint, u)
```

HTTP DELETE 메서드를 사용해 /delete 엔드포인트에 접근하기 위한 요청을 생성
했다.

```go
    if err != nil {
        fmt.Println("Error in req: ", err)
        return http.StatusInternalServerError
    }
    req.Header.Set("Content-Type", "application/json")
```

서버와 통신할 때 JSON 데이터를 사용한다는 사실을 명시했다.

```go
    c := &http.Client{
        Timeout: 15 * time.Second,
    }

    resp, err := c.Do(req)
    defer resp.Body.Close()
```

그런 다음 Do() 메서드를 사용해 요청을 보내고 서버 응답을 기다린다. 타임아웃은
15초로 설정했다.

```go
    if err != nil {
        fmt.Println("Error:", err)
    }
    if resp == nil {
```

```
        return http.StatusNotFound
    }

    data, err := io.ReadAll(resp.Body)
    fmt.Print("/delete returned: ", string(data))
```

에러가 있더라도 서버 응답의 내용을 알고 싶기 때문에 fmt.Print()를 사용했다.

```
    if err != nil {
        fmt.Println("Error:", err)
    }
    return resp.StatusCode
}
```

resp.StatusCode 값은 /delete 요청을 수행한 결과를 알려준다.

```
func getEndpoint(server string, user User) int {
    userMarshall, _ := json.Marshal(user)
    u := bytes.NewReader(userMarshall)

    req, err := http.NewRequest("GET", server+getEndPoint, u)
```

HTTP GET 메서드를 사용해 /get 엔드포인트에 접근한다.

```
    if err != nil {
        fmt.Println("Error in req: ", err)
        return http.StatusInternalServerError
    }
    req.Header.Set("Content-Type", "application/json")
```

Header.Set()을 이용해 JSON 데이터를 사용한다는 것을 명시했다.

```go
c := &http.Client{
    Timeout: 15 * time.Second,
}
```

서버 응답이 원활하지 않을 때를 대비해 타임아웃을 설정했다.

```go
resp, err := c.Do(req)
defer resp.Body.Close()

if err != nil {
    fmt.Println("Error:", err)
}
if resp == nil {
    return http.StatusNotFound
}
```

위 코드에서는 c.Do(req)를 통해 클라이언트 요청을 서버로 보낸다. 또한 서버 응답은 resp 변수에 저장하고 에러 값은 err 변수에 저장했다. resp의 값이 nil이라면 서버 응답이 비어 있다는 의미이고 이는 에러다.

```go
data, err := io.ReadAll(resp.Body)
fmt.Print("/get returned: ", string(data))
if err != nil {
    fmt.Println("Error:", err)
}
return resp.StatusCode
}
```

RESTful 서버가 보낸 resp.StatusCode 값은 요청이 성공했는지를 HTTP 프로토콜의 규칙에 기반을 두고 알려준다.

```go
func addEndpoint(server string, user User) int {
    userMarshall, _ := json.Marshal(user)
    u := bytes.NewReader(userMarshall)

    req, err := http.NewRequest("POST", server+addEndPoint, u)
```

HTTP **POST** 메서드를 사용해 **/add** 엔드포인트에 접근한다. **POST** 값 대신 **http. MethodPost**를 사용해도 된다. 이번 장의 앞에서 언급한 것처럼 이와 관련된 전역 변수들이 **http** 패키지에 있다(http.MethodGet, http.MethodDelete, http.MethodPut 등). 보통은 이 값들을 사용하는 것을 권장한다.

```go
    if err != nil {
        fmt.Println("Error in req: ", err)
        return http.StatusInternalServerError
    }
    req.Header.Set("Content-Type", "application/json")
```

이전처럼 서버와 상호작용할 때 JSON 데이터를 사용한다는 것을 명시했다.

```go
    c := &http.Client{
        Timeout: 15 * time.Second,
    }
```

여기에서도 서버가 바쁠 때를 대비해 타임아웃을 설정했다.

```go
    resp, err := c.Do(req)
    defer resp.Body.Close()
    if resp == nil || (resp.StatusCode == http.StatusNotFound) {
        return resp.StatusCode
```

```
    }
    return resp.StatusCode
  }
```

addEndpoint() 함수는 POST 메서드를 사용해 /add 엔드포인트를 테스트하는 데 사용한다.

```
func timeEndpoint(server string) (int, string) {
  req, err := http.NewRequest("POST", server+timeEndPoint, nil)
```

HTTP POST 메서드를 사용해 /time 엔드포인트에 접근한다.

```
  if err != nil {
    fmt.Println("Error in req: ", err)
    return http.StatusInternalServerError, ""
  }
  c := &http.Client{
    Timeout: 15 * time.Second,
  }
```

이전에 살펴봤던 것처럼 서버가 바쁠 때를 대비해 타임아웃을 설정했다.

```
  resp, err := c.Do(req)
  defer resp.Body.Close()

  if resp == nil || (resp.StatusCode == http.StatusNotFound) {
    return resp.StatusCode, ""
  }

  data, _ := io.ReadAll(resp.Body)
```

```
u1 Data added: {admin admin} 200
u2 Data added: {tsoukalos pass} 200
u3 Return code: 400
```

이 결과는 /add 엔드포인트 테스트와 관련 있다. 두 사용자는 성공적으로 추가됐지
만 세 번째 사용자(var u3 = User{"", "pass"})는 필요한 모든 정보를 포함하고 있지 않기
때문에 추가되지 않았다.

```
/get
/get returned: {"user":"admin","password":"admin"}
/get u1 return code: 200
/get returned: {"user":"tsoukalos","password":"pass"}
/get u2 return code: 200
/get returned: Map - Resource not found!
/get u3 return code: 404
```

이 결과는 /get 엔드포인트 테스트와 관련 있다. admin과 tsoukalos라는 이름을 가
진 두 사용자는 성공적으로 반환됐지만 u3 변수에 저장된 사용자는 찾을 수 없었다.

```
/delete
/delete returned: {"user":"admin","password":"admin"}
/delete u1 return code: 200
/delete returned: Delete - Resource not found!
/delete u1 return code: 404
/delete returned: {"user":"tsoukalos","password":"pass"}
/delete u2 return code: 200
/delete returned: Delete - Resource not found!
/delete u3 return code: 404
```

이 결과는 /delete 엔드포인트 테스트와 관련 있다. admin과 tsoukalos 사용자는
삭제됐고 그 이후에 다시 admin을 삭제하려고 시도하는 요청은 실패하게 된다.

```
/time
/time returned: 200 The current time is: Tue, 20 Apr 2021 10:23:04 EEST
/time returned: 200 The current time is: Tue, 20 Apr 2021 10:23:05 EEST
```

마찬가지로 `/time` 엔드포인트와 관련된 테스트다.

```
/
/ returned: 404 with response: Thanks for visiting!
/what
/what returned: 404 with response: Thanks for visiting!
```

마지막으로 기본 핸들러의 동작과 관련한 테스트 결과다.

지금까지 RESTful 서버와 클라이언트가 서로 상호작용하는 과정을 살펴봤다. 그러나 둘 중 아무것도 실제 작업을 수행하지는 못한다. 다음 절에서는 gorilla/mux와 데이터베이스를 사용해 실제 환경에서 돌아가는 RESTful 서버를 개발해본다.

⠶ 실제로 작동하는 RESTful 서버 개발

이번 절에서는 Go로 주어진 REST API에 대한 RESTful 서버를 개발해본다. 8장에서 만든 전화번호부 애플리케이션과 이 절에서 다루는 RESTful 서비스의 가장 큰 차이는 일반 텍스트 대신 JSON 메시지를 사용한다는 것이다. 이번에는 RESTful 서비스를 개발할 때 net/http 패키지 대신 gorilla/mux 패키지를 사용한다. gorilla/mux 패키지를 사용하면 서브라우팅 기능을 사용할 수 있다. 자세한 사항은 gorilla/mux를 다룰 때 다시 알아본다.

이번에 살펴볼 RESTful 서버에서는 로그인 및 인증 시스템을 구현한다. 로그인 시스템은 로그인을 한 사용자들과 사용자들의 권한을 추적하고자 사용한다. 로그인 시스템에는 admin이라는 기본 관리자가 있다. 해당 사용자의 기본 비밀번호도 admin이며, 이는 나중에 변경해야 한다. 애플리케이션에서는 데이터를 데이터베이스(PostgreSQL)에 저장하므로 서버를 재시작해도 기존 사용자들의 목록이 사라지지 않는다.

REST API

원하는 기능을 구현할 때 특정 애플리케이션의 API로 도움을 받을 수 있다. 하지만 이는 클라이언트 관점에서의 이야기이고 서버는 아니다. 서버는 REST API를 잘 정의하고 정의한 기능들이 잘 동작하게 구현해 클라이언트가 원하는 작업을 수행할 수 있도록 지원해야 한다. RESTful 서버를 개발하고 사용하기 전에 꼭 명심하자.

이제 사용할 엔드포인트, 응답할 HTTP 코드, 허용된 HTTP 메서드들을 정의해본다. REST API 기반 RESTful 서버를 개발하는 것은 가볍게 여겨서는 안 될 중요한 작업이다. 프로토타입부터 개발해 아이디어와 설계를 테스트하고 검증하면 장기적으로 도움이 될 것이다. 항상 프로토타입부터 시작하자.

지원하는 HTTP 메서드와 엔드포인트는 다음과 같다.

- **/**: 매칭되지 않는 엔드포인트들에 사용한다. 이 엔드포인트는 모든 HTTP 메서드를 지원한다.

- **getall**: 데이터베이스의 모든 데이터를 가져오는 데 사용한다. 관리자 권한이 있는 사용자만 이 엔드포인트를 사용할 수 있다. 이 엔드포인트는 다수의 JSON 레코드를 반환하고 HTTP **GET** 메서드와 함께 사용해야 한다.

- **getid/username**: 엔드포인트를 통해 사용자 이름이 주어지면 해당하는 사용자의 ID를 가져온다. 이 커맨드는 관리자 권한이 필요하고 HTTP **GET** 메서드와 함께 사용해야 한다.

- **/username/ID**: 사용한 HTTP 메서드에 따라 주어진 ID에 해당하는 사용자 정보를 가져오거나 삭제하는 데 사용한다. 따라서 어떤 HTTP 메서드를 사용했느냐에 따라 다른 작업을 수행한다. **DELETE** 메서드를 사용했을 경우 사용자를 삭제하며 **GET** 메서드를 사용했을 경우 사용자 정보를 반환한다. 이 엔드포인트를 사용하려면 관리자 권한이 필요하다.

- **/logged**: 로그인한 사용자의 목록을 가져올 때 사용한다. 이 엔드포인트는 다

수의 JSON 레코드를 반환할 수 있고 HTTP GET 메서드를 사용해야 한다.

- **/update**: 사용자 이름과 비밀번호, 관리자 권한 여부를 업데이트할 때 사용한다. 데이터베이스에 존재하는 사용자의 ID는 변하지 않는다. 이 엔드포인트는 HTTP PUT 메서드만 지원하며 사용자 이름을 기반으로 사용자를 검색한다.

- **/login**: 사용자가 주어진 사용자 이름과 비밀번호로 시스템에 로그인할 때 사용한다. 이 엔드포인트를 사용할 때는 HTTP POST 메서드를 사용해야 한다.

- **/logout**: 사용자가 주어진 사용자 이름과 비밀번호로 시스템에서 로그아웃할 때 사용한다. 이 엔드포인트를 사용할 때는 HTTP POST 메서드를 사용해야 한다.

- **/add**: 새로운 사용자를 데이터베이스에 추가할 때 사용한다. 이 엔드포인트는 HTTP POST 메서드를 사용할 때 관리자 권한이 필요하다.

- **/time**: 이 엔드포인트는 주로 테스트 목적으로 사용한다. 유일하게 JSON 데이터를 사용하지 않는 엔드포인트며 사용자 정보를 필요로 하지 않고 모든 HTTP 메서드를 사용할 수 있다.

이제 gorilla/mux 패키지의 기능을 알아보자.

gorilla/mux

gorilla/mux 패키지(https://github.com/gorilla/mux)는 널리 사용하고 있는 패키지며 기본 Go 라우터 대신 들어오는 요청들을 알맞은 핸들러로 연결해주는 역할을 한다. 기본 Go 라우터(http.ServeMux)와 **mux.Router**(gorilla/mux 라우터)는 많은 차이점이 있지만 **mux. Router**는 핸들러 함수를 라우팅할 때 다중 조건multiple condition을 지원한다는 점이 가장 큰 차이점이다. 따라서 지원하는 HTTP 메서드와 같은 옵션을 설정할 때 더 적은 코드를 사용해 구현할 수 있다. 다음과 같은 라우팅 예시를 살펴보자. 이 기능들은 기본 Go 라우터에서는 지원하지 않는 기능들이다.

```
        log.Println(err)
        return nil
    }

    return db
}
```

항상 PostgreSQL 서버에 연결하고 있어야 하므로 PostgreSQL과 상호작용할 수 있는 *sql.DB 변수를 반환하는 함수를 만들었다.

다음으로 DeleteUser() 함수를 살펴보자.

```
func DeleteUser(ID int) bool {
    db := ConnectPostgres()
    if db == nil {
        log.Println("Cannot connect to PostgreSQL!")
        db.Close()
        return false
    }
    defer db.Close()
```

위 코드에서는 ConnectPostgres()를 사용해 데이터베이스에 연결했다.

```
    t := FindUserID(ID)
    if t.ID == 0 {
        log.Println("User", ID, "does not exist.")
        return false
    }
```

여기에서 FindUserID() 함수를 사용해 주어진 사용자 ID가 데이터베이스에 있는지 확인했다. 사용자가 없다면 함수의 실행을 멈추고 false를 반환한다.

```
    stmt, err := db.Prepare("DELETE FROM users WHERE ID = $1")
    if err != nil {
      log.Println("DeleteUser:", err)
      return false
    }
```

이것이 실제로 사용자를 삭제하는 구문이다. **Prepare()**을 사용해 필요한 SQL 구문을 구성하고 **Exec()**를 사용해 이를 실행한다. **Prepare()**의 **$1**은 **Exec()**에서 사용할 매개변수를 의미한다. 더 많은 매개변수가 필요하다면 **$2**, **$3**과 같은 이름을 사용해야 한다.

```
    _, err = stmt.Exec(ID)
    if err != nil {
      log.Println("DeleteUser:", err)
      return false
    }

    return true
  }
```

여기가 **DeleteUser()** 함수의 구현이 끝나는 곳이다. **stmt.Exec(ID)** 구문으로 데이터베이스의 사용자를 삭제한다.

다음에 살펴볼 **ListAllUsers()** 함수는 RESTful 서버의 전체 사용자 정보를 담고 있는 **User**의 슬라이스를 반환한다.

```
  func ListAllUsers() []User {
    db := ConnectPostgres()
    if db == nil {
      fmt.Println("Cannot connect to PostgreSQL!")
      db.Close()
```

```
    return []User{}
  }
  defer db.Close()

  rows, err := db.Query("SELECT * FROM users \n")
  if err != nil {
    log.Println(err)
    return []User{}
  }
```

SELECT 쿼리에는 어떤 매개변수도 필요 없으므로 Prepare()와 Exec()을 사용하는 대신 Query()를 사용해 쿼리를 실행했다. 이런 쿼리는 대부분 여러 개의 레코드를 반환한다는 것도 명심하자.

```
  all := []User{}
  var c1 int
  var c2, c3 string
  var c4 int64
  var c5, c6 int

  for rows.Next() {
    err = rows.Scan(&c1, &c2, &c3, &c4, &c5, &c6)
```

위와 같은 방식으로 SQL 쿼리에서 반환한 레코드의 값을 읽어 들인다. 먼저 반환된 레코드의 값들을 각각 변수로 정의한 다음 Scan()에서 이들의 포인터를 넘겼다. 그리고 rows.Next() 메서드를 사용해 처리할 결과가 남아있을 때까지 레코드를 반환할 수 있게 한다.

```
    temp := User{c1, c2, c3, c4, c5, c6}
    all = append(all, temp)
  }
```

```go
    log.Println("All:", all)
    return all
}
```

앞서 언급한 것처럼 ListAllUsers()로 User 구조체의 슬라이스를 반환했다. 마지막으로 IsUserValid() 함수의 구현을 살펴보자.

```go
func IsUserValid(u User) bool {
    db := ConnectPostgres()
    if db == nil {
        fmt.Println("Cannot connect to PostgreSQL!")
        db.Close()
        return false
    }
    defer db.Close()
```

ConnectPostgres()를 호출하고 서버와 연결이 될 때까지 기다리는 것이 일반적인 패턴이다.

```go
    rows, err := db.Query("SELECT * FROM users WHERE Username = $1 \n", u.Username)
    if err != nil {
        log.Println(err)
        return false
    }
```

여기서는 Prepare()와 Exec()을 사용하지 않고 매개변수를 Query()로 넘겨줬다.

```go
    temp := User{}
    var c1 int
```

먼저 HTTP GET 메서드를 사용하는 서브라우터를 정의한 뒤 엔드포인트들을 정의했다. getMux 서브라우터에서는 GET 요청만 처리하도록 gorilla/mux에서 관리해준다는 것을 기억하자.

```
// GET 메서드를 사용하는 함수를 등록한다.
// 사용자 업데이트
putMux := rMux.Methods(http.MethodPut).Subrouter()
putMux.HandleFunc("/update", UpdateHandler)
```

그런 다음 PUT 요청에 대한 서브라우터를 정의한다.

```
// POST 메서드를 사용하는 함수를 등록한다.
// 사용자 추가 + 로그인 + 로그아웃
postMux := rMux.Methods(http.MethodPost).Subrouter()
postMux.HandleFunc("/add", AddHandler)
postMux.HandleFunc("/login", LoginHandler)
postMux.HandleFunc("/logout", LogoutHandler)
```

POST 요청에 대한 서브라우터도 정의한다.

```
// DELETE 메서드를 사용하는 함수를 등록한다.
// 사용자 삭제
deleteMux := rMux.Methods(http.MethodDelete).Subrouter()
deleteMux.HandleFunc("/username/{id:[0-9]+}", DeleteHandler)
```

마지막으로 DELETE 요청을 처리하는 서브라우터도 정의한다. gorilla/mux에서 클라이언트 요청에 따라 적절한 서브라우터로 요청을 보낸다.

```go
go func() {
    log.Println("Listening to", PORT)
    err := s.ListenAndServe()
    if err != nil {
        log.Printf("Error starting server: %s\n", err)
        return
    }
}()
```

프로그램에서 시그널 처리를 하기 때문에 HTTP 서버는 고루틴 형태로 실행한다. 자세한 사항은 7장에서 다뤘다.

```go
sigs := make(chan os.Signal, 1)
signal.Notify(sigs, os.Interrupt)
sig := <-sigs
log.Println("Quitting after signal:", sig)
time.Sleep(5 * time.Second)
s.Shutdown(nil)
```

마지막으로 HTTP 서버를 우아하게 종료하기 위한 시그널 처리를 추가했다. `sig := <-sigs` 구문으로 `os.Interrupt` 시그널을 받기 전까지 `main()` 함수가 종료되지 않게 한다.

handlers.go 파일에는 핸들러 함수들의 구현이 있으며 `main` 패키지의 일부이기도 하다. 다음 코드들이 해당 파일에서 가장 중요한 부분이다.

```go
// AddHandler는 새로운 사용자를 추가할 때 사용한다.
func AddHandler(rw http.ResponseWriter, r *http.Request) {
    log.Println("AddHandler Serving:", r.URL.Path, "from", r.Host)
    d, err := io.ReadAll(r.Body)
    if err != nil {
```

```
        rw.WriteHeader(http.StatusBadRequest)
        log.Println(err)
        return
    }
```

이 핸들러는 /add 엔드포인트에 사용한다. 서버는 **io.ReadAll()**로 클라이언트 입력을 읽어 들인다.

```
    if len(d) == 0 {
        rw.WriteHeader(http.StatusBadRequest)
        log.Println("No input!")
        return
    }
```

그런 다음 클라이언트 요청의 본문이 비어 있는지 확인한다.

```
    // 두 개의 구조체를 배열 형태로 읽는다.
    // 1. 사용자 추가를 요청한 사용자
    // 2. 새로 추가할 사용자
    var users = []restdb.User{}
    err = json.Unmarshal(d, &users)
    if err != nil {
        log.Println(err)
        rw.WriteHeader(http.StatusBadRequest)
        return
    }
```

/add 엔드포인트는 두 개의 User 구조체가 필요하므로 위 코드에서는 **json. Unmarshal()**로 데이터를 []restdb.User 변수에 넣었다. 이는 클라이언트에서 두 개의 JSON 레코드를 배열 형태로 보내야 하는 것을 의미한다. 모든 데이터베이스

관련 함수가 **restdb.User** 변수를 사용하기 때문에 **restdb.User**를 사용했다. 똑같은 형태의 다른 구조체를 정의하더라도 Go에서는 이 두 구조체를 다른 구조체로 인식한다. 그렇지만 클라이언트에서는 데이터 타입을 신경 쓰지 않고 데이터를 전송하므로 클라이언트에서는 문제될 것이 없다.

```
log.Println(users)
if !restdb.IsUserAdmin(users[0]) {
    log.Println("Issued by non-admin user:", users[0].Username)
    rw.WriteHeader(http.StatusBadRequest)
    return
}
```

생성을 요청한 사용자에게 관리자 권한이 없다면 요청은 실패한다. **restdb. IsUserAdmin()** 함수는 **restdb** 패키지에 구현돼 있다.

```
result := restdb.InsertUser(users[1])
if !result {
    rw.WriteHeader(http.StatusBadRequest)
}
}
```

관리자 권한이 있는 사용자라면 **restdb.InsertUser()**를 실행해 원하는 사용자를 데이터베이스에 추가한다.

마지막으로 **/getall** 엔드포인트의 핸들러를 살펴보자.

```
// GetAllHandler는 데이터베이스의 모든 사용자 데이터를 가져올 때 사용한다.
func GetAllHandler(rw http.ResponseWriter, r *http.Request) {
    log.Println("GetAllHandler Serving:", r.URL.Path, "from", r.Host)
    d, err := io.ReadAll(r.Body)
```

```
$ curl -X POST -H 'Content-Type: application/json' -d '[{"username":
"admin", "password" : "newPass", "admin":1}, {"username": "packt",
"password" : "admin", "admin":0} ]' localhost:1234/add
```

위처럼 호출하면 JSON 레코드 배열을 서버로 전달해 packt라는 이름의 새 사용자가 생성된다. 또한 관리자 권한이 있는 admin 사용자를 사용해 호출했다.

같은 사용자 이름을 또 추가하려고 한다면 추가에 실패할 것이다. curl(1)을 -v 옵션과 함께 실행하면 알 수 있고 HTTP/1.1 400 Bad Request라는 메시지를 반환할 것이다.

또한 관리자 권한이 없는 사용자를 이용해 새 사용자를 추가하려고 한다면 서버에서 Command issued by non-admin user: packt라는 메시지가 발생할 것이다.

다음으로 /login 엔드포인트를 테스트한다.

```
$ curl -X POST -H 'Content-Type: application/json' -d '{"username":
"packt", "password" : "admin"}' localhost:1234/login
```

위 커맨드는 packt 사용자로 로그인하고자 사용한 커맨드다.

마지막으로 /logout 엔드포인트를 테스트한다.

```
$ curl -X POST -H 'Content-Type: application/json' -d '{"username":
"packt", "password" : "admin"}' localhost:1234/logout
```

위 커맨드는 packt 사용자가 로그아웃하고자 사용한 커맨드다. /logged 엔드포인트를 통해 위 두 커맨드가 제대로 동작했는지 확인할 수 있다.

이제 HTTP PUT 메서드만을 지원하는 유일한 엔드포인트를 테스트해본다.

PUT 핸들러 테스트

먼저 /update 엔드포인트를 다음과 같이 테스트한다.

```
$ curl -X PUT -H 'Content-Type: application/json' -d '[{"username":
"admin", "password" : "newPass", "admin":1}, {"username": "admin",
"password" : "justChanged", "admin":1} ]' localhost:1234/update
```

그런 다음 관리자 권한이 없는 사용자 packt로 사용자의 비밀번호를 바꾸려고 시도한다.

```
$ curl -X PUT -H 'Content-Type: application/json' -d '[{"Username
":"packt","Password":"admin"}, {"username": "admin", "password" :
"justChanged", "admin":1} ]' localhost:1234/update
```

그러면 Command issued by non-admin user: packt라는 로그 메시지가 생성된다.

관리자 권한이 없는 사용자가 스스로의 비밀번호도 바꾸지 못하는 것이 잘못됐다고 생각할 수도 있다. 물론 잘못일 수도 있지만 RESTful 서버는 관리자 권한이 없는 사용자가 위험한 동작을 직접 수행하는 것을 막을 수 있게 구현했다. 그리고 사실 이 문제는 쉽게 고칠 수 있다. 일반적으로 사용자는 이런 식으로 서버와 상호작용하지 않고 비밀번호를 변경할 수 있는 웹 인터페이스를 제공받는다. 그런 다음 관리자 권한이 있는 사용자가 이 요청을 서버로 보내게 된다. 이와 같이 일반 사용자의 비밀번호 변경 기능은 좀 더 안전하고 관리자 권한이 필요하지 않은 방식으로 구현할 수 있다.

마지막으로 HTTP DELETE 메서드를 테스트해본다.

DELETE 핸들러 테스트

HTTP DELETE 메서드를 사용하는 엔드포인트로는 /username/{id} 엔드포인트가 있다. 이 엔드포인트는 아무런 출력도 하지 않으므로 curl(1)에서 -v 옵션을 사용해 HTTP 상태 코드를 체크해야 한다.

```
$ curl -X DELETE -H 'Content-Type: application/json' -d '{"username":
"admin", "password" : "justChanged"}' localhost:1234/username/6 -v
```

HTTP/1.1 200 OK 상태 코드를 통해 사용자가 성공적으로 삭제됐음을 알 수 있다. 같은 사용자를 또 다시 삭제하려고 한다면 요청은 실패하고 HTTP/1.1 404 Not Found 메시지가 나타날 것이다.

지금까지 RESTful 서버가 예상대로 동작하는 것을 확인했다. 그러나 curl(1)만 이용해서 매번 RESTful 서버를 사용하기는 쉽지 않다. 따라서 다음 절에서는 RESTful 서버의 커맨드라인 클라이언트를 개발해본다.

RESTful 클라이언트

RESTful 클라이언트를 만드는 것은 RESTful 서버를 프로그래밍하는 것보다 쉽다. 데이터베이스 관련 작업을 할 필요가 없기 때문이다. 클라이언트에서 해야 하는 유일한 일은 서버 응답을 받고자 적절한 데이터를 서버로 보내는 일이다. RESTful 클라이언트는 ~/go/src/github.com/mactsouk/rest-cli에 작업할 예정이다. 작업한 코드를 공개하고 싶지 않다면 별도의 깃허브 저장소를 만들 필요는 없지만 책에서는 독자가 클라이언트의 코드를 확인할 수 있게 https://github.com/mactsouk/rest-cli에 저장소를 만들었다.

지원하는 cobra 커맨드는 다음과 같다.

- **list**: 이 커맨드를 사용하면 /getall 엔드포인트에 접근해 사용자의 목록을 반환한다.

- **time**: 이 커맨드를 사용하면 /time 엔드포인트에 방문한다.

- **update**: 이 커맨드를 사용하면 사용자 레코드를 업데이트한다. 이때 사용자의 ID는 변경할 수 없다.

- **logged**: 이 커맨드를 사용하면 로그인한 전체 사용자의 목록을 가져온다.

- **delete**: 이 커맨드를 사용하면 기존 사용자를 삭제한다.

- **login:** 이 커맨드를 사용하면 사용자가 로그인한다.

- **logout:** 이 커맨드를 사용하면 사용자가 로그아웃한다.

- **add:** 이 커맨드를 사용하면 시스템에 새로운 사용자를 추가한다.

- **getid:** 이 커맨드는 주어진 이름에 해당하는 사용자의 ID를 반환한다.

- **search:** 이 커맨드를 사용하면 주어진 ID에 해당하는 사용자의 정보를 출력한다.

NOTE

> 여기서 소개할 클라이언트를 사용하는 것이 curl(1)을 사용하는 것보다 낫다. 클라이언트는 서버로부터 받은 정보를 처리할 수도 있고 더 중요하게는 HTTP 코드를 해석하고 서버로 보내기 전에 데이터의 전처리를 수행할 수 있기 때문이다. 대신 RESTful 클라이언트를 개발하고 디버깅하는 시간이 더 많이 필요하다.

사용자 이름과 비밀번호를 넘겨주는 데 사용할 user와 pass라는 두 가지 주요한 커맨드라인 플래그가 있다. 클라이언트 구현에서 살펴볼 것처럼 -u와 -p로도 사용할 수 있다. 또한 사용자 정보를 갖고 있는 JSON 레코드는 적은 개수의 필드만 갖고 있으므로 모든 필드를 텍스트 형태의 JSON 레코드로 입력하며 data 플래그나 -d 옵션을 사용해야 한다. 이는 root.go에 구현돼 있다. 각각의 커맨드는 필요한 플래그만을 읽고 입력된 JSON 레코드에서도 필요한 필드만 읽는다. 이는 각 커맨드의 소스코드에 구현돼 있다. 마지막으로 이 유틸리티에서는 방문한 엔드포인트에 따라 JSON 레코드나 텍스트 메시지를 반환한다. 이제 클라이언트의 구조와 커맨드의 구현을 살펴보자.

커맨드라인 클라이언트 구조 갖추기

이번 절에서는 cobra 유틸리티로 커맨드라인 유틸리티의 코드 구조를 갖춰본다. 하지만 먼저 cobra 프로젝트와 Go 모듈을 만들어보자.

```
$ cd ~/go/src/github.com/mactsouk
$ git clone git@github.com:mactsouk/rest-cli.git
$ cd rest-cli
$ ~/go/bin/cobra init --pkg-name github.com/mactsouk/rest-cli
$ go mod init
$ go mod tidy
$ go run main.go
```

마지막 커맨드는 사실 실행할 필요 없지만 이를 통해 현재까지 아무 문제가 없다는 것을 확인할 수 있다. 이제 커맨드에서 지원할 커맨드들을 다음과 같이 cobra 커맨드로 정의해보자.

```
$ ~/go/bin/cobra add add
$ ~/go/bin/cobra add delete
$ ~/go/bin/cobra add list
$ ~/go/bin/cobra add logged
$ ~/go/bin/cobra add login
$ ~/go/bin/cobra add logout
$ ~/go/bin/cobra add search
$ ~/go/bin/cobra add getid
$ ~/go/bin/cobra add time
$ ~/go/bin/cobra add update
```

이제 원하는 코드 구조를 갖췄으니 커맨드 구현을 시작하고 cobra가 생성한 주석들을 지워보자. 이는 다음 절에서 다룬다.

RESTful 클라이언트 커맨드 구현

깃허브 저장소의 모든 코드를 설명할 필요는 없기 때문에 일부 커맨드의 가장 특징적인 코드들을 알아본다. 먼저 전역 변수들을 선언한 root.go부터 살펴보자.

```
var SERVER string
var PORT string
var data string
```

```
var username string
var password string
```

이 전역 변수들은 유틸리티의 커맨드라인 옵션 값들을 담고 있으며 코드 어디에서나 접근할 수 있다.

```
type User struct {
    ID          int     `json:"id"`
    Username    string  `json:"username"`
    Password    string  `json:"password"`
    LastLogin   int64   `json:"lastlogin"`
    Admin       int     `json:"admin"`
    Active      int     `json:"active"`
}
```

데이터로 주고받을 User 구조체를 정의했다.

```
func init() {
    rootCmd.PersistentFlags().StringVarP(&username, "username", "u",
"username", "The username")
    rootCmd.PersistentFlags().StringVarP(&password, "password", "p", "admin",
"The password")
    rootCmd.PersistentFlags().StringVarP(&data, "data", "d", "{}", "JSON Record")
    rootCmd.PersistentFlags().StringVarP(&SERVER, "server", "s",
"http://localhost", "RESTful server hostname")
    rootCmd.PersistentFlags().StringVarP(&PORT, "port", "P", ":1234", "Port of
RESTful Server")
}
```

init() 함수에 커맨드라인 옵션들을 정의했다. 커맨드라인 플래그의 값들은 **rootCmd. PersistentFlags().StringVarP()**의 첫 번째 인수로 전달하는 변수에 자동으로 저

장된다. 따라서 -u로도 사용할 수 있는 username 플래그의 값은 전역 변수 username
에 저장된다.

다음은 list.go에 있는 list 커맨드의 구현이다.

```
var listCmd = &cobra.Command{
  Use: "list",
  Short: "List all available users",
  Long: `The list command lists all available users.`,
```

커맨드의 도움말을 적어놓은 부분이다. 이 값들은 비워놓아도 무방하지만 커맨드를
정확히 설명할 수 있게 적어두는 편이 좋다. 계속해서 구현을 살펴보자.

```
Run: func(cmd *cobra.Command, args []string) {
  endpoint := "/getall"
  user := User{Username: username, Password: password}
```

먼저 커맨드를 실행한 사용자 이름과 비밀번호를 담고 있는 User 변수를 만들었다.
이 변수는 서버로 전달될 것이다.

```
// bytes.Buffer 는 읽기 및 쓰기에 모두 활용할 수 있다.
buf := new(bytes.Buffer)
err := user.ToJSON(buf)
if err != nil {
  fmt.Println("JSON:", err)
  return
}
```

user 변수를 RESTful 서버로 전달하기 전에 인코딩할 필요가 있으므로 ToJSON()
메서드를 사용했다. ToJSON() 메서드는 root.go에서 찾을 수 있다.

```
req, err := http.NewRequest(http.MethodGet,
    SERVER+PORT+endpoint, buf)
if err != nil {
  fmt.Println("GetAll ? Error in req: ", err)
  return
}
req.Header.Set("Content-Type", "application/json")
```

여기서 전역 변수 SERVER와 PORT, 엔드포인트를 사용해 요청을 생성한다. HTTP 메서드로는 GET 메서드 http.MethodGet을 사용하고, JSON 데이터를 보낼 것이라는 것을 Header.Set()으로 선언했다.

```
c := &http.Client{
  Timeout: 15 * time.Second,
}

resp, err := c.Do(req)
if err != nil {
  fmt.Println("Do:", err)
  return
}
```

그런 다음 Do()를 사용해 서버로 데이터를 전송하고 서버의 응답을 받는다.

```
if resp.StatusCode != http.StatusOK {
  fmt.Println(resp)
  return
}
```

응답의 상태 코드가 http.StatusOK가 아니라면 요청은 실패한 것이다.

```
        var users = []User{}
        SliceFromJSON(&users, resp.Body)
        data, err := PrettyJSON(users)
        if err != nil {
          fmt.Println(err)
          return
        }

        fmt.Print(data)
      },
    }
```

상태 코드가 http.StatusOK라면 서버에서 응답받은 User의 슬라이스를 읽어야 한다. 이는 JSON 레코드이므로 SliceFromJSON()으로 디코딩해야 하고 해당 함수는 root.go에 정의돼 있다.

마지막으로 add.go에 있는 add 커맨드를 살펴본다. add는 list와 달리 두 개의 JSON 레코드를 서버로 전송한다는 차이점이 있다. 첫 번째 레코드는 커맨드를 요청하는 사용자의 데이터고, 두 번째 레코드는 시스템에 추가하고자 하는 사용자의 데이터다. username과 password 플래그는 첫 번째 레코드의 Username과 Password 필드를 나타내므로 data 플래그를 통해 두 번째 레코드의 데이터도 입력해야 한다.

```
  var addCmd = &cobra.Command{
    Use: "add",
    Short: "Add a new user",
    Long: `Add a new user to the system.`,
    Run: func(cmd *cobra.Command, args []string) {
      endpoint := "/add"
      u1 := User{Username: username, Password: password}
```

앞서 살펴본 것처럼 커맨드를 요청하는 사용자를 구조체로 만든다.

```go
// 문자열 데이터를 User 구조체로 변환한다.
var u2 User
err := json.Unmarshal([]byte(data), &u2)
if err != nil {
    fmt.Println("Unmarshal:", err)
    return
}
```

data 커맨드라인 플래그는 문자열 값을 갖고 있으므로 이를 User 구조체 값으로 변환해야 한다. 이를 위해 json.Unmarshal()을 사용했다.

```go
users := []User{}
users = append(users, u1)
users = append(users, u2)
```

그런 다음 User 변수들의 슬라이스를 만든다. 이때 슬라이스에 구조체를 집어넣는 순서는 매우 중요하다. 먼저 커맨드를 요청하는 사용자를 입력하고 추가할 사용자를 그 뒤에 입력해야 한다.

```go
buf := new(bytes.Buffer)
err = SliceToJSON(users, buf)
if err != nil {
    fmt.Println("JSON:", err)
    return
}
```

HTTP 요청을 통해 RESTful 서버로 전송하기 전에 슬라이스를 인코딩한다.

```go
req, err := http.NewRequest(http.MethodPost,
```

```
            SERVER+PORT+endpoint, buf)
    if err != nil {
      fmt.Println("GetAll ? Error in req: ", err)
      return
    }
    req.Header.Set("Content-Type", "application/json")

    c := &http.Client{
      Timeout: 15 * time.Second,
    }

    resp, err := c.Do(req)
    if err != nil {
      fmt.Println("Do:", err)
      return
    }
```

여기서 서버에 보내기 위한 요청을 준비한다. 서버에서는 주어진 데이터를 디코딩한 뒤 동작을 수행한다(이 경우에는 새 사용자를 시스템에 추가하게 된다). 클라이언트는 그저 올바른 엔드포인트를 적절한 HTTP 메서드 **http.MethodPost**를 사용해 방문하고 상태 코드를 체크하기만 하면 된다.

```
      if resp.StatusCode != http.StatusOK {
        fmt.Println("Status code:", resp.Status)
      } else {
        fmt.Println("User", u2.Username, "added.")
      }
    },
  }
```

add 커맨드는 클라이언트로 아무 데이터도 보내지 않는다. 그러므로 오직 HTTP 상태 코드만 보고 요청이 성공했는지 실패했는지 판단하면 충분하다.

RESTful 클라이언트 사용

지금까지 개발했던 커맨드라인 유틸리티를 사용해 RESTful 서버와 상호작용해보자. 이러한 종류의 유틸리티는 RESTful 서버를 관리하고, 자동화된 작업을 생성하고 CI/CD 작업을 수행하는 데 사용할 수 있다. 편의상 클라이언트와 서버는 같은 머신에서 실행할 것이고 기본 사용자 admin을 사용해 작업을 수행한다. 또한 매번 go run main.go로 실행하는 대신 go build로 실행 바이너리를 만들어 사용한다.

먼저, 서버에서 시간을 가져온다.

```
$ ./rest-cli time
The current time is: Tue, 25 May 2021 08:38:04 EEST
```

다음으로는 모든 사용자의 목록을 나열한다. 결과는 데이터베이스의 데이터에 따라 달라지므로 결과의 일부분만을 출력했다. list 커맨드는 관리자 권한이 필요하다는 사실에 유의하자.

```
$ ./rest-cli list -u admin -p admin
[
    {
            "id": 7,
            "username": "mike",
            "password": "admin",
            "lastlogin": 1620926862,
            "admin": 1,
            "active": 0
    },
```

이번에는 logged 커맨드를 잘못된 비밀번호로 테스트한다.

```
$ ./rest-cli logged -u admin -p notPass
&{400 Bad Request 400 HTTP/1.1 1 1 map[Content-Length:[0] Date:[Tue,
25 May 2021 05:42:36 GMT]] 0xc000190020 0 [] false false map[]
0xc0000fc800 <nil>}
```

예상과 같이 커맨드가 실패했다. 디버깅 용도로 추가적인 정보들도 출력했는데, 커맨드가 제대로 작동하는 것을 확인한 다음에는 더 적절한 에러 메시지로 바꿔야 한다.

그런 다음엔 add 커맨드도 테스트해본다.

```
$ ./rest-cli add -u admin -p admin --data '{"Username":"newUser",
"Password":"aPass"}'
User newUser added.
```

같은 사용자를 추가하려고 재시도하면 실패한다.

```
$ ./rest-cli add -u admin -p admin --data '{"Username":"newUser",
"Password":"aPass"}'
Status code: 400 Bad Request
```

그런 다음엔 newUser를 삭제해본다. 그러나 먼저 newUser의 ID를 구해야 한다.

```
$ ./rest-cli getid -u admin -p admin --data '{"Username":"newUser"}'
User newUser has ID: 15
$ ./rest-cli delete -u admin -p admin --data '{"ID":15}'
User with ID 15 deleted.
```

이와 같은 방식으로 RESTful 클라이언트에 버그가 있는지 계속 테스트할 수 있다.

여러 REST API 버전 사용

REST API는 시간이 지남에 따라 변화하고 발전한다. 이를 위해 여러 REST API 버전을 구현하기 위한 접근법들이 다음과 같이 존재한다.

- 커스텀 HTTP 헤더(version-used)를 통해 어떤 버전을 사용할 것인지 정의한다.

- 각 버전에 따라 다른 서브도메인(v1.servername과 v2.servername)을 사용한다.

- **Accept**와 **Content-Type** 헤더를 조합해 사용한다. 이를 통해 내용 협상^{content}^{negotiation}을 진행할 수 있다.

- 각 버전에 따라 다른 경로(RESTful 서버가 두 가지 버전을 지원하는 경우 /v1과 /v2)를 사용한다.

- 쿼리 매개변수로 버전을 사용한다(..../endpoint?version=v1 또는 ..../endpoint?v=1).

REST API의 버전을 구현하는 것에 정답은 없다. 사용자가 가장 자연스럽다고 느끼는 방식을 사용하면 된다. 다만 모든 곳에서 같은 접근 방식을 사용해야 혼란을 방지할 수 있다. 개인적으로는 첫 번째 버전으로 /v1/...을 사용하고 두 번째 버전으로 /v2/...을 사용하는 것을 선호한다.

RESTful 서버와 클라이언트 개발은 이것으로 끝이다. 다음 절에서는 `gorilla/mux`를 사용해 바이너리 파일을 업로드 및 다운로드하는 방법을 알아본다.

⠿ 바이너리 파일 업로드와 다운로드

사진 라이브러리나 문서 라이브러리를 개발하려고 한다면 RESTful 서버에 바이너리 파일을 업로드하고 다운로드하는 기능이 필요하다. 이번 절에서는 이러한 업로드 및 다운로드 기능을 구현해본다.

편의상 예제로는 앞서 RESTful 서버를 구현할 때 사용했던 `mactsouk/rest-api` 깃허브 저장소를 사용한다. 이번 절에서는 file 디렉터리의 binary.go에 관련 코드를 저장한다. 사실 binary.go는 `/files/` 엔드포인트를 통해 업로드 및 다운로드를 지원하는 작은 RESTful 서버다.

업로드한 파일을 저장하는 곳으로는 주로 세 가지가 있다.

- 로컬 파일 시스템

- 바이너리 파일을 저장할 수 있는 데이터베이스

- 클라우드 서비스 제공자의 클라우드

여기서는 실행 중인 서버의 파일 시스템에 파일을 저장해본다. 더 정확하게는 /tmp/files 아래에 저장할 것이다.

binary.go의 코드는 다음과 같다.

```go
package main

import (
  "errors"
  "io"
  "log"
  "net/http"
  "os"
  "time"

  "github.com/gorilla/mux"
)

var PORT = ":1234"
var IMAGESPATH = "/tmp/files"
```

위의 두 전역 변수는 서버의 TCP 포트 및 업로드한 파일을 저장할 경로를 담고 있다. 대부분의 유닉스 시스템에서 /tmp 디렉터리는 재부팅 후에 완전히 비워진다는 것도 알아두자.

```go
func uploadFile(rw http.ResponseWriter, r *http.Request) {
  filename, ok := mux.Vars(r)["filename"]
  if !ok {
    log.Println("filename value not set!")
    rw.WriteHeader(http.StatusNotFound)
    return
  }
```

```
    log.Println(filename)
    saveFile(IMAGESPATH+"/"+filename, rw, r)
}
```

uploadFile() 함수에서는 지정된 디렉터리에 새 파일을 업로드한다. 주목해야 할 부분은 mux.Vars(r)을 사용해 filename의 값을 가져오는 부분이다. 이때 mux. Vars()는 http.Request 변수다. 원하는 키가 있다면 계속해서 saveFile()을 호출하고 없다면 아무 파일도 저장하지 않은 채 반환한다.

```
func saveFile(path string, rw http.ResponseWriter, r *http.Request) {
    log.Println("Saving to", path)
    err := saveToFile(path, r.Body)
    if err != nil {
        log.Println(err)
        return
    }
}
```

saveFile()에서는 saveToFile()을 호출해 업로드한 파일을 저장한다. saveToFile() 함수는 다른 유틸리티에서도 사용할 수 있으므로 saveFile()과 saveToFile()을 하나의 함수로 합치지 않고 별도의 함수로 구현했다.

```
func saveToFile(path string, contents io.Reader) error {
    _, err := os.Stat(path)
    if err == nil {
        err = os.Remove(path)
        if err != nil {
            log.Println("Error deleting", path)
            return err
        }
    }
```

```go
    } else if !os.IsNotExist(err) {
        log.Println("Unexpected error:", err)
        return err
    }

    f, err := os.Create(path)
    if err != nil {
        log.Println(err)
        return err
    }
    defer f.Close()

    n, err := io.Copy(f, contents)
    if err != nil {
        return err
    }
    log.Println("Bytes written:", n)

    return nil
}
```

위의 모든 코드는 파일 입출력과 관련한 코드이고 contents io.Reader의 내용을
원하는 경로에 저장한다.

```go
func createImageDirectory(d string) error {
    _, err := os.Stat(d)
    if os.IsNotExist(err) {
        log.Println("Creating:", d)
        err = os.MkdirAll(d, 0755)
        if err != nil {
            log.Println(err)
            return err
        }
    } else if err != nil {
        log.Println(err)
```

```go
        return err
    }

    fileInfo, _ := os.Stat(d)

    mode := fileInfo.Mode()
    if !mode.IsDir() {
        msg := d + " is not a directory!"
        return errors.New(msg)
    }
```

createImageDirectory() 함수에서는 파일을 저장할 디렉터리가 없을 때 해당 디렉터리를 생성한다. 해당 경로에 무엇인가 존재하지만 디렉터리가 아니라면 문제가 있는 상황이므로 커스텀 에러 메시지를 반환한다.

```go
        return nil
    }

    func main() {
        err := createImageDirectory(IMAGESPATH)
        if err != nil {
            log.Println(err)
            return
        }

        mux := mux.NewRouter()
        putMux := mux.Methods(http.MethodPut).Subrouter()
        putMux.HandleFunc("/files/{filename:[a-zA-Z0-9][a-zA-Z0-9\\.]*[a-zA-Z0-9]}", uploadFile)
```

파일을 업로드하는 데는 HTTP PUT 메서드만 사용할 수 있다. 정규표현식을 통해 파일명은 영문자나 숫자로 시작하고 끝나야 한다는 사실도 알 수 있다. 따라서 .이나 ..으로 시작하는 파일명을 사용할 수 없으므로 하위 디렉터리에 저장하지 못한다. 이는 보안 위협을 피하기 위한 선택이다. 앞서 살펴본 것처럼 코드에서 파일명을 키로 맵에 저장한다. 이 맵은 uploadFile() 함수에서 접근한다.

```
getMux := mux.Methods(http.MethodGet).Subrouter()
getMux.Handle("/files/{filename:[a-zA-Z0-9][a-zA-Z0-9\\.]*[azA-Z0-9]}",
    http.StripPrefix("/files/", http.FileServer(http.Dir(IMAGESPATH))))
```

다운로드를 위한 코드는 **gorilla/mux**의 기능과 파일 서버를 위한 Go 핸들러의 조합으로 이뤄졌다. 외부 패키지는 정규표현식과 HTTP **GET** 메서드를 쉽게 정의할 수 있게 해주고 Go에서는 **http.FileServer()**의 기능으로 파일을 제공할 수 있게 해준다. 지금은 로컬 파일 시스템에서 파일을 제공하기 때문에 이러한 조합을 사용할 수 있다. 그러나 다른 동작을 수행하기를 원한다면 직접 바이너리 파일을 다운로드하기 위한 핸들러 함수를 작성해도 상관없다.

```
s := http.Server{
    Addr:         PORT,
    Handler:      mux,
    ErrorLog:     nil,
    ReadTimeout:  5 * time.Second,
    WriteTimeout: 5 * time.Second,
    IdleTimeout:  10 * time.Second,
}

log.Println("Listening to", PORT)

err = s.ListenAndServe()
if err != nil {
    log.Printf("Error starting server: %s\n", err)
    return
}
}
```

유틸리티의 마지막 부분에서는 매개변수들과 함께 서버를 시작한다. **main()**의 코드는 짧긴 하지만 많은 유용한 일을 수행한다.

이제 Go 모듈을 초기화해 실행할 수 있는 상태로 binary.go를 만든다.

```
$ go mod init
$ go mod tidy
$ go mod download
```

binary.go를 curl(1)과 함께 사용해본다.

```
$ curl -X PUT localhost:1234/files/packt.png --data-binary @packt.png
```

먼저, packt.png라는 파일을 서버에 업로드하고 이는 서버에서도 packt.png라는 이름으로 저장된다. 이제 같은 파일을 1.png라는 파일명으로도 서버에 저장해보자.

```
$ curl -X PUT localhost:1234/files/1.png --data-binary @packt.png
```

1.png를 다운로드해 downloaded.png로 저장하고 싶다면 다음 커맨드를 입력하면 된다.

```
$ curl -X GET localhost:1234/files/1.png --output downloaded.png
```

--output 옵션을 사용하는 것을 빠뜨렸다면 curl(1)에서는 다음 에러 메시지가 발생할 것이다.

```
Warning: Binary output can mess up your terminal. Use "--output -" to
tell
Warning: curl to output it to your terminal anyway, or consider
"--output
Warning: <FILE>" to save to a file.
```

마지막으로 찾을 수 없는 파일을 다운로드하려고 한다면 curl(1)에서 404 page not found 메시지가 출력된다.

이와 같이 상호작용하는 동안 binary.go에서는 다음과 같은 출력을 생성한다.

```
2021/05/25 09:06:46 Creating: /tmp/files
2021/05/25 09:06:46 Listening to :1234
2021/05/25 09:10:21 packt.png
2021/05/25 09:10:21 Saving to /tmp/files/packt.png
2021/05/25 09:10:21 Bytes written: 733
```

지금까지 RESTful 서버 작성, 파일 업로드 및 다운로드, REST API 정의 등을 알아봤고 이제는 스웨거^{Swagger}로 REST API를 문서화하는 방법을 알아본다.

REST API 문서화를 위한 스웨거

이번 절에서는 REST API를 문서화하는 방법을 알아본다. REST API를 문서화하고자 OpenAPI 명세를 사용할 것이다. OpenAPI 명세는 스웨거 명세라고도 불리며, RESTful 웹 서비스를 표현, 생산, 소비, 시각화하기 위한 명세다.

쉽게 말해 스웨거는 RESTful API를 표현한 것이라고 생각하면 된다. 스웨거는 적절한 코드 어노테이션^{annotation}을 읽어 OpenAPI 파일을 생성한다. 스웨거를 사용해 REST API를 문서화하는 데는 기본적으로 두 가지 선택지가 있다. 직접 OpenAPI 명세 파일을 작성하는 것이 첫 번째 선택지고 소스코드에 어노테이션을 추가해 스웨거가 OpenAPI 명세 파일을 자동으로 생성하게 만드는 것이 두 번째 선택지다.

우리는 Go에서 스웨거 API를 다루는 **go-swagger** 유틸리티를 사용한다. REST API의 문서를 생성하고자 필요한 추가적인 정보는 소스 파일에 주석으로 들어가 있다. 유틸리티에서는 이 주석을 읽어 문서를 생성한다. 그러나 모든 주석은 특정한 규칙을 따라야 하며 지원하는 문법과 규칙을 준수해야 한다.

먼저 웹 사이트(https://goswagger.io/install.html)의 안내에 따라 **go-swagger** 바이너리를 설치해야 한다. 설치 방법이나 버전은 수시로 변경되므로 업데이트를 항상 확인해야 한다. 웹 페이지를 통해 다운로드한 swagger 바이너리는 외부 바이너리 파일들을 저장하는 디렉터리인 /usr/local/bin에 저장한다. 그러나 PATH 환경 변수에 swagger가 저장된 경로를 추가한다면 다른 어느 곳에 위치시켜도 문제없다. 성공적으로 설치한 뒤에 스웨거를 커맨드라인에서 실행하면 다음 메시지가 생성된다. 이를 통해 swagger에서 지원하는 커맨드를 확인할 수 있다.

```
Please specify one command of: diff, expand, flatten, generate, init,
mixin, serve, validate or version
```

또한 swagger 커맨드를 --help 플래그와 함께 실행하면 추가적인 도움말을 볼 수 있다. 예를 들어 generate 커맨드의 정보를 얻고 싶을 때는 swagger generate --help를 입력하면 된다.

```
$ swagger generate --help
Usage:
  swagger [OPTIONS] generate <command>

generate go code for the swagger spec file

Application Options:
  -q, --quiet                  silence logs
      --log-output=LOG-FILE    redirect logs to file

Help Options:
  -h, --help                   Show this help message

Available commands:
  cli         generate a command line client tool from the swagger spec
  client      generate all the files for a client library
  markdown    generate a markdown representation from the swagger spec
  model       generate one or more models from the swagger spec
  operation   generate one or more server operations from the swagger
spec
  server      generate all the files for a server application
  spec        generate a swagger spec document from a go application
  support     generate supporting files like the main function and the
api builder
```

이제 스웨거 관련 메타데이터를 추가해 REST API를 문서화하는 방법을 알아본다.

REST API 문서화

이번 절에서는 기존 REST API를 문서화하는 방법을 알아본다. 편의상 상대적으로 간단한 핸들러 함수가 있는 파일을 사용한다. https://github.com/mactsouk/rest-api 저장소에 swagger라는 새 폴더를 만들고 추가적인 스웨거 관련 정보를 저장할 Go 파일을 생성했다. 예제에서는 handlers.go 파일을 swagger 디렉터리 안으로 복사하고 수정한다. 이렇게 만들어진 새로운 패키지도 유효한 Go 패키지며 아무 문제없이 컴파일하고 사용할 수 있다. 추가적인 스웨거 관련 정보를 주석으로 추가했을 뿐이다.

새롭게 변경된 handlers.go(handlers 패키지에 있다)의 전체 코드를 전부 소개하지는 않고 가장 중요한 부분만 설명할 것이다. 먼저 소스 파일의 도입부부터 시작해보자.

```
// Package handlers for the RESTful Server
//
// Documentation for REST API
//
// Schemes: http
// BasePath: /
// Version: 1.0.7
//
// Consumes:
// - application/json
//
// Produces:
// - application/json
//
// swagger:meta
```

데이터를 JSON 형식으로 주고받는다고(Consumes와 Produces를 통해) 선언하고, 버전을 정의하고, 패키지의 목적을 설명했다. swagger:meta 태그로 swagger 바이너리는 이 소스 파일이 API에 대한 메타데이터를 담고 있다는 것을 알 수 있다. 필요한 태그를 명시하는 것은 잊지 말자. 그런 다음엔 User 구조체를 문서화한다. User 구조체는 서비스를 사용하고자 필수적으로 사용해야 하는 구조체이므로 문서 생성 용도로 정의하는 다른 구조체에서 간접적으로 사용할 것이다.

```
// User defines the structure for a Full User Record
//
// swagger:model
type User struct {
    // The ID for the user
    // in: body
    //
    // required: false
    // min: 1
    ID int `json:"id"`
```

사용자의 ID는 데이터베이스에서 주어지므로 필수적으로 필요한 필드가 아니다. 또한 최솟값은 1이다.

```
    // The Username of the user
    // in: body
    //
    // required: true
    Username string `json:"username"
```

Username 필드는 필수적인 필드다.

```
// The Password of the user
//
// required: true
Password string `json:"password"`
```

마찬가지로 Password 필드도 필수적이다.

```
// The Last Login time of the User
//
// required: true
// min: 0
LastLogin int64 `json:"lastlogin"`
// Is the User Admin or not
//
// required: true
Admin int `json:"admin"`
// Is the User Logged In or Not
//
// required: true
Active int `json:"active"`
}
```

마지막으로 구조체의 다른 필드들에도 주석을 추가해야 한다.

다음으로는 /delete 엔드포인트와 핸들러 함수를 문서화한다.

```
// swagger:route DELETE /delete/{id} DeleteUser deleteID
// Delete a user given their ID.
// The command should be issued by an admin user
```

첫 부분에서는 HTTP DELETE 메서드를 지원하고 /delete 경로를 사용하며 id라는 이름의 매개변수가 필요하고 DeleteUser가 화면에 표시될 것이라는 것을 명시했다. 마지막 부분(deleteID)에서 잠시 뒤 설명할 **id** 매개변수도 정의했다.

```
//
// responses:
// 200: noContent
// 404: ErrorMessage
```

위 코드에서는 엔드포인트에서 발생할 수 있는 두 가지 응답을 정의했다. 두 가지 경우 모두 구현할 것이다.

```
// DeleteHandler is for deleting users based on user ID
func DeleteHandler(rw http.ResponseWriter, r *http.Request) {
}
```

/delete 핸들러의 구현은 편의상 생략했다. 그런 다음 **/logged** 엔드포인트와 그 핸들러 함수를 문서화하자.

```
// swagger:route GET /logged logged getUserInfo
// Returns a list of logged in users
//
// responses:
// 200: UsersResponse
// 400: BadRequest
```

이번 핸들러 함수의 첫 번째 응답은 **UsersResponse**이고 잠시 뒤 설명한다. 이 핸들러 함수는 **User**의 슬라이스를 반환한다는 것을 다시 떠올려보자.

```
// LoggedUsersHandler returns the list of all logged in users
func LoggedUsersHandler(rw http.ResponseWriter, r *http.Request) {
```

```
    }
```

마지막으로 상호작용의 입력과 결과를 나타내는 다양한 Go 구조체를 정의해야 한다. 이는 주로 스웨거에서 필요한 것들이다(보통은 이들을 docs.go라는 별도의 파일에 정의한다). 가장 중요한 두 구조체는 다음과 같다.

```
// swagger:parameters deleteID
type idParamWrapper struct {
  // The user id to be deleted
  // in: path
  // required: true
  ID int `json:"id"`
}
```

이 구조체는 /delete 엔드포인트에서 사용하고 경로를 통해 주어지는 ID 변수를 정의한다. 따라서 in: path 구문이 있다. swagger:parameters 뒤에 deleteID가 있으므로 해당 구조체가 /delete 핸들러 함수와 관계가 있다는 것을 알 수 있다.

```
// A User
// swagger:parameters getUserInfo loggedInfo
type UserInputWrapper struct {
  // A list of users
  // in: body
  Body User
}
```

이번 구조체는 두 개의 엔드포인트와 관련 있으므로 getUserInfo와 loggedInfo를 모두 명시했다. 각 엔드포인트는 고유의 이름을 갖고 있어야 한다.

문서를 자동으로 생성하려면 위처럼 구조체들을 정의하는 약간의 추가적인 작업만 수행하면 된다. 다음 절에서는 수정한 handlers.go를 이용해 OpenAPI 파일을 생성해본다.

문서 파일 생성

이제 스웨거 메타데이터를 정의한 파일을 이용해 OpenAPI 파일을 생성해본다.

```
$ swagger generate spec --scan-models -o ./swagger.yaml
```

위 커맨드를 실행하면 **swagger**가 현재 디렉터리에 있는 Go 애플리케이션으로부터 스웨거 명세 문서를 생성한다. **--scan-models** 옵션은 **swagger:model**을 사용한 모델을 스웨거 명세에 포함하게 하는 옵션이다. 위 커맨드의 결과는 swagger.yaml이라는 파일 형태로 출력하며 -o 옵션으로 정의했다. 해당 파일의 내용은 다음과 같다. 그렇지만 나와 있는 내용을 전부 이해할 필요는 없다.

```
/delete/{id}:
  delete:
    description: |-
      Delete a user given their ID
      The command should be issued by an admin user
    operationId: deleteID
    parameters:
    - description: The user id to be deleted
      format: int64
      in: path
      name: id
      required: true
      type: integer
      x-go-name: ID
    responses:
      "200":
```

```
        $ref: '#/responses/noContent'
      "404":
        $ref: '#/responses/ErrorMessage'
  tags:
  - DeleteUser
```

위 내용은 파일에서 /delete 엔드포인트와 관련된 부분이다. 출력을 통해 /delete 엔드포인트에는 매개변수로 삭제할 사용자의 ID만을 필요로 함을 알 수 있다. 또한 요청이 성공한다면 HTTP 코드 200을 반환하고 실패하면 404를 반환한다는 것을 알 수 있다.

다른 엔드포인트들도 살펴보고 싶다면 swagger.yaml 파일 전체를 읽어보자. 이제 이렇게 생성된 파일을 웹 서버로 제공할 필요가 있다. 이를 다음 절에서 설명한다.

문서 파일 제공

스웨거 파일을 제공하는 것을 살펴보기 전에 먼저 미들웨어 함수^{middleware function}를 사용하는 예제를 살펴본다. 이 예제를 살펴보는 이유는 swagger에서 생성한 YAML 파일을 적절하게 화면에 렌더링해 보여줘야 할 필요가 있기 때문이다. 이를 위해 ReDoc(https://github.com/Redocly/redoc)을 사용할 것이고 ReDoc 사이트를 호스팅하려면 미들웨어를 사용해야 한다. 실제 작업은 전부 middleware 패키지에서 일어나지만 미들웨어 함수가 무엇인지와 어떤 일을 하는지 알아둬서 나쁠 것은 없다. 미들웨어 함수는 짧은 코드를 갖는 함수이고 요청을 받았을 때 무언가를 수행한 뒤 다른 미들웨어나 마지막 핸들러 함수로 요청을 넘겨주는 일을 한다. gorilla/mux를 사용하면 Router.Use()를 통해 하나 또는 그 이상의 미들웨어 함수를 붙일 수 있다. 매칭되는 미들웨어 함수가 있다면 관련된 미들웨어 함수가 라우터(또는 서브라우터)에 추가한 순서대로 실행된다.

middleware.go에서 유심히 살펴봐야 할 코드는 다음과 같다.

```
mux := mux.NewRouter()
mux.Use(middleWare)

putMux := mux.Methods(http.MethodPut).Subrouter()
putMux.HandleFunc("/time", timeHandler)

getMux := mux.Methods(http.MethodGet).Subrouter()
getMux.HandleFunc("/add", addHandler)
getMux.Use(anotherMiddleWare)
```

middleware()를 최상위 라우터에 추가했으므로(mux.Use(middleware)) 항상 서브라우터의 미들웨어보다 먼저 실행한다. 또한 middleware()는 요청이 들어올 때마다 항상 실행되는 반면 anotherMiddleware()는 getMux 서브라우터에서만 실행한다.

이제 미들웨어 함수를 살펴봤으니 swagger.yaml 관련 서버 작업을 계속해보자. 앞서 언급한 것처럼 swagger.yaml를 렌더링할 때 외부 패키지에서 제공하는 핸들러를 사용하므로 직접 처음부터 모든 것을 만드는 수고를 할 필요가 없다. 작업 편의상 swagger.yaml은 ./swagger/serve/swagger.go에서 /docs 경로로 제공된다. 다음 코드는 main() 함수에서 구현한 내용이다.

```
func main() {
    mux := mux.NewRouter()

    getMux := mux.Methods(http.MethodGet).Subrouter()
    opts := middleware.RedocOpts{SpecURL: "/swagger.yaml"}
```

/swagger.yaml에서 사용할 미들웨어 함수의 옵션을 정의한 부분이다. 앞서 설명한 것처럼 미들웨어 함수에서 YAML 코드를 렌더링한다.

```
    sh := middleware.Redoc(opts, nil)
```

여기서 미들웨어 함수에 기반을 둔 핸들러 함수를 정의한다. 이 미들웨어 함수에서는 Use() 메서드를 사용할 필요가 없다.

```
getMux.Handle("/docs", sh)
```

그리고 /docs와 위의 핸들러 함수를 연결시켰다. 이제 모든 작업은 끝났다.

```
getMux.Handle("/swagger.yaml", http.FileServer(http.Dir("./")))
s := http.Server{
  . . .
}
log.Println("Listening to", PORT)
err := s.ListenAndServe()
if err != nil {
  log.Printf("Error starting server: %s\n", err)
  return
}
}
```

나머지 코드들은 서버의 매개변수를 정의하고 서버를 실행하는 코드들이다.

그림 10.1은 파이어폭스 브라우저에서 렌더링된 swagger.yaml의 모습이다.

그림 10.1을 통해 /getid 엔드포인트의 정보, 필요한 매개변수, 가능한 응답 등을 알 수 있다.

안타깝게도 스웨거와 go-swagger에 대한 추가적인 설명은 책의 범위를 한참 벗어난다(원한다면 해당 도구들을 이용해 마음껏 실험해보자). 그러나 RESTful 서비스를 문서 없이 제공하면 이를 사용할 개발자들이 그리 달가워하지 않을 것이라는 것을 명심하자.

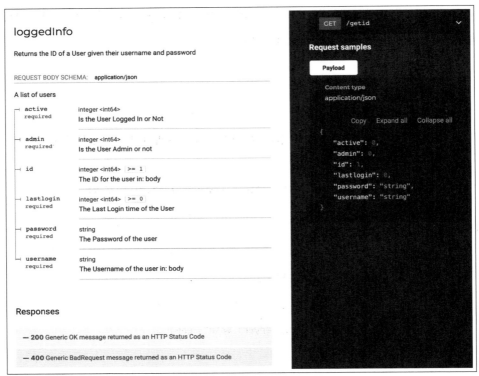

그림 10.1: RESTful API의 문서 생성하기

⁞⁝ 연습문제

- binary.go의 기능을 RESTful 서버에 추가해보자.

- restdb 패키지를 수정해 PostgreSQL 대신 SQLite를 지원하게 해보자.

- restdb 패키지를 수정해 PostgreSQL 대신 MySQL를 지원하게 해보자.

- handlers.go의 핸들러 함수들을 각각 별도의 파일로 분리해보자.

⠿ 요약

Go는 RESTful 클라이언트와 서버를 개발 용도로 널리 사용하고 있고, 따라서 10장에서는 Go를 이용해 RESTful 클라이언트와 서버를 개발하고 스웨거를 이용해 REST API를 문서화하는 방법을 다뤘다. 적절한 REST API를 정의하고 이에 따라 서버와 클라이언트를 구현하는 일은 시간이 많이 들고 지속적인 개선과 수정이 필요한 작업이라는 것도 기억하자.

11장에서는 코드 테스팅, 벤치마킹, 프로파일링, 크로스컴파일, 예제 함수를 생성하는 방법을 알아본다. 또한 이번 장에서 개발한 HTTP 핸들러를 테스트하는 코드를 작성해보고 테스트를 위한 랜덤한 요청 생성도 해본다.

⠿ 참고 자료

- https://github.com/gorilla/mux와 https://www.gorillatoolkit.org/pkg/mux 에서 **gorilla/mux**에 대한 더 많은 정보를 찾을 수 있다.

- **go-querystring** 라이브러리(https://github.com/google/go-querystring)는 Go 구조체를 URL 쿼리 매개변수로 인코딩한다.

- https://swagger.io/에서 스웨거에 대한 더 많은 정보를 찾을 수 있다.

- Go Swagger 2.0: https://goswagger.io/

- OpenAPI 명세: https://www.openapis.org/

- JSON 입력이 유효한지 체크해보고 싶다면 Go **validator** 패키지(https://github.com/go-playground/validator)를 살펴보자.

- **jq(1)** 커맨드라인 유틸리티(https://stedolan.github.io/jq/ 또는 https://jqplay.org/)를 이용하면 편리하게 JSON 레코드를 다룰 수 있다.

- OpenAPI 파일을 온라인에서 살펴보고 싶다면 https://editor.swagger.io/를 방문해보자.

11

코드 테스팅과 프로파일링

11장에서 소개하는 주제는 굉장히 실용적이면서도 중요하다. 특히 Go 프로그램의 성능을 높이고 빨리 버그를 찾는 데 도움이 되는 내용이다. 이번 장에서는 주로 코드 최적화, 코드 테스팅, 코드 프로파일링을 소개한다.

코드 최적화code optimization란 개발자 혼자 또는 여럿이 프로그램의 특정 부분이 더 빨리 실행되거나 더 효율적으로 만들거나 더 적은 리소스를 사용하도록 개선하는 과정을 말한다. 쉽게 말해 코드 최적화란 프로그램 실행에 발목을 잡는 부분을 제거하는 것이다. **코드 테스팅**code testing이란 코드가 의도한 대로 작동하는지 확인하는 것이다. 이번 장에서는 Go의 방식으로 코드를 테스트하는 방법을 소개한다. 버그는 최대한 일찍 발견하는 것이 좋기 때문에 프로그램의 테스트 코드는 개발 단계에 작성하는 것이 가장 좋다. **코드 프로파일링**code profiling이란 코드의 작동 방식을 좀 더 깊이 이해할 수 있게 프로그램의 특정 측면을 측정하는 것을 말한다. 코드 프로파일링의 결과를 보고 프로그램의 어느 부분을 수정해야 할지 파악할 수 있다.

프로그램을 작성할 때는 프로그램이 올바르게 동작하는지 뿐만 아니라 가독성은 좋은지, 코드는 단순한지, 유지 보수하기 좋은 코드인지 등과 같은 점들에 집중해야 하고 성능에 집중할 필요는 없다. 코드가 올바르게 동작하는 것이 확실해진 뒤에 코드의 성능을 고려해도 문제없다. 코드를 실제로 실행하는 환경보다 더 느린 환경에서 코드를 실행하면 성능 관련 문제를 좀 더 쉽게 발견할 수 있을 것이다.

11장에서 다루는 내용은 다음과 같다.

- 코드 최적화

- 코드 벤치마킹

- 코드 프로파일링

- go tool trace 유틸리티

- 웹 서버 추적

- Go 코드 테스팅

- 크로스컴파일

- go:generate 사용

- 예제 함수 생성

⠇ 코드 최적화

코드 최적화는 과학의 영역이면서 예술의 영역이기도 하다. 이 말은 코드 최적화에 관한 한 정답은 없고 그저 최대한 머리를 써서 코드를 빠르게 만들어줄 여러 가지 방법을 시도할 수밖에 없다는 것을 의미한다. 그러나 코드 최적화에 관한 일반적인 원칙은 "먼저 제대로 동작하게 만들고 그 뒤 빠르게 만들어라"이다. 항상 도널드 커누스[Donald Knuth]가 최적화에 대해 한 말을 기억하자.

프로그래머들이 겪는 진정한 문제는 엉뚱한 시점에 엉뚱한 지점을 효율적으로 만드는 데 너무나 많은 시간을 낭비한다는 것이다. 프로그래밍에서 어설픈 최적화는 (항상은 아닐지라도 대체로) 만악의 근원이다.

또한 Erlang 개발자 중 한 명인 조 암스트롱[Joe Armstrong]은 최적화에 대해 다음과 같이 이야기했다.

제대로 작동하게 만든 다음 코드를 예쁘게 만들어라. 그러고 나서 정말로 필요하다면 빠르게 만들어라. 코드를 예쁘게 만들었다면 90% 정도는 이미 빠른 코드가 돼 있을 것이다. 그러니까 그냥 코드를 예쁘게 만들어라.

코드 최적화에 대해 좀 더 자세히 알고 싶다면 컴파일러 구현 방법을 다루는 알프레드 아호[Alfred V. Aho], 모니카 램[Monica S. Lam], 라비 세티[Ravi Sethi], 제프리 울만[Jeffrey D. Ullman]의 『Compilers: Principles, Techniques, and Tools』(Prentice-Hall, 2006)를 참고하기 바란다. 또한 도널드 커누스의 『컴퓨터 프로그래밍의 예술 세트』(한빛미디어, 2013)도 프로그래밍에 대한 주제를 전반적으로 아주 잘 다루고 있다.

다음 절에서는 Go 코드를 벤치마킹하는 방법을 다룬다. 이를 통해 코드의 어떤 부분이 빠르고 어떤 부분은 느린지 확인할 수 있다. 따라서 벤치마킹부터 시작해 보자.

⠿ 코드 벤치마킹

벤치마킹[benchmarking]이란 프로그램이나 함수의 성능을 측정해서 구현 결과를 비교하거나 수정한 부분이 성능에 미치는 영향을 파악하는 작업이다. 이렇게 파악한 정보를 활용하면 Go 코드에서 성능 개선을 위해 새로 작성해야 할 부분을 쉽게 찾아낼 수 있다. 특별한 이유가 없다면 현재 중요한 작업을 수행하느라 바쁜 유닉스 머신에서는 절대로 벤치마킹 작업을 수행하지 말자. 벤치마킹을 수행하는 프로세스에 간

섭을 줄 수 있고 가장 중요하게는 머신의 성능에 영향을 끼칠 수 있다.

Go는 벤치마킹에 관련한 몇 가지 관례를 따른다. 그중 가장 중요한 것은 벤치마크 함수의 이름은 반드시 Benchmark로 시작해야 한다는 것이다. Benchmark 다음에는 밑줄_이나 대문자를 넣을 수 있다. 따라서 BenchmarkFunctionName()과 Benchmark_functionName() 모두 함수 이름으로 사용할 수 있다. 반면 Benchmarkfunctionname()은 사용할 수 없다. 같은 규칙은 테스트 함수에도 적용된다. 모든 테스트 함수는 Test로 시작해야 한다. 벤치마크용 코드와 테스트용 코드를 다른 코드와 함께 같은 파일에 둘 수는 있지만 피하는 것이 좋다. 관례에 따라 이 함수들은 _test.go로 끝나는 파일 안에 들어있다. 벤치마크 코드와 테스트 코드가 올바르게 동작한다면 나머지 일은 go test 커맨드에서 처리해줄 것이다. 이 커맨드 내부에서는 *_test.go 파일들을 탐색하고 임시 main 패키지를 만든 뒤 해당 파일 내부의 테스트 및 벤치마킹 함수를 호출하고 결과를 받은 뒤 최종 결과를 생성한다.

Go1.17부터는 shuffle 매개변수(go test -shuffle=on)를 이용해 테스트와 벤치마크의 실행 순서를 섞을 수 있다. shuffle 매개변수는 난수의 시드seed가 되는 값이고 실행 순서를 복원할 때에 유용하게 사용할 수 있다. shuffle 매개변수의 기본값은 off다. 가끔은 테스트와 벤치마크의 실행 순서로 인해 결과가 영향을 받을 수 있기 때문에 이러한 기능이 존재한다.

더 나은 테스트를 위한 main() 함수 재작성

main() 함수를 재작성해 테스트와 벤치마크를 쉽게 만들 수 있다. main() 함수는 테스트 코드가 호출하지 않는다는 점을 활용한다. 이를 main.go에서 확인할 수 있고, 공간 절약을 위해 import 구문은 생략했다.

```go
func main() {
  err := run(os.Args, os.Stdout)
  if err != nil {
    fmt.Printf("%s\n", err)
    return
  }
}
```

main() 함수 없이는 프로그램이 실행 불가능하므로 실행할 수 있는 최소의 코드를 만들었다. main() 함수에서는 main()의 다른 버전인 run() 함수를 호출하고, os.Args를 넘겨준 뒤 run()에서의 반환값을 받는다.

```go
func run(args []string, stdout io.Writer) error {
  if len(args) == 1 {
    return errors.New("No input!")
  }
  // main()에 구현할 내용을 여기에 구현한다.
  return nil
}
```

앞서 언급한 것처럼 run() 함수 또는 같은 방식으로 main()에서 호출하는 함수는 main() 함수의 기능을 대체할 수 있으면서도 테스트 함수에서 호출할 수 있다는 장점이 있다. run() 함수는 main() 함수에 존재해야 할 코드들을 똑같이 갖고 있지만 에러 변수를 반환한다는 점만 다르다. main()에서는 에러 변수를 반환할 수 없고 운영체제로 종료 코드만 보낼 수 있다. 이와 같이 구현하면 추가적인 함수 호출로 인해 프로그램의 스택이 살짝 커지긴 하지만 이를 통해 얻을 수 있는 이점이 추가적인 메모리 사용보다 훨씬 더 중요하다. 생성된 출력을 전달하기 위한 두 번째 매개변수 stdout io.Writer는 생략할 수 있지만 첫 번째 매개변수는 커맨드라인 인수를 run() 함수에 전달하기 때문에 필수적으로 있어야 한다.

main.go를 실행하면 다음과 같은 결과를 얻는다.

```
$ go run main.go
No input!
$ go run main.go some input
```

main.go를 실행하는 방식에는 아무런 차이가 없다. 다만 run() 함수는 테스트 코드를 포함한 어디에서나 호출할 수 있고 원하는 매개변수를 run()에 넘길 수도 있다. 이와 같은 사실을 알아 두면 많은 도움을 받을 수 있을 것이다.

다음 절의 주제는 쓰기 버퍼 벤치마킹이다.

쓰기 및 읽기 버퍼 벤치마킹

이번 절에서는 버퍼의 크기가 쓰기 작업의 성능에 미치는 영향을 알아본다. 또한 테이블 테스트table test와 Go에서 벤치마크할 때 사용할 데이터를 저장하는 testdata 폴더도 다룬다. 테이블 테스트와 testdata 폴더 모두 테스트 함수에서도 사용할 수 있다.

TIP

> 벤치마크 함수는 testing.B 변수를 사용하고 테스트 함수는 testing.T 변수를 사용한다. 각각의 앞 글자를 땄기 때문에 기억하기 쉽다.

table_test.go의 코드는 다음과 같다.

```
package table

import (
    "fmt"
    "os"
    "path"
    "strconv"
    "testing"
)

var ERR error
var countChars int

func benchmarkCreate(b *testing.B, buffer, filesize int) {
    filename := path.Join(os.TempDir(), strconv.Itoa(buffer))
    filename = filename + "-" + strconv.Itoa(filesize)
    var err error
    for i := 0; i < b.N; i++ {
        err = Create(filename, buffer, filesize)
    }
    ERR = err
}
```

벤치마크에 관한 새로운 중요한 사실들은 다음과 같다. 각 벤치마크 함수는 기본적으로 최소 1초 동안 실행한다(이는 벤치마크 함수가 호출한 다른 함수들의 실행 시간을 포함한 시간이다). 벤치마크 함수가 1초 이내에 반환된다면 b.N의 값을 증가시킨 뒤 함수를 다시 실행한다. b.N의 첫 번째 값이 1이면 2, 5, 10, 20, 50 등이 된다. 이런 식으로 증가하는 이유는 함수가 빠를수록 정확한 결과를 얻을 수 있도록 더 많은 횟수를 실행해야 하기 때문이다.

Create()의 반환값을 err이라는 변수에 저장한 뒤 ERR이라는 또 다른 전역 변수에 저장하는 이유는 추가적인 설명이 필요하다. 함수에서 반환한 결과를 사용하지 않으면 컴파일러가 최적화를 통해 해당 함수를 제외해버릴 수도 있다. 이와 같은 최적화를 방지하고자 전역 변수 ERR을 사용했다.

```
    err = os.Remove(filename)
    if err != nil {
        fmt.Println(err)
    }
    ERR = err
}
```

위 함수는 함수 시그니처 및 benchmarkCreate()라는 이름으로 인해 벤치마크 함수가 될 수는 없다. 이 함수는 새 파일을 디스크에 생성하는 Create() 함수를 적절한 매개변수와 함께 호출할 수 있게 도와주는 함수며 table.go에서 찾을 수 있다. 올바르게 구현한 함수이므로 벤치마크 함수에서 사용할 수 있다.

```
func BenchmarkBuffer4Create(b *testing.B) {
    benchmarkCreate(b, 4, 1000000)
}

func BenchmarkBuffer8Create(b *testing.B) {
    benchmarkCreate(b, 8, 1000000)
}

func BenchmarkBuffer16Create(b *testing.B) {
    benchmarkCreate(b, 16, 1000000)
}
```

올바르게 정의한 세 개의 벤치마크 함수 모두 benchmarkCreate()를 호출한다. 벤치마크 함수는 하나의 *testing.B 매개변수만을 갖고 있어야 하며 반환값은 없다. 예제에서 함수 끝의 숫자는 버퍼의 크기를 나타낸다.

```
func BenchmarkRead(b *testing.B) {
    buffers := []int{1, 16, 96}
    files := []string{"10.txt", "1000.txt", "5k.txt"}
```

이 코드에서는 테이블 테스트에서 사용할 배열 구조체를 정의한다. 이를 통해 3 × 3 = 9개의 벤치마크 함수를 만드는 수고를 덜 수 있다.

```go
for _, filename := range files {
  for _, bufSize := range buffers {
    name := fmt.Sprintf("%s-%d", filename, bufSize)
    b.Run(name, func(b *testing.B) {
      for i := 0; i < b.N; i++ {
        t := CountChars("./testdata/"+filename, bufSize)
        countChars = t
      }
    })
  }
}
```

b.Run() 메서드로 한 벤치마크 함수 안에서 하나 또는 그 이상의 **서브벤치마크** sub-benchmark를 수행할 수 있다. b.Run() 함수는 두 개의 매개변수가 필요하다. 첫 번째는 서브벤치마크의 이름으로, 화면에 표시된다. 두 번째는 서브벤치마크를 구현한 함수다. 이런 방법으로 테이블 테스트를 사용해 여러 벤치마크를 수행할 수 있다. 서브벤치마크의 이름은 화면에 출력될 것이기 때문에 적절한 이름으로 정의해야 한다.

벤치마크를 실행하면 다음과 같은 결과가 나온다.

```
$ go test -bench=. *.go
```

실행할 벤치마크 함수를 -bench 매개변수로 명시할 수 있다. 여기에서 사용한 . 값은 정규표현식으로, 가능한 모든 벤치마크 함수를 나타낸다. -bench 매개변수를 생략한다면 어떤 벤치마크 함수도 실행되지 않을 것이다.

```
goos: darwin
goarch: amd64
cpu: Intel(R) Core(TM) i7-4790K CPU @ 4.00GHz
BenchmarkBuffer4Create-8              78212     12862 ns/op
BenchmarkBuffer8Create-8             145448      7929 ns/op
BenchmarkBuffer16Create-8            222421      5074 ns/op
```

위의 세 줄은 BenchmarkBuffer4Create(), BenchmarkBuffer8Create(), Benchmark Buffer16Create() 함수를 실행한 결과로, 이들의 성능을 나타낸다.

```
BenchmarkRead/10.txt-1-8              78852       17268 ns/op
BenchmarkRead/10.txt-16-8            84225       14161 ns/op
BenchmarkRead/10.txt-96-8           92056       14966 ns/op
BenchmarkRead/1000.txt-1-8           2821      395419 ns/op
BenchmarkRead/1000.txt-16-8         21147       56148 ns/op
BenchmarkRead/1000.txt-96-8         58035       20362 ns/op
BenchmarkRead/5k.txt-1-8              600     1901952 ns/op
BenchmarkRead/5k.txt-16-8           4893      239557 ns/op
BenchmarkRead/5k.txt-96-8          19892       57309 ns/op
```

위 결과는 9개의 서브벤치마크로 테이블 테스트를 실행한 결과다.

```
PASS
ok      command-line-arguments      44.756s
```

그렇다면 앞선 결과들을 통해 무엇을 알 수 있을까? 먼저 각각의 벤치마크 함수 뒤에 나온 -8은 실행하는 동안 사용한 고루틴의 개수를 의미한다. 사실 이 값은 GOMAXPROCS 환경 변수 값에 해당한다. 또한 운영체제 및 머신의 아키텍처를 나타내는 GOOS와 GOARCH도 볼 수 있다. 실행 결과의 두 번째 열은 그 함수를 실행한 횟수를 나타낸다. 실행 속도가 빠른 함수의 실행 횟수가 느린 함수의 실행 횟수보다 많다. 예를 들어 BenchmarkBuffer4Create() 함수는 78212번 실행된 반면 Benchmark Buffer16Create() 함수는 좀 더 빠르기 때문에 222421번 실행됐다. 세 번째 열은 평균 실행 시간을 나노초 단위(ns/op)로 나타낸 것이다. 세 번째 열의 값이 클수록 벤치마크 함수가 느리다는 의미이므로 세 번째 열의 값이 크다면 최적화가 필요할 수 있다.

메모리 할당량에 대한 통계 정보도 결과에 추가하려면 -benchmem을 커맨드에 포함해야 한다.

```
BenchmarkBuffer4Create-8    91651   11580 ns/op   304 B/op    5 allocs/op
BenchmarkBuffer8Create-8   170814    6202 ns/op   304 B/op    5 allocs/op
```

두 개의 열이 추가된 점을 제외하면 -benchmem 매개변수를 지정하지 않았을 때와 같다. 네 번째 열은 각 벤치마크를 실행할 때마다 할당한 평균 메모리양을 의미하고 다섯 번째 열은 네 번째 열의 메모리 값을 할당하기 위한 평균 호출 횟수를 의미한다.

지금까지 직접 작성한 함수의 성능을 테스트하고 최적화가 필요한 잠재적인 병목 지점을 찾기 위한 벤치마크 함수를 생성하는 방법을 알아봤다. 그렇다면 얼마나 자주 벤치마크 함수를 만들어야 할까? 이 질문에 대한 답은 간단하다. 필요한 속도만큼 빠르게 실행되지 않거나 여러 가지 구현 중에서 하나를 선택해야 할 때 벤치마크 함수를 사용하면 된다.

다음 절에서는 벤치마크 결과를 비교하는 방법을 알아본다.

benchstat 유틸리티

벤치마크 결과 데이터를 다른 컴퓨터나 환경에서의 벤치마크 결과 데이터와 비교하고 싶다고 해보자. 이런 경우에 benchstat를 활용해 각각의 벤치마크 결과를 비교할 수 있다. 이 유틸리티는 golang.org/x/perf/cmd/benchstat에서 찾을 수 있으며 go get -u golang.org/x/perf/cmd/benchstat로 다운로드할 수 있다. Go에서는 모든 바이너리 파일을 ~/go/bin에 저장하며 benchstat도 마찬가지다.

NOTE

benchstat는 https://pkg.go.dev/golang.org/x/tools/cmd/benchcmp에 들어있는 benchcmp를 대체하는 유틸리티다.

table_test.go에 대한 두 개의 벤치마크 결과가 각각 r1.txt과 r2.txt에 저장돼 있다고 가정하자(이때 go test로 생성한 결과 중 벤치마크 결과와 관련 없는 모든 줄을 지워야 하고, 따라서 모든 줄은 Benchmark로 시작해야 한다). 이 경우 benchstat를 다음과 같이 사용할 수 있다.

```
$ ~/go/bin/benchstat r1.txt r2.txt
name                old time/op    new time/op    delta
Buffer4Create-8     10.5µs ± 0%     0.8µs ± 0%     ~     (p=1.000 n=1+1)
Buffer8Create-8     6.88µs ± 0%    0.79µs ± 0%     ~     (p=1.000 n=1+1)
Buffer16Create-8    5.01µs ± 0%    0.78µs ± 0%     ~     (p=1.000 n=1+1)
Read/10.txt-1-8     15.0µs ± 0%     4.0µs ± 0%     ~     (p=1.000 n=1+1)
Read/10.txt-16-8    12.2µs ± 0%     2.6µs ± 0%     ~     (p=1.000 n=1+1)
Read/10.txt-96-8    11.9µs ± 0%     2.6µs ± 0%     ~     (p=1.000 n=1+1)
Read/1000.txt-1-8    381µs ± 0%     174µs ± 0%     ~     (p=1.000 n=1+1)
Read/1000.txt-16-8  54.0µs ± 0%    22.6µs ± 0%     ~     (p=1.000 n=1+1)
Read/1000.txt-96-8  19.1µs ± 0%     6.2µs ± 0%     ~     (p=1.000 n=1+1)
Read/5k.txt-1-8     1.81ms ± 0%    0.89ms ± 0%     ~     (p=1.000 n=1+1)
Read/5k.txt-16-8     222µs ± 0%     108µs ± 0%     ~     (p=1.000 n=1+1)
Read/5k.txt-96-8    51.5µs ± 0%    21.5µs ± 0%     ~     (p=1.000 n=1+1)
```

위의 결과들처럼 delta 칼럼의 값이 ~라면 벤치마크 결과 사이에 유의미한 차이가 없다는 것을 의미한다. 따라서 위의 벤치마크 결과들에는 차이가 없다고 볼 수 있다. benchstat를 더 자세히 다루는 것은 이 책의 범위를 벗어난다. 따라서 benchstat가 지원하는 매개변수들에 대해 더 알고 싶다면 benchstat -h를 입력해 보자.

다음 절에서는 민감한 주제인 잘못 작성한 벤치마크 함수를 다룬다.

잘못 작성한 벤치마크 함수

벤치마크 함수를 작성할 때는 실수로 잘못 작성할 수 있으므로 매우 주의해야 한다. 먼저 다음과 같은 벤치마크 함수의 코드를 살펴보자.

```
func BenchmarkFiboI(b *testing.B) {
  for i := 0; i < b.N; i++ {
    _ = fibo1(i)
  }
}
```

BenchmarkFiboI() 함수에서 이름과 시그니처에는 문제가 없다. 그런데 이 벤치마크 함수는 잘못 작성했기 때문에 go test 커맨드를 실행하면 아무런 결과가 나오지 않는다. 앞서 설명한 것처럼 b.N 값이 증가할 때마다 벤치마크 함수의 실행 시간도 함께 증가하기 때문인데, 함수 안의 for 루프에 b.N을 사용한 것이 원인이다. 따라서 BenchmarkFiboI() 함수는 특정한 수로 수렴하지 않는다. 그러므로 함수가 끝나지 않게 돼 반환되지 않는다. 다음 벤치마크 함수도 같은 이유로 잘못 구현했다.

```
func BenchmarkfiboII(b *testing.B) {
  for i := 0; i < b.N; i++ {
    _ = fibo1(b.N)
  }
}
```

반면 다음 두 함수는 아무런 문제가 없다.

```
func BenchmarkFiboIV(b *testing.B) {
  for i := 0; i < b.N; i++ {
    _ = fibo1(10)
  }
}

func BenchmarkFiboIII(b *testing.B) {
  _ = fibo1(b.N)
}
```

올바른 벤치마크 함수를 이용하면 코드의 병목 지점을 찾을 수 있고 코드 어느 부분에 신경을 써야 하는지 파악할 수 있다. 특히 파일 입출력이나 CPU를 많이 사용하는 동작에서 유용하게 활용할 수 있다(참고로 내가 이 글을 쓰고 있는 동안 한 수학 알고리듬의 브루트 포스brute force 방식의 성능을 테스트하는 파이썬 프로그램이 끝나기를 3일 동안 기다리고 있다). 벤치마크에 대해서는 충분히 알아봤으니 다음 절에서는 코드 프로파일링을 알아보자.

코드 프로파일링

프로파일링profiling이란 프로그램의 동작을 더 깊게 이해할 수 있도록 프로그램 실행에 관련한 여러 값을 측정하는 동적 프로그램 분석 과정이다. 이 절에서는 코드를 좀 더 깊이 파악하고 성능을 향상시킬 수 있게 Go 프로그램을 프로파일링하는 방법을 알아본다. 간혹 프로파일링을 통해 무한 루프나 반환하지 않는 함수와 같은 버그가 드러날 수도 있다.

HTTP 서버를 제외하면 `runtime/pprof` 표준 패키지를 이용해 모든 종류의 애플리케이션을 프로파일링할 수 있다. Go로 작성한 웹 애플리케이션을 프로파일링하고 싶다면 `net/http/pprof` 패키지를 사용해야 한다. `go tool pprof -help`를 실행하면 `pprof` 툴의 도움 페이지를 확인할 수 있다.

이제 커맨드라인 애플리케이션 및 HTTP 서버를 프로파일링하는 방법을 알아보자.

커맨드라인 애플리케이션 프로파일링

프로파일링하고자 하는 애플리케이션의 코드는 profileCla.go에 저장돼 있으며 CPU와 메모리 프로파일링 데이터를 수집한다. `main()` 함수에서 프로파일링 데이터를 수집한다는 것에 주목하자.

```go
func main() {
  cpuFilename := path.Join(os.TempDir(), "cpuProfileCla.out")
  cpuFile, err := os.Create(cpuFilename)
  if err != nil {
    fmt.Println(err)
    return
  }
  pprof.StartCPUProfile(cpuFile)
  defer pprof.StopCPUProfile()
```

위 코드에서는 CPU 프로파일링 데이터를 수집한다. pprof.StartCPUProfile()을 호출하면 데이터 수집을 시작하고 pprof.StopCPUProfile() 호출로 데이터 수집을 멈춘다. 모든 데이터는 os.TempDir()에서 반환하는 디렉터리 아래의 cpuProfileCla.out에 저장된다(os.TempDir()에서 반환하는 디렉터리의 경로는 사용하는 운영체제에 따라 달라지며 이 함수를 사용한 덕분에 다른 운영체제에서도 코드를 사용할 수 있다). defer를 사용했기 때문에 pprof.StopCPUProfile()은 main() 함수가 끝나기 바로 직전에 호출될 것이다.

```go
  total := 0
  for i := 2; i < 100000; i++ {
    n := N1(i)
    if n {
      total = total + 1
    }
  }
  fmt.Println("Total primes:", total)

  total = 0
  for i := 2; i < 100000; i++ {
    n := N2(i)
    if n {
      total = total + 1
    }
```

```
    }
    fmt.Println("Total primes:", total)

    for i := 1; i < 90; i++ {
        n := fibo1(i)
        fmt.Print(n, " ")
    }
    fmt.Println()

    for i := 1; i < 90; i++ {
        n := fibo2(i)
        fmt.Print(n, " ")
    }
    fmt.Println()
    runtime.GC()
```

위의 모든 코드는 CPU 중심[CPU-intensive] 계산을 수행하며(실제 작성하는 코드들은 보통 이런 코드들이다)
CPU 프로파일러가 이 계산을 수행할 때의 데이터를 수집한다.

```
    // 메모리 프로파일링
    memoryFilename := path.Join(os.TempDir(), "memoryProfileCla.out")
    memory, err := os.Create(memoryFilename)
    if err != nil {
        fmt.Println(err)
        return
    }
    defer memory.Close()
```

이제 메모리 관련 프로파일링 데이터를 수집하기 위한 두 번째 파일을 생성한다.

```
    for i := 0; i < 10; i++ {
        s := make([]byte, 50000000)
        if s == nil {
```

```
    fmt.Println("Operation failed!")
  }
  time.Sleep(50 * time.Millisecond)
}

err = pprof.WriteHeapProfile(memory)
if err != nil {
  fmt.Println(err)
  return
}
}
```

pprof.WriteHeapProfile() 함수를 통해 메모리에 있는 데이터를 명시된 파일에 저장한다. 또한 메모리 프로파일러가 수집할 많은 양의 데이터도 할당했다.

profileCla.go를 실행하면 os.TempDir()에서 반환하는 디렉터리에 두 개의 파일이 생성된다(보통은 이 파일들을 다른 폴더에 저장한다. 따라서 profileCla.go를 수정해 파일을 다른 장소에 저장해도 된다). 이제 go tool pprof로 이 파일들을 처리해야 한다.

```
$ go tool pprof /path/ToTemporary/Directory/cpuProfileCla.out
(pprof) top
Showing nodes accounting for 5.65s, 98.78% of 5.72s total
Dropped 47 nodes (cum <= 0.03s)
Showing top 10 nodes out of 18
      flat  flat%   sum%        cum   cum%
     3.27s 57.17% 57.17%      3.65s 63.81%  main.N2 (inline)
```

top 커맨드를 실행하면 파일의 상위 10개 항목을 볼 수 있다.

```
(pprof) top10 -cum
Showing nodes accounting for 5560ms, 97.20% of 5720ms total
Dropped 47 nodes (cum <= 28.60ms)
Showing top 10 nodes out of 18
      flat  flat%   sum%        cum   cum%
      80ms  1.40%  1.40%     5660ms 98.95%  main.main
         0     0%  1.40%     5660ms 98.95%  runtime.main
```

`top10 -cum` 커맨드를 실행하면 각 함수의 누적 실행 시간을 알 수 있다.

```
(pprof) list main.N1
list main.N1
Total: 5.72s
ROUTINE ======================== main.N1 in /Users/mtsouk/ch11/
profileCla.go
     1.72s      1.83s (flat, cum) 31.99% of Total
        .          .      35:func N1(n int) bool {
        .          .      36:    k := math.Floor(float64(n/2 + 1))
      50ms       60ms     37:    for i := 2; i < int(k); i++ {
     1.67s      1.77s     38:        if (n % i) == 0 {
```

마지막으로 `list` 커맨드로 주어진 함수의 정보를 볼 수 있다. 위의 결과를 살펴보면 `if (n % i) == 0` 구문이 `N1()` 함수의 실행 시간 대부분을 차지한다.

이 책에서는 커맨드들의 전체 출력을 담고 있지 않으므로 직접 자신의 코드를 프로파일링해서 각 커맨드의 전체 출력을 살펴보자. Go 블로그의 https://blog.golang.org/pprof 페이지를 방문하면 프로파일링을 더 자세히 알 수 있다.

NOTE

> 셸에서 `pdf` 커맨드를 통해 프로파일링 데이터를 PDF 파일 형태로 출력할 수도 있다. 이를 통해 수집한 데이터의 개요를 알 수 있기 때문에 개인적으로 대부분의 경우 프로파일링을 할 때 `pdf` 커맨드부터 사용한다.

이제 다음 절에서 HTTP 서버를 프로파일링하는 방법을 알아보자.

HTTP 서버 프로파일링

앞서 다뤘던 것처럼 net/http/pprof 패키지는 HTTP 서버를 실행하는 Go 애플리케이션의 프로파일링 데이터를 수집할 때 사용할 수 있다. net/http/pprof 패키지를 임포트하면 여러 핸들러가 /debug/pprof 아래에 등록된다. 이에 관한 자세한 사항은 잠시 뒤 살펴본다. 지금은 net/http/pprof 패키지로 웹 애플리케이션을 프로파일링할 수 있고, 반면 **runtime/pprof**로는 다른 종류의 애플리케이션을 프로파일링할 수 있다는 것만 알아두면 충분하다.

앞에서 설명한 내용은 profileHTTP.go에 다음과 같이 구현돼 있다.

```
package main
import (
  "fmt"
  "net/http"
  "net/http/pprof"
  "os"
  "time"
)
```

앞서 언급한 것처럼 **net/http/pprof** 패키지를 임포트해야 한다.

```
func myHandler(w http.ResponseWriter, r *http.Request) {
  fmt.Fprintf(w, "Serving: %s\n", r.URL.Path)
  fmt.Printf("Served: %s\n", r.Host)
}

func timeHandler(w http.ResponseWriter, r *http.Request) {
  t := time.Now().Format(time.RFC1123)
  Body := "The current time is:"
  fmt.Fprintf(w, "%s %s", Body, t)
  fmt.Fprintf(w, "Serving: %s\n", r.URL.Path)
  fmt.Printf("Served time for: %s\n", r.Host)
}
```

위 코드는 간단한 HTTP 서버에 사용할 두 핸들러를 구현한 함수다. **myHandler()**는 기본 핸들러 함수며 **timeHandler()**는 서버의 현재 날짜와 시간을 반환한다.

```go
func main() {
    PORT := ":8001"
    arguments := os.Args
    if len(arguments) == 1 {
        fmt.Println("Using default port number: ", PORT)
    } else {
        PORT = ":" + arguments[1]
        fmt.Println("Using port number: ", PORT)
    }

    r := http.NewServeMux()
    r.HandleFunc("/time", timeHandler)
    r.HandleFunc("/", myHandler)
```

여기까지 특별한 것은 없고 핸들러 함수를 등록하기만 했다.

```go
    r.HandleFunc("/debug/pprof/", pprof.Index)
    r.HandleFunc("/debug/pprof/cmdline", pprof.Cmdline)
    r.HandleFunc("/debug/pprof/profile", pprof.Profile)
    r.HandleFunc("/debug/pprof/symbol", pprof.Symbol)
    r.HandleFunc("/debug/pprof/trace", pprof.Trace)
```

위의 모든 구문으로 HTTP 프로파일러의 핸들러를 등록한다. 웹 서버의 호스트명과 포트 번호를 이용해 프로파일러에 접근할 수 있다. 하지만 모든 핸들러를 꼭 사용할 필요는 없다.

```go
    err := http.ListenAndServe(PORT, r)
    if err != nil {
        fmt.Println(err)
        return
    }
}
```

마지막으로 여느 때와 마찬가지로 HTTP 서버를 시작하면 된다.

이제 go run profileHTTP.go로 HTTP 서버를 실행하자. 그 뒤 다음 커맨드로 HTTP 서버와 통신하며 프로파일링 데이터를 수집할 수 있다.

```
$ go tool pprof http://localhost:8001/debug/pprof/profile
Fetching profile over HTTP from http://localhost:8001/debug/pprof/
profile
Saved profile in /Users/mtsouk/pprof/pprof.samples.cpu.004.pb.gz
Type: cpu
Time: Jun 18, 2021 at 12:30pm (EEST)
Duration: 30s, Total samples = 10ms (0.033%)
Entering interactive mode (type "help" for commands, "o" for options)
(pprof) %
```

위 결과는 HTTP 프로파일러 출력의 첫 페이지다. 여기서도 커맨드라인 애플리케이션 프로파일링 때 사용한 모든 커맨드를 동일하게 사용할 수 있다.

셸을 빠져나간 뒤 나중에 **go tool pprof**로 다시 데이터를 분석할 수도 있고 계속해서 프로파일링 커맨드를 입력할 수도 있다. 여기까지 Go로 개발한 HTTP 서버를 프로파일링하는 방법을 알아봤다.

다음 절에서는 Go 프로파일러의 웹 인터페이스를 알아본다.

Go 프로파일러의 웹 인터페이스

Go 1.10 버전 이후부터는 **go tool pprof**에 웹 인터페이스가 추가됐다. 이는 **go tool pprof -http=[host]:[port] aProfile.out**으로 시작할 수 있다. -http 뒤에 올바른 값을 넣는 것을 잊지 말자.

프로파일러 웹 인터페이스의 모습은 다음 그림에서 확인할 수 있으며 프로그램 실행 시간이 어떻게 소요됐는지 알려준다.

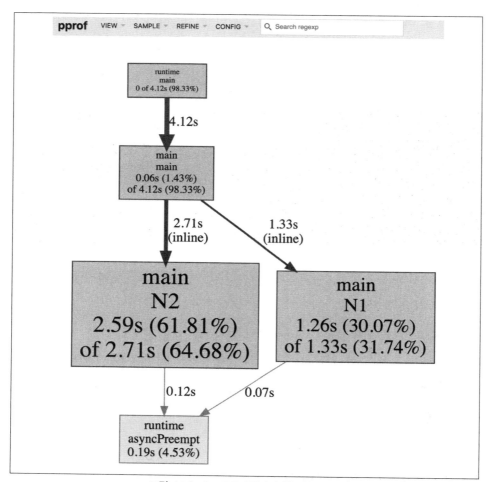

그림 11.1: Go 프로파일러의 웹 인터페이스

웹 인터페이스를 둘러보며 제공되는 여러 옵션을 살펴보자. 불행하게도 프로파일링을 더 깊게 다루는 것은 이 책의 범위를 벗어난다. 코드 프로파일링에 관심 있다면 프로파일러로 여러 가지 실험을 해보기 바란다.

다음 절은 코드 추적을 살펴본다.

⫶⫶ go tool trace 유틸리티

코드 추적^{code tracing}은 가비지 컬렉터의 동작, 고루틴의 상태, 각 논리적 프로세서의 활동, 사용하고 있는 운영체제 스레드의 개수 등과 같은 정보를 알기 위한 일련의 과정을 말한다. go tool trace 유틸리티를 이용하면 다음 세 가지 방법 중 하나로 생성한 추적 파일을 볼 수 있다.

- runtime/trace 패키지로 생성

- net/http/pprof 패키지로 생성

- go test -trace 커맨드 실행

이번 절에서는 traceCLA.go를 이용해 첫 번째 기법을 알아본다.

```
package main

import (
    "fmt"
    "os"
    "path"
    "runtime/trace"
    "time"
)
```

모든 종류의 추적 데이터를 수집하려면 runtime/trace 패키지가 필요하다. 모든 추적 데이터는 서로 연결돼 있으므로 특정 종류의 추적 데이터만 수집하는 것은 의미가 없다.

```
func main() {
    filename := path.Join(os.TempDir(), "traceCLA.out")
    f, err := os.Create(filename)
```

```
    if err != nil {
        panic(err)
    }
    defer f.Close()
```

코드 추적은 프로파일링과 함께 일어나기 때문에 추적 데이터를 저장할 파일을 생성해야 한다. 예제에서는 traceCLA.out이라는 파일을 생성하고 운영체제의 임시 파일 디렉터리에 저장했다.

```
    err = trace.Start(f)
    if err != nil {
        fmt.Println(err)
        return
    }
    defer trace.Stop()
```

이 부분에서 go tool trace에 사용할 데이터를 획득하고 프로그램과는 아무 상관이 없다. trace.Start()로 추적 프로세스를 시작하고 추적이 끝나면 trace.Stop() 함수를 호출한다. defer 호출로 main() 함수가 반환될 때 추적이 끝나게 만들었다.

```
    for i := 0; i < 3; i++ {
        s := make([]byte, 50000000)
        if s == nil {
            fmt.Println("Operation failed!")
        }
    }
    for i := 0; i < 5; i++ {
        s := make([]byte, 100000000)
        if s == nil {
            fmt.Println("Operation failed!")
```

```
        }
        time.Sleep(time.Millisecond)
    }
}
```

이 코드에서는 메모리를 할당해 가비지 컬렉터의 동작을 수행하고 추적 데이터를 더 많이 생성할 수 있게 한다(Go 가비지 컬렉터는 부록 A에서 더 자세히 다룬다). 프로그램은 정상적으로 동작한다. 그러나 프로그램이 끝나고 나면 traceCLA.out 파일이 추적 데이터로 채워진다. 그런 다음 추적 데이터를 다음과 같이 처리해야 한다.

```
$ go tool trace /path/ToTemporary/Directory/traceCLA.out
```

이 커맨드는 자동으로 웹 서버를 시작하고 기본 웹 브라우저에서 추적 도구 웹 인터페이스를 연다. 직접 컴퓨터에서 추적 도구를 열어 테스트해보자.

View trace 링크로 프로그램의 고루틴과 가비지 컬렉터의 동작 정보를 확인할 수 있다.

go tool trace는 굉장히 간편하고 강력한 도구지만 성능 관련 문제를 이것만으로는 해결할 수 없다. 프로그램이 특정한 함수에서 유난히 많은 시간을 잡아먹는 경우처럼 go tool pprof가 더 적합할 때도 많다.

프로파일링과 마찬가지로 HTTP 서버의 추적 데이터를 수집하는 것도 약간 다른 과정을 거친다. 이는 다음 절에서 살펴본다.

클라이언트에서 웹 서버 추적

이번 절에서는 net/http/httptrace로 웹 서버 애플리케이션을 추적하는 방법을 살펴본다. 해당 패키지를 통해 클라이언트에서 HTTP 요청을 추적할 수 있다. 웹 서버와 상호작용하는 traceHTTP.go의 코드는 다음과 같다.

```
package main

import (
    "fmt"
    "net/http"
    "net/http/httptrace"
    "os"
)
```

예상했듯이 HTTP 추적을 위해 net/http/httptrace 패키지를 임포트해야 한다.

```
func main() {
    if len(os.Args) != 2 {
        fmt.Printf("Usage: URL\n")
        return
    }

    URL := os.Args[1]
    client := http.Client{}

    req, _ := http.NewRequest("GET", URL, nil)
```

평소처럼 클라이언트 요청을 준비한다.

```
    trace := &httptrace.ClientTrace{
        GotFirstResponseByte: func() {
            fmt.Println("First response byte!")
        },
        GotConn: func(connInfo httptrace.GotConnInfo) {
            fmt.Printf("Got Conn: %+v\n", connInfo)
        },
        DNSDone: func(dnsInfo httptrace.DNSDoneInfo) {
            fmt.Printf("DNS Info: %+v\n", dnsInfo)
        },
```

```
    ConnectStart: func(network, addr string) {
      fmt.Println("Dial start")
    },
    ConnectDone: func(network, addr string, err error) {
      fmt.Println("Dial done")
    },
    WroteHeaders: func() {
      fmt.Println("Wrote headers")
    },
  }
```

위 코드는 HTTP 요청 추적과 관련된 코드다. httptrace.ClientTrace 구조체로 관심 있는 이벤트를 정의할 수 있다. 이 이벤트들은 GotFirstResponseByte, GotConn, DNSDone, ConnectStart, ConnectDone, WroteHeaders이고 하나의 이벤트가 발생하면 관련 코드가 실행된다. 지원하는 이벤트와 목적은 net/http/httptrace 패키지의 문서를 참고하자.

```
  req = req.WithContext(httptrace.WithClientTrace(req.Context(), trace))
  fmt.Println("Requesting data from server!")
  _, err := http.DefaultTransport.RoundTrip(req)
  if err != nil {
    fmt.Println(err)
    return
  }
```

httptrace.WithClientTrace() 함수는 주어진 부모 컨텍스트를 기반으로 한 새로운 컨텍스트 값을 반환하고 http.DefaultTransport.RoundTrip()은 요청을 추적하고자 요청을 컨텍스트 값과 함께 감싼다.

Go HTTP 추적은 하나의 http.Transport.RoundTrip에서의 이벤트들을 추적하고자 설계됐다는 것을 기억하자.

```
  _, err = client.Do(req)
  if err != nil {
    fmt.Println(err)
    return
  }
}
```

마지막 부분에서는 클라이언트 요청을 서버로 보내고 추적을 시작한다.

traceHTTP.go를 실행하면 다음과 같은 결과가 나온다.

```
$ go run traceHTTP.go https://www.golang.org/
Requesting data from server!
DNS Info: {Addrs:[{IP:2a00:1450:4001:80e::2011 Zone:}
{IP:142.250.185.81 Zone:}] Err:<nil> Coalesced:false}
```

첫 부분에서는 서버의 IP 주소를 확인할 수 있고, 따라서 클라이언트가 HTTP 서버와 통신할 준비가 됐다는 것을 알 수 있다.

```
Dial start
Dial done
Got Conn: {Conn:0xc000078000 Reused:false WasIdle:false IdleTime:0s}
Wrote headers
First response byte!
Got Conn: {Conn:0xc000078000 Reused:true WasIdle:false IdleTime:0s}
Wrote headers
First response byte!
DNS Info: {Addrs:[{IP:2a00:1450:4001:80e::2011 Zone:}
{IP:142.250.185.81 Zone:}] Err:<nil> Coalesced:false}
Dial start
Dial done
Got Conn: {Conn:0xc0000a1180 Reused:false WasIdle:false IdleTime:0s}
Wrote headers
First response byte!
```

위의 출력을 통해 연결 진행 과정을 더 상세히 이해할 수 있고 문제가 발생했을 때 유용하게 사용할 수 있다. 안타깝게도 추적에 대해 더 이야기하는 것은 이 책의 범위를 벗어난다. 다음 절에서는 웹 서버의 모든 경로를 방문해 경로들이 제대로 정의됐다는 것을 확인하는 방법을 알아본다.

웹 서버의 모든 경로 방문

gorilla/mux 패키지는 라우터에 등록한 모든 경로를 방문할 수 있는 Walk 함수를 제공한다. 이는 모든 경로가 등록됐고 잘 작동한다는 것을 확인하는 데 유용하게 사용할 수 있다.

walkAll.go의 코드는 많은 빈 핸들러 함수를 갖고 있다. 이들은 이번 예제에서 여러 경로에 방문해보려는 목적으로 존재한다(그렇지만 완전히 구현된 웹 서버에도 예제와 같은 방식을 사용할 수 있다).

```go
package main

import (
    "fmt"
    "net/http"
    "strings"

    "github.com/gorilla/mux"
)
```

외부 패키지를 사용했기 때문에 walkAll.go는 ~/go/src 내부 어딘가에서 실행해야 한다.

```go
func handler(w http.ResponseWriter, r *http.Request) {
    return
}
```

편의상 모든 엔드포인트에서 빈 핸들러 함수를 사용한다.

```go
func (h notAllowedHandler) ServeHTTP(rw http.ResponseWriter, r *http.Request) {
    handler(rw, r)
}
```

notAllowedHandler 핸들러도 handler() 함수를 호출한다.

```go
type notAllowedHandler struct{}

func main() {
    r := mux.NewRouter()

    r.NotFoundHandler = http.HandlerFunc(handler)
    notAllowed := notAllowedHandler{}
    r.MethodNotAllowedHandler = notAllowed

    // GET 엔드포인트 등록
    getMux := r.Methods(http.MethodGet).Subrouter()
    getMux.HandleFunc("/time", handler)
    getMux.HandleFunc("/getall", handler)
    getMux.HandleFunc("/getid", handler)
    getMux.HandleFunc("/logged", handler)
    getMux.HandleFunc("/username/{id:[0-9]+}", handler)

    // PUT 엔드포인트 등록
    // 사용자 업데이트
    putMux := r.Methods(http.MethodPut).Subrouter()
    putMux.HandleFunc("/update", handler)

    // POST 엔드포인트 등록
    // 사용자 추가 + 로그인 + 로그아웃
    postMux := r.Methods(http.MethodPost).Subrouter()
    postMux.HandleFunc("/add", handler)
    postMux.HandleFunc("/login", handler)
    postMux.HandleFunc("/logout", handler)
```

```
// DELETE 엔드포인트 등록
// 사용자 삭제
deleteMux := r.Methods(http.MethodDelete).Subrouter()
deleteMux.HandleFunc("/username/{id:[0-9]+}", handler)
```

위 코드에서는 지원할 HTTP 메서드와 경로를 정의한다.

```
err := r.Walk(func(route *mux.Route, router *mux.Router, ancestors
[]*mux.Route) error {
```

위와 같이 Walk() 메서드를 호출한다.

```
pathTemplate, err := route.GetPathTemplate()
if err == nil {
    fmt.Println("ROUTE:", pathTemplate)
}
pathRegexp, err := route.GetPathRegexp()
if err == nil {
    fmt.Println("Path regexp:", pathRegexp)
}
qT, err := route.GetQueriesTemplates()
if err == nil {
    fmt.Println("Queries templates:", strings.Join(qT, ","))
}
qRegexps, err := route.GetQueriesRegexp()
if err == nil {
    fmt.Println("Queries regexps:", strings.Join(qRegexps, ","))
}
methods, err := route.GetMethods()
if err == nil {
    fmt.Println("Methods:", strings.Join(methods, ","))
}
```

```
    fmt.Println()
    return nil
})
```

방문하는 각각의 경로에서 프로그램은 원하는 정보를 수집한다. 너무 출력하는 내용이 많다고 생각하면 일부 `fmt.Println()` 구문을 지워버려도 상관없다.

```
if err != nil {
    fmt.Println(err)
}
http.Handle("/", r)
}
```

정리하자면 walkAll.go는 서버의 모든 경로에 빈 핸들러를 등록한 다음 `mux.Walk()`를 호출해 모든 경로를 방문하는 코드라고 할 수 있다. Go 모듈을 활성화하고 walkAll.go를 실행하면 다음과 같은 결과를 얻을 수 있다.

```
$ go mod init
$ go mod tidy
$ go run walkAll.go
Queries templates:
Queries regexps:
Methods: GET

ROUTE: /time
Path regexp: ^/time$
Queries templates:
Queries regexps:
Methods: GET
```

이 결과를 통해 각 경로가 지원하는 HTTP 메서드 및 경로의 형식을 알 수 있다. 따라서 /time 엔드포인트는 GET 메서드를 사용하고 경로는 /time이라는 것을 알 수 있다. Path regexp의 값에서 경로의 시작(^)과 끝($) 사이에 /time이 있기 때문이다.

```
ROUTE: /getall
Path regexp: ^/getall$
Queries templates:
Queries regexps:
Methods: GET

ROUTE: /getid
Path regexp: ^/getid$
Queries templates:
Queries regexps:
Methods: GET

ROUTE: /logged
Path regexp: ^/logged$
Queries templates:
Queries regexps:
Methods: GET

ROUTE: /username/{id:[0-9]+}
Path regexp: ^/username/(?P<v0>[0-9]+)$
Queries templates:
Queries regexps:
Methods: GET
```

/username의 경우 id 변수의 값을 선택할 수 있게 정규표현식을 사용했다.

```
Queries templates:
Queries regexps:
Methods: PUT

ROUTE: /update
Path regexp: ^/update$
Queries templates:
Queries regexps:
Methods: PUT

Queries templates:
Queries regexps:
Methods: POST

ROUTE: /add
Path regexp: ^/add$
```

```
Queries templates:
Queries regexps:
Methods: POST

ROUTE: /login
Path regexp: ^/login$
Queries templates:
Queries regexps:
Methods: POST

ROUTE: /logout
Path regexp: ^/logout$
Queries templates:
Queries regexps:
Methods: POST

Queries templates:
Queries regexps:
Methods: DELETE

ROUTE: /username/{id:[0-9]+}
Path regexp: ^/username/(?P<v0>[0-9]+)$
Queries templates:
Queries regexps:
Methods: DELETE
```

웹 서버의 모든 경로를 방문하는 것은 일종의 테스트로 볼 수 있지만 Go에서의 공식적인 테스트 방법은 아니다. 위 결과에서는 엔드포인트가 빠진 경우, 잘못된 HTTP 메서드를 사용한 경우 또는 매개변수를 빠트린 경우 등을 중요하게 살펴봐야 한다.

다음 절에서는 Go 코드 테스트를 자세히 알아본다.

⁂ Go 코드 테스트

이번 절에서는 테스트 함수를 작성하며 Go 코드 테스트를 다룬다. 소프트웨어 테스트는 상당히 방대한 주제다. 따라서 한 장도 아닌 한 절에서 이를 모두 다루기란

불가능하다. 그러므로 여기서는 그중에서도 실용적인 내용만 최대한 간추려서 소개한다.

테스트를 작성해 Go 코드의 버그를 찾을 수 있지만, 사실 소프트웨어 테스트를 통해서는 하나 또는 그 이상의 버그가 있는지만 확인할 수 있고 버그가 없다는 사실은 확인할 수 없다. 따라서 코드에 버그가 없다는 사실을 100% 보장할 수는 없다.

엄밀하게 이야기하자면 이번 절에서는 프로덕션 코드가 의도한 대로 동작하는 것을 검증하고자 추가적인 코드를 이용하는 자동 테스트automated testing 기법을 다룬다. 이렇게 작성한 테스트 함수는 PASS나 FAIL을 반환한다. 이를 수행하는 구체적인 방법은 잠시 후 살펴본다. Go에서 제공하는 테스트 기능은 얼핏 보면 단순해 보일 수도 있다. 특히 다른 프로그래밍 언어에서 제공하는 기능과 비교하면 더욱 그렇다. 하지만 Go의 방식은 개발자의 시간을 많이 빼앗지 않기 때문에 훨씬 효율적이고 효과적이다.

테스트 코드는 반드시 다른 소스 파일에 저장해야 한다. 읽고 유지 보수하기 어려운 거대한 소스 파일을 만들 필요는 없다. 이제 3장에서 다뤘던 matchInt() 함수를 다시 살펴보면서 이를 테스트해보자.

./ch03/intRE.go 테스트 작성

이번 절에서는 3장의 intRE.go에서 구현했던 matchInt() 함수에 대한 테스트 코드를 작성해본다. 먼저 intRE_test.go라는 새로운 파일을 생성한다. 모든 테스트는 이 파일에 작성할 것이다. 그런 다음에는 패키지의 이름을 main에서 testRE로 변경한 뒤 main() 함수를 제거한다(이 과정은 건너뛰어도 무방하다). 그 후 무엇을 어떻게 테스트할지 결정해야 한다. 보통은 예상되는 입력, 예상하지 못한 입력, 빈 입력, 에지 케이스edge case 등을 테스트한다. 여기서 언급한 모든 경우를 테스트 코드에서 확인할 수 있을 것이다. 또한 랜덤한 정수를 생성한 뒤 문자열로 변환해 matchInt()의 입력으로 사용할 것이다. 일반적으로 숫자 값을 다루는 함수를 테스트할 때는 난수나 값을 입력으로 사용한 뒤 코드가 이를 어떻게 처리하는지 테스트하는 것이 좋다.

intRE_test.go의 테스트 함수들은 다음과 같다.

```go
func Test_matchInt(t *testing.T) {
    if matchInt("") {
        t.Error(`matchInt("") != true`)
    }
```

matchInt("") 호출은 false를 반환해야 한다. true를 반환했다면 함수가 예상한
대로 동작하지 않았다는 뜻이다.

```go
    if matchInt("00") == false {
        t.Error(`matchInt("00") != true`)
    }
```

00은 유효한 정수 값이기 때문에 matchInt("00") 호출도 true를 반환해야 한다.
따라서 false를 반환했다면 함수가 예상한 대로 동작하지 않았다는 뜻이다.

```go
    if matchInt("-00") == false {
        t.Error(`matchInt("-00") != true`)
    }

    if matchInt("+00") == false {
        t.Error(`matchInt("+00") != true`)
    }
}
```

첫 번째 테스트 함수는 정적인 입력값을 사용해 matchInt()가 올바르게 동작하는
지 확인했다. 앞서 언급한 것처럼 테스트 함수는 하나의 *testing.T 매개변수를
받고 아무 값도 반환하지 않는다.

```
func Test_with_random(t *testing.T) {
  SEED := time.Now().Unix()
  rand.Seed(SEED)
  n := strconv.Itoa(random(-100000, 19999))

  if matchInt(n) == false {
    t.Error("n = ", n)
  }
}
```

두 번째 테스트 함수는 유효한 랜덤 입력값을 사용해 matchInt()를 테스트한다.
따라서 주어진 입력은 항상 테스트를 통과해야 한다. 두 테스트 함수를 go test로
실행하면 다음과 같은 결과를 얻을 수 있다.

```
$ go test -v *.go
=== RUN   Test_matchInt
--- PASS: Test_matchInt (0.00s)
=== RUN   Test_with_random
--- PASS: Test_with_random (0.00s)
PASS
ok      command-line-arguments      0.410s
```

모든 테스트가 통과했으므로 matchInt()가 제대로 동작한다는 것을 알 수 있다.
다음 절에서는 TempDir() 메서드를 다룬다.

TempDir() 함수

TempDir() 메서드는 테스트와 벤치마크 용도로 사용할 수 있다. 이 함수에서는 테
스트 및 벤치마크를 수행하는 동안 사용하기 위한 임시 디렉터리를 생성한다. Go에
서는 테스트 및 서브테스트 또는 벤치마크가 끝날 때 CleanUp() 메서드를 통해 자
동으로 임시 디렉터리를 삭제한다(Go에서는 내부적으로 CleanUp() 메서드를 호출하기 때문에 직접 CleanUp()
을 호출할 필요는 없다). 임시 디렉터리가 만들어지는 곳은 사용하는 운영체제에 따라 다르

다. 맥OS에서는 /var/folders 아래에 생성되고 리눅스에서는 /tmp 아래에 생성된다. 다음 절에서는 CleanUp()을 살펴보며 TempDir()도 살펴본다.

CleanUp() 함수

여기서는 테스트 시나리오에서의 CleanUp() 메서드만을 소개하지만 CleanUp() 메서드는 테스트와 벤치마크에서 모두 사용할 수 있다. 함수의 이름으로 미뤄볼 때 테스트 또는 벤치마크 용도로 생성한 무언가를 정리할 때 사용한다는 것을 유추할 수 있다. 하지만 CleanUp() 함수가 무엇을 할지는 직접 지정해야 한다. CleanUp() 함수는 실제로 정리 작업을 수행하는 함수를 매개변수로 받는다. 해당 함수는 보통 익명 함수 형태로 구현되지만 함수 이름을 통해 호출할 수 있게 다른 곳에 구현해도 된다.

cleanup.go 파일은 Foo()라는 더미 함수를 갖고 있다. 이 함수에는 아무 코드도 없기에 여기서 표현할 필요는 없다. 반면 모든 중요한 코드는 cleanup_test.go에서 찾을 수 있다.

```go
func myCleanUp() func() {
  return func() {
    fmt.Println("Cleaning up!")
  }
}
```

myCleanUp() 함수는 CleanUp()의 매개변수로 사용할 것이고, 따라서 그에 맞는 함수 시그니처를 갖고 있어야 한다. 함수 시그니처를 제외하고는 myCleanUp()을 구현하는 데 제약은 없다.

```go
func TestFoo(t *testing.T) {
```

```
t1 := path.Join(os.TempDir(), "test01")
t2 := path.Join(os.TempDir(), "test02")
```

생성하고자 하는 두 개의 디렉터리를 정의했다.

```
err := os.Mkdir(t1, 0755)
if err != nil {
    t.Error("os.Mkdir() failed:", err)
    return
}
```

os.Mkdir()로 위에서 정의한 디렉터리를 생성했다. 그러므로 해당 디렉터리를 더 이상 사용하지 않게 되면 직접 삭제해야 한다.

```
defer t.Cleanup(func() {
    err = os.Remove(t1)
    if err != nil {
        t.Error("os.Mkdir() failed:", err)
    }
})
```

TestFoo()가 끝나고 나면 **t.CleanUp()**으로 전달한 익명 함수의 코드에 의해 t1 디렉터리가 삭제된다.

```
err = os.Mkdir(t2, 0755)
if err != nil {
    t.Error("os.Mkdir() failed:", err)
    return
}
}
```

os.Mkdir()로 또 다른 디렉터리를 생성했다. 그러나 이번엔 해당 디렉터리를 삭제하지 않을 것이다. 따라서 TestFoo()가 끝난 뒤에도 t2 디렉터리는 삭제되지 않는다.

```go
func TestBar(t *testing.T) {
    t1 := t.TempDir()
```

여기서는 t.TempDir()을 사용했기 때문에 t1의 값(디렉터리)은 운영체제가 정해준 값이 된다. 또한 디렉터리 경로는 테스트 함수가 끝날 때 자동으로 삭제된다.

```go
    fmt.Println(t1)
    t.Cleanup(myCleanUp())
}
```

여기서는 myCleanUp()을 CleanUp()의 매개변수로 사용했다. 이처럼 같은 리소스를 정리해야 할 때는 미리 함수를 정의해 놓는 것이 편리하다. 테스트를 실행하면 다음과 같은 결과가 나온다.

```
$ go test -v *.go
=== RUN   TestFoo
--- PASS: TestFoo (0.00s)
=== RUN   TestBar
/var/folders/sk/ltk8cnw50lzdtr2hxcj5sv2m0000gn/T/TestBar2904465158/01
```

TempDir()에서 생성한 임시 디렉터리가 맥OS 환경에서 출력됐다.

```
Cleaning up!
--- PASS: TestBar (0.00s)
PASS
ok      command-line-arguments          0.096s
```

TempDir()에 의해 생성된 디렉터리가 성공적으로 삭제된 것을 확인할 수 있다. 반면 TestFoo()의 t2 변수에 저장된 디렉터리는 삭제되지 않는다. 같은 테스트를 다시 실행하면 test02 파일이 이미 있다는 에러와 함께 테스트가 실패할 것이다.

```
$ go test -v *.go
=== RUN    TestFoo
    cleanup_test.go:33: os.Mkdir() failed: mkdir /var/folders/sk/ltk8cn
w50lzdtr2hxcj5sv2m0000gn/T/test02: file exists
--- FAIL: TestFoo (0.00s)
=== RUN    TestBar
/var/folders/sk/ltk8cnw50lzdtr2hxcj5sv2m0000gn/T/TestBar2113309096/01
Cleaning up!
--- PASS: TestBar (0.00s)
FAIL
FAIL    command-line-arguments        0.097s
FAIL
```

/var/folders/sk/ltk8cnw50lzdtr2hxcj5sv2m0000gn/T/test02: file exists 에러 메시지를 통해 이 문제를 해결하려면 테스트 관련 리소스들을 정리해야 한다는 것을 알 수 있다.

다음 절에서는 testing/quick 패키지를 사용하는 방법을 알아본다.

testing/quick 패키지

사람의 개입 없이 테스트 데이터를 생성해야 할 때도 있다. 이를 위해 Go 표준 라이브러리에서는 블랙박스 테스팅black box testing(애플리케이션이나 함수 내부 동작에 대한 이해 없이 동작을 체크하는 소프트웨어 테스트 방법을 말한다)에 활용할 수 있는 testing/quick 패키지를 제공한다. 이 패키지는 하스켈Haskell 프로그래밍 언어에서 제공하는 QuickCheck 패키지와 어느 정도 관련 있다. 두 패키지 모두 블랙박스 테스팅에 도움이 되는 유틸리티 함수를 갖고 있다. Go에서는 testing/quick 패키지를 이용해 기본 타입에 대한 무작위 값을 생성할 수 있다. 따라서 이를 이용하면 모든 데이터를 일일이 생성할 필요가 없다.

quickT.go의 코드는 다음과 같다.

```go
package quickT

type Point2D struct {
    X, Y int
}

func Add(x1, x2 Point2D) Point2D {
    temp := Point2D{}
    temp.X = x1.X + x2.X
    temp.Y = x1.Y + x2.Y
    return temp
}
```

위 코드에서는 두 개의 **Point2D** 변수를 더하는 함수를 구현했다. 이제 이 함수를 테스트해보자.

quickT_test.go의 코드는 다음과 같다.

```go
package quickT

import (
    "testing"
    "testing/quick"
)

var N = 1000000

func TestWithItself(t *testing.T) {
    condition := func(a, b Point2D) bool {
        return Add(a, b) == Add(b, a)
    }

    err := quick.Check(condition, &quick.Config{MaxCount: N})
    if err != nil {
        t.Errorf("Error: %v", err)
    }
}
```

quick.Check()를 호출하면 첫 번째 인수의 시그니처에 따라 랜덤한 값을 자동으로 생성한다(이 시그니처는 앞에서 정의한 함수의 시그니처와 같다). 따라서 직접 값들을 생성할 필요도 없고 코드 가독성을 높여준다. 실제 테스트는 condition 함수에서 수행한다.

```go
func TestThree(t *testing.T) {
    condition := func(a, b, c Point2D) bool {
        return Add(Add(a, b), c) == Add(a, b)
    }
```

위 코드는 일부러 올바르지 않게 구현했다(이를 고치려면 Add(Add(a, b), c) == Add(a, b)를 Add(Add(a, b), c) == Add(c, Add(a, b))로 바꿔야 한다). 이를 통해 테스트가 실패할 때의 결과를 살펴본다.

```go
    err := quick.Check(condition, &quick.Config{MaxCount: N})
    if err != nil {
        t.Errorf("Error: %v", err)
    }
}
```

테스트를 실행하면 다음과 같은 결과가 나온다.

```
$ go test -v *.go
=== RUN   TestWithItself
--- PASS: TestWithItself (0.86s)
```

예상했던 것처럼 첫 번째 테스트는 무사히 통과했다.

```
=== RUN   TestThree
    quickT_test.go:28: Error: #1: failed on input quickT.
Point2D{X:761545203426276355, Y:-915390795717609627}, quickT.
Point2D{X:-3981936724985737618, Y:2920823510164787684}, quickT.
Point2D{X:-8870190727513030156, Y:-7578455488760414673}
--- FAIL: TestThree (0.00s)
FAIL
```

```
FAIL    command-line-arguments  1.153s
FAIL
```

하지만 예상했던 것처럼 두 번째 테스트에서는 에러가 발생했다. 에러가 발생했을 때 어떤 입력에서 발생한 에러인지 확인할 수 있다.

다음 절에서는 테스트 실행이 너무 오래 걸릴 때는 어떻게 해야 하는지 살펴본다.

테스트 타임아웃

go test의 실행이 너무 오래 걸리거나 특정 이유 때문에 끝이 나지 않는다면 -timeout을 사용해 문제를 해결할 수 있다.

이를 위해 앞에서 살펴본 코드와 -timeout 및 -count 커맨드라인 플래그를 사용할 것이다. -timeout 플래그는 테스트를 진행하는 최대 기간을 의미하고 -count 플래그는 테스트를 실행하는 횟수를 의미한다.

go test -v *.go -timeout 1s는 go test를 실행할 때 최대 1초까지만 실행할 수 있다는 의미다. 앞의 환경에서는 테스트가 종료될 때까지 1초보다 적은 시간이 걸렸다. 그러나 다음의 커맨드를 실행하면 다른 결과가 나온다.

```
$ go test -v *.go -timeout 1s -count 2
=== RUN    TestWithItself
--- PASS: TestWithItself (0.87s)
=== RUN    TestThree
    quickT_test.go:28: Error: #1: failed on input quickT.
Point2D{X:-312047170140227400, Y:-5441930920566042029}, quickT.
Point2D{X:7855449254220087092, Y:7437813460700902767}, quickT.
Point2D{X:4838605758154930957, Y:-7621852714243790655}
--- FAIL: TestThree (0.00s)
=== RUN    TestWithItself
panic: test timed out after 1s
```

이전 결과보다 더 긴 결과가 나타난다(나머지는 끝나기 전에 고루틴을 종료시키는 것과 관련한 출력이다). 여기서는 -timeout 1s에 의해 go test 커맨드가 타임아웃됐다는 사실을 잘 살펴보자.

코드 커버리지 테스트

이번 절에서는 작성한 프로그램에 대한 코드 커버리지 정보를 알아내는 방법을 알아본다. 코드 커버리지 정보에서는 테스트 함수를 통해 실행되지 않은 코드 블록이나 코드 구문을 발견할 수 있다.

작성한 프로그램의 코드 커버리지를 살펴보면 여러 가지 문제점이나 버그를 발견할 수 있으므로 코드 커버리지의 유용성을 과소평가하지 말자. 그러나 코드 커버리지는 유닛 테스트를 대체하는 것이 아니라 보완하는 것이다. 테스트 함수에서 모든 경우를 테스트한다면 가능한 모든 코드를 실행할 수 있게 될 것이다. 테스트 함수가 모든 경우를 테스트하려고 하지 않는다면 테스트의 대상이 되는 코드가 아니라 테스트 함수에 문제가 있다고 볼 수 있다.

coverage.go의 코드는 다음과 같고 의도적으로 도달할 수 없는 코드를 심어뒀다.

```go
package coverage

import "fmt"

func f1() {
  if true {
    fmt.Println("Hello!")
  } else {
    fmt.Println("Hi!")
  }
}
```

위 함수에서 if문의 평가식은 항상 true이므로 else 구문은 절대로 실행되지 않는다.

```
func f2(n int) int {
  if n >= 0 {
    return 0
  } else if n == 1 {
    return 1
  } else {
    return f2(n-1) + f2(n-2)
  }
}
```

f2()에는 두 가지 문제가 있다. 첫 번째 문제는 음수 입력에서는 동작하지 않는다는 것이고, 두 번째 문제는 모든 양수는 첫 번째 if문에서 처리한다는 것이다. 코드 커버리지를 통해 두 번째 문제는 해결할 수 있다. coverage_test.go의 코드는 다음과 같다. 다음 코드는 가능한 모든 코드를 테스트하는 일반적인 테스트 함수다.

```
package coverage

import "testing"

func Test_f1(t *testing.T) {
  f1()
}
```

이 테스트 함수는 그저 f1()을 호출하기만 한다.

```
func Test_f2(t *testing.T) {
  _ = f2(123)
}
```

두 번째 테스트 함수에서는 f2(123)을 실행해 f2()의 동작을 체크했다. 먼저 go test를 다음과 같이 실행해보자. 코드 커버리지는 -cover 플래그로 구할 수 있다.

```
$ go test -cover *.go
ok    command-line-arguments    0.420s    coverage: 50.0% of statements
```

위 결과를 통해 코드 커버리지가 50%라는 것을 확인할 수 있지만 이는 그리 높은 커버리지가 아니다. 또한 테스트 커버리지 보고서를 만들 수도 있다. 다음 커맨드를 통해 테스트 커버리지 보고서를 생성해보자.

```
$ go test -coverprofile=coverage.out *.go
```

coverage.out의 내용은 다음과 같다. 사용한 사용자 이름과 폴더에 따라 내용은 약간 달라질 수 있다.

```
$ cat coverage.out
mode: set
/Users/mtsouk/Desktop/coverage.go:5.11,6.10 1 1
/Users/mtsouk/Desktop/coverage.go:6.10,8.3 1 1
/Users/mtsouk/Desktop/coverage.go:8.8,10.3 1 0
/Users/mtsouk/Desktop/coverage.go:13.20,14.12 1 1
/Users/mtsouk/Desktop/coverage.go:14.12,16.3 1 1
/Users/mtsouk/Desktop/coverage.go:16.8,16.19 1 0
/Users/mtsouk/Desktop/coverage.go:16.19,18.3 1 0
/Users/mtsouk/Desktop/coverage.go:18.8,20.3 1 0
```

각 줄의 형식과 필드는 name.go:line.column,line.column numberOfStatements count다. 마지막 필드는 line.column,line.column 사이의 구문들이 실행됐는지 알려주는 플래그다. 해당 필드의 값이 0이라면 해당 구문들이 실행되지 않았다는 것을 의미한다.

마지막으로 go tool cover -html=coverage.out으로 웹 브라우저에서 HTML 형식의 결과를 확인할 수도 있다. coverage.out 대신 다른 파일명을 사용했다면 커맨드를 적절하게 변경하자. 다음 그림에서 생성된 결과를 확인할 수 있다(인쇄본으로 책을 보고 있다면 색깔이 구분되지 않을 수도 있다). 빨간색 줄은 실행되지 않은 코드를 의미하고, 초록색 줄은 테스트에서 실행한 코드를 의미한다.

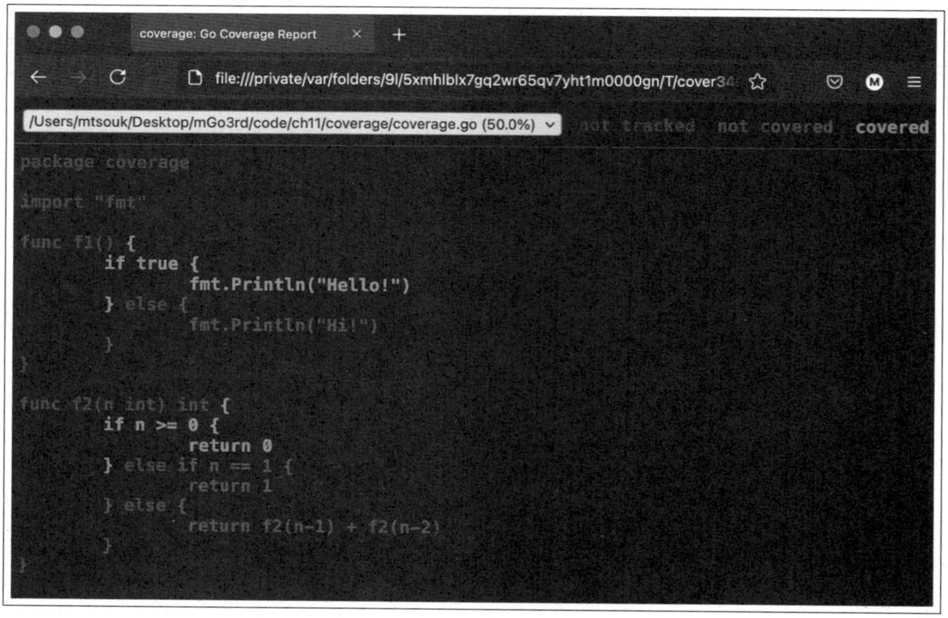

그림 11.2: 코드 커버리지 보고서

일부 코드들은 코드 커버리지 도구에서 처리할 수 없기 때문에 **not tracked**(회색)로 표시됐다. 생성된 결과를 통해 **f1()**과 **f2()** 함수 모두 문제가 있다는 사실을 발견할 수 있다. 이제 이 문제들을 해결해보자.

다음 절에서는 실행되지 않는 코드를 찾는 방법을 알아본다.

도달할 수 없는 코드 찾기

가끔은 **if**문을 잘못 구현하거나 **return** 구문을 잘못 사용해 코드의 특정 블록에 도달할 수 없어 절대 실행되지 않을 때도 있다. 이는 논리적 에러이므로 컴파일러가 이를 발견할 수 없다. 따라서 이렇게 도달할 수 없는 코드를 발견할 방법을 찾아야 한다.

다행히도 Go 소스코드를 조사한 뒤 의심 가는 곳을 보고하는 **go vet** 도구를 이용할 수 있다. **go vet**를 사용해 다음의 cannotReach.go 소스 파일의 두 함수를 조사해보자.

```
func S2() {
  return
  fmt.Println("Hello!")
}
```

S2()는 메시지를 출력하기 전에 반환하기 때문에 논리적 에러가 있다.

```
func S1() {
  fmt.Println("In S1()")
  return
  fmt.Println("Leaving S1()")
}
```

마찬가지로 S1()도 fmt.Println("Leaving S1()") 구문이 실행되지 않는다.

go vet을 이용해 cannotReach.go를 조사하면 다음과 같은 결과가 생성된다.

```
$ go vet cannotReach.go
# command-line-arguments
./cannotReach.go:9:2: unreachable code
./cannotReach.go:16:2: unreachable code
```

첫 번째 메시지는 S2()의 fmt.Println() 구문에 도달할 수 없다는 것을 알려주고 두 번째 메시지는 S1()의 두 번째 fmt.Println() 구문에 도달할 수 없다는 것을 알려준다. 여기서는 go vet이 성공적으로 도달할 수 없는 코드를 찾아냈다. 하지만 go vet은 그리 정교한 도구가 아니기 때문에 가능한 모든 논리적 에러를 찾아낼 수는 없다. 더 진보된 도구를 사용하고 싶다면 statticcheck(https://staticcheck.io/)를 찾아보자. 이를 마이크로소프트 비주얼 스튜디오 코드Microsoft Visual Studio Code(https://code. visualstudio.com/)와 연동할 수도 있다. 다음 그림에서 staticcheck로 비주얼 스튜디오 코드에서 도달할 수 없는 코드를 확인할 수 있다.

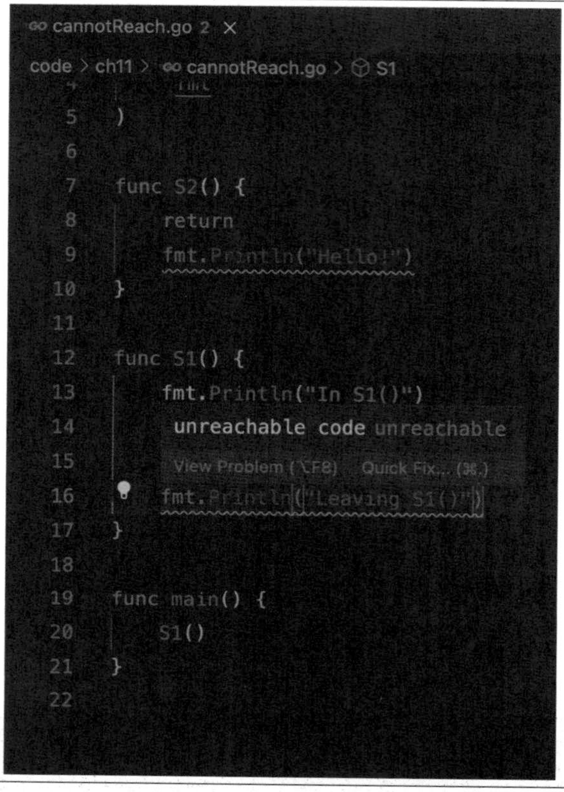

그림 11.3: 비주얼 스튜디오 코드에서 도달할 수 없는 코드 확인

경험상 go vet을 작업 과정에 포함시켜도 큰 문제는 없다. go vet에 대한 더 많은 정보는 go doc cmd/vet로 확인할 수 있다.

다음 절에서는 데이터베이스 백엔드를 갖춘 HTTP 서버 테스트 방법을 알아본다.

⁙ 데이터베이스 백엔드를 갖춘 HTTP 서버 테스트

HTTP 서버의 코드를 테스트하고자 한다면 미리 HTTP 서버를 실행해야 하기 때문에 완전히 다른 접근이 필요하다. 다행히도 net/http/httptest 패키지의 도움을

MethodNotAllowedHandler를 테스트하기 때문에 요청이 실패할 것이라는 것을 이미 알고 있다. 따라서 http.StatusNotFound 코드가 응답되는 것을 체크한다. 다른 코드를 응답한다면 테스트는 실패하게 된다.

```go
func TestLogin(t *testing.T) {
    UserPass := []byte(`{"Username": "admin", "Password": "admin"}`)
```

여기서는 User 구조체의 필드를 바이트 슬라이스 형태로 저장했다. 테스트를 위해 admin 사용자는 코드에 나타난 것처럼 admin을 비밀번호로 갖고 있어야 한다. 필요하다면 server_test.go를 수정해 실제 admin 사용자(또는 관리자 권한을 갖고 있는 다른 사용자)의 비밀번호를 사용하도록 변경하자.

```go
    req, err := http.NewRequest("POST", "/login", bytes.NewBuffer(UserPass))
    if err != nil {
        t.Fatal(err)
    }
    req.Header.Set("Content-Type", "application/json")
```

위 코드에서 어떤 요청을 보낼지 정한다.

```go
    rr := httptest.NewRecorder()
    handler := http.HandlerFunc(LoginHandler)
    handler.ServeHTTP(rr, req)
```

NewRecorder()에서는 초기화된 ResponseRecorder를 반환하고 이를 ServeHTTP()에 사용한다(ServeHTTP()는 요청을 실제로 처리하는 메서드다). 응답은 rr 변수에 저장된다.

TestLogin()과 유사하므로 책에 적어 놓지는 않았지만 /logout 엔드포인트를 테스트하는 함수도 있다. 그런데 TestLogin()을 TestLogout()보다 먼저 실행해야 하기 때문에 테스트를 랜덤한 순서로 실행하면 테스트에 문제가 발생할 수도 있다.

```go
    status := rr.Code
    if status != http.StatusOK {
        t.Errorf("handler returned wrong status code: got %v want %v",
            status, http.StatusOK)
        return
    }
}
```

상태 코드가 http.StatusOK라면 예상대로 동작한 것이다.

```go
func TestAdd(t *testing.T) {
    now := int(time.Now().Unix())
    username := "test_" + strconv.Itoa(now)
    users := `[{"Username": "admin", "Password": "admin"}, {"Username":"` +
username + `", "Password": "myPass"}]
```

Add() 핸들러에서는 JSON 레코드의 배열이 필요하다. 따라서 테스트 함수에서 이들을 생성했다. 같은 사용자 이름을 매번 생성하고 싶지는 않으므로 test_ 문자열 뒤에 현재의 타임스탬프를 추가했다.

```go
    UserPass := []byte(users)
    req, err := http.NewRequest("POST", "/add", bytes.NewBuffer(UserPass))
    if err != nil {
        t.Fatal(err)
    }
    req.Header.Set("Content-Type", "application/json")
```

여기에서 JSON 레코드의 슬라이스 UserPass를 만들고 요청을 생성했다.

```
rr := httptest.NewRecorder()
handler := http.HandlerFunc(AddHandler)
handler.ServeHTTP(rr, req)

// 예상했던 HTTP 상태 코드인지 체크한다.
if status := rr.Code; status != http.StatusOK {
    t.Errorf("handler returned wrong status code: got %v want %v",
        status, http.StatusOK)
    return
}
}
```

서버 응답이 http.StatusOK라면 요청이 성공했으므로 테스트를 통과한다.

```
func TestGetUserDataHandler(t *testing.T) {
    UserPass := []byte(`{"Username": "admin", "Password": "admin"}`)
    req, err := http.NewRequest("GET", "/username/1", bytes.NewBuffer(UserPass))
```

요청에서 /username/1을 사용하더라도 Vars 맵에 아무런 값도 추가하지 않는다. 따라서 SetURLVars() 함수로 Var 맵의 값을 변경해야 한다. 아래에서 이를 소개한다.

```
    if err != nil {
        t.Fatal(err)
    }
    req.Header.Set("Content-Type", "application/json")
    vars := map[string]string{
        "id": "1",
    }
    req = mux.SetURLVars(req, vars)
```

gorilla/mux 패키지에서는 테스트 용도로 SetURLVars() 함수를 제공하고 이 함수

로 Vars 맵에 원소를 추가할 수 있다. 예제에서는 id 키의 값을 1로 만든다. 원하는
만큼 키/값 쌍을 추가할 수 있다.

```
rr := httptest.NewRecorder()
handler := http.HandlerFunc(GetUserDataHandler)
handler.ServeHTTP(rr, req)

if status := rr.Code; status != http.StatusOK {
    t.Errorf("handler returned wrong status code: got %v want %v",
        status, http.StatusOK)
    return
}

expected := `{"ID":1,"Username":"admin","Password":"admin",
"LastLogin":0,"Admin":1,"Active":0}
```

위 레코드는 우리가 응답 받고자 하는 값이다. LastLogin의 값은 예측할 수 없으므
로 이 값은 0으로 설정한다.

```
serverResponse := rr.Body.String()

result := strings.Split(serverResponse, "LastLogin")
serverResponse = result[0] + `LastLogin":0,"Admin":1,"Active":0}`
```

서버 응답의 LastLogin 값을 사용하고 싶지 않으므로 이를 0으로 바꾼다.

```
if serverResponse != expected {
    t.Errorf("handler returned unexpected body: got %v but wanted %v",
        rr.Body.String(), expected)
}
}
```

코드의 마지막에는 Go의 방식으로 예상 결과가 나왔는지 체크하는 로직이 있다.

앞의 예제를 이해하기만 하면 HTTP 서비스에 대한 테스트를 만드는 것은 그리 어렵지 않을 것이다. 테스트 코드에서 대부분의 코드는 반복적이기 때문이다.

테스트를 실행하면 다음과 같은 결과가 생성된다.

```
$ go test -v server_test.go main.go handlers.go
=== RUN    TestTimeHandler
2021/06/17 08:59:15 TimeHandler Serving: /time from
--- PASS: TestTimeHandler (0.00s)
```

/time 엔드포인트를 방문하는 테스트의 결과는 PASS다.

```
=== RUN    TestMethodNotAllowed
2021/06/17 08:59:15 Serving: /time from  with method DELETE
--- PASS: TestMethodNotAllowed (0.00s)
=== RUN    TestLogin
```

/time 엔드포인트를 HTTP DELETE 메서드로 방문한 결과도 PASS다. 잘못된 HTTP를 사용해 요청이 실패하는 것을 예상했기 때문이다.

```
2021/06/17 08:59:15 LoginHandler Serving: /login from
2021/06/17 08:59:15 Input user: {0 admin admin 0 0 0}
2021/06/17 08:59:15 Found user: {1 admin admin 1620922454 1 0}
2021/06/17 08:59:15 Logging in: {1 admin admin 1620922454 1 0}
2021/06/17 08:59:15 Updating user: {1 admin admin 1623909555 1 1}
2021/06/17 08:59:15 Affected: 1
2021/06/17 08:59:15 User updated: {1 admin admin 1623909555 1 1}
--- PASS: TestLogin (0.01s)
```

/login 엔드포인트를 테스트하는 TestLogin() 함수의 결과다. 날짜와 시간으로 시작하는 모든 줄은 REST API 서버에서 생성한 결과며 요청의 진행 상황을 알려 준다.

```
=== RUN    TestLogout
2021/06/17 08:59:15 LogoutHandler Serving: /logout from
2021/06/17 08:59:15 Found user: {1 admin admin 1620922454 1 1}
2021/06/17 08:59:15 Logging out: admin
```

```
2021/06/17 08:59:15 Updating user: {1 admin admin 1620922454 1 0}
2021/06/17 08:59:15 Affected: 1
2021/06/17 08:59:15 User updated: {1 admin admin 1620922454 1 0}
--- PASS: TestLogout (0.01s)
```

/logout 엔드포인트를 테스트하는 TestLogout()의 결과다. 이 결과도 PASS다.

```
=== RUN   TestAdd
2021/06/17 08:59:15 AddHandler Serving: /add from
2021/06/17 08:59:15 [{0 admin admin 0 0 0} {0 test_1623909555 myPass 0
0 0}]
--- PASS: TestAdd (0.01s)
```

TestAdd() 테스트 함수의 결과다. 생성된 새로운 사용자의 이름은 test_1623909555
이고 테스트를 실행할 때마다 이름은 달라진다.

```
=== RUN   TestGetUserDataHandler
2021/06/17 08:59:15 GetUserDataHandler Serving: /username/1 from
2021/06/17 08:59:15 Found user: {1 admin admin 1620922454 1 0}
--- PASS: TestGetUserDataHandler (0.00s)
PASS
ok      command-line-arguments          (cached)
```

마지막은 TestGetUserDataHandler() 테스트 함수의 결과이고 이 또한 아무 문제
없이 실행됐다.

다음 절에서는 다른 방식의 테스트인 퍼즈 테스트를 알아본다.

⫸ 퍼즈 테스트

소프트웨어 엔지니어는 보통 예상했던 일에 대해서는 아무 걱정이 없지만 예상하지
못하는 일에는 많은 걱정을 하게 된다. 이렇게 예상하지 않는 일을 다루는 방법이
퍼징fuzzing이다. 퍼징 또는 퍼즈 테스트fuzz testing는 유효하지 않고 예상하지 못한 랜덤

한 데이터를 프로그램에 입력하는 테스트 기법을 말한다.

퍼즈 테스트의 장점은 다음과 같다.

- 코드에서 유효하지 않거나 랜덤한 입력을 처리할 수 있다는 것을 확인할 수 있다.

- 퍼즈 테스트로 발견되는 버그는 보통 심각한 버그나 보안 위험을 발생시킬 수 있는 버그다.

- 공격자는 보통 취약점을 찾고자 퍼징 기법을 이용한다. 따라서 이에 대한 준비를 하면 좋다.

퍼즈 테스트는 미래의 Go 언어에 공식적으로 추가할 기능이지만 2021년에 출시되지는 않는다. Go 1.18 또는 1.19에서 정식 출시할 가능성이 높다.[1] 깃허브의 **dev. fuzz** 브랜치(https://github.com/golang/go/tree/dev.fuzz)에 가면 퍼즈 테스트 기능의 최신 구현을 확인할 수 있다. 이 브랜치는 관련 코드가 **master** 브랜치에 머지되기 전까지 존재할 것이다. 퍼즈 테스트에서는 **testing.F** 데이터 타입이 추가되고 **testing.T** 나 **testing.B**를 사용하는 것과 같은 방식으로 사용할 수 있다. Go에서 퍼즈 테스트를 사용해보고 싶다면 https://blog.golang.org/fuzz-beta를 방문해보자.

다음 절에서는 Go의 편리한 기능인 크로스컴파일을 다룬다.

크로스컴파일

크로스컴파일cross-compilation이란 현재 실행하고 있는 머신의 아키텍처와는 다른 아키텍처에 대한 바이너리 실행 파일을 생성하는 것을 말한다. 크로스컴파일의 가장 큰 장점은 다른 아키텍처에 대한 실행 파일을 생성하는 데 별도의 머신이 필요 없다

---

1. 2022년 3월 15일에 Go 1.18 버전에 퍼즈 테스트 기능이 정식 출시됐다. – 옮긴이

는 것이다. 따라서 한 대의 머신만으로 다양한 아키텍처의 프로그램을 개발할 수 있다. 다행히도 Go에서는 기본적으로 크로스컴파일 기능을 제공한다.

Go 소스 파일을 크로스컴파일하려면 GOOS와 GOARCH 환경 변수에 원하는 OS와 아키텍처를 명시해야 한다. 방법은 그리 어렵지 않다.

crossCompile.go의 코드는 다음과 같다.

```go
package main

import (
    "fmt"
    "runtime"
)

func main() {
    fmt.Print("You are using ", runtime.GOOS, " ")
    fmt.Println("on a(n)", runtime.GOARCH, "machine")
    fmt.Println("with Go version", runtime.Version())
}
```

이를 맥OS 머신에서 Go 1.16.5 버전으로 실행하면 다음과 같은 결과가 나온다.

```
$ go run crossCompile.go
You are using darwin on a(n) amd64 machine
with Go version go1.16.5
```

crossCompile.go를 amd64 프로세서를 사용하는 리눅스OS용으로 컴파일하려면 다음 커맨드를 맥OS 머신에 입력하기만 하면 된다.

780

```
$ env GOOS=linux GOARCH=amd64 go build crossCompile.go
$ file crossCompile
crossCompile: ELF 64-bit LSB executable, x86-64, version 1
(SYSV), statically linked, Go BuildID=GHF99KZkGUrFADRlsS7l/ty-
Ka44KVhMItrIvMZ6l/rdRP5mt_yw2AEox_8uET/HqP0KyUBaOB87LY7gvVu, not
stripped
```

이 파일을 아치 리눅스^{Arch Linux} 머신으로 전송한 다음 실행하면 다음과 같은 결과가 나온다.

```
$ ./crossCompile
You are using linux on a(n) amd64 machine
with Go version go1.16.5
```

여기서 주목해야 할 점은 crossCompile.go를 컴파일한 바이너리 파일은 컴파일 때 사용한 Go의 버전을 출력한다는 것이다(실행할 머신에 Go가 설치되지 않았을 수도 있으므로 이렇게 출력될 수밖에 없다).

크로스컴파일을 이용하면 CI/CD 시스템을 통해 여러 버전의 실행 파일을 손쉽게 배포할 수 있다.

다음 절에서는 go:generate를 다룬다.

⁖ go:generate

go:generate는 테스트나 프로파일링과 직접적인 연관이 있는 기능은 아니지만 테스트에 도움을 줄 수 있는 고급 기능이므로 이번 절에서 소개한다. go:generate 지시어는 go generate 커맨드와 관련 있고 Go 1.4 버전에서 추가됐다. 이를 이용하면 파일의 지시어에 따라 커맨드를 실행하고 자동화할 수 있다.

go generate 커맨드는 -v, -n, -x 플래그를 지원한다. -v 플래그는 처리하는 패키지와 파일의 이름을 출력하고 -n 플래그는 실행할 커맨드를 출력한다. 마지막으로

-x 플래그는 커맨드를 실행할 때 해당 커맨드를 출력한다. 이들을 이용하면 go: generate 커맨드를 디버깅하기 쉽다.

go:generate를 사용하는 경우는 다음과 같다.

- Go 코드 실행에 앞서 동적인 데이터를 인터넷이나 다른 곳에서 다운로드하고 싶을 때

- Go 코드 실행에 앞서 다른 코드를 실행하고 싶을 때

- 코드 실행에 앞서 버전 번호나 다른 데이터를 생성하고 싶을 때

- 샘플 데이터를 만들고 싶을 때(예를 들면 go:generate를 이용해 데이터베이스에 값을 집어넣을 수 있다)

> **TIP**
>
> 개발자들이 기능을 파악하기 쉽지 않고 추가적인 의존성을 만들기 때문에 go:generate를 사용하는 것은 모범 사례로 간주하지는 않는다. 따라서 가능한 한 go:generate의 사용을 피하면 좋고 보통은 피할 수 있다. 반면 진짜로 이 기능이 필요할 때는 이를 쉽게 판단할 수 있을 것이다.

go:generate의 사용법은 goGenerate.go에 다음과 같이 나타나 있다.

```
package main

import "fmt"

//go:generate ./echo.sh
```

이 코드는 같은 디렉터리에 있는 echo.sh를 실행한다.

```
//go:generate echo GOFILE: $GOFILE
//go:generate echo GOARCH: $GOARCH
//go:generate echo GOOS: $GOOS
//go:generate echo GOLINE: $GOLINE
```

```
//go:generate echo GOPACKAGE: $GOPACKAGE
```

$GOFILE, $GOARCH, $GOOS, $GOLINE, $GOPACKAGE는 특수한 변수들이고 실행 시간에
변경될 것이다.

```
//go:generate echo DOLLAR: $DOLLAR
//go:generate echo Hello!
//go:generate ls -l
//go:generate ./hello.py
```

여기서는 hello.py 파이썬 스크립트를 실행하고 현재 디렉터리에 있어야 한다.

```
func main() {
    fmt.Println("Hello there!")
}
```

go generate 커맨드는 fmt.Println() 구문이나 Go 소스 파일의 다른 구문을 실행
하지는 않는다. 마지막으로 go generate는 자동으로 실행되지 않고 명시적으로 실
행해야 한다는 것을 기억하자.

goGenerate.go를 ~/go/src 아래에서 실행하면 다음과 같은 결과가 생성된다.

```
$ go mod init
$ go mod tidy
$ go generate
Hello world!
GOFILE: goGenerate.go
GOARCH: amd64
GOOS: darwin
GOLINE: 9
GOPACKAGE: main
```

런타임에 정의된 $GOFILE, $GOARCH, $GOOS, $GOLINE, $GOPACKAGE 변수들의 값을 확인할 수 있다.

```
DOLLAR: $
```

OS 환경에서 $는 특별한 의미를 갖기 때문에 달러 문자를 출력하고자 $DOLLAR라는 특수한 변수를 사용한다.

```
Hello!
total 32
-rwxr-xr-x  1 mtsouk  staff   32 Jun  2 18:18 echo.sh
-rw-r--r--  1 mtsouk  staff   45 Jun  2 16:15 go.mod
-rw-r--r--  1 mtsouk  staff  381 Jun  2 18:18 goGenerate.go
-rwxr-xr-x  1 mtsouk  staff   52 Jun  2 18:18 hello.py
drwxr-xr-x  5 mtsouk  staff  160 Jun  2 17:07 walk
```

ls -l 커맨드의 결과를 통해 실행 시점에서 현재 디렉터리의 파일들을 확인할 수 있다. 이를 통해 테스트에서 필요한 파일들이 실행 시점에 존재하는지 확인할 수 있다.

```
Hello from Python!
```

마지막은 간단한 파이썬 스크립트의 결과다.

go generate를 -n과 함께 실행하면 실행되는 커맨드들을 확인할 수 있다.

```
$ go generate -n
./echo.sh
echo GOFILE: goGenerate.go
echo GOARCH: amd64
echo GOOS: darwin
echo GOLINE: 9
echo GOPACKAGE: main
echo DOLLAR: $
echo Hello!
ls -l
./hello.py
```

지금까지 go:generate를 이용하면 프로그램 실행 전에 OS 관련 작업을 할 수 있다는 사실을 알아봤다. 그러나 이 기능을 사용하면 개발자들이 쉽게 파악하지 못하는 것이 생기기 때문에 제한적으로만 사용해야 한다.

이번 장의 마지막 절은 예제 함수에 관해 알아본다.

⁝▸ 예제 함수 생성

패키지를 문서화할 때 해당 패키지에서 제공하는 타입이나 함수 전체 또는 일부의 사용법을 보여주는 예제 코드를 만드는 것이 좋다.

예제 함수를 제공하면 go test로 실행할 수 있는 테스트 코드로도 사용할 수 있는 등 여러 장점이 있다. 따라서 예제 함수에 // Output:이란 줄이 있으면 go test는 그 함수의 실행 결과가 // Output: 줄에 나온 값과 일치하는지 확인한다. 예제 함수는 _test.go로 끝나는 Go 파일 내부에 위치해야 하지만 예제 함수에서는 Go의 testing 패키지를 임포트할 필요가 없다. 또한 예제 함수의 이름은 반드시 Example로 시작해야 한다. 마지막으로 예제 함수는 매개변수와 반환값이 하나도 없어야 한다.

exampleFunctions.go와 exampleFunctions_test.go의 코드를 이용해 예제 함수에 대해 살펴보자. exampleFunctions.go의 내용은 다음과 같다.

```
package exampleFunctions

func LengthRange(s string) int {
    i := 0
    for _, _ = range s {
        i = i + 1
    }
    return i
}
```

이 코드는 LengthRange()라는 함수를 갖고 있는 일반적인 패키지의 코드를 나타낸 것이다. 예제 함수를 포함한 exampleFunctions_test.go의 내용은 다음과 같다.

```go
package exampleFunctions

import "fmt"

func ExampleLengthRange() {
  fmt.Println(LengthRange("Mihalis"))
  fmt.Println(LengthRange("Mastering Go, 3rd edition!"))
  // 출력:
  // 7
  // 7
}
```

주석에서는 결과를 7과 7로 예상하지만 이는 틀린 예상이다. 따라서 **go test**를 실행하면 다음과 같은 결과가 나온다.

```
$ go test -v exampleFunctions*
=== RUN   ExampleLengthRange
--- FAIL: ExampleLengthRange (0.00s)
got:
7
26
want:
7
7
FAIL
FAIL    command-line-arguments  0.410s
FAIL
```

예상했던 것처럼 생성된 결과에 에러가 있다. 두 번째 결과 값은 7이 아니라 26이기 때문이다. 이 결과 값을 고친다면 테스트의 결과는 다음처럼 변할 것이다.

```
$ go test -v exampleFunctions*
=== RUN   ExampleLengthRange
```

```
--- PASS: ExampleLengthRange (0.00s)
PASS
ok        command-line-arguments  1.157s
```

예제 함수를 이용하면 패키지의 기능을 쉽게 배울 수 있고 함수가 올바르게 동작하는지도 확인할 수 있다. 따라서 Go 패키지에 테스트 코드와 예제 함수 모두 포함시키는 것을 추천한다. 또한 패키지 문서를 생성했다면 테스트 함수가 패키지의 문서에 나타날 것이다.

⠿ 연습문제

- 웹 서비스의 성능을 측정하기 위한 **ab(1)**(https://httpd.apache.org/docs/2.4/programs/ab.html)의 간단한 버전을 고루틴과 채널을 사용해 직접 구현해보자.

- 3장에서 다룬 phoneBook.go 애플리케이션의 테스트 함수를 작성해보자.

- 피보나치 수열을 계산하는 패키지의 테스트 코드를 작성해보자. 패키지 자체를 구현하는 것도 잊으면 안 된다.

- 여러 운영체제의 os.TempDir() 값들을 찾아보자.

- 바이너리 파일을 복사하는 함수를 세 가지 다른 방식으로 구현한 뒤 벤치마크를 통해 어느 것이 가장 빠른지 알아보자. 해당 함수가 가장 빠른 이유를 설명할 수 있는가?

⠿ 요약

11장에서는 go:generate, 코드 프로파일링, 코드 추적, 벤치마크, Go 코드 테스트 등을 다뤘다. Go에서의 테스트와 벤치마크는 지루하다고 생각할 수 있지만 Go는 원래 지루하고 예측 가능하며, 이는 좋은 특성이다. 버그 없는 코드를 작성하는 것이 중요하고 가장 빠른 코드를 작성하는 것은 항상 중요한 일은 아니라는 사실도 기억하자.

대부분의 경우 충분히 빠른 코드만 작성해도 된다. 따라서 코드가 정말 느린 것이 아니라면 테스트와 벤치마크 작성에 더 많은 시간을 투자하자. 또한 이번 장에서는 도달할 수 없는 코드를 찾는 방법과 Go 코드를 크로스컴파일하는 방법도 알아봤다.

Go 프로파일러와 **go tool trace**는 충분히 다루지 못했지만 프로파일링과 코드 추적은 어느 정도 이해했으리라 믿는다. 물론 스스로 이 기능들을 마음껏 실험해보는 것이 가장 좋다.

12장에서는 Go에서의 gRPC 서비스를 다룬다.

⫶ 참고 자료

- **generate** 패키지: https://golang.org/pkg/cmd/go/internal/generate/

- 코드 생성: https://blog.golang.org/generate

- **testing** 패키지의 코드는 https://golang.org/src/testing/testing.go에서 찾을 수 있다.

- **net/http/httptrace** 패키지: https://golang.org/pkg/net/http/httptrace/

- HTTP 추적 소개: https://blog.golang.org/http-tracing

- 데이브 체니[Dave Cheney]의 고퍼콘[GopherCon] 2019 발표: Two Go Programs, Three Different Profiling Techniques: https://youtu.be/nok0aYiGiYA

12

gRPC

12장에서는 Go에서 gRPC를 사용하는 방법을 다룬다. gRPC는 gRPC 원격 프로시저 호출gRPC Remote Procedure Calls의 약자로, 구글에서 RESTful 서비스의 대안으로 만들어진 기술이다. REST 및 JSON 메시지로 작업하는 것보다 빠르다는 점이 gRPC의 주요한 장점이다. 또한 사용할 수 있는 여러 도구 덕분에 빠르게 gRPC 서비스용 클라이언트를 생성할 수 있다. 마지막으로 gRPC는 바이너리 데이터 형식을 사용하기 때문에 JSON 형식으로 작동하는 RESTful 서비스보다 가볍다.

gRPC 서버 및 클라이언트를 만드는 프로세스는 세 가지 주요 단계로 이뤄진다. 첫 번째 단계는 인터페이스 정의 언어IDL, Interface Definition Language 파일 생성이고, 두 번째는 gRPC 서버 개발, 세 번째는 gRPC 서버와 통신할 수 있는 gRPC 클라이언트 개발이다.

12장에서 다루는 내용은 다음과 같다.

- gRPC 소개

- 인터페이스 정의 언어 파일 정의

- gRPC 서버 개발

- gRPC 클라이언트 개발

⁑ gRPC 소개

gRPC는 2015년 구글에서 개발한 오픈소스 **원격 프로시저 호출**[RPC, Remote Procedure Call] 시스템이다. gRPC는 HTTP/2에 기반을 두고 만들어졌으며 서비스를 쉽게 만들 수 있고, 주고받는 메시지의 형식 및 서비스 인터페이스 정의 용도로 **프로토콜 버퍼** [protocol buffer]를 사용한다.

gRPC 클라이언트와 서버는 서로 동일한 언어로 작성할 필요 없이 각각 다른 프로그래밍 언어로 작성할 수 있다. 따라서 gRPC 서버는 Go로 구현하더라도 클라이언트는 파이썬으로 개발할 수 있다. gRPC를 지원하는 프로그래밍 언어들의 예시로는 파이썬, 자바, C++, C#, PHP, 루비[Ruby], 코틀린[Kotlin] 등이 있다.

gRPC의 장점은 다음과 같다.

- gRPC는 데이터 교환에 바이너리 형식을 사용하기 때문에 일반 텍스트 형식으로 데이터를 주고받는 서비스보다 더 **빠르다**.

- 제공된 커맨드라인 도구가 더 쉽고 빠르게 작업을 할 수 있게 도와준다.

- gRPC 서비스의 함수와 메시지를 한 번 정의하고 나면 이를 사용하는 여러 서버와 클라이언트를 RESTful 서비스들보다 더 쉽게 만들 수 있다.

- gRPC는 스트리밍 서비스에 사용할 수 있다.

- gRPC에서 데이터 교환 로직을 처리하기 때문에 개발자가 직접 처리할 필요가 없다.

다음 절에서는 gRPC 서비스의 기반이 되는 프로토콜 버퍼를 다룬다.

프로토콜 버퍼

프로토콜 버퍼^{protocol buffer, protobuf}는 기본적으로 구조화된 데이터를 직렬화하는 방식을 말한다. 인터페이스 정의 언어^{IDL} 또한 프로토콜 버퍼의 일부분이다. 프로토콜 버퍼는 데이터 교환에 바이너리 형식을 사용하므로 일반 텍스트를 사용하는 직렬화 형식보다 공간을 덜 차지한다. 하지만 데이터는 컴퓨터가 사용할 수 있고 사람이 읽을 수 있게 인코딩 및 디코딩해야 한다. 프로토콜 버퍼는 자체적인 데이터 타입을 갖고 이들은 프로토콜 버퍼를 사용하는 프로그래밍 언어가 기본적으로 지원하는 데이터 타입으로 변환된다.

보통 인터페이스 정의 언어 파일에서 주고받는 데이터의 형식과 서비스 인터페이스를 정의하기 때문에 각 gRPC 서비스의 핵심이 된다. 엄밀히 말하면 프로토콜 버퍼 파일은 서비스 정의, 서비스의 메서드, 주고받을 메시지의 형식을 포함하고 있기 때문에 프로토콜 버퍼 파일이 없으면 gRPC 서비스를 사용할 수 없다. 과장이 아니라 gRPC 서비스를 이해하려면 해당 정의 파일부터 살펴봐야 한다. 다음 절에서는 gRPC 서비스 예제에서 사용할 프로토콜 버퍼 파일을 살펴본다.

⁘ 인터페이스 정의 언어 파일 작성

이번 장에서 개발할 gRPC 서비스는 다음 기능을 지원한다.

- 서버는 날짜와 시간을 클라이언트에 반환한다.

- 서버는 주어진 길이의 랜덤한 암호를 클라이언트에게 반환한다.

- 서버는 클라이언트에 랜덤한 정수를 반환한다.

gRPC 클라이언트 및 서버 개발을 시작하기 전에 인터페이스 정의 언어 파일부터 정의해야 한다. 인터페이스 정의 언어 파일과 관련된 파일들은 별도의 깃허브 저장소(https://github.com/mactsouk/protoapi)에 저장할 것이다.

다음은 인터페이스 정의 언어 파일인 protoapi.proto를 소개한다.

```
syntax = "proto3";
```

위 파일은 프로토콜 버퍼의 세 번째 버전인 **proto3**를 사용한다(약간의 문법적 차이가 있는 proto2라는 예전 버전도 있다). **proto3**를 사용한다고 명시하지 않는다면 프로토콜 버퍼 컴파일러는 **proto2** 버전을 사용한다고 가정한다. .proto 파일에서 버전 정의는 반드시 빈 줄과 주석을 제외한 첫 번째 줄에 위치해야 한다.

```
option go_package = "./protoapi";
```

gRPC 도구는 해당 .proto 파일에서 Go 코드를 생성한다. 위 코드를 살펴보면 만들고자 하는 Go 패키지의 이름이 **protoapi**임을 알 수 있다. ./를 사용하기 때문에 Go 코드는 protoapi.proto와 같은 디렉터리에 생성될 것이다.

```
service Random {
  rpc GetDate (RequestDateTime) returns (DateTime);
  rpc GetRandom (RandomParams)returns (RandomInt);
  rpc GetRandomPass (RequestPass) returns (RandomPass);
}
```

이 블록에서는 gRPC 서비스의 이름 Random과 지원하는 메서드를 정의한다. 또한 상호작용을 위한 메시지의 형식도 지정한다. 따라서 GetDate의 경우 클라이언트는 RequestDateTime 메시지를 보내야 하며 DateTime 메시지를 다시 받게 된다.

다음 메시지들은 같은 .proto 파일 내에서 정의한다.

```
// 난수 관련 메세지
```

모든 .proto 파일은 C 및 C++ 타입의 주석을 지원한다. 따라서 .proto 파일에서 // text 및 /* text */ 주석을 사용할 수 있다.

```
message RandomParams {
   int64 Seed = 1;
   int64 Place = 2;
}
```

난수 생성기는 시드 값으로 시작하는데, 예제에서는 클라이언트가 시드 값을 지정한 뒤 RandomParams 메시지를 이용해 이 값을 서버로 보낸다. Place 필드는 무작위로 생성된 정수 배열에서 반환할 난수의 위치를 지정한다.

```
message RandomInt {
   int64 Value = 1;
}
```

앞의 두 메시지는 GetRandom 메서드와 관련된 메시지들이다. RandomParams는 요청의 매개변수를 설정하기 위한 메시지고 RandomInt는 서버에서 생성한 난수를 저장하기 위한 메시지다. 메시지의 모든 필드는 int64 데이터 타입이다.

```
// 날짜 및 시간 관련 메세지
message DateTime {
  string Value = 1;
}
message RequestDateTime {
  string Value = 2;
}
```

위의 두 메시지는 **GetDate** 메서드를 위한 메시지들이다. **RequestDateTime** 메시지는 유용한 데이터를 갖고 있지 않으므로 더미 메시지라고 볼 수 있다(클라이언트가 서버에 보내는 메시지만 있으면 된다). **RequestDateTime**의 **Value** 필드에는 모든 종류의 정보를 저장할 수 있다. 서버에서 반환한 정보는 **DateTime** 메시지에 문자열 값으로 저장된다.

```
// 랜덤 패스워드 관련 메세지
message RequestPass {
  int64 Seed = 1;
  int64 Length = 8;
}
message RandomPass {
  string Password = 1;
}
```

마지막으로 위의 두 메시지는 **GetRandomPass** 메서드를 위한 메시지들이다.

정리하자면 인터페이스 정의 언어 파일에서 하는 일은 다음과 같다.

- **proto3**를 사용하고 있음을 명시한다.

- 서비스 이름을 **Random**으로 정의한다.

- 생성한 Go 패키지의 이름을 **protoapi**라고 명시한다.

- gRPC 서비스가 GetDate, GetRandom, GetRandomPass의 세 가지 메서드를 지원하도록 정의한다. 또한 이 세 가지 메서드를 호출할 때 주고받을 메시지의 이름도 정의한다.

- 데이터 교환에 사용하는 6개의 메시지 형식을 정의한다.

다음 중요한 단계는 해당 파일을 Go에서 사용할 수 있는 형식으로 변환하는 단계다. protoapi.proto 또는 기타 .proto 파일을 처리하고 Go의 .pb.go 파일을 생성하려면 몇 가지 추가적인 도구를 다운로드해야 한다. 프로토콜 버퍼 컴파일러 바이너리의 이름은 protoc이다. 맥OS의 경우 brew install protobuf 커맨드를 사용해 protoc을 설치해야 한다. 마찬가지로 Homebrew를 사용해 protoc-gen-go-grpc와 protoc-gen-go 패키지도 설치해야 한다(마지막 두 패키지는 Go와 관련된 패키지다).

리눅스에서는 선호하는 패키지 매니저를 사용해 protobuf를 설치하고 go install github.com/golang/protobuf/protoc-gen-go@latest 커맨드로 protoc-gen-go를 설치해야 한다. 마찬가지로 go install google.golang.org/grpc/cmd/protoc-gen-go-grpc@latest를 실행해 protoc-gen-go-grpc 실행 파일을 설치해야 한다.

TIP

> Go 1.16부터 모듈을 사용할 때는 go install을 사용해 패키지를 빌드하고 설치하는 것을 권장한다. go get은 더 이상 사용하지 않을 예정이다. 단, go install을 사용할 때 패키지명 뒤에 @latest를 추가해 최신 버전을 설치하는 것을 잊지 말자.

코드 변환에는 다음의 과정이 필요하다.

```
$ protoc --go_out=. --go_opt=paths=source_relative --go-grpc_out=.
--go-grpc_opt=paths=source_relative protoapi.proto
```

위의 과정을 거치면 protoapi_grpc.pb.go라는 파일과 protoapi.pb.go라는 파일이 생긴다(둘 다 깃허브 저장소의 루트 디렉터리에 있다). protoapi.pb.go 소스 파일에는 메시지가 포함돼 있는 반면 protoapi_grpc.pb.go에는 서비스가 포함돼 있다.

protoapi_grpc.pb.go에서 처음 10개의 줄은 다음과 같다.

```
// Code generated by protoc-gen-go-grpc. DO NOT EDIT.

package protoapi
```

앞서 설명한 것처럼 패키지의 이름은 protoapi다.

```
import (
    context "context"
    grpc "google.golang.org/grpc"
    codes "google.golang.org/grpc/codes"
    status "google.golang.org/grpc/status"
)
```

여기가 임포트 블록이다. context "context"가 있는 이유는 context가 표준 Go 라이브러리의 일부가 아닌 외부 Go 패키지였기 때문이다.

protoapi.pb.go의 시작 부분은 다음과 같다.

```
// Code generated by protoc-gen-go. DO NOT EDIT.
// versions:
//    protoc-gen-go v1.27.1
//    protoc        v3.17.3
// source: protoapi.proto

package protoapi
```

protoapi_grpc.pb.go와 protoapi.pb.go는 모두 protoapi Go 패키지의 일부이므로 코드에 한 번만 포함하면 된다.

다음 절은 gRPC 서버 개발을 다룬다.

⊞ gRPC 서버 개발

이번 절에서는 앞 절의 api.proto 파일을 기반으로 gRPC 서버를 생성한다. gRPC를 사용하려면 외부 패키지가 필요하므로 https://github.com/mactsouk/grpc 깃허브 저장소에 관련 파일을 저장했다.

gRPC와 관련된 코드가 있는 gServer.go(server 디렉터리에 위치한다)의 코드는 다음과 같다. 편의상 일부 함수는 생략했다.

```
package main

import (
    "context"
    "fmt"
    "math/rand"
    "net"
    "os"
    "time"
```

이 프로그램에서는 난수 시퀀스를 재현할 수 있는 시드 값이 필요하기 때문에 난수를 생성할 때 비교적 안전한 crypto/rand 패키지 대신 math/rand 패키지를 사용한다.

```
    "github.com/mactsouk/protoapi"
    "google.golang.org/grpc"
    "google.golang.org/grpc/reflection"
)
```

임포트 블록에는 외부 구글 패키지 및 앞서 만든 github.com/mactsouk/protoapi 패키지가 있다. protoapi 패키지에는 개발할 gRPC 서비스의 구조체, 인터페이스, 함수들이 포함돼 있고 외부 구글 패키지에는 gRPC와 관련된 일반적인 코드가 포함돼 있다.

```
type RandomServer struct {
    protoapi.UnimplementedRandomServer
}
```

위 구조체는 gRPC 서비스의 이름에 따라 이름을 붙였다. 이 구조체에서 gRPC 서버에 필요한 인터페이스를 구현할 것이다. 해당 인터페이스를 구현하려면 protoapi.UnimplementedRandomServer를 사용해야 한다(이는 gRPC 서비스를 만들 때 표준적으로 사용하는 방식이다).

```
func (RandomServer) GetDate(ctx context.Context, r *protoapi. RequestDateTime)
(*protoapi.DateTime, error) {
    currentTime := time.Now()
    response := &protoapi.DateTime{
        Value: currentTime.String(),
    }
    return response, nil
}
```

위에서 인터페이스의 첫 번째 메서드를 구현했고 이는 protoapi.proto의 service 블록에 있는 GetDate 함수다. 이 메서드는 클라이언트 입력이 필요하지 않으므로 r 매개변수는 무시한다.

```
func (RandomServer) GetRandom(ctx context.Context, r *protoapi.RandomParams)
(*protoapi.RandomInt, error) {
    rand.Seed(r.GetSeed())
    place := r.GetPlace()
```

GetSeed()와 GetPlace() 메서드는 protoc으로 구현하며 protoapi.RandomParams의 필드와 관련된 메서드다. 이 메서드들은 클라이언트 메시지에서 데이터를 읽는데 사용한다.

```
    temp := random(min, max)
    for {
      place--
      if place <= 0 {
        break
      }
      temp = random(min, max)
    }

    response := &protoapi.RandomInt{
      Value: int64(temp),
    }
    return response, nil
  }
```

서버는 클라이언트에 반환할 protoapi.RandomInt 변수를 생성한다. 이제 인터페이스의 두 번째 메서드까지 구현했다.

```
func (RandomServer) GetRandomPass(ctx context.Context, r *protoapi.
RequestPass) (*protoapi.RandomPass, error) {
  rand.Seed(r.GetSeed())
  temp := getString(r.GetLength())
```

GetSeed()와 GetLength() 메서드는 protoc으로 구현하며 protoapi.RequestPass의 필드와 관련된 메서드다. 이 메서드들은 클라이언트 메시지에서 데이터를 읽는 데 사용된다.

```
  response := &protoapi.RandomPass{
    Password: temp,
  }
  return response, nil
```

```
        }
```

GetRandomPass()의 마지막 부분에서는 클라이언트에게 보낼 응답 protoapi.
RandomPass를 생성한다.

```
var port = ":8080"

func main() {
    if len(os.Args) == 1 {
        fmt.Println("Using default port:", port)
    } else {
        port = os.Args[1]
    }
```

main()의 첫 부분에서는 서비스에 사용할 TCP 포트를 지정한다.

```
    server := grpc.NewServer()
```

위 코드에서는 어떤 gRPC 서비스에도 연결하지 않은 새 gRPC 서버를 생성한다.

```
    var randomServer RandomServer
    protoapi.RegisterRandomServer(server, randomServer)
```

위 코드에서는 protoapi.RegisterRandomServer()를 호출해 특정 서비스에 대한
gRPC 서버를 생성한다.

```
    reflection.Register(server)
```

reflection.Register()를 반드시 호출할 필요는 없지만 서버에서 사용할 수 있는

800

서비스를 나열하려는 경우 도움이 된다(이 절에서 다루는 코드의 경우 생략할 수 있다).

```
listen, err := net.Listen("tcp", port)
if err != nil {
  fmt.Println(err)
  return
}
```

위 코드에서는 원하는 TCP 포트를 이용해 TCP 서비스를 시작한다.

```
  fmt.Println("Serving requests...")
  server.Serve(listen)
}
```

프로그램의 마지막 부분에서는 gRPC 서버에서 클라이언트 요청을 처리하기 시작한다. 이를 위해 Serve() 메서드를 호출하고 listen에 저장된 네트워크 매개변수를 사용한다.

TIP

> curl(1) 유틸리티에서는 바이너리 데이터를 활용할 수 없으므로 gRPC 서버를 테스트하는 데 사용할 수 없다. 대신 gRPC 서비스를 테스트하고자 grpcurl 유틸리티(https://github.com/fullstorydev/grpcurl)를 사용할 수 있다.

이제 gRPC 서버가 준비됐으므로 다음 절에서는 클라이언트를 개발해 gRPC 서버의 동작 테스트를 더 쉽게 만들어보자.

⁂ gRPC 클라이언트 개발

이 절에서는 앞의 api.proto 파일을 기반으로 하는 gRPC 클라이언트를 개발해본다. 클라이언트를 개발하는 목적은 서버의 기능을 테스트하기 위함이다. 그렇지만 각각 서로 다른 RPC를 호출하는 세 가지 함수의 구현을 가장 중요하게 살펴본다. 이 세 개의 함수를 통해 gRPC 서버와 상호작용할 수 있기 때문이다. 또한 gClient.go의 main() 함수에서는 이 세 가지 함수를 사용한다.

gClient.go의 코드는 다음과 같다.

```
package main

import (
    "context"
    "fmt"
    "math/rand"
    "os"
    "time"

    "github.com/mactsouk/protoapi"
    "google.golang.org/grpc"
)

var port = ":8080"

func AskingDateTime(ctx context.Context, m protoapi.RandomClient)
(*protoapi.DateTime, error) {
```

AskingDateTime() 함수의 이름은 원하는 이름으로 지정해도 상관없다. 하지만 나중에 GetDate()를 호출하려면 함수의 시그니처에 context.Context 매개변수와 RandomClient 매개변수가 포함돼 있어야 한다. 클라이언트는 인터페이스 정의 언어의 어떤 함수도 구현할 필요가 없으며 그냥 호출하기만 하면 된다.

```
request := &protoapi.RequestDateTime{
  Value: "Please send me the date and time",
}
```

먼저 protoapi.RequestDateTime 변수를 이용해 클라이언트 요청 관련 데이터를 생성한다.

```
    return m.GetDate(ctx, request)
}
```

그런 다음 GetDate() 메서드를 호출해 클라이언트 요청을 서버로 보낸다. protoapi 모듈의 코드가 이를 처리한다. 여기서는 올바른 매개변수를 사용해 GetDate()를 호출하기만 하면 된다. 이것이 첫 번째 함수 구현의 전부다. 이러한 함수가 꼭 있어야 하는 것은 아니지만 별도의 함수를 사용하면 코드가 더 깔끔해진다.

```
func AskPass(ctx context.Context, m protoapi.RandomClient, seed int64, length
int64) (*protoapi.RandomPass, error) {
  request := &protoapi.RequestPass{
    Seed: seed,
    Length: length,
  }
```

AskPass() 함수에서는 GetRandomPass() gRPC 메서드를 호출해 서버 프로세스에서 랜덤한 암호를 가져온다. 이를 위해 먼저 주어진 값으로 AskPass()의 매개변수인 protoapi.RequestPass 변수의 Seed와 Length 값을 설정한다.

```
    return m.GetRandomPass(ctx, request)
}
```

그런 다음 GetRandomPass()를 호출해 클라이언트 요청을 서버에 보낸 뒤 응답을 받는다. 마지막으로 함수가 반환된다.

gRPC의 작동 방식과 작업을 단순화하는 도구들로 인해 AskPass()의 구현 자체는 짧다. 동일한 작업을 RESTful 서비스에서 수행하려면 더 많은 코드가 필요하다.

```go
func AskRandom(ctx context.Context, m protoapi.RandomClient, seed int64, place
int64) (*protoapi.RandomInt, error) {
  request := &protoapi.RandomParams{
    Seed: seed,
    Place: place,
  }

  return m.GetRandom(ctx, request)
}
```

마지막 함수인 AskRandom()도 이전과 비슷한 방식으로 작동한다. 클라이언트 메시지 protoapi.RandomParams를 생성하고 GetRandom()을 호출해 서버로 요청을 보낸 뒤 GetRandom()에서 반환한 서버 응답을 얻게 된다.

```go
func main() {
  if len(os.Args) == 1 {
    fmt.Println("Using default port:", port)
  } else {
    port = os.Args[1]
  }

  conn, err := grpc.Dial(port, grpc.WithInsecure())
  if err != nil {
    fmt.Println("Dial:", err)
    return
  }
```

gRPC 클라이언트는 **grpc.Dial()**을 사용해 gRPC 서버에 연결해야 한다. 그러나 클라이언트가 연결할 gRPC 서비스도 추가로 지정해야 한다(서비스 지정은 잠시 후에 다룬다). **grpc.Dial()**에 매개변수로 전달하는 **grpc.Insecure()** 함수는 클라이언트 연결에 대한 보안을 비활성화하는 **DialOption** 값을 반환한다.

```
rand.Seed(time.Now().Unix())
seed := int64(rand.Intn(100))
```

클라이언트 코드를 실행할 때마다 다른 시드 값을 gRPC 서버로 전송하기 때문에 gRPC 서버에서 매번 다른 랜덤 값과 암호를 얻는다.

```
client := protoapi.NewRandomClient(conn)
```

다음으로 **protoapi.NewRandomClient()**를 호출하고 **protoapi.NewRandomClient()** 에 TCP 연결을 전달해 gRPC 클라이언트를 생성해야 한다. 이 클라이언트 변수는 서버와의 상호작용에서 항상 사용한다. 호출할 함수의 이름은 gRPC 서비스의 이름에 따라 달라진다. 이를 통해 서버가 지원하는 다양한 gRPC 서비스를 구별할 수 있다.

```
r, err := AskingDateTime(context.Background(), client)
if err != nil {
  fmt.Println(err)
  return
}
fmt.Println("Server Date and Time:", r.Value)
```

먼저 **AskingDateTime()** 함수를 호출해 gRPC 서버에서 날짜와 시간을 가져온다.

```
    length := int64(rand.Intn(20))
    p, err := AskPass(context.Background(), client, 100, length+1)
    if err != nil {
        fmt.Println(err)
        return
    }
    fmt.Println("Random Password:", p.Password)
```

그런 다음 AskPass()를 호출해 무작위로 생성된 암호를 얻는다. 암호의 길이는 length := int64(rand.Intn(20)) 구문으로 지정한다.

```
    place := int64(rand.Intn(100))
    i, err := AskRandom(context.Background(), client, seed, place)
    if err != nil {
        fmt.Println(err)
        return
    }
    fmt.Println("Random Integer 1:", i.Value)
```

다른 매개변수로 AskRandom()을 테스트하고 다른 값을 반환하는지 확인한다.

```
    k, err := AskRandom(context.Background(), client, seed, place-1)
    if err != nil {
        fmt.Println(err)
        return
    }
    fmt.Println("Random Integer 2:", k.Value)
}
```

서버와 클라이언트를 모두 만들었으므로 이제 테스트할 준비가 됐다.

⁞⁝ 클라이언트를 이용한 gRPC 서버 테스트

이제 서버와 클라이언트를 모두 개발했으므로 사용할 준비가 됐다. 먼저 다음과 같이 gServer.go를 실행해보자.

```
$ go run gServer.go
Using default port: :8080
Serving requests..
```

서버 프로세스는 다른 어떤 출력도 생성하지 않는다.

그런 다음 커맨드라인 매개변수 없이 gClient.go를 실행한다. gClient.go에서 출력한 내용은 다음과 비슷할 것이다.

```
$ go run gClient.go
Using default port: :8080
Server Date and Time: 2021-07-05 08:32:19.654905 +0300 EEST
m=+2.197816168
Random Password: $1!usiz|36
Random Integer 1: 92
Random Integer 2: 78
```

첫 번째 줄에서는 유닉스 셸에서 클라이언트가 실행되는 것을 확인할 수 있었고, 두 번째 줄에서는 gRPC 서버에 연결하는 데 사용하는 TCP 포트에 대한 출력을 확인할 수 있었다. 이들을 제외한 출력에서는 gRPC 서버에서 반환한 날짜와 시간이 표시된다. 그다음엔 서버에서 생성한 무작위 암호와 두 개의 무작위 정수가 출력된다.

gClient.go를 한 번 더 실행하면 이전과는 다른 출력이 표시된다.

```
$ go run gClient.go
Using default port: :8080
Server Date and Time: 2021-07-05 08:32:23.831445 +0300 EEST
m=+6.374535148
Random Password: $1!usiz|36N}DO*}{
Random Integer 1: 10
Random Integer 2: 68
```

gRPC 서버가 다른 값을 반환했다는 사실에 비춰봐서 gRPC 서버가 예상대로 작동한다는 것을 알 수 있다.

gRPC는 여러 메시지 교환 및 스트리밍과 같이 이번 장에서 설명한 것보다 더 많은 작업을 수행할 수 있다(반면 RESTful 서버는 데이터 스트리밍에 사용할 수 없다). 그러나 이는 이 책의 범위를 벗어나므로 다루지 않는다.

⠿ 연습문제

- cobra를 사용해 gClient.go를 커맨드라인 유틸리티로 변환해보자.

- gServer.go를 RESTful 서버로 변환해보자.

- 데이터 교환에 gRPC를 사용하는 RESTful 서비스를 만들어보자. 지원하고자 하는 REST API를 정의하되 RESTful 서버와 gRPC 서버 간의 통신에는 gRPC를 사용하도록 구성해야 한다. 이 경우 RESTful 서버는 gRPC 서버에 대한 클라이언트 역할을 할 것이다.

- 정수의 덧셈과 뺄셈을 구현하는 gRPC 서비스를 만들어보자.

- 전화번호부 애플리케이션을 gRPC 서비스로 변환하는 것은 쉬울지, 아니면 어려울지 생각해보자.

- 문자열의 길이를 계산하는 gRPC 서버를 구현해보자.

⠿ 요약

gRPC는 빠르고 사용하기 쉽고 이해하기 쉬우며 바이너리 형식으로 데이터를 교환한다. 12장에서는 gRPC 서비스의 메서드와 메시지를 정의하는 방법, 이들을 Go

코드로 변환하는 방법, 해당 gRPC 서비스를 위한 서버와 클라이언트를 개발하는 방법까지 알아봤다.

그렇다면 gRPC를 사용해야 할까? 아니면 RESTful 서비스를 고수해야 할까? 이 질문은 스스로만 답할 수 있다. 더 자연스럽게 느껴지는 방식을 사용해야 한다. 그러나 여전히 확신이 서지 않고 결정할 수 없다면 먼저 RESTful 서비스를 개발한 다음 gRPC를 사용해 동일한 서비스를 구현해보자. 두 가지 방식으로 서비스를 구현한 뒤에는 둘 중 하나를 선택할 수 있을 것이다.

이 책의 마지막 장은 현재 개발 중인 Go의 기능인 제네릭을 다룬다. 제네릭은 2022년에 공식적으로 Go에 포함될 예정이지만 제네릭을 설명하고 제네릭을 더 잘 이해할 수 있도록 지금 Go 코드를 살펴보는 데는 아무 문제가 없다.

⁘ 참고 자료

- gRPC: https://grpc.io/

- 프로토콜 버퍼 3 언어 가이드: https://developers.google.com/protocol-buffers/docs/proto3

- grpcurl: https://github.com/fullstorydev/grpcurl

- 요한 브랜드호스트[Johan Brandhorst]의 웹 사이트: https://jbrandhorst.com/page/about/

- google.golang.org/grpc 패키지의 문서: https://pkg.go.dev/google.golang.org/grpc

- Go에서의 gRPC 사용 관련 튜토리얼: https://grpc.io/docs/languages/go/basics/

- 프로토콜 버퍼: https://developers.google.com/protocol-buffers

같은 줄에 출력하고 fmt.Println()을 이용해 새로운 줄로 넘어간다.

```go
func main() {
  PrintSlice([]int{1, 2, 3})
  PrintSlice([]string{"a", "b", "c"})
  PrintSlice([]float64{1.2, -2.33, 4.55})
}
```

여기선 서로 다른 데이터 타입 int, string, float64에 대해 PrintSlice()를 3번 호출했다. Go 컴파일러는 이것을 문제 삼지 않으며 각각의 데이터 타입에 대해 3개의 서로 다른 함수가 있는 것처럼 코드를 실행한다.

따라서 hw.go를 실행하면 다음과 같은 결과를 얻을 수 있다.

```
1 2 3
a b c
1.2 -2.33 4.55
```

예상했던 것처럼 각각의 슬라이스를 하나의 제네릭 함수로 출력했다. 이를 염두에 두고 이제 제네릭과 제약 조건을 알아보자.

⫸ 제약 조건

제네릭을 이용해 주어진 2개의 숫자 값을 곱하는 함수를 만드는 상황을 가정해보자. 이 함수가 모든 데이터 타입에 대해 동작해야 할까? 이 함수가 모든 데이터 타입에 대해 동작할 수 있을까? 두 개의 문자열이나 두 개의 구조체를 곱할 수 있을까? 이러한 문제점을 해결하고자 사용하는 것이 제약 조건이다.

두 개의 값을 곱하는 것은 잠깐 잊고 더 간단한 예시를 생각해보자. 주어진 변수들이 동일한지를 비교하고 싶다고 할 때 Go에게 비교가 가능한 값만 다루고 싶다는 것을 알릴 방법이 있을까? Go 1.18에서는 미리 정의한 제약 조건이 있는데, 그중 하나가 같다 또는 다르다를 비교할 수 있는 데이터 타입들을 포함한 comparable이라는 제약 조건이다.

allowed.go의 코드는 다음과 같이 comparable 제약 조건을 어떻게 사용하는지 보여준다.

```go
package main

import (
  "fmt"
)

func Same[T comparable](a, b T) bool {
  if a == b {
    return true
  }
  return false
}
```

Same() 함수는 any 대신 미리 정의한 comparable 제약 조건을 사용한다. 사실 comparable 제약 조건은 == 또는 !=로 비교가 가능한 모든 데이터 타입을 포함하는 미리 정의한 인터페이스일 뿐이다. 함수 시그니처에서 사용할 수 있는 데이터 타입인 것이 보장되기 때문에 입력을 확인하는 추가 코드를 작성할 필요가 없다.

```go
func main() {
  fmt.Println("4 = 3 is", Same(4,3))
  fmt.Println("aa = aa is", Same("aa","aa"))
  fmt.Println("4.1 = 4.15 is", Same(4.1,4.15))
}
```

main() 함수는 Same()을 3번 호출하고 결과를 출력한다.

allowed.go를 실행하면 다음과 같은 결과를 얻을 수 있다.

```
4 = 3 is false
aa = aa is true
4.1 = 4.15 is false
```

Same("aa","aa")만이 true를 반환하고 각각의 결과를 얻을 수 있다.

두 슬라이스를 비교하는 Same([]int{1,2}, []int{1,3})을 추가한 뒤 실행하려고 하면 Go 플레이그라운드는 다음 에러 메시지를 생성한다.

```
type checking failed for main
prog.go2:19:31: []int does not satisfy comparable
```

이러한 에러가 나온 이유는 두 개의 슬라이스를 직접적으로 비교할 수 없기 때문이다. 해당 기능은 직접 구현해야 한다.

다음 절에서는 제약 조건을 만드는 방법을 다룬다.

제약 조건 만들기

이번 절에서는 인터페이스를 이용해 제네릭 함수의 매개변수로 넘길 수 있는 데이터 타입을 정의하는 방법을 다룬다. 다음의 numeric.go 코드를 살펴보자.

```go
package main

import (
    "fmt"
)

type Numeric interface {
    int | int8 | int16 | int32 | int64 | float64
}
```

여기에서는 지원하는 데이터 타입의 목록을 지정하는 **Numeric**이라는 새로운 인터 페이스를 정의했다. 구현하고자 하는 제네릭 함수에서 사용할 수 있다면 어떠한 데이터 타입이든 사용할 수 있다. 이 경우에는 **string** 또는 **uint** 등을 지원하는 데이터 타입의 목록에 추가할 수 있다.

```
func Add[T Numeric](a, b T) T {
    return a + b
}
```

Numeric 제약 조건을 사용하는 제네릭 함수를 정의했다.

```
func main() {
    fmt.Println("4 + 3 =", Add(4,3))
    fmt.Println("4.1 + 3.2 =", Add(4.1,3.2))
}
```

Add()를 호출하는 **main()** 함수를 구현했다.

numeric.go를 실행하면 다음과 같은 결과를 얻을 수 있다.

```
4 + 3 = 7
4.1 + 3.2 = 7.3
```

하지만 Go의 규칙에 따라 **Add(4.1, 3)**을 호출하려고 하면 다음의 에러 메시지를 얻을 것이다.

```
type checking failed for main
prog.go2:16:33: default type int of 3 does not match inferred type
float64 for T
```

이 에러의 원인은 **Add()** 함수가 같은 데이터 타입의 두 매개변수를 받는 것이라고 예상하고 있기 때문이다. 4.1은 float64인 반면 3은 int이기 때문에 둘은 같은 데이터 타입이 아니다.

이제 새로운 데이터 타입을 정의할 때 제네릭을 사용하는 방법을 알아보자.

제네릭을 이용한 데이터 타입 정의

이번 절에서는 제네릭을 이용한 데이터 타입을 만들어본다. newDT.go의 코드는 다음과 같다.

```go
package main

import (
  "fmt"
  "errors"
)

type TreeLast[T any] []T
```

위 코드에서는 제네릭을 이용한 새로운 데이터 타입인 **TreeLast**를 선언했다.

```go
func (t TreeLast[T]) replaceLast(element T) (TreeLast[T], error) {
  if len(t) == 0 {
    return t, errors.New("This is empty!")
  }

  t[len(t) - 1] = element
  return t, nil
}
```

replaceLast()는 TreeLast 변수에서 사용할 수 있는 메서드다. 함수 시그니처 외에는 제네릭의 사용을 보여주는 것이 없다.

```
func main() {
    tempStr := TreeLast[string]{"aa", "bb"}
    fmt.Println(tempStr)
    tempStr.replaceLast("cc")
    fmt.Println(tempStr)
```

main()의 첫 부분에서는 aa와 bb라는 string 값을 이용해 TreeLast 변수를 만들고, replaceLast("cc")를 호출해 bb 값을 cc로 바꾼다.

```
    tempInt := TreeLast[int]{12, -3}
    fmt.Println(tempInt)
    tempInt.replaceLast(0)
    fmt.Println(tempInt)
}
```

main()의 두 번째 부분에서는 int 값을 갖는 TreeLast 변수로 첫 부분과 유사한 작업을 수행한다. TreeLast는 string과 int 값 모두에 대해 아무 문제없이 동작한다. newDT.go를 실행하면 다음과 같은 결과를 얻을 수 있다.

```
[aa bb]
[aa cc]
```

위 출력은 TreeLast[string] 변수에 관한 출력이다.

```
[12 -3]
[12 0]
```

마지막 출력은 TreeLast[int] 변수와 관련돼 있다.

이제 Go 구조체에서 제네릭을 사용하는 방법을 알아보자.

Go 구조체에서의 제네릭 사용

이번 절에서는 제네릭을 이용해 연결 리스트를 구현한다. 제네릭을 사용하면 연결 리스트를 한 번만 구현해도 여러 데이터 타입에서 사용할 수 있기 때문에 일이 줄어들게 된다.

structures.go의 코드는 다음과 같다.

```go
package main

import (
  "fmt"
)

type node[T any] struct {
  Data T
  next *node[T]
}
```

node 구조체에서는 노드가 모든 종류의 데이터를 저장할 수 있게 제네릭을 사용했다. 하지만 그렇더라도 node 구조체의 next 필드가 다른 데이터 타입의 Data를 갖는 node를 가리킬 수 있다는 의미는 아니다. 연결 리스트가 같은 데이터 타입의 원소만을 가질 수 있다는 규칙은 그대로 적용된다. 각각 string 값, int 값, JSON 값을 저장하는 연결 리스트 3개를 만들고 싶다고 할 때 주어진 struct 데이터 타입을 사용하면 추가적인 코드 작성을 할 필요가 없다는 의미다.

```go
type list[T any] struct {
  start *node[T]
}
```

node라는 노드를 갖는 연결 리스트의 루트 노드에 대한 정의다. list와 node는 반드시 같은 데이터 타입 T를 공유해야 한다. 하지만 앞서 언급했듯이 다양한 데이터 타입을 지원하는 여러 개의 연결 리스트를 만드는 것은 할 수 있다.

연결 리스트에서 지원하는 데이터 타입을 제한하고 싶은 경우에는 node와 list의
정의에 있는 any를 다른 제약 조건으로 변경하면 된다.

```
func (l *list[T]) add(data T) {
  n := node[T] {
    Data: data,
    next: nil,
  }
```

add() 함수 역시 모든 노드에 대해 동작할 수 있게 제네릭을 사용했다. add() 함수
의 시그니처를 제외한 나머지 코드는 제네릭과 무관하게 작성할 수 있다.

```
  if l.start == nil {
    l.start = &n
    return
  }
  if l.start.next == nil {
    l.start.next = &n
    return
  }
```

두 개의 if 블록은 새로운 노드를 연결 리스트에 추가하는 작업을 수행한다.

```
  temp := l.start
  l.start = l.start.next
  l.add(data)
  l.start = temp
}
```

add() 함수의 마지막 부분은 새로운 노드를 리스트에 추가할 때 노드 사이의 적절한 연결을 정의하는 역할을 한다.

```
func main() {
    var myList list[int]
```

먼저 main() 함수에 앞으로 다룰 int 값을 갖는 연결 리스트를 정의한다.

```
    fmt.Println(myList)
```

myList의 초깃값은 리스트가 비어 있고 어떠한 노드도 포함하고 있지 않기 때문에 nil이다.

```
    myList.add(12)
    myList.add(9)
    myList.add(3)
    myList.add(9)
```

먼저 연결 리스트에 4개의 원소를 추가한다.

```
    // 모든 원소를 출력한다.
    for {
        fmt.Println("*", myList.start)
        if myList.start == nil {
            break
        }
        myList.start = myList.start.next
    }
}
```

main() 함수의 마지막 부분에서는 리스트에서의 다음 노드를 가리키는 next 필드를 이용해 리스트를 순회하며 모든 원소를 출력하는 작업을 수행한다.

structures.go를 실행하면 다음과 같은 결과를 얻을 수 있다.

```
{<nil>}
* &{12 0xc00010a060}
* &{9 0xc00010a080}
* &{3 0xc00010a0b0}
* &{9 <nil>}
* <nil>
```

결과를 조금만 살펴보자. 첫 번째 줄에서는 비어 있는 리스트의 값이 nil임을 확인할 수 있다. 리스트의 첫 번째 노드는 12라는 값과 함께 두 번째 노드의 메모리 주소 값(0xc00010a060)을 갖고 있다. 이러한 출력이 리스트 내의 두 번째 9 값을 갖고 있는 마지막 노드까지 계속되며, 마지막 노드이기 때문에 다음 노드를 가리키는 메모리 주소 값에는 nil이 들어있다. 이처럼 제네릭은 연결 리스트가 다양한 데이터 타입에서 동작할 수 있게 해준다.

이제 다양한 데이터 타입을 지원하고자 인터페이스를 사용하는 것과 제네릭을 사용하는 것의 차이점을 알아본다.

⁖⁖ 인터페이스와 제네릭

이번 절에서는 숫자 값을 1만큼 증가시키는 프로그램을 인터페이스와 제네릭으로 구현하고 세부 구현을 비교한다.

interfaces.go의 코드에서는 다음과 같은 두 가지 기법을 활용한다.

```
package main
```

```
import (
    "fmt"
)

type Numeric interface {
    int | int8 | int16 | int32 | int64 | float64
}
```

허용하는 데이터 타입을 제한하고자 **Numeric**이라는 제약 조건을 정의한다.

```
func Print(s interface{}) {
    // 타입 스위치
    switch s.(type) {
```

Print() 함수는 입력을 받을 때 빈 인터페이스를 사용하며 입력된 매개변수를 사용할 때는 타입 스위치를 이용한다.

간단히 말해 지원하는 데이터 타입을 구분하고자 타입 스위치를 사용한다. 이때 지원하는 데이터 타입은 타입 스위치의 구현과 관련한 **int**와 **float64**뿐이다. 하지만 다양한 데이터 타입을 추가하려면 코드의 변경이 필요하기 때문에 이는 가장 효율적인 방식이 아니다.

```
    case int:
        fmt.Println(s.(int)+1)
```

int 타입을 처리하는 부분이다.

```
    case float64:
        fmt.Println(s.(float64)+1)
```

float64 타입을 처리하는 부분이다.

```
    default:
      fmt.Println("Unknown data type!")
    }
  }
```

default 부분은 지원하지 않는 데이터 타입의 처리를 담당한다.

Print() 함수의 가장 큰 문제점은 빈 인터페이스를 사용했기 때문에 모든 종류의 입력을 받을 수 있다는 것이다. 함수 시그니처가 함수에 허용하는 데이터 타입을 제한하는 데 아무런 도움을 주지 않고 있다. Print() 함수의 두 번째 문제점은 각각의 경우를 구체적으로 처리해야 한다는 것이다. 더 많은 경우를 처리해야 할 때는 더 많은 코드를 필요로 한다.

반면 컴파일러는 위의 코드에 대해 많은 것을 추측할 필요가 없다. 제네릭을 사용하는 경우에는 컴파일러와 런타임이 더 많은 작업을 수행해야 하며 이러한 작업으로 인해 실행 시간이 더 오래 걸린다.

```
  func PrintGenerics[T any](s T) {
    fmt.Println(s)
  }
```

PrintGenerics() 함수는 모든 데이터 타입을 간단하고 우아하게 처리할 수 있는 제네릭 함수다.

```
  func PrintNumeric[T Numeric](s T) {
    fmt.Println(s+1)
  }
```

PrintNumeric() 함수는 Numeric 제약 조건을 이용해 모든 숫자 데이터 타입을 지원한다. Print() 함수처럼 각각의 데이터 타입에 대한 구체적인 코드를 작성할 필요가 없다.

```
func main() {
  Print(12)
  Print(-1.23)
  Print("Hi!")
```

main() 함수의 첫 부분에서는 다양한 데이터 타입의 int 값, float64 값, string 값을 Print() 함수에 각각 입력해 사용했다.

```
  PrintGenerics(1)
  PrintGenerics("a")
  PrintGenerics(-2.33)
```

앞서 언급했듯이 PrintGenerics() 함수는 string 값을 포함한 모든 데이터 타입에서 동작한다.

```
  PrintNumeric(1)
  PrintNumeric(-2.33)
}
```

main() 함수의 마지막 부분에서는 Numeric 제약 조건을 사용했기 때문에 숫자 값만을 PrintNumeric() 함수에 사용했다.

interfaces.go를 실행하면 다음과 같은 결과를 얻을 수 있다.

```
13
-0.22999999999999998
Unknown data type!
```

결과의 첫 세 줄은 빈 인터페이스를 사용한 Print() 함수의 출력이다.

```
1
a
-2.33
```

다음 세 줄은 제네릭을 사용해 모든 데이터 타입을 지원하는 PrintGenerics() 함수의 출력이다. 결과적으로 숫자 값을 다루고 있다는 것을 확신할 수 없기 때문에 입력의 값을 증가시키지 못했다. 따라서 주어진 입력을 그대로 출력했다.

```
2
-1.33
```

마지막 두 줄은 Numeric 제약 조건을 사용한 PrintNumeric() 함수의 출력이다.

따라서 실제로 여러 데이터 타입을 지원해야 하는 경우에는 인터페이스를 사용하는 것보다 제네릭을 사용하는 것이 더 나은 선택일 수 있다.

이제 제네릭을 사용하는 대신 리플렉션을 사용하는 방법을 알아보자.

⠶ 리플렉션과 제네릭

이번 절에서는 슬라이스의 원소를 출력하는 유틸리티를 리플렉션과 제네릭을 이용해 각각 개발해본다.

다음은 reflection.go의 코드다.

```
package main

import (
  "fmt"
  "reflect"
)

func PrintReflection(s interface{}) {
  fmt.Println("** Reflection")
  val := reflect.ValueOf(s)
  if val.Kind() != reflect.Slice {
    return
  }
  for i := 0; i < val.Len(); i++ {
    fmt.Print(val.Index(i).Interface(), " ")
  }
  fmt.Println()
}
```

내부적으로 PrintReflection() 함수는 슬라이스만으로 동작한다. 하지만 그러한 사실을 함수 시그니처에 표현할 수 없었기 때문에 빈 인터페이스 매개변수를 입력으로 받아야만 한다. 추가적으로 원하는 결과를 얻고자 더 많은 코드를 작성해야만 한다.

더 자세히 말하자면 먼저 reflect.Slice를 이용해 슬라이스를 처리하고 있는지 확인해야 하며 두 번째로 for문을 사용해 슬라이스의 원소를 출력해야 하는 것이 미관상 좋지 않다.

```
func PrintSlice[T any](s []T) {
  fmt.Println("** Generics")
  for _, v := range s {
    fmt.Print(v, " ")
  }
```

```
        fmt.Println()
    }
```

이처럼 제네릭 함수의 구현이 더 간단하기 때문에 이해하기도 쉽다. 또한 함수 시그니처에서 슬라이스만을 함수 매개변수로 받을 것이라는 점을 지정하고 있다. Go 컴파일러에서 이 사실을 확인할 것이기 때문에 코드상으로 추가적인 확인 작업을 수행할 필요가 없다. 마지막으로 간단한 for range문을 이용해 슬라이스 원소를 출력했다.

```
    func main() {
        PrintSlice([]int{1, 2, 3})
        PrintSlice([]string{"a", "b", "c"})
        PrintSlice([]float64{1.2, -2.33, 4.55})

        PrintReflection([]int{1, 2, 3})
        PrintReflection([]string{"a", "b", "c"})
        PrintReflection([]float64{1.2, -2.33, 4.55})
    }
```

main() 함수에서는 PrintSlice() 함수와 PrintReflection() 함수를 다양한 입력에 대해 호출해 함수들의 동작을 테스트한다.

reflection.go를 실행하면 다음과 같은 결과를 얻을 수 있다.

```
** Generics
1 2 3
** Generics
a b c
** Generics
1.2 -2.33 4.55
```

첫 6개의 줄은 제네릭의 장점을 활용해 생성한 int, string, float64 값의 슬라이스 원소에 대한 출력이다.

```
** Reflection
1 2 3
** Reflection
a b c
** Reflection
1.2 -2.33 4.55
```

결과의 마지막 6개 줄은 앞의 결과와 동일한데, 이번에는 리플렉션을 사용했다. 출력에는 차이가 없고 결과를 출력하기 위한 PrintReflection()과 PrintSlice()의 코드 구현에만 차이가 있다. 예상했던 것처럼 제네릭 코드는 다양한 서로 다른 데이터 타입을 지원해야만 하는 상황에서 리플렉션을 사용하는 Go 코드에 비해 간단하고 짧은 코드로도 구현할 수 있다.

🡒 연습 문제

- structures.go에서 연결 리스트의 모든 원소를 출력하는 PrintMe() 메서드를 구현해보자.

- 문자열을 출력하는 함수를 리플렉션과 제네릭을 이용해 각각 reflection.go에 추가적으로 구현해보자.

- structures.go에서 제네릭을 이용한 연결 리스트의 delete()와 search() 기능을 구현해보자.

- structures.go의 코드를 활용해 제네릭을 이용한 이중 연결 리스트를 구현해보자.

⁑ 요약

13장에서는 제네릭을 소개하고 제네릭이 어떤 이유로 탄생했는지를 소개했다. 또한 Go에서의 제네릭 문법과 제네릭을 부주의하게 사용했을 때 겪을 수 있는 몇 가지 문제를 살펴봤다. 제네릭을 지원하고자 Go 표준 라이브러리에 변경이 있을 것으로 예상하며, 언어의 새로운 기능을 활용하고자 slices라는 이름의 새로운 패키지를 추가할 것이다.

제네릭을 이용한 함수가 훨씬 유연하기는 하지만 제네릭을 이용한 코드는 사전에 정의한 정적인 데이터 타입으로 동작하는 코드에 비해 보통 느리게 동작한다. 즉, 유연함에 대한 대가로 실행 속도를 희생하는 것이다. 또한 제네릭을 사용한 Go 코드는 제네릭을 사용하지 않은 동일한 코드보다 컴파일 시간이 더 길다. Go 커뮤니티에서 실제로 제네릭을 이용해 작업들을 수행하기 시작하면 어떤 경우에 제네릭이 최고의 생산성을 제공하는지 훨씬 더 분명해질 것이다. 결국 프로그래밍은 각각의 결정으로 인해 생기는 비용을 이해하는 것이라고 볼 수 있다. 이를 이해해야 진정한 프로그래머가 될 수 있다. 따라서 인터페이스나 리플렉션 또는 다른 기법 대신 제네릭을 사용하는 것에 대한 비용을 이해하는 것이 중요하다.

그렇다면 Go 개발자의 미래는 어떤 모습일까? 한 마디로 말하자면 매우 멋져 보인다. 이제는 Go를 이용한 프로그래밍을 즐기고 있을 것이며 언어가 점점 발전함에 따라 더욱 즐기게 될 것이다. Go 팀에서 논의하고 있는 최신 버전의 Go에 대해 알고 싶다면 Go 팀의 공식 깃허브 저장소(https://github.com/golang)를 방문해보자.

Go는 훌륭한 소프트웨어를 만드는 데 도움이 된다. 그러니 가서[90] 훌륭한 소프트웨어를 만들자.

⁝⁛ 참고 자료

- Google I/O 2012 – Meet the Go Team: https://youtu.be/sln-gJaURzk

- Meet the authors of Go: https://youtu.be/3yghHvvZQmA

- 브라이언 커니핸^{Brian Kernighan}이 켄 톰슨^{Ken Thompson}을 인터뷰하는 영상, Go와 직접적인 연관은 없다: https://youtu.be/EY6q5dv_B-o

- 브라이언 커니핸과 성공적인 언어 설계, Go와 직접적인 연관은 없다: https://youtu.be/Sg4U4r_AgJU

- 브라이언 커니핸: UNIX, C, AWK, AMPL, and Go Programming, Lex Fridman Podcast: https://youtu.be/O9upVbGSBFo

- Why Generics?: https://blog.golang.org/why-generics

- The Next Step for Generics: https://blog.golang.org/generics-next-step

- A Proposal for Adding Generics to Go: https://blog.golang.org/genericsproposal

- Proposal for the slices package: https://github.com/golang/go/issues/45955

NOTE

> **저자의 메모**
>
> 좋은 프로그래머가 되는 것은 어렵지만 못할 일은 아니다. 계속해서 발전하다 보면 언젠가 유명해져서 자신에 대한 영화가 만들어질 수도 있다(사람 일은 어떻게 될 지 아무도 모른다). 이 책을 읽어줘서 감사하다. 제안이나 질문 또는 다른 책에 관한 아이디어가 있다면 얼마든지 연락해주기 바란다.
>
> 오직 주님께 영광(Soli Deo gloria)

Go 가비지 컬렉터

부록에서는 Go의 **가비지 컬렉터**^{Garbage Collector}를 다룬다. 가비지 컬렉터는 다른 어떤 Go의 구성 요소보다도 코드의 성능에 더 많은 영향을 끼칠 수 있다. 이를 위해 먼저 힙과 스택을 알아보자.

⋮⋮⋮ 힙과 스택

힙^{heap}은 프로그래밍 언어에서 전역 변수들을 저장하는 공간이다. 따라서 힙에서 가비지 컬렉션이 일어난다. 스택^{stack}은 프로그래밍 언어에서 함수에 사용하는 임시 변수를 저장하는 공간이다. 모든 함수는 각자의 스택을 갖고 있다. 고루틴은 사용자 공간^{user space}에 있으므로 Go 런타임이 이들의 동작을 통제하게 된다. 또한 각각의 고루틴마다 스택을 갖고 있으며 힙은 고루틴들 사이에 공유된다.

C++에서는 새 변수를 만들 때 **new** 연산자를 사용하고 이미 배운 것처럼 이 변수들은 힙에 저장된다. 하지만 Go의 **new()**나 **make()** 함수는 이런 방식으로 동작하지

않는다. Go에서는 변수의 크기와 이스케이프 분석[escape analysis]을 바탕으로 컴파일러가 새 변수를 어디에 저장할지 결정한다. 이 덕분에 Go 함수에서 지역 변수들의 포인터를 반환할 수 있다.

프로그램의 변수를 어디 할당하는지 알고자 한다면 -m GC 플래그를 사용할 수 있다. 이 과정은 allocate.go에 자세히 나와 있고 모든 추가적인 출력은 Go가 수행하므로 따로 프로그램을 변경할 필요는 없다.

```go
package main

import "fmt"

const VAT = 24

type Item struct {
  Description string
  Value       float64
}

func Value(price float64) float64 {
  total := price + price*VAT/100
  return total
}

func main() {
  t := Item{Description: "Keyboard", Value: 100}
  t.Value = Value(t.Value)
  fmt.Println(t)

  tP := &Item{}
  *&tP.Description = "Mouse"
  *&tP.Value = 100
```

836

```
    fmt.Println(tP)
  }
```

allocate.go를 실행하면 다음과 같은 출력을 얻을 수 있다. 출력의 결과는 -gcflags '-m'을 사용해 실행 파일을 변경한 결과를 반영한다. 실제 프로덕션에서 사용하는 실행 바이너리에 -gcflags '-m'을 사용하지 말아야 한다.

```
$ go run -gcflags '-m' allocate.go
# command-line-arguments
./allocate.go:12:6: can inline Value
./allocate.go:19:17: inlining call to Value
./allocate.go:20:13: inlining call to fmt.Println
./allocate.go:25:13: inlining call to fmt.Println
./allocate.go:20:13: t escapes to heap
```

t escapes to heap이라는 메시지를 통해 t 변수가 함수를 탈출했다는 사실을 확인할 수 있다. 이는 다시 말해 t는 함수 밖에서 사용하기 때문에 지역 스코프를 벗어낫다는 것을 의미한다(함수 밖으로 전달했기 때문이다). 그러나 이는 무조건 변수가 힙 공간으로 넘어간다는 의미는 아니다.

여기에서는 moved to heap이라는 메시지는 확인할 수 없다. 해당 메시지는 컴파일러가 함수 밖에서 사용할 수 있는 변수를 힙으로 옮길 때 나타나는 메시지다.

```
./allocate.go:20:13: []interface {}{...} does not escape
./allocate.go:22:8: &Item{} escapes to heap
./allocate.go:25:13: []interface {}{...} does not escape
```

does not escape 메시지는 인터페이스가 힙으로 옮겨지지 않았다는 것을 나타낸다. Go 컴파일러는 이스케이프 분석을 통해 메모리가 힙에 할당해야 하는지 아니면 스택에 유지해도 되는지 결정한다.

```
<autogenerated>:1: .this does not escape
{Keyboard 124}
&{Mouse 100}
```

출력의 마지막 두 줄은 fmt.Println() 구문에서 생성된 출력으로 구성돼 있다.

더 자세한 출력을 확인하고 싶다면 -m을 두 번 사용하면 된다.

```
$ go run -gcflags '-m -m' allocate.go
# command-line-arguments
./allocate.go:12:6: can inline Value with cost 13 as: func(float64)
float64 { total := price + price * VAT / 100; return total }
./allocate.go:17:6: cannot inline main: function too complex: cost 199
exceeds budget 80
./allocate.go:19:17: inlining call to Value func(float64) float64 {
total := price + price * VAT / 100; return total }
./allocate.go:20:13: inlining call to fmt.Println func(...interface {})
(int, error) { var fmt..autotmp_3 int; fmt..autotmp_3 = <N>; var fmt..
autotmp_4 error; fmt..autotmp_4 = <N>; fmt..autotmp_3, fmt..autotmp_4
= fmt.Fprintln(io.Writer(os.Stdout), fmt.a...); return fmt..autotmp_3,
fmt..autotmp_4 }
./allocate.go:25:13: inlining call to fmt.Println func(...interface {})
(int, error) { var fmt..autotmp_3 int; fmt..autotmp_3 = <N>; var fmt..
autotmp_4 error; fmt..autotmp_4 = <N>; fmt..autotmp_3, fmt..autotmp_4
= fmt.Fprintln(io.Writer(os.Stdout), fmt.a...); return fmt..autotmp_3,
fmt..autotmp_4 }
./allocate.go:22:8: &Item{} escapes to heap:
./allocate.go:22:8:     flow: tP = &{storage for &Item{}}:
./allocate.go:22:8:         from &Item{} (spill) at ./allocate.go:22:8
./allocate.go:22:8:         from tP := &Item{} (assign) at ./allocate.
go:22:5
./allocate.go:22:8:     flow: ~arg0 = tP:
./allocate.go:22:8:         from tP (interface-converted) at ./allocate.
go:25:13
./allocate.go:22:8:         from ~arg0 := tP (assign-pair) at ./allocate.
go:25:13
./allocate.go:22:8:     flow: {storage for []interface {}{...}} = ~arg0:
./allocate.go:22:8:         from []interface {}{...} (slice-literal-
element) at ./allocate.go:25:13
./allocate.go:22:8:     flow: fmt.a = &{storage for []interface {}{...}}:
./allocate.go:22:8:         from []interface {}{...} (spill) at ./allocate.
go:25:13
./allocate.go:22:8:         from fmt.a = []interface {}{...} (assign) at ./
allocate.go:25:13
```

```
./allocate.go:22:8:      flow: {heap} = *fmt.a:
./allocate.go:22:8:         from fmt.Fprintln(io.Writer(os.Stdout),
fmt.a...) (call parameter) at ./allocate.go:25:13
./allocate.go:20:13: t escapes to heap:
./allocate.go:20:13:      flow: ~arg0 = &{storage for t}:
./allocate.go:20:13:        from t (spill) at ./allocate.go:20:13
./allocate.go:20:13:        from ~arg0 := t (assign-pair) at ./allocate.
go:20:13
./allocate.go:20:13:      flow: {storage for []interface {}{...}} = ~arg0:
./allocate.go:20:13:        from []interface {}{...} (slice-literal-
element) at ./allocate.go:20:13
./allocate.go:20:13:      flow: fmt.a = &{storage for []interface {}
{...}}:
./allocate.go:20:13:        from []interface {}{...} (spill) at ./
allocate.go:20:13
./allocate.go:20:13:        from fmt.a = []interface {}{...} (assign) at
./allocate.go:20:13
./allocate.go:20:13:      flow: {heap} = *fmt.a:
./allocate.go:20:13:        from fmt.Fprintln(io.Writer(os.Stdout),
fmt.a...) (call parameter) at ./allocate.go:20:13
./allocate.go:20:13: t escapes to heap
./allocate.go:20:13: []interface {}{...} does not escape
./allocate.go:22:8: &Item{} escapes to heap
./allocate.go:25:13: []interface {}{...} does not escape
<autogenerated>:1: .this does not escape
{Keyboard 124}
&{Mouse 100}
```

그러나 이 출력은 너무 많고 복잡하다. 보통은 -m을 한 번만 사용해도 프로그램의 힙과 스택에서 무슨 일어나는지 충분히 확인할 수 있다.

이제 힙과 스택을 살펴봤으니 가비지 컬렉션을 계속 알아보자.

⠶ 가비지 컬렉션

가비지 컬렉션^{Garbage Collection}(메모리 재활용)이란 더 이상 사용하지 않는 메모리 공간을 해제하는 과정을 말한다. 다시 말해 가비지 컬렉터는 현재 스코프^{scope}(유효 범위)를 벗어난 객체를 찾아 이 객체를 더 이상 참조할 일이 없다고 판단된다면 그 공간을 해제한다. 이 과정은 Go 프로그램이 시작하기 전이나 끝난 후가 아닌, 실행 중에 동시에 실행된다. Go 가비지 컬렉션 공식 문서를 보면 가비지 컬렉터의 구현 방식을 다음과 같이 설명한다.

> GC는 뮤테이터 스레드와 동시에 실행되며 타입을 엄격히 따지고(type accurate), 여러 GC 스레드를 병렬로 실행할 수 있다. Go에서 사용하는 GC 알고리듬은 쓰기 장벽(write barrier)을 사용하는 마크 앤 스윕(mark and sweep) 알고리듬의 동시성 버전으로, 비세대형(non-generational), 비압축형(non-compacting) 방식이다. 할당 작업은 일반적인 경우에 대해 잠금(lock) 현상이 발생하지 않으면서 단편화(fragmentation)를 최소화하도록 P 할당 영역 단위로 분리한 크기(size segregated per P allocation)로 처리한다.

다행히도 Go 표준 라이브러리에서 제공하는 함수를 이용하면 가비지 컬렉터 내부에서 수행하는 작업을 자세히 살펴볼 수 있다. 구체적인 방법은 책의 깃허브 저장소 appA 디렉터리의 gColl.go 예제로 소개하며, 코드를 여러 부분으로 나눠 소개할 것이다.

```go
package main
import (
    "fmt"
    "runtime"
    "time"
)
```

Go 런타임의 정보를 얻고자 **runtime** 패키지가 필요하다. 예제에서는 GC의 동작에 관련된 정보를 가져올 것이다.

```go
func printStats(mem runtime.MemStats) {
    runtime.ReadMemStats(&mem)
    fmt.Println("mem.Alloc:", mem.Alloc)
```

```
    fmt.Println("mem.TotalAlloc:", mem.TotalAlloc)
    fmt.Println("mem.HeapAlloc:", mem.HeapAlloc)
    fmt.Println("mem.NumGC:", mem.NumGC, "\n")
}
```

printStats()의 가장 큰 목적은 같은 Go 코드를 여러 번 작성하는 것을 피하는 것이다. runtime.ReadMemStats() 호출로 가비지 컬렉션 통계에 대한 가장 최신 정보를 가져온다.

```
func main() {
    var mem runtime.MemStats
    printStats(mem)

    for i := 0; i < 10; i++ {
        // 50,000,000 바이트를 할당한다.
        s := make([]byte, 50000000)
        if s == nil {
            fmt.Println("Operation failed!")
        }
    }
    printStats(mem)
```

for 루프로 50,000,000바이트를 갖는 10바이트짜리 슬라이스 여러 개를 생성했다. 이렇게 방대한 메모리를 할당하면 가비지 컬렉션을 발생시킬 수 있다.

```
    for i := 0; i < 10; i++ {
        // 100,000,000 바이트를 할당한다.
        s := make([]byte, 100000000)
        if s == nil {
            fmt.Println("Operation failed!")
        }
```

```
        time.Sleep(5 * time.Second)
    }
    printStats(mem)
}
```

프로그램의 마지막 부분에서는 더 많은 메모리를 할당한다. 여기서는 100,000,000 바이트를 갖는 슬라이스를 생성했다.

gColl.go를 24GB 메모리를 가진 맥OS 빅 서^{Big Sur} 머신에서 실행하면 다음과 같은 결과가 나온다.

```
$ go run gColl.go
mem.Alloc: 124616
mem.TotalAlloc: 124616
mem.HeapAlloc: 124616
mem.NumGC: 0

mem.Alloc: 50124368
mem.TotalAlloc: 500175120
mem.HeapAlloc: 50124368
mem.NumGC: 9

mem.Alloc: 122536
mem.TotalAlloc: 1500257968
mem.HeapAlloc: 122536
mem.NumGC: 19
```

mem.Alloc 값은 힙에 할당된 바이트 값이다. 여기서 할당했다는 의미는 아직 메모리가 해제되지 않았다는 의미다. mem.TotalAlloc 값은 지금까지 힙에 할당된 바이트의 총합이다. 이 값은 메모리가 해제되더라도 감소하지 않으므로 계속 증가하는 값이다. 따라서 이는 프로그램 실행 지점부터 힙에 할당된 메모리의 총합을 의미한다. mem.HeapAlloc은 mem.Alloc과 같다. 마지막으로 mem.NumGC는 가비지 컬렉션이 수행 완료된 횟수를 나타낸다. 이 값이 커질수록 메모리 할당 방식 최적화의 필요성이 커진다.

가비지 컬렉션의 동작을 좀 더 상세하게 살펴보고 싶다면 go run gColl.go를 GODEBUG=gctrace=1과 함께 실행하면 된다. 그러면 프로그램의 출력 이외에 추가적인 메트릭을 다음과 같이 확인할 수 있다.

```
$ GODEBUG=gctrace=1 go run gColl.go
gc 1 @0.021s 0%: 0.020+0.32+0.015 ms clock, 0.16+0.17/0.33/0.22+0.12 ms
cpu, 4->4->0 MB, 5 MB goal, 8 P
gc 2 @0.041s 0%: 0.074+0.32+0.003 ms clock, 0.59+0.087/0.37/0.45+0.030
ms cpu, 4->4->0 MB, 5 MB goal, 8 P
.
.
.
gc 18 @40.152s 0%: 0.065+0.14+0.013 ms clock, 0.52+0/0.12/0.042+0.10 ms
cpu, 95->95->0 MB, 96 MB goal, 8 P
gc 19 @45.160s 0%: 0.028+0.12+0.003 ms clock, 0.22+0/0.13/0.081+0.028
ms cpu, 95->95->0 MB, 96 MB goal, 8 P
mem.Alloc: 120672
mem.TotalAlloc: 1500256376
mem.HeapAlloc: 120672
mem.NumGC: 19
```

이전과 같은 횟수(19)의 가비지 컬렉션을 수행했다 그러나 가비지 컬렉션을 수행할 때마다 추가적인 정보를 확인할 수 있다. 따라서 19번째 가비지 컬렉션에 대한 다음과 같은 정보를 확인할 수 있다.

```
gc 19 @45.160s 0%: 0.028+0.12+0.003 ms clock, 0.22+0/0.13/0.081+0.028
ms cpu, 95->95->0 MB, 96 MB goal, 8 P
```

95->95->0 MB라고 표현된 부분을 살펴보자. 여기서 첫 번째 숫자는 가비지 컬렉터를 실행할 시점의 힙 크기다. 두 번째 값은 가비지 컬렉터가 시행을 마칠 시점의 힙 크기이고 마지막 값은 현재의 힙 크기다.

삼색 알고리듬

Go의 가비지 컬렉터는 삼색 알고리듬tricolor algorithm에 따라 동작한다. 삼색 알고리듬은 Go뿐만 아니라 다른 프로그래밍 언어에서도 사용하고 있다.

엄밀히 말해 Go에서 이 알고리듬을 부르는 공식 명칭은 **삼색 마크 앤 스윕 알고리듬**^{tricolor mark-and-sweep algorithm}이다. 이는 프로그램과 동시에 작동하며 **쓰기 장벽**^{write barrier}을 활용하기 때문에 Go 프로그램을 실행할 때 Go 스케줄러는 마치 여러 개의 고루틴으로 구성된 일반 애플리케이션을 다루듯이 애플리케이션과 가비지 컬렉터를 스케줄링한다.

NOTE

> 이 알고리듬의 핵심 아이디어는 에츠허르 다익스크라(Edsger W. Dijkstra), 레슬리 램포트(Leslie Lamport), 마틴(A. J. Martin), 숄텐(C. S. Scholten), 슈테펜스(E. F. M. Steffens)의 「On-the-Fly Garbage Collection: An Exercise in Cooperation」이란 논문에서 발표됐다.

삼색 마크 앤 스윕 알고리듬의 핵심 원리는 힙에 있는 오브젝트를 검은색, 회색, 흰색의 세 가지 색깔로 지정된 집합으로 나누는 데 있다. 검은색 집합에 있는 오브젝트는 흰색 집합에 있는 오브젝트를 가리키는 포인터가 없다는 것이 보장된 오브젝트들이다. 반면 흰색 집합 오브젝트는 **검은색 집합** 오브젝트를 가리킬 수 있고 그럼에도 가비지 컬렉터 동작에 아무런 영향을 미치지 않는다. 회색 집합 오브젝트는 흰색 집합 오브젝트 중 일부를 가리킬 수 있다. 여기서 흰색 집합 오브젝트가 가비지 컬렉션의 대상이 된다.

가비지 컬렉션이 시작할 때는 모든 오브젝트가 흰색인 상태로 시작한다. 그리고 루트 오브젝트를 모두 회색으로 만든다. **루트 오브젝트**^{root object}란 스택에 있는 오브젝트나 전역 변수처럼 애플리케이션에서 직접 접근할 수 있는 오브젝트를 말하며, 구체적인 형태는 프로그램마다 다르다.

그 뒤에 가비지 컬렉터는 회색 오브젝트를 검은색으로 바꾸고 해당 오브젝트에 흰색 집합의 오브젝트를 가리키는 포인터가 있는지 확인한다. 따라서 회색 오브젝트가 다른 오브젝트를 가리키는 포인터가 있는지 검사하는 과정에서 해당 회색 오브젝트는 검은색 오브젝트로 바뀐다. 이 과정에서 흰색 오브젝트를 가리키는 포인터가 하나라도 있으면 해당 흰색 오브젝트를 회색 집합에 넣는다. 회색 집합 오브젝트가 모두 없어질 때까지 이 과정을 계속 진행한다. 그러다가 아무도 흰색 오브젝트를 가리키지 않게 되면 흰색 오브젝트에 할당한 메모리 공간을 해제할 수 있다. 따라서 이때의 흰색 집합의 오브젝트들을 가비지 컬렉션했다고 말한다. 여기서 검은색 집합에서 바로 흰색 집합으로 이동할 수 없으므로 흰색 집합의 오브젝트들을 지울수 있음을 기억하자. 앞서 언급한 것처럼 검은색 집합에서 흰색 집합을 직접 가리키지 않기 때문이다. 또한 회색 집합의 오브젝트가 가비지 컬렉션이 수행되는 동안접근이 불가능하게 됐다면 해당 가비지 컬렉션 주기가 아니라 다음 가비지 컬렉션주기에 이를 해제한다. 가장 최적의 해법은 아니지만 문제가 있는 것은 아니다.

이 과정을 진행하는 동안 실행되는 애플리케이션을 뮤테이터^{mutator}라 부른다. 뮤테이터는 힙에 있는 오브젝트의 포인터가 변경될 때마다 **쓰기 장벽**$^{write\ barrier}$이라 부르는조그만 함수를 실행한다. 이 오브젝트의 포인터가 변경됐다는 말은 그 오브젝트에접근할 수 있다는 뜻이므로 쓰기 장벽은 이 오브젝트를 회색 집합에 넣는다. 뮤테이터는 검은색 집합의 원소 중 어느 것도 흰색 집합 원소를 가리키지 않는다는 **불변속성**^{invariant}을 유지한다. 이 과정에서 쓰기 장벽 함수의 도움을 받는다. 이러한 불변속성이 깨지면 가비지 컬렉션 프로세스가 망가진다. 따라서 실행한 프로그램이 잘못된 방식으로 작동할 수도 있다.

이 과정을 정리하자면 다음과 같다. 먼저 검은색, 회색, 흰색의 세 가지 색깔이 있다. 알고리듬을 시작할 때 모든 오브젝트를 흰색으로 색칠한다. 알고리듬이 진행되면서 흰색 오브젝트를 검은색과 회색 중 하나로 옮긴다. 마지막까지 흰색 집합에남는 오브젝트는 나중에 제거된다.

다음 그림은 세 가지 색깔의 집합을 오브젝트들과 함께 표현한 그림이다.

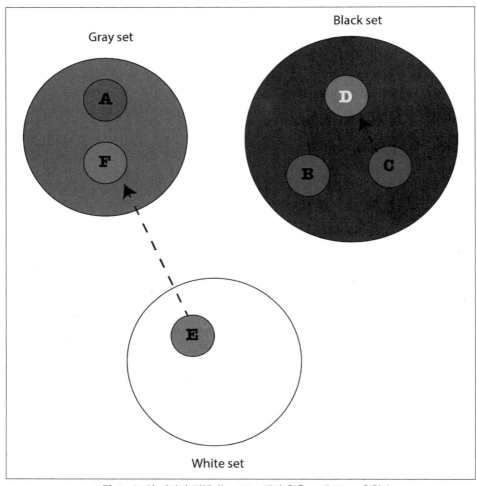

그림 1: Go의 가비지 컬렉터는 프로그램의 힙을 그래프로 표현한다.

앞의 그래프에서 흰색 집합에 있는 E 오브젝트는 F 오브젝트에 접근할 수 있지만 E 오브젝트에 접근할 수 있는 오브젝트는 없다. E를 가리키는 포인터를 가진 오브젝트가 없기 때문이다. 따라서 이 오브젝트는 가비지 컬렉션의 대상으로 삼기에 딱 맞다. 또한 A, B, C는 루트 오브젝트이므로 항상 접근 가능하기 때문에 가비지 컬렉션의 대상이 될 수 없다.

그다음은 무슨 일이 일어날까? 알고리듬에서는 나머지 회색 집합의 원소들에 대한 처리를 계속 진행하고 A와 F 오브젝트를 검은색 집합으로 옮긴다. A 오브젝트가 검은색 집합으로 이동하는 이유는 루트 오브젝트이기 때문이다. F 오브젝트가 검은색 집합으로 이동하는 이유는 회색 집합에 있으면서 다른 오브젝트를 가리키지 않기 때문이다. E 오브젝트가 가비지 컬렉션되고 나면 F 오브젝트에 접근하지 못하게 되기 때문에 다음 가비지 컬렉션 주기에 F 오브젝트가 가비지 컬렉션된다. 접근할 수 없던 오브젝트가 갑자기 마법처럼 접근할 수 있게 되지는 않기 때문이다.

NOTE

> Go에서는 채널 변수도 가비지 컬렉션 대상에 포함된다. 접근할 수 없으면서 더 이상 사용하지도 않는 채널을 발견하면 그 채널이 닫힌 상태가 아니더라도 채널에 할당된 리소스를 해제한다.

Go에서는 가비지 컬렉션을 수동으로 작동시키는 `runtime.GC()` 함수를 제공한다. 단, 여기서 주의할 점은 `runtime.GC()`를 호출하면 가비지 컬렉션 작업이 끝날 때까지 프로그램 전체가 일시적으로 멈춘다는 점이다. 특히 여러 오브젝트를 다루면서 굉장히 바쁜 Go 프로그램을 실행하고 있다면 프로그램 전체가 일시적으로 멈출 수 있다. 이런 상황이 발생하는 주된 이유는 모든 것이 굉장히 빠르게 변하고 있는 동안에는 가비지 컬렉션 작업을 수행할 수 없기 때문이다. 다시 말해 가비지 컬렉터의 입장에서 어떤 오브젝트가 흰색, 검은색, 회색 집합에 속하는지 알아낼 틈이 없기 때문이다. 이렇게 일시적으로 멈춘 상태를 **가비지 컬렉션 안전점**garbage collection safe-point 이라고 부른다.

NOTE

> Go의 가비지 컬렉터 개선 작업은 Go 팀이 담당하고 있다. 특히 삼색 집합에 있는 데이터에 대한 스캔 횟수를 줄여 속도를 높이는 데 주력하고 있다. 그러나 여러 가지 최적화 작업이 추가되더라도 이 알고리듬의 밑바탕이 되는 핵심 원리는 변하지 않는다.

https://github.com/golang/go/blob/master/src/runtime/mgc.go에서 Go의 가비

지 컬렉터에 대한 길고 상세한 설명을 볼 수 있다. 가비지 컬렉션 동작을 많이 공부하고 싶다면 이 코드를 한 번 읽어보자. 충분히 용감하다면 이 코드를 변경할 수도 있다.

Go 가비지 컬렉터의 상세한 동작 방식

이번 절에서는 Go의 가비지 컬렉터를 더 상세히 살펴보고 세부 동작에 대한 자세한 정보를 알아본다. Go 가비지 컬렉터에서 가장 신경 쓰는 부분은 지연시간을 낮추는 것이다. 지연시간을 낮춘다는 의미는 가비지 컬렉터의 작동 과정에서 일시적으로 멈추는 시간을 최소화해 연산을 실시간으로 처리할 수 있게 만드는 것이다.

또 다른 관점에서 보면 프로그램은 끊임없이 새로운 오브젝트를 생성하고 기존 오브젝트를 포인터로 조작한다. 이 과정에서 더 이상 접근할 수 없는 오브젝트가 생기기 마련이다. 이러한 오브젝트는 가비지 컬렉터가 수거한 뒤 여기에 할당된 메모리 공간을 해제해 다른 용도로 활용할 수 있게 만든다.

마크 앤 스윕 알고리듬mark and sweep algorithm은 가비지 컬렉터 구현을 위한 알고리듬 중에서도 가장 간단하다. 이 알고리듬은 우선 프로그램의 실행을 잠시 멈추고(이를 stop-the-world라 부른다) 프로그램의 힙에서 접근할 수 있는 오브젝트를 모두 방문한 뒤에 적절히 표시mark한다. 그러고 나서 접근할 수 없는 오브젝트를 쓸어 담는다sweep. 표시 단계를 수행하는 동안에는 모든 오브젝트를 흰색, 회색, 검은색 중 하나로 표시한다. 회색 오브젝트의 자식도 회색으로 표시하지만 원래 회색이던 오브젝트는 검은색으로 바꾼다. 그러다가 더 이상 검토할 회색 오브젝트가 없으면 쓸어 담기 단계로 넘어간다. 이 알고리듬은 "검은색 집합에서 흰색 집합을 가리키는 포인터가 없다"는 불변 속성을 만족하기 때문에 정상적으로 동작한다.

마크 앤 스윕 알고리듬은 간단하다는 장점은 있지만 이를 수행하는 동안 프로그램 실행을 잠시 멈춰야 한다. 따라서 실행 프로세스에 지연시간이 발생한다. Go는 가비지 컬렉터를 다른 프로세스에서 동시에 실행하고 앞 절에서 소개한 삼색 알고리듬을 사용하면서 지연시간을 최대한 낮춘다. 그러나 가비지 컬렉터를 실행하는 도중에 얼마든지 다른 프로세스에 의해 포인터가 변경되거나 새로운 오브젝트가 생성될 수 있다. 이러한 사실 때문에 가비지 컬렉션을 효율적으로 구현하기 힘들다.

따라서 "검은색 오브젝트가 흰색 오브젝트를 가리키는 일은 없다"라는 마크 앤 스윕 알고리듬의 불변 속성을 유지해야 삼색 알고리듬을 프로그램과 동시에 수행할 수 있다.

이 문제의 해결책은 알고리듬에서의 문제 발생 요인 자체를 없애는 것이다. 따라서 새 오브젝트가 생성되면 이를 모두 회색 집합으로 보내 마크 앤 스윕 알고리듬의 불변 속성이 변하지 않게 한다. 또한 프로그램의 포인터가 이동하면 포인터가 가리키는 오브젝트도 회색으로 바꾼다. 회색 집합이 흰색 집합과 검은색 집합 사이의 장벽 역할을 하는 셈이다. 마지막으로 포인터가 변경될 때마다 앞에서 언급한 쓰기 장벽이라 부르는 Go 코드가 자동으로 실행되면서 색깔 변경 작업을 수행하게 된다. 쓰기 장벽 코드를 실행하면서 발생하는 지연시간은 가비지 컬렉터를 프로그램과 동시에 실행하고자 치르는 비용인 셈이다.

참고로 자바에서는 다양한 가비지 컬렉터를 제공하며 매개변수를 통해 설정을 자유롭게 변경할 수 있다. 그중 G1 가비지 컬렉터는 저지연 애플리케이션에 적합해 자주 사용한다. Go는 여러 가지 가비지 컬렉터를 갖고 있지는 않지만 애플리케이션의 가비지 컬렉션 성능을 개선할 수 있는 방법은 있다.

다음 절에서는 가비지 컬렉션 관점에서 맵과 슬라이스를 살펴본다. 변수를 다루는 방식에 따라 가비지 컬렉터의 동작에 많은 영향을 끼칠 수 있다.

맵, 슬라이스와 Go 가비지 컬렉터

이번 절에서는 Go 가비지 컬렉터의 동작 및 맵과 슬라이스의 관계를 살펴본다. 또한 가비지 컬렉터에 친화된 코드를 작성하는 방법을 알아본다.

슬라이스 사용

이번 절에서는 많은 수의 구조체를 저장하는 슬라이스를 사용해본다. 각 구조체는 두 개의 정수 값을 저장한다. 예제 코드는 sliceGC.go에 다음과 같이 나타나 있다.

```go
package main

import (
    "runtime"
)

type data struct {
    i, j int
}

func main() {
    var N = 80000000
    var structure []data
    for i := 0; i < N; i++ {
        value := int(i)
        structure = append(structure, data{value, value})
    }

    runtime.GC()
    _ = structure[0]
}
```

마지막 구문(_ = structure[0])은 structure 변수에 대해 가비지 컬렉션이 너무 빨리 수행되지 않기 위한 구문이다. structure 변수를 for 루프 밖에서 참조하거나 사용하지 않기 때문이다. 뒤에 나올 예제에서도 이 기법을 사용한다.

for 루프는 모든 값을 구조체에 저장한 뒤 structure 슬라이스 변수에 저장하고자 사용했다. 이를 수행하는 또 다른 방식은 runtime.KeepAlive()를 사용하는 것이다. 이 프로그램은 아무것도 출력하지 않는다. 그저 runtime.GC()를 통해 가비지 컬렉션만을 수행한다.

맵에 포인터 사용

이번에는 정수 포인터를 맵에 저장해본다. 맵의 키는 정수 타입이며 값으로는 정수의 포인터를 사용한다. 이 프로그램의 이름은 mapStar.go이고 코드는 다음과 같다.

```go
package main

import (
    "runtime"
)

func main() {
    var N = 80000000
    myMap := make(map[int]*int)
    for i := 0; i < N; i++ {
        value := int(i)
        myMap[value] = &value
    }

    runtime.GC()
    _ = myMap[0]
}
```

프로그램의 동작은 앞 절의 sliceGC.go와 같고, 정수 포인터를 담는 맵(make(map[int]*int))을 사용했다는 것만 다르다. 이 프로그램도 아무것도 출력하지 않는다.

포인터를 사용하지 않는 맵 사용

이번에는 포인터 대신 정수 값 자체를 저장하는 맵을 사용해본다. mapNoStar.go의 코드는 다음과 같다.

```go
func main() {
    var N = 80000000
```

```
    myMap := make(map[int]int)
    for i := 0; i < N; i++ {
        value := int(i)
        myMap[value] = value
    }
    runtime.GC()
    _ = myMap[0]
}
```

이 프로그램도 아무 출력이 없다.

맵 나누기

마지막은 샤딩sharding이라고 부르는 커다란 맵 하나를 맵의 맵으로 나누는 기법을
사용했다. mapSplit.go의 main() 함수 구현은 다음과 같다.

```
func main() {
    var N = 80000000

    split := make([]map[int]int, 2000)
    for i := range split {
        split[i] = make(map[int]int)
    }

    for i := 0; i < N; i++ {
        value := int(i)
        split[i%2000][value] = value
    }
    runtime.GC()
    _ = split[0][0]
}
```

코드는 두 개의 for 루프를 사용하고 하나는 맵의 맵을 만들고자 사용했고, 다른

하나는 맵의 맵에 데이터를 저장하고자 사용했다.

지금까지 살펴본 네 가지 예제는 모두 거대한 데이터 구조체를 사용해 메모리 사용량이 많다. 프로그램이 많은 메모리 공간을 사용할수록 Go 가비지 컬렉터를 자주 호출한다. 다음 절에서는 소개한 네 가지 기법을 비교해보자.

예제 성능 비교

이번 절에서는 zsh(1)의 time 커맨드를 이용해 네 가지 구현의 성능을 비교해본다. 이 커맨드는 유닉스의 time 커맨드와 비슷하다.

```
$ time go run sliceGC.go
go run sliceGC.go  2.68s user 1.39s system 127% cpu 3.184 total
$ time go run mapStar.go
go run mapStar.go  55.58s user 3.24s system 209% cpu 28.110 total
$ time go run mapNoStar.go
go run mapNoStar.go  20.63s user 1.88s system 99% cpu 22.684 total
$ time go run mapSplit.go
go run mapSplit.go  20.84s user 1.29s system 100% cpu 21.967 total
```

맵 버전의 결과가 슬라이스 버전의 결과보다 느린 것을 확인할 수 있다. 안타깝게도 맵 버전은 항상 슬라이스 버전보다 느린데, 이는 맵이 해시 함수를 사용하고 데이터가 연속적이지 않기 때문에 발생한 일이다(맵에서는 해시 함수의 결과에 따른 버킷에 데이터가 저장된다).

또한 첫 번째 맵을 사용한 프로그램(mapStar.go)에서 성능 저하가 발생했는데, 이는 &value의 주소를 사용해 힙 영역에 저장했기 때문이다. 다른 프로그램에서는 이 값을 스택에 저장한다. 변수들을 힙 영역에 저장할 때 가비지 컬렉션 압력이 커진다.

NOTE

> 맵이나 슬라이스의 원소에 접근할 때의 시간 복잡도는 O(1)이고, 이는 맵이나 슬라이스의 원소 개수와는 상관없다는 의미다. 그러나 구조체가 동작하는 방식에 따라 전반적인 속도에는 차이가 있을 수 있다.

⫶⫶ 참고 자료

- Go FAQ: How do I know whether a variable is allocated on the heap or the stack? https://golang.org/doc/faq#stack_or_heap

- 가능한 -gcflags 옵션들의 목록: https://golang.org/cmd/compile/

- 가비지 컬렉션에 대해 더 알고 싶다면 http://gchandbook.org/를 방문해보자.

| 찾아보기 |

ㅎ

A

Go 마스터하기 3/e

실습 예제와 함께 배우는 네트워크, 동시성, 테스트, gRPC 및 제너릭

발 행 | 2022년 10월 31일

지은이 | 미할리스 추칼로스
옮긴이 | 허 성 연

펴낸이 | 권 성 준
편집장 | 황 영 주
편 집 | 김 진 아
디자인 | 윤 서 빈

에이콘출판주식회사
서울특별시 양천구 국회대로 287 (목동)
전화 02-2653-7600, 팩스 02-2653-0433
www.acornpub.co.kr / editor@acornpub.co.kr